道元を読み解く

得丸久文
Kumon Tokumaru

序　道元研究の新時代を切り開く書

道元の主著が『正法眼蔵』であることはよく知られているが、道元に『永平廣録』という語録が存在することは専門家の間では常識であっても、巷間にはほとんど知られていない。両書を土台とした比較研究は、個々の学者においては必要に応じて散見されるが、両書を徹底比較して道元の仏法にせまる研究は無いといってよい。本書は、処所に多くの問題を含みながらも初めてその門戸を開き、それを世に問うことになった。

本書は、現代芸術家荒川修作の仕事を、道元の言葉と照らし合わせることを動機として生まれた。抽象的で極めて現代的な荒川作品を道元の言葉によってせまろうとする特異な姿勢とその熱心さに、私は荒川芸術には門外漢ながら非常に興味を覚えた。当時、得丸氏は『正法眼蔵』と『永平廣録』とをかなり読み込まれていた。が、私は、『永平廣録』、特に『祖山本　永平廣録』を自分勝手な解釈をしている諸本からの解釈を止めて、その原典から自分自身の解釈に徹し、『正法眼蔵』と比較することを勧めた。そうしたことを機縁として、氏は驚くべき能力と勤勉さで両書を繰り返し読み、両書を関連づける新解釈が生まれたことは極めて喜ばしいことである。

著者の得丸久文《くもん》氏は、長らく人工衛星地球観測と衛星通信の分野で働いてこられた。デジタル通信における誤り訂正符号化の知識を、『正法眼蔵』の奥書と『永平廣録』の識語に適用し、道元は『正法眼蔵』七十五巻本と「辨道話」巻、『祖山本　永平廣録』だけを自分の著作として保護したとする。そして、『正法眼蔵』

七十五巻本と『祖山本　永平広録』だけ読めば、矛盾のない道元の仏法にせまれると示唆されたことは、テキスト相互の矛盾に悩まされてきた道元研究者にとって一つの見解として朗報である。

得丸氏は、南アフリカ共和国にある最古の現生人類遺跡クラシーズ河口洞窟を日本人として初めて訪れ、言語を獲得した人類の誕生と言語の脳内処理メカニズムに興味をもち、言語学者鈴木孝夫の研究会にも参加したという。その研究の成果として、現代語訳はどうあるべきか、抽象概念の意味はどう構築されるべきかも論じられている。これまで仏法を正確に現代語訳できず意訳とのみ示してきた仏教者には刺激的に学ぶところが大きい。

私自身も道元研究に志して五十年になるが、『正法眼蔵』の示衆、そして『永平廣録』の上堂語は、道元自身が「非時閑語」と言われるように、つまりその説法が、人の時機、時節にそぐわない説法は無駄話であると言われるように、その時々の状況に即して生み出されたものと思い、その確信は変わらない。が、本書の面白さは、道元の上堂語を史実や状況とも結びつけたところにもある。また、鎌倉行化以降も道元が確実に活動していたことを上堂語によって示したことも興味深い。たとえば建長三年秋の書記と蔵主の着任時期がひと月ずれていたことから、書記は京都、蔵主は鎌倉から来たと読み解く。『正法眼蔵』と『永平廣録』の清書要員は友情にもとづいて派遣されたという。そして四年前の鎌倉で、光明寺の然阿良忠《ねんなりょうちゅう》と寿福寺の大歇了心《だいかつりょうしん》という鎌倉仏教界の両頭とひそかに深く交わったと思いをはせる。確証的な文献学的見地のみが史実では無く、云ってみれば表面的で対外化されていない生きた歴史を考察した点では非常に興味をかき立てる痛快な仮説とも云えよう。

本書が道元研究の新時代を切り開くことの一端を示唆していることを確信し、ここに進んで本書の成立を祝し、大方に推薦するものである。

平成廿九年五月吉日

東北福祉大学　学長　大谷哲夫　合掌

目次

装幀／マイルストーン・アート・ワークス　ナガシマヨシホ
カバー写真／宇治・興聖寺老梅庵にて　著者撮影

・本書で引用した「道元和尚廣録」（永平廣録）の読み下し文は、主に渡辺・大谷「祖山本永平廣録　校注集成」（一九八九年、一穂社）に拠り、適宜、寺田「道元和尚廣録」（一九九五年、筑摩書房）、鏡島「永平広録・永平語録」（二〇〇〇年、春秋社）を使用したほか、ごく一部ではあるが三冊を統合し、また著者独自の読み下しも試みた。「正法眼蔵」のテキストは、寺田・水野校注「道元」（一九七〇・七二年、日本思想大系）に拠り、現代語訳は中村宗一（誠信書房）、水野弥穂子（春秋社）、石井恭二（河出書房）を参考とした。新旧の漢字・送り仮名・振り仮名が混在するのは、典拠による。

・本書で紹介する荒川修作作品は、マドリン・ギンズ・エステートの許諾を受けて掲載しているが、一部著者の撮影した写真も含まれている。

・本書は、「誤り訂正符号化理論」に基づく「前方誤り訂正」を実施した結果、道元は「七十五巻本正法眼蔵」と辨道話巻、「祖山本　道元和尚廣録」（門鶴本永平廣録とも呼ばれる）のみを真筆として保護したと考え、これらの著作だけに基づいて道元思想を読み解くものである。

はじめに

日本思想史上最大の思想家は道元です。しかし『正法眼蔵《しょうぼうげんぞう》』（以下、『眼蔵』）によって展開された彼の思想は、難解であり、一度や二度読んでもさっぱり理解できません。どうすれば理解できるのか。本書はなぜか誰も読まないまま放置されてきた道元の語録『道元《どうげん》和《お》尚《しょう》廣録《こうろく》』（通称『永平《えいへい》廣録《こうろく》』、以下『廣録』と呼ぶ）と併せ読むことによって、道元の思想に接近する方法を紹介します。

はじめに試みるのは、偽書や改ざんを排除することです。日本の中世には偽書が多く、ひとたび作り上げられた偽書が、驚くほどすんなりと社会に受け入れられました。道元の著作とされてきたもののなかにも膨大な数の偽書があり、一部はすでに淘汰されていますが、いまだに淘汰されていないものが混じっています。ところが、道元はそういうことをあらかじめ見越していて、後世の読者に読んでもらいたいものに誤り訂正符号化処理をしていて、符号の有無や正誤に気をつければ、道元の真筆であることを確認できるようになっているのです。その符号とは、『正法眼蔵』七十五巻本の奥書と、『祖山本道元和尚廣録』の巻末の識語です。奥書と識語が正しく付いているものだけを読めば、雑音による歪のない道元の生の声を読み取ることができます。

つぎに、道元が用いる概念の現代語訳の問題を取り上げます。正法眼蔵の巻の名は「現成公案」、「摩訶般若波羅蜜多」、「仏性」、「即心是仏」、「仏向上事」などの耳慣れない言葉が使われていますが、それらを学ぶために正法眼蔵は書かれています。これらの言葉は、五官で感知できるものを指示しているのではなく、我々がまだ考えたこともない、五官で感知できない現象を意味しています。つまり道元は具象概念ではなく、抽象概念を論じているわけです。抽象概念の意味を理解するにあたって、現代語訳はどうあるべきか、読者はどのように読めばよいのかを論じます。

大切なことは、言葉の記憶（ブッショウという言葉の音韻刺激）と、意味の記憶（仏性という言葉が指し示す不可視の現象）は別々のものであり、まず言葉の記憶を獲得してから、あれやこれやと考えることによって意味が生まれるという手順を理解することです。つまり、言葉は覚えても意味はわからない時期が長い間続くことに耐えて、ひたすら丁寧に学習と思考を続けることが必要です。

もうひとつ大切なことは、何度も繰り返し読むことです。読むスピードや順番を変えて、様々な読み方で、繰り返し読んでいるうちに、登場人物にも概念にも慣れてきます。するとそれから、読むたびに新たな発見、新たな理解が生まれて、わくわく読めるようになります。道元はちっとも難解じゃないと思うでしょう。

私はこれまでまだ誰もきちんと読み比べていない『眼蔵』と『廣録』と取っ組み合うこと一年半にして、たくさんの知られざる事実や予想もしなかった偽書や改ざんに気づきました。その一方で、『眼蔵』と『廣録』を道元がなんのために書いたのかということもわかってきました。釈迦牟尼仏以来第五十二代の仏祖となった道元は、生きた弟子に仏法を嗣ぐことができなかったので、言語情報によって仏法を伝えようと思って『眼蔵』と『廣録』を書き残したのです。そう思う証拠は、道元が最後に『眼蔵』に書き足した（扱いとなっている）面授第五十一の奥書です。七十五巻あるなかでこの巻だけが特別に長い奥書をもっていて、そこで、一度も顔を合わせたことがない雲門から嗣法したと認められた薦福寺《せんぷくじ》の承古《じょうこ》という僧を紹介しています。道元は面授によらない嗣法を、はじめはほとんど罵倒に近い口調で批判しますが、後半は語録を読むことによる嗣法についてまるで助言するかのようにあれこれ議論しています。承古にならって、自分が体系化した『眼蔵』と『廣録』を読んで誰かが法を嗣いでくれることを願ったのでしょう。『眼蔵』と『廣録』は、読者が道元の仏法を学び受け嗣ぐための通信教育教材なのです。

本書は、私が道元を読むにあたって、気をつけたこと、気づいたことをまとめたものです。あくまでも私の読み方ですが、それを知らないと道に迷う基本的なことですので、あなたが道元を読むにあたっても、きっと役に立つはずです。道元を理解するとは、道元がどう生きたか、何を考えたかを、道元本人の立場で感じ取ることです。『廣録』と『眼蔵』を丁寧に読むとそのような状態に近づきます。あなたの道元に出会い、あなたも道元になってください。

本書は六つの章に分かれています。それぞれ、Ⅰ．前衛思想家道元の紹介、Ⅱ．言語情報として道元のテキストを分析する、Ⅲ．道元の真筆と偽書・改ざんを見分ける、Ⅳ．理想的な現代語訳と読書法、Ⅴ．『廣録』から読み解く道元と弟子たちの関係、Ⅵ．鎌倉行化以降に行われた『眼蔵』主要概念の発展を取り扱っていますが、はじめから順番に読んでいただいてもよければ、ご興味のある章を先に読んでくださっても結構です。

Ⅰ．知られざる前衛思想家道元

1　なかなかたどりつけない道元

膨大な分量と難解さのために謎に包まれたままの道元

道元は著作の分量といい、内容といい、日本思想史上もっとも枢要な思想家だといえます。たとえば古代から幕末までの日本の思想を紹介する、「日本思想大系」（岩波書店）は全六十七巻ですが、そのなかで道元だけが上下二冊の扱いになっているほか、「道元　上」（一九七〇年）はこのシリーズで第一回配本の栄誉を受けました。この二冊が収録するのは辨道話と『眼蔵』七十五巻本、そして『十二巻　正法眼蔵』だけで、道元の語録である『廣録』は含まれていません。

中央公論社が刊行した『日本の名著』（一九七四年）も道元に一冊を割り当てていて、『眼蔵』七十五巻本のなかから三十二巻が現代語訳されています。また岩波書店の「日本古典文学大系」（一九六五年）は道元の「正法眼蔵」と懐奘《えじょう》のものとして「正法眼蔵随聞記」を併載しています。どちらも『廣録』については年譜でも解説でも一言も言及していません。

『廣録』がはじめて商業出版されたのは、講談社の「日本の禅語録　二」（一九八一年）です。寺田透が「永平廣録」十巻のうち第一から第五までを紹介しました。『廣録』の分量が多すぎて一冊に収まり切れなかったため、寺田は上下二冊にすることを提案したのですが、版元はどうしても一冊しか認めませんでした。

抄本にしたてるのは、「道元のように何はともあれまずその思想や信仰の全容を知らねばならない存在に対して、語録の主道元と読書界の双方に対する裏切り」という寺田の判断にもとづいて、前半部分だけが現代訳されたものです。

その後、大本山永平寺から、永平寺が宝蔵《ほうぞう》に収める筆写本の写真にもとづく影印と、白文の翻刻、訓読、異本対校、語義注釈、出典考証を掲載した決定版といえる『祖山本永平廣録校注集成』（渡辺賢宗・大谷哲夫監修、上下、一九八九年）が出されます。それを参考にして寺田透は『道元和尚廣録』（上・下、筑摩書房、一九九五年）で廣録の十巻すべてを現代訳しました。残念ながらこの本は発行部数が上が八百部、下が七百部と少なかったうえに、一冊二万四千円というべらぼうに高い値段がつけられたため、話題にもならず、ほとんど読まれていません。

分量が多いだけでなく、内容も難解なため、道元研究者ですら道元の著作すべてをきちんと読んでおらず、道元がどのような思想家であるのかはまだ謎に包まれたままです。本書は『眼蔵』七十五巻本・辨道話と祖山本『廣録』の両方を読みこなして書かれた初の道元論です。

相互に矛盾する内容を記した異本の取り扱い

道元は著作の分量が多いだけでなく、相互に矛盾する内容を記載した異本がいくつも存在するという特徴があります。『眼蔵』には七十五巻本のほかに、九十五巻本、六十巻本、二十八巻本、十二巻本というものが存在しています。辨道話と七十五巻本のほかに、道元が書いたとされる正法眼蔵がおよそ二十巻も存在しているのです。いったい何を読めばよいのか、読む前に途方に暮れます。

また十二巻本に収められている「八大人覚」の奥書には、道元は従来書いた諸巻も書き改めて百巻にする計画があったが、病気のため十二巻目の「八大人覚」で終わり、完成しなかった、と書いてあります。この奥書をめぐって、『眼蔵』が未完の著作なのか、完成しているのか、学者の間でも議論があります。『廣録』を読めばわかることですが、『眼蔵』と『廣録』を読み比べた研究がないために、まだ結論が出ていないのです。これもまた読む気力が失せる話です。

道元の著作ではありませんが、永平寺二世の懐奘が書いたとされる『正法眼蔵随聞記《しょうぼうげんぞうずいもんき》』（以下、『随聞記』）は、『眼蔵』に登場する公案はいっさい取り上げておらず、公案や詩歌を否定したり、鎌倉下向を拒絶していたりと、『眼蔵』と『廣録』の記述や史実との間に大きな食い違いがあります。じつは先に『眼蔵』と『廣録』を読んでから『随聞記』を読むと、内容や語り口があまりに違うことに驚くのですが、『随聞記』から読む人が多く、『眼蔵』と『廣録』が読まれていないために、誤った道元像を広めています。私自身もっとも驚いたのは、道元の思想は「只管打坐《しかんたざ》」、ひたすら坐れとずっと思いこんでいたのに、『眼蔵』も『廣録』もそう教えていないことでした。ひたすら坐れという教えは『随聞記』にしかありません。

また、『廣録』には、祖山本と卍山本という二系統の異本が存在し、それらの間には単純な誤記や誤字ではすまされないたくさんの矛盾があります。たとえば、祖山本が「我が宗《しゅう》は、唯、語句」（上堂語一二八）というときに、卍山本では「我が宗は語句無し」となっているのです。ふつう異本というのは、書き写すときの誤字や脱字によって生まれます。「唯語句」と「語句無し」のような真逆な表現の違いは改ざんと呼ぶべき深刻な汚染です。また、道元が宋で学んだのは「眼横鼻直《がんのうびちょく》」だったと言ったというのも、祖山本にはなく、卍山本にだけある表現です。

卍山本は、これらの矛盾する記述を、中国で作成された『廣録』の抄録である『永平略録』（以下、『略録』）に依拠しています。時代的には、道元の生きているうちに祖山本がつくられ、道元示寂後すぐに弟子が宋にわたって『略録』がつくられました。卍山本が編集されたのは江戸時代に入ってからですが、そもそも祖山本の『廣録』がまったくといっていいほど読まれていないために、この矛盾を知る人がそもそも少なく、矛盾を解消するための研究も進んでいません。

本書は、これらの悩ましい異本間の矛盾を、現代情報理論の中核をなす「誤り訂正符号化理論」によって解消します。驚くべきことに道元は二十一世紀のコンピュータ・ネットワーク技術の核心にある「誤り訂正符号化理論」の基本を理解していて、『眼蔵』七十五巻を連番管理し、それぞれの巻に示衆《じしゅう》（修行僧相手に説く）の日付と場所を奥書として書き入れました。また『廣録』で上堂語を収録する第一から第七の各巻の末尾に上堂数と頌《じゅ》（漢詩）の数を、頌を収めた第九巻と第十巻でも頌の数を数えて識語として書き入れています。わずかな奥書と識語のはたらきによって、『眼蔵』七十五巻本と辨道話、祖山本『廣録』は道元の真筆であることが保証されているのです。

一般に『廣録』の上堂語数や頌の数は識語と呼ばれています。すべて清書が終わった後で欄外を含む余白に追記されたものであることから、奥書とは呼んでいないのでしょう。奥書と識語の定義の違いははっきりしていません。英語ではどちらもポスト・スクリプトになるようです。本書では慣例にしたがって、『眼蔵』の示衆日や場所は奥書、『廣録』の上堂数や頌の数の書き込みは識語と呼ぶことにします。

仏教用語現代語訳の問題

『正法眼蔵』は漢字仮名交じり文で書かれているため、現代日本語に訳したほうが、読者にとっては本来読みやすいはずです。また『廣録』の原文は漢文白文で書かれていますので、読み下し文をつくってから、現代日本語に訳します。ところがいくつかの現代語訳を読み比べると、読みやすいはずの現代語訳が訳者の意訳となっているため、かえって読者を惑わし、道元から遠ざけています。これは仏教用語の現代語訳に共通する問題です。

たとえば、般若心経に登場する「空《くう》」という概念は多くの現代語訳では「実体がない」と翻訳されていますが、本当にそれでよいのか、かなり疑問です。訳者も仏教用語現代語訳の慣例にしたがっただけのようで、『眼蔵』と『廣録』にあるすべての「空」を「実体がない」と訳しているわけでもありません。

我々の脳のなかで、抽象概念の意味がどのように発展し、正しい意味となって安定（収束）するのかという、抽象概念の意味のメカニズムを理解する必要があります。抽象概念の意味は、概念相互の二元的思考を積み重ねることによって、その思考結果のネットワークとして生まれます。そのため、仏教を学ぶにあたっては、言葉の記憶は構築されても、正しい意味が生まれない時期が長く続くことに耐えなければならないことを理解し覚悟するべきです。中途半端に耳慣れた現代語に訳すのではなく、「空」は、意味不明の、意味の確定しない「空」のままにしておけば、読者は意味を求めて学習し考え続け、いつか意味がわかるようになるのです。

「空」の混乱は、読者が「空《から》っぽ」とか「空《むな》しい」という具象概念をすでに知っているために、仏教用語の「空」を考えるにあたって、それらに引きづられてしまうところにあります。これは、具象概念と抽象概念の同音同字意義語だと割り切って、「空っぽ」や「空しい」という言葉とはまったく別の言葉、論理的思考の結果を意味とする抽象概念、仏教用語の「空」として考えなければなりません。

同じ混乱は「虚空《こくう》」という概念でもおきています。「何もない大空《おおぞら》」という意味の虚空をなまじ知っているために、現代語訳者は「虚空」を「大空」と訳します。「虚空」を「空」と訳している例もあります。そのため道元が眼蔵「虚空」で伝える「我を忘れて何かに没頭する」という意味を理解できないのです。じつは道元自身も初期の上堂語では「虚空」を「何もない空」という意味で使った形跡があるのですが、建長二年（一二五〇）に廣録上堂語で集中的に取り上げて意味を正し、それを正法眼蔵全体に反映しています。

本書は、第Ⅳ章で現代語訳はどうあるべきかを検討したうえで、第Ⅵ章で道元がどのようにして「虚空」の意味を修正していったかの軌跡をおいかけます。五官で知覚することができない概念の意味をどう獲得するか、どうやって自分の獲得した言葉の意味が正しいかをたしかめるかということの参考になれば幸いです。

2　道元はどんな思想家か

釈尊《しゃくそん》から第五十二代の法嗣

道元をひと言で表現するなら、釈尊の代から師匠から弟子へと伝えられてきた仏法を護持する第五十二代目の仏祖です。おそらくこれが一番本人の意向に沿った紹介でしょう。『眼蔵』のなかで、妙法の単伝に触れたものとして、辨道話、古仏心第九、授記第二十一、伝衣第三十二、嗣書第三十九、面授第五十一、仏祖第五十二などがあります。仏祖巻に正法眼蔵第五十二を割り振ったのは道元の遊び心または自負心でしょう。

他にもおよそすべての『眼蔵』の示衆と『廣録』上堂語において、釈尊の仏法が正しく道元に伝えられたことが大前提となっています。寛元四年（一二四六）六月、中国に初めて仏法がもたらされた後漢の永平年間にちなんで、大仏寺を永平寺に改称したときの上堂語に「天上天下《てんじょうてんげ》、当処永平《とうじょえいへい》」とありますが、道元は同時代の世界で自分が釈尊直系の仏法を伝えているという自信と抱負をもっていました。

逆に道元を日本の曹洞宗の開祖（高祖）だと受け止めることは、本人にとっては不本意でしょう。仏法はひとつしかなく、禅宗という呼び名も誤りであり、五つの宗派に分けて考えることは誤りであると道元は何度も語っています。正法眼蔵仏道第四十四で「禅宗と称ずるは、あやまりのはなはだしきなり」、「いま五宗の称を立するは、世俗の混乱なり」、「あきらかにしるべし、仏祖正伝の大道を禅宗と称ずべからずといふこと、臨済宗と称ずべからずといふことを」と明言しているほか、示寂する前の年の『廣録』上堂語四九一でも「禅宗と号して有情《うじょう》を惑《まど》はす莫《なか》れ」と頌に詠んでいます。

宇宙から地球を眺める視点をもつ

道元の思想にはどんな特徴があるのかと聞かれたら、月の表面から地球を眺める視点や、地球と月をどこか遠いところから眺める視点をもつと答えます。これまでの道元研究が研究対象としてこなかった『廣録』には、前衛思想家と呼ぶにふさわしいダイナミックかつ幽玄な表現がいくつもあります。

たとえば、示寂の前年である建長四年（一二五二）の中秋（八月十五日）に詠んだ漢詩（上堂語五二一）は、地上の人間は名月だと愛でるが、明るいのは半分だけだ（月の反対側は暗い）と結びます。このクールな表現は誰にでもできるものではありません。道元はコペルニクス（一四七三―一五四三）よりも三世紀前を生きていますが、太陽と月と地球の位置関係が頭の中に入っていたものと思われます。

佛威《ぶつい》に依りて神の宮殿明《ぐうでんめい》なり
千光《せんこう》、赫々《かくかく》、一時に生《しょう》ず。
人間《じんかん》は縦《たと》え中秋の月《つき》を愛すとも
天上は涯《かぎ》り莫《な》し半段《はんだん》の晴《は》れ

現代語訳：天上の神の宮殿は仏威によって明るい。おかげで月の千の光が一時に輝き立つ。人間は中秋の満月と愛でているが、天上界ははてしなく広く、明るいのは地球に面した半分だ。

また即心是仏を論じている『廣録』上堂語四二四では、月の上で巣ごもりしていた鶴が寒くて夢から覚めた状態が、即心是仏のめざすべき祖師の心であるといいます。鶴の眼にうつっているのは四十万キロメートル離れた宇宙空間に青く浮かんでいる水の惑星地球でしょう。

上堂語四二四
上堂に、古徳曰く「皮膚脱落尽《ひふだつらくじん》」と。先師云く「身心脱落也《しんじんだつらくなり》」と。既に、這裏《しやり》に到って且《しばら》く作麼生《そもさん》。良久《りょうきゅう》して云く、誰か道《いわ》ん、即心即仏、非心非仏、非道、と。若《も》し、人、祖師の意を識らんと欲《おも》わば、老兎巣《ろうとす》寒《さむ》くして、鶴夢覚《つるゆめさ》めぬ、と。

現代語訳：古徳は皮膚がすっかり剥げ落ちたと言った。先師如浄《にょじょう》は身心が脱落したと言った。そのレベルに達したらどうなるか。しばらくして言った。誰が心と仏はひとつのものだ、心でなければ仏でもない、道でないと言ったのか。もし人が祖師の気持ちを知りたいと思うのなら、月に巣ごもりする鶴が寒くて夢から覚めた状態だ。

人間中心主義を否定する

道元は、人間中心主義を乗り越えて、すべての生命の立場にたつことが仏道であると考えていました。道元ほど徹底した人間中心主義の否定は、地球環境危機が深刻さを増した二十一世紀にもまだ現われていません。もし道元の思想がもっと早く理解されて人類の知的ゲノムに組み入れられていたら、地球環境問題が今のように深刻化することはなかったでしょう。

『眼蔵』山水経のなかで道元は、海の水を考えるにあたって、人間の立場で考えてはならないといいます。海の水を知るとは、そこで生きる魚が水をどうとらえどう使うのかを知らなくてはならないと教えます。人間中心主義をどのようにして超えるかという考え方まで教えているのです。

いま人間《にんげん》には、海のこゝろ、江《かわ》のこころを、ふかく水と知見《ちけん》せりといゐども、竜魚等いかなるものをもて水と知見し、水と使用すといまだしらず。おろかにわが水と知見するを、いづれのたぐひも水にもちゐるらんと認ずることなかれ。いま学仏のともがら、水をならはんとき、ひとすぢに人間のみにはとゞこほるべからず。すゝみて仏道のみづを参学すべし。（山水経）

現代語訳：現在、人間界では、海のありかた、江《かわ》のありかたをみて、それが水だと知見しているけれども、龍や魚たちがどのようなものをもって水と知見し、水として使用するのかをまだ知らない。愚かにも、人間である自分が水と知見するものを、どの生き物も水として使うだろうと認識してはならない。仏道を学ぶ人々は、水を参学するときには、一筋に人間界の水だけに滞ってはならない。進んで仏道の「みず」を参学しなさい。

言葉の論理性によって五官の知覚や等身大を超える

禅には「不思量底を思量せよ」という言葉がありますが、まだ考えたことのないことを考えなさいということです。まだ自分が気づいていないために言葉にできていないこと、五官で感じられないミクロやマクロな現象、地質年代に属する過去や未来、分子レベルで起きている生命のネットワーク現象などの知識は、日常生活を営んでいくうえでは不必要であり、日常性のなかでそれらについて考えることはありません。いざ考えようとしても、考えるための言葉（概念装置）がないので考えられません。

どうすれば気づくことができるのか。気づいたときに、どうすればそれらをより深く知ることができるのか。人間の認識能力の限界を超えていくカギは静かな環境にいることだと道元は教えてくれます。絶対零度で超電導現象が起きるように、静寂さのなかで我々の思考はダイナミックになる。これが身心脱落だとすれば、道元は宗教家ではなく、科学者です。

上堂語三七三

上堂に、挙《こ》す。薬山《やくさん》、因《ちな》みに僧問う「兀々地《ごつごつち》、什麼《なに》をか思量す」と。山曰く「思量箇《しりょうこ》、不思量底《ふしりょうてい》」と。僧云く「不思量底、如何《いかん》が思量せん」と。山曰く「非思量《ひしりょう》」と。師曰く、有心已《うしんすで》に謝《しゃ》す、無心未《むしんいま》だ様《よう》ならず。今生《こんじょう》の活命《かつみょう》、清浄《せいじょう》を上《じょう》となす。

現代語訳：上堂して昔の話を取り上げた。薬山にある僧が質問した。「兀々と坐禅するとき、何を考えたらよいのですか」。薬山が言うには「思量を超えたものを思量するのだ」。僧が言うには「思量を超えたものをどうして思量するのですか」。薬山が言うには「考えたことがないことだ」。道元が言った。もっている概念を使った思考はすでに去っていて、これまで考えたことのないものはまだ概念化されていない。そのようなときに思考を活性化するには、できるだけ身を清浄にして静かな環境にいるのがよい。

文字通り深山幽谷にあり、冬は雪に閉ざされる永平寺を、道元は愛していました。宝治二年（一二四八）春、鎌倉行化から戻った翌日の上堂語で道元は山を愛する気持ちを頌にします（V．5で紹介）。思索を深め広げるには、山と雲に包まれた永平寺の清浄な環境が一番であることを確認したのでしょう。鎌倉から戻ってからの五年間、道元はここで仕事に打ち込みます。

科学（英 science）の語源はラテン語の知る（scire）と沈黙（silentium）の結合ではないでしょうか。二〇一六年四月にイタリアのアッシジにある聖フランシスコ大聖堂を訪れたとき、私は科学は沈黙（英 silence）と結びつくことに気づきました。修道院の沈黙行が科学を生んだのです。それはキリスト教も仏教も同じでしょう。多忙で凡俗な日常生活から解放されて、僧堂で沈黙行をすることによって、これまでの概念では考えられないこと、まだ説明できていないことを発見し、それに言葉を与えて概念化してさらに思考を深める。道元が「身心脱落」、「仏向上《ぶっこうじょう》」という言葉で言い表しているのは、そのような境地ではないかと思います。

上堂語三七七

上堂に、無上菩提《むじょうぼだい》は、自らの為に非ず、他の為に非ず、名の為に非ず、利の為に非ず。然而《しかれ》ども、一向《いっこう》に無上菩提を専求《せんきゅう》して、精進不退《しょうじんふたい》なる、是《これ》を発菩提心《ほつぼだいしん》と名づく。既に、此の心、現前《げんぜん》することを得て、尚《なお》、菩提の為に、菩提を求めざる、此は是、真実の菩提心なり。也《また》、如《も》し、此《こ》の心無《こころな》くば、豈《あに》、学道と為せん。当山の兄弟《きんでい》、一向に、菩提心を専求して、応《まさ》に懈癈《げはい》すべからず。未だ菩提心を得ざらんが如き者、須《すべか》らく、先代の仏々祖々に祈願すべし。又、須らく所修《しょしゅう》の善業《ぜんごう》を以《も》って、菩提心に廻向《えこう》して願求《がんきゅう》すべきなり。記得《きとく》す。僧、趙州《じょうしゅう》に問う「万法《まんぽう》、一に帰《き》す、一、何《いずれ》の処《ところ》にか帰する」と。州云く「我、青州《せいしゅう》に在って一領《いちりょう》の布衫《ふさん》を作る。重《おもさ》、七斤《ななきん》」と。趙州古仏《じょうしゅうこぶつ》、曽《かつ》て恁麽《いんも》に道《い》う。僧、永平に問わん、万法、一に帰す、一何の処にか帰する、と。永平云うべし、向上《こうじょう》に帰す、と。僧曰く、甚《なん》と為《し》てか恁麽《いんも》に道《い》う、と。我、裏許《りきょ》に在って、十万億仏《じゅうまんおくぶつ》を供養《くよう》す、と。

現代語訳：このうえもなくすぐれた仏の智慧は、自身のためでもなく、他人のためでもなく、名聞のためでもなく、利益のためでもない。そういうなかで、ひたすらそれのみを求めて、一心に、退転なく努力することを、菩提心を発《おこ》すと名づけるのだ。この心が現実に現われて、なお菩提のためですらなく、菩提を求め続けるのが、真実の菩提心である。このような心がなければ、学道とはいえない。当山の大衆諸君はひたすら菩提心を求め、怠りやめてはならない。もしまだ菩提心を得てない者は、過去の仏祖たちに祈って得られるように願いなさい。またこれまでに自ら修めた善業を菩提心に廻向して、さらに願い求めなければならない。覚えていることがある。ある僧が趙州に尋ねた。「あらゆるものは一に帰するということですが、その一つのものはどこに帰するのですか」。趙州が言うのは「わしは青州におったとき、一重の着物を作ったが、その重さは七斤あった」と。趙州古仏はかつてこう言った。もしその僧が私に、あらゆるものは一に帰するということですが、一はどこに帰するのですかと、尋ねるならば、私は言おう。向上に帰するのだと。その僧がどうしてそのように言うのですかと言えば、私は言おう。ここにいて世界の謎を解き明かしている、と。

向上あるいは仏向上は、道元思想の中核にある概念です。仏という言葉で説明していたものを、仏を超えて語るとは、科学することです。五官の記憶と結びつかない思考を積み上げることでしか到達できない境地。現代科学で数学者のヒルベルトが公理的手法と呼ぶもの、あるいは心理学者ヴィゴツキーが内言と呼ぶものと通じる、五官の認識能力を超えた次元の科学的思考です。これは僧堂の超低雑音環境で身心脱落することによって可能となります。

只管打坐は道元の教えではない

こうして道元を紹介してくると、ひたすら坐ればよいという只管打坐《しかんたざ》の教えとはまるで違った道元像に読者は驚くことでしょう。道元の思想を代表する言葉としては、「ひたすら坐禅しなさい」という意味の「只管打坐」が有名で、道元の専門家も皆この言葉を紹介しています。私自身、『廣録』を二回通読するまでずっとそうだと思っていました。しかし、今回、『眼蔵』と『廣録』を読んだ結果、道元はただ坐れという意味で只管打坐を教えていないことに気づきました。道元は「只管打坐して身心脱落せよ」、一生懸命に坐禅をして五官の感覚から自由な発想を得なさいということを教えています。しかし、何も考えずにただ坐れとは一度たりとも言ってません。

調べてみると只管打坐は『随聞記』だけが教えていることで、道元の教えではありません。「眼横《がんのう》鼻《び》直《ちょく》」も卍山本『廣録』にはあるけれど、祖山本『廣録』にはない言葉です。道元を読み解くにあたって、「只管打坐」と「眼横鼻直」はいったん忘れたほうがよいでしょう。巷の道元像は、それほどまでにひどく汚染されています。

3　道元の言葉を図式化した荒川修作

身心脱落の功夫の初、露柱懐胎す

私が道元を読んでみようと思い立ったのは、二〇一〇年にこの世での生命活動を終えた現代芸術家荒川修作（一九三六―二〇一〇）についてもっと知るためでした。おそらく荒川にとってもっとも身近な思想家が道元であり、道元の言葉を絵画や建築空間にしたのが荒川です。

『廣録』をはじめて読んだときは気づかなかったのですが、二度目に読んだとき、上堂語五〇一の「身心脱落の功夫の初、露柱懐胎す」（身心脱落の研鑽努力が始まると、裸の柱が宿る。）の「露柱」が、荒川修作のTUBE（一九六二）という図式絵画と同じではないかとひらめきました。二つの別々の記憶が、何かのきっかけで結びつくことがひらめきです。

上堂語五〇一

上堂に、身心脱落功夫《しんじんだつらくくふう》の初《はじ》め、露柱懐胎《ろちゅうかいたい》す。豈《あ》に無を弁《べん》ぜんや。弥布密雲山岳静《みふみつうんさんがくしずか》なり。上《うえ》、高《たか》くしては円月方隅《えんげつほうぐ》を越《こ》ゆ。独立卓々《どくりつたくたく》として、一切《いっさい》に倚《よ》らず。仏身巍々《ぶつしんぎぎ》として諸数《しょすう》に堕《だ》せず。所以《ゆえ》に古徳《ことく》道《い》う。「聖人《せいじん》其《そ》の懐《おもい》を空洞《くうどう》す。万物《ばんもつ》、我《わ》が造《ぞう》に非《あら》ざるなし。万物《ばんもつ》を会《え》して己《おのれ》と為《な》すは、其《そ》れ、唯《ただ》、聖人なり」と。正《しょう》恁麼《いんも》の時《とき》、作麼生《そもさん》。還《また》、委悉《いしつ》せんと要《よう》すや。良久《りょうきゅう》して云《いわ》く。月《つき》、舟《ふね》に逐《したが》って行《ゆ》く紅海広《こうかいひろ》し、春《はる》、花《はな》に堕《だつ》して転《てん》ず、葵花《きか》紅《くれない》なり、と。

現代語訳：身心脱落の努力のはじめに、裸の柱が宿る。努力は無駄でない。厚い雲が厚くかぶさった山のように静寂で、上天高くかかる円い月が隅々を照らすように明朗である。あらゆるものが独立していて、何物にも依存せず、仏の身体として高々と聳《そび》えていて、雑多なものによって乱されない。だから昔のすぐれた人は言った。「聖人は胸中を空っぽにする。するとこの世のすべてはその人が造り出したものとなる。一切の存在を理解することによって自己意識を形成するのは、聖人のみである」。するとどういうことになるのか。委しく知りたいか。（しばらくしてから言われた。）広い海の上を舟が進むと月がそのあとを追って来る。（海は広いが月はさらに遠い。）春の花が散ると、ひまわりの花盛りとなる。（時の流れは色相の変化でわかる。）

道元がこれを上堂したのは示寂の前年建長四年（一二五二）です。すでに建長三年の秋に新たな書記と蔵主（経典や語録の管理をする役僧）が着任して、『眼蔵』と『廣録』の清書作業は始まっています。

もう自分として語るべきことはすべて語ったか、まだ何か語るべきことはないかと、再読味読していて、古徳僧肇《そうじょう》（三七四―四一四）の言葉が「宏智廣録」の言葉と結びついたのでしょう。聖人は世界を認識するために自我を捨てて空っぽにし、代わりに世界の一切すべての事象現象を自己の身体意識として刻み込む。これが宏智正覚《わんししょうかく》（一〇九一―一一五七）のいう露柱懐胎の延長にあるのだとひらめいたものと思われます。最後の二句は、このひらめきの結果、新たに道元が考えて追加したことです。大海原を進む舟を月が追いかけてくるようにみえる。それで月はどれくらい遠くにあるかがわかる。春の花が散って夏のひまわりに変わると、薄紅の桜が紅へと変わる。時間の流れ、季節の変化は色相の変化である。大宇宙の空間と時間を自己の身体記憶として刻み込むヒントとして、書き残したのでしょう。

荒川のTUBESが登場する図式絵画は、一九六〇年代前半はまだ単純なのっぺらぼうの円筒だけでしたが、一九七〇年代の半ばを過ぎると、円筒の表面にたくさんの縦線が入り、また円筒から四方八方に直線が伸びていき世界を分割します。そして図上に言葉が文章で描かれるようになります。一九八〇年代はさらに複雑さを増して直線ではなく曲線や渦巻きが描かれるようになり、定点をもたない、中心をもたない、幾何学模様でない、人工であるのに自然に生まれたかのような配置、天命反転地や天命反転住宅の造形に結びつきます。

「身心脱落の功夫の初め露柱懐胎す」という道元の言葉のおかげで、TUBEが出発点となって天命反転へと発展する荒川の仕事の一貫性を確かめることができました。荒川は悟りを描いたのでしょうか。このように意識を構築することが悟りでしょうか。

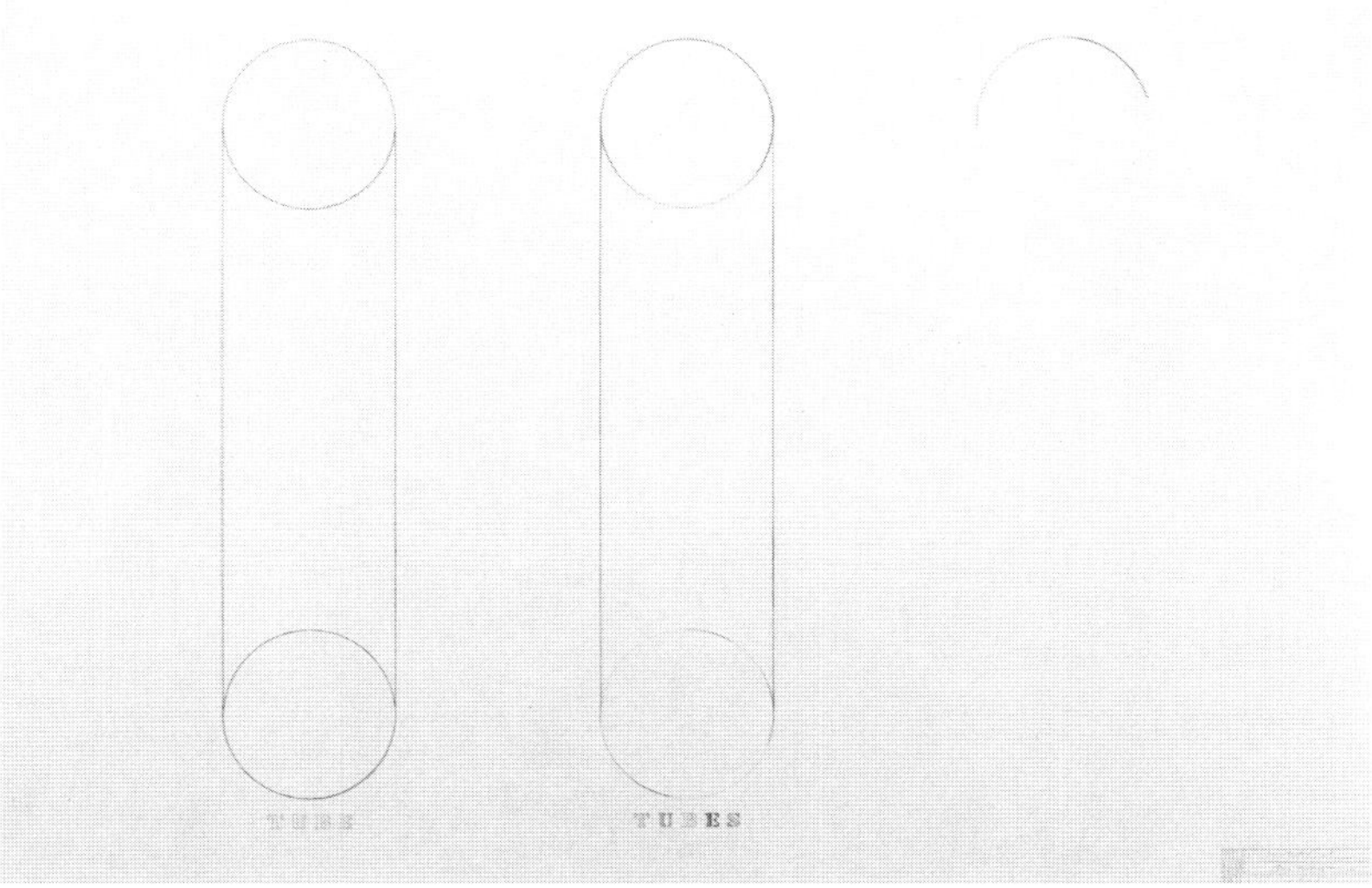

無題（1963）

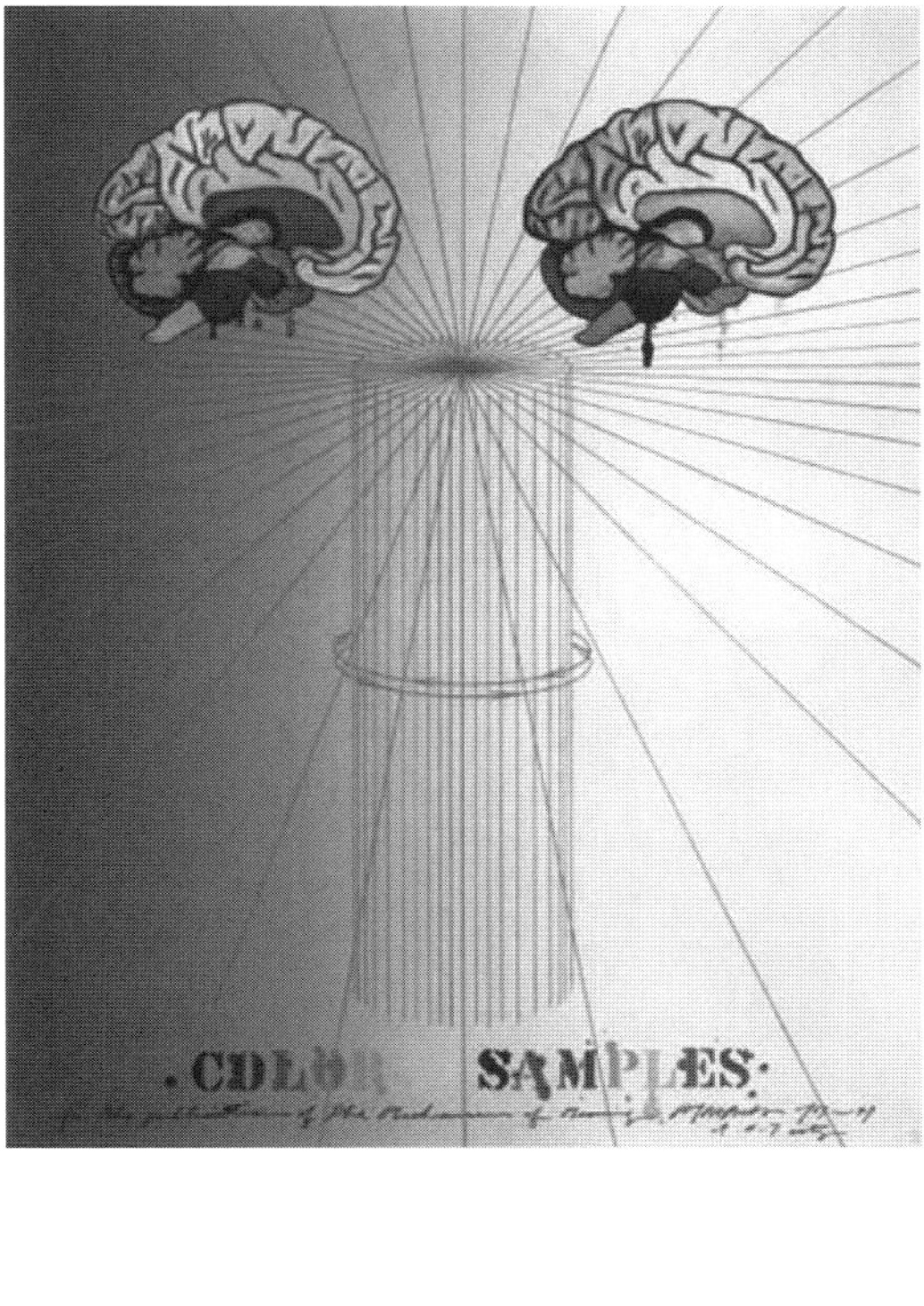

色見本№.2（1979）

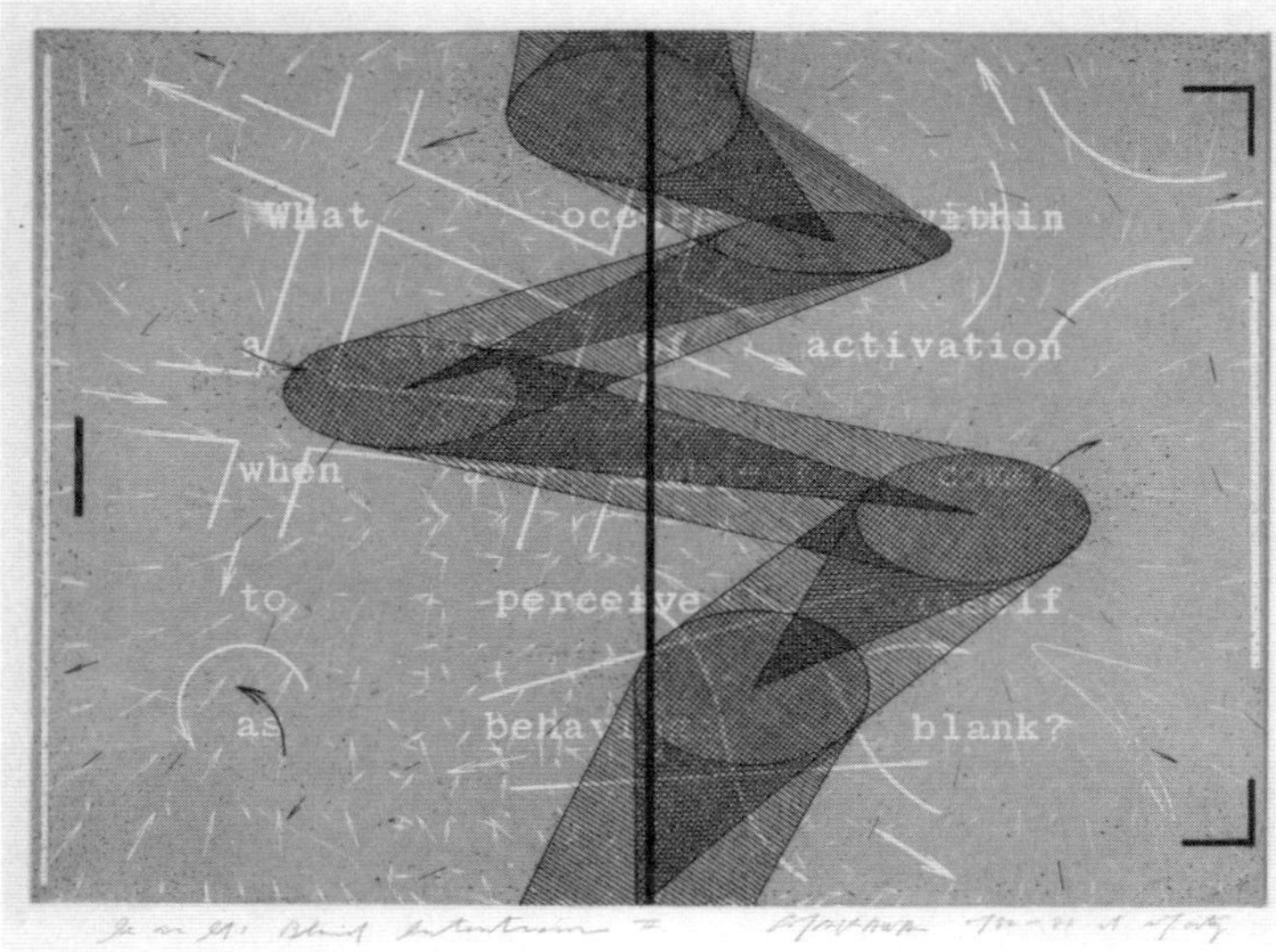

実際には：盲目の意志Ⅱ（1982-83）

実際には：盲目の意志Ⅴ（1982-83）

ちなみに鏡島は祖山本にもとづいて現代訳をつくりますが（春秋社）、ここでは理由を明らかにしないまま卍山本により訂正します。祖山本の「春堕花転葵花紅」が卍山本では「春随陽転葵花紅」となっていて、「春、陽に随って転ずるに葵花紅なり」（春の日を受けて向きを変えるとき、ひまわりの花はこの上なく赤い）となり、月が舟を追い、ひまわりが太陽を追うという対句となります。しかし、ひまわりの季節は夏ですので春の陽に随うというのは変です。万物を己と理解することがテーマの本上堂語では、前句が空間認識、後句が時間認識として解せられる祖山本を採るほうが道元の意にかなうでしょう。本上堂語は「永平略録」には収録されておらず、おそらく卍山本が独自に二文字を換装したものと思われます。

現成公案第一「自己をならう」と「意味のメカニズム」

道元を理解するとは、道元が書いたことを理解して、それを自分の意識のなかに取り込むことです。道元の文章を理解し、自分の意識に取り込むとは、自分自身が道元になるということです。『眼蔵』現成公案第一で「他己の身心をして脱落せしむるなり」というのは、他者が構築・獲得した意識を自分の意識に取り込むことによって、自分の枠を乗り越え、さらに道元の枠をも乗り越える状態になることではないでしょうか。また「仏道をならふといふは、自己をならふ也」というときの自己とは、ただ漠然と「自分」や「自己」を指すのではなく、対象を認識する主体（「一方を証するとき一方はくらし」の暗い側）、自己の意識構造、意味を生みだすメカニズムを指すものと思います。

身心《しんじん》を挙《こ》して色《しき》を見取《けんしゅ》し、身心を挙して声《しやう》を聴取するに、したしく会取《ういしゅ》すれども、かゞみに影をやどすがごとくにあらず、水《みづ》と月《つき》とのごとくにあらず。一方を証するとき一方はくらし。

仏道をならふといふは、自己をならふ也。自己をならふといふは、自己をわするるなり。自己をわするるといふは、万法に証せらるるなり。万法に証せらるるといふは、自己の身心を《お》よび他己の身心をして脱落《とつらく》せしむるなり。悟迹《ごしやく》の休歇《きうけつ》なるあり、休歇なる悟迹を長々出《ちやうちやうしゆつ》ならしむ。

現代語訳：身心全体を傾注して目に見える対象を看取り、身心全体を傾注して耳で聞く対象を聴取するとき、対象を身近に感じ取るが、それは鏡に似形を映すようではないし、水に月が映るような関係でもない。見聞きする対象はわかるが、見聞きする側のことがわかっていない。

仏道をならうというのは、見る聞く側の自分を研究することである。自分を研究対象にするにあたって、個人の記憶や感情を忘れることだ。記憶や感情を忘れるとは、それを無数の現象として分析することである。無数の現象として分析するとは、自己の意識と自分のなかにある他者の意識を取り出すのだ。記憶が意識のなかに保存されている。その記憶を引きづりだして、分析の対象とするのだ。

「自己をならふ」を「見る聞く側の自分を研究」とするのはやや我田引水な現代語訳と思われるかもしれませんが、従来の訳では「修行する」（水野）、「自分とは何かを問う」（石井）、「自己を学ぶ」（中村）と漠然としすぎていて、何が問題であるのかがわかりません。これらの訳は、道元が問題にしていたものを理解していなかったと思われます。前後の文脈から考えても、なぜ鏡が姿を映すように自分はものを見ないのか、自分の目や耳から入ってくる刺激はどのようにして意味を生むのかの過程が問われています。

道元が自分の意識構造を研究しようと思った背後には、四年半にわたって宋に留学した異文化体験があったはずです。大谷哲夫著「永平の風」（道元の伝記の中でもっとも広汎な史料に裏付けられた信頼できるもので、本書の歴史叙述は特に説明のない場合もこの本に依拠しています）によれば、道元は「幼い頃から漢書に親しみ、漢文の読み書きには人一倍優れていたし、入宋前」に留学経験者について会話の特訓を受けてきたにも関わらず、宋に着いたとき「僧たちの言葉がよく聞きとれず、自分の話す中国語も相手にうまく通じない」ことに面食らっていた。「大陸禅の基本は問答によって成立している。会話ができなければ話にならない」と考えた道元は、三か月ほど「船に留まり、会話の特訓をし」ました。はじめはまったく聞きとれなかった現地の人々の会話が、少しずつ聞こえてくるようになる自分の中の変化を体験して、「自己をならう」コツをつかんだのでしょう。

　道元が現地語を聞きとれずに面食らった話のおかげで、荒川の渡米後最初期の作品の謎が解けました。「無題」（一九六二）は、何も書かれていない横書き便箋のようにうっすらと罫線だけが引かれた作品です。この作品は、一九六一年十二月に渡米したばかりの荒川が、人々の話し声がまったく聞きとれなかったこと、何も響いてこないで面食らったことを表現したものだったのです。その少し後に描かれた「1962年2月3日早朝」は線が少し鮮明になって、最後に日付と早朝が記されています。その後の「無題の形成」・「無題性」は、罫線がひとつの三角形に結びつくものと、四隅に枠が描かれているだけのもの。音が言葉の記憶に結びつくのだけれど、それがまだ意味を生まない、別の記憶と結びつかない状態を描いたのではないでしょうか。

　道元は「なんぢもし不会《ふうぃ》といふ道理、しづかに参学すべき。（お前はわからないというが、それはどういうふうにわからないのかをじっくりと考えてみるがいい。）（『眼蔵』密語）といいます。言葉そのものの音韻刺激を聞きとれないことと、言葉は聞きとれるけど意味（記憶）が思い浮かばないことは別です。荒川の初期作

1962年２月３日早朝（1962）
何か聞こえた

無題（1961）
何も耳に残らない

無題性（1961-62）
でも意味がわからない

無題の形成（1962）
この言葉は知っている

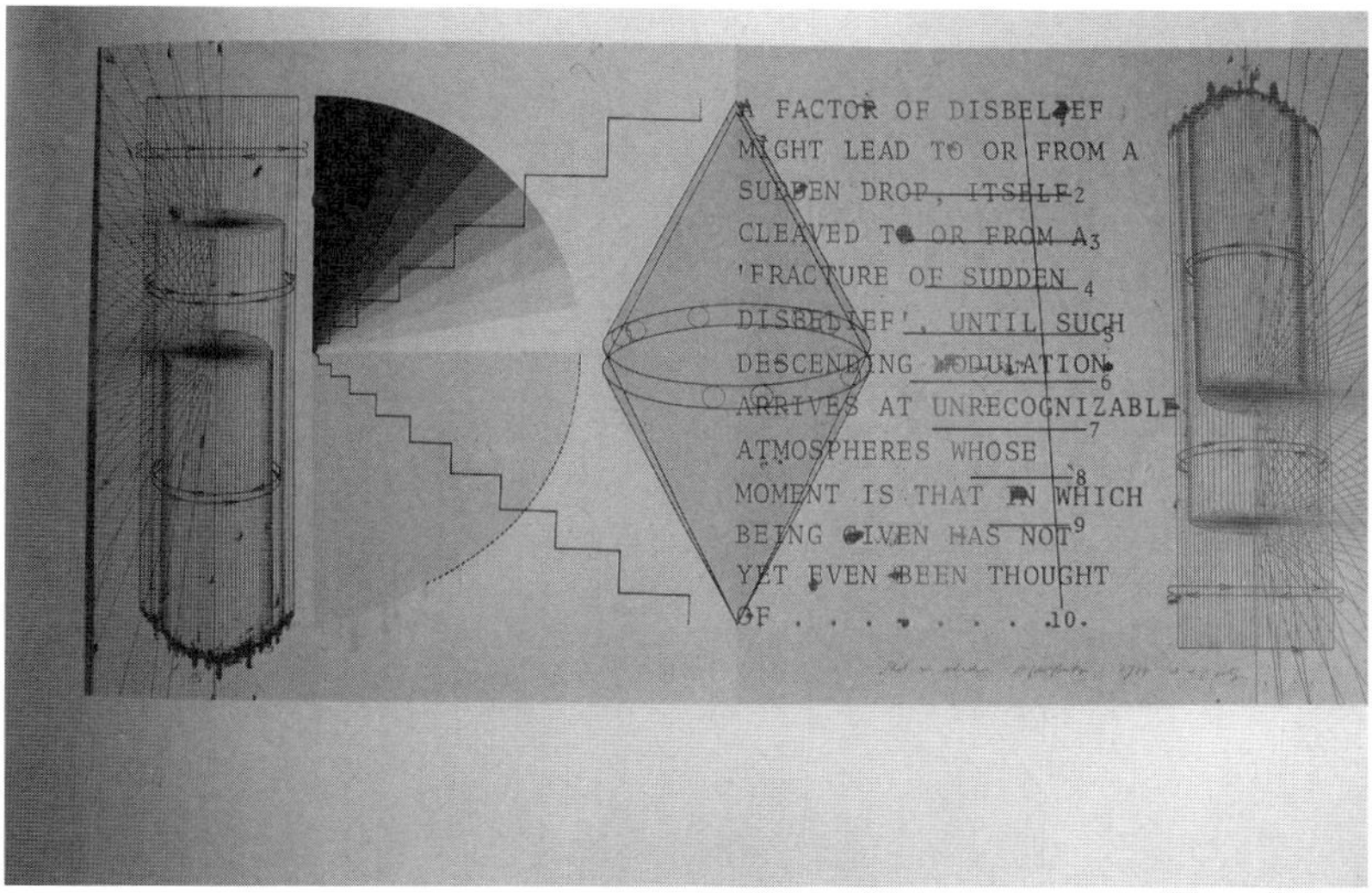

それはその中にNo.2（1978）　さとりとは世界の図式化である

品はまさにこのことを絵にしています。

おそらく荒川にも、異文化のなかで自分の意識の成り立ちを分析する作業があったのでしょう。そして荒川が最終的に到達した天命反転と建築的身体は、異文化と出会ったときのように意識を活性化し、学習意欲が刺激され、知能が発展する環境だった。

道元の「自己をならう」と荒川の「意味のメカニズム」、二人の出発点が同じだったとすれば、その発展にも共通なものがあるでしょう。道元の言葉によって荒川が何を描いていたかがわかり、荒川の作品によって道元の言葉の意味がわかるはずです。道元を理解したい方は、奈義町現代美術館や養老天命反転地を訪れて荒川作品のなかで身心脱落（世俗的・日常的な拘束から身体を解放して、気づきや学びが生まれる体験）することをお勧めします。

心身一如の道元は、言葉も身体の一部として使うことを考えており（『眼蔵』道得）、『眼蔵』の「一顆明珠」、「観音」、「光明」、「十方」、「夢中説夢」、「空華」などが教えるのも、身体に世界を刻み込む手法ではないでしょうか。そして荒川の図式絵画は、道元が考えていたことを図式にしたものといえそうです。

　人のさとりをうる、水に月のやどるがごとし。月ぬれず、水やぶれず。ひろくおほきなるひかりにてあれど、尺寸の水にやどり、全月も弥天も、くさの露にもやどり、一滴の水にもやどる。

　現代語訳：人がさとりを得るということは、水に月が宿るようなものである。月が濡れることはなく、水が破損することもない。ひろく大きな光であるが、一尺の水にも一寸の水にもやどり、月全体も天全体も草の露にも一滴の水にも宿る。

さとりとは、世界を自分の意識の上に身体記憶として図式化して写しとることではないでしょうか。道元の言葉を読んでから荒川の図式絵画を見ると、荒川はさとりを描いたのだと思うようになりました。

摩訶般若波羅蜜多《まかはんにゃはらみた》　第二

本題に入る前に、第二巻の奥書には「正法眼蔵　摩訶般若波羅蜜多　第二」とありますが、一般には「摩訶般若波羅蜜」とされています。「摩訶般若波羅蜜」と「摩訶般若波羅蜜多」は同じでしょうか。それともどちらかが正しいのでしょうか。道元が二つの異なる言葉を混同していたのでしょうか、あるいは書写係の注意不足による混同でしょうか。

本文には、般若、般若波羅蜜、般若波羅蜜多の三つの概念が登場します。「般若波羅蜜十二枚、これ十二入《にふ》なり。また十八枚の般若あり、眼耳鼻舌身意《げんにびぜつしんい》、色声香味触法《しきしやうかうみそくほふ》、を《お》よび眼耳鼻舌身意識等なり。また四枚の般若あり、苦集滅道《くじふめつだう》なり。また六枚の般若あり、布施《ふせ》・浄戒《じやうかい》・安忍《あんにん》・精進《しやうじん》・静慮《じやうりよ》・般若なり。また一枚の般若波羅蜜、而今《しきん》現成せり、阿耨多羅三藐三菩提《あのくたらさんみやくさんぼだい》なり。また般若波羅蜜三枚あり、過去、現在、未来なり。また般若六枚あり、地水火風空識なり。また四枚の般若、よのつねにおこなはる、行《ぎやう》・住《ぢゆう》・坐《ざ》・臥《ぐわ》なり。」

この後、釈迦の法の集まりにいた比丘が、「我れ甚深般若波羅蜜多《じんしんはんにやはらみた》を敬礼《きやうらい》すべし（略）」といいます。比丘の念を知った仏は、「是《かく》の如《ごと》し、是の如し。甚深般若波羅蜜は微妙《みめう》なり、難測《なんしき》なり」といいます。この会話は大般若経の著不著相品にあるそうですが、ここですでに般若波羅蜜多と般若波羅蜜が同じことであるかのようにやりとりされています。しかし仏の言葉は、「甚深般若波羅蜜多は微妙なり」が正しいのではないでしょうか。

その前の所を読むと、般若は「行為や現象」、般若波羅蜜は「行為や現象が発生する場」と考えることができます。そして般若波羅蜜多は、様々な場で生まれる行為や現象がひとつになって機能しているネットワークだといえそうです。ならば巻二のタイトルは「摩訶般若波羅蜜多」でしょう。道元自身が、摩訶般若波羅蜜多と摩訶般若波羅蜜の区別をきちんとできていなかった可能性もありますが、もともとの中国語翻訳時の訳語不統一、または書写係の不注意による混同の可能性もあります。

『廣録』を読むと、上堂語一七〇では、摩訶般若波羅蜜多と摩訶般若波羅蜜が使われていますが、使い分けられているというよりは、摩訶般若波羅蜜多というひとつの言葉の表記がふた通りあるという印象をもちます。その他の上堂語三〇、四五、六九、二〇九、三三三は摩訶般若波羅蜜多であるべきところが、摩訶般若波羅蜜になっているようです。道元自身、摩訶般若波羅蜜多と摩訶般若波羅蜜を意識的に書き分けるまでに至ってなかったのかもしれません。ネットワークという現象は、単純な論理にもとづく分散処理によって実現します。それを理解するのは一筋縄ではいきません。

荒川の「レモンのあいまいな地帯のネットワークについて」は、意味のメカニズムのなかの一枚です。上部にタイトル「一個のレモンにおけるあいまいな地帯のネットワーク／提示　について　スケッチ　No. 2」とあります。タイトルの下は四角く黄色に塗られていて、中央上部にツブツブな表皮のテクスチャーをもつレモンが、黄色で描かれています。名前をもたない「言葉以前のレモン」です。周りに描かれている様々な色と形の二十数個のレモンは、「レモンの別訳」「静かなレモン（可能なら）」「レモンの誤認」「レモンのドローイング」「レモンのモデル」「これはレモン」「現実のレモン」「レモンの印象」「動く・移動するレモン」「ほとんどレモン」「レモンの反映」「レモンの写真」「レモンの夢」「最後のレモン⁇」「レモンの領域」「隠れたレモン」「主題：レモン」「レモンの幻影」「レモンの記憶」「レモンのイメージ」「レモン以前あるいは前レモン」「レモンの絵」「薄切りレモン」「動物のレモン」「レモンの抜き型」「レモン以後」「過去のレモン」。すべてのレモンは相互に黒い線分で結ばれてネットワークしています。

下には注が四つあり、そのうちの一つは「※これの立体モデルを作ること—いつか実現するとすれば、それは二重らせんを基にしたものになるだろう。そうすればあいまいさの質も変わるかもしれない……」です。記憶は神経細胞核内でＤＮＡによって符号化されて記録されるのでしょう。

全体も部分も、言葉も現実も幻影も、イメージも写真も抜き型も、現在も過去も、およそレモンに関係するありとあらゆる記憶が一緒くたになって記憶され、それを神経細胞がネットワークして相互に結びつける。

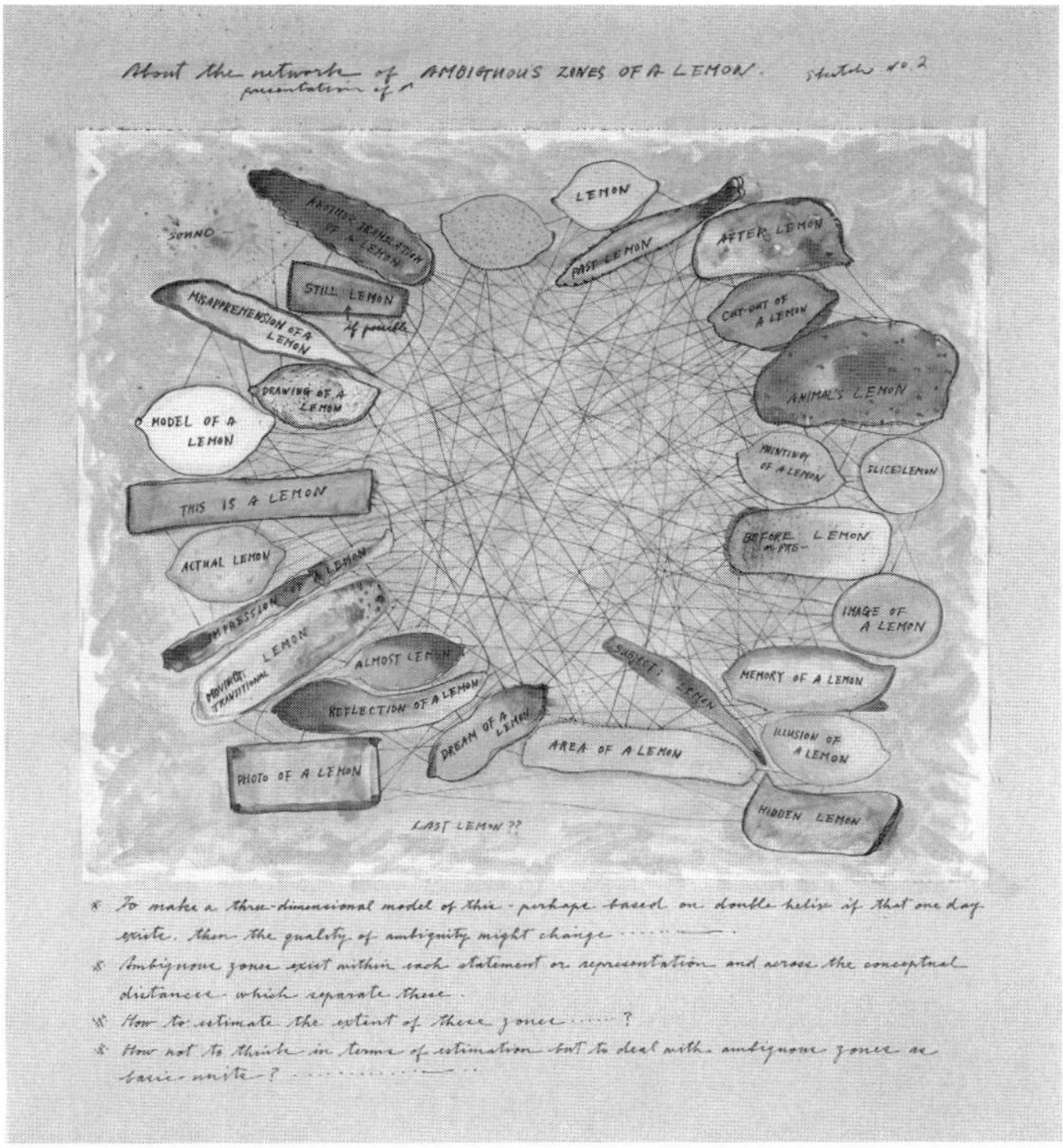

曖昧な区域の提示「一個のレモンにおけるあいまいな地帯のネットワーク/提示について　スケッチNo.2」　これも摩訶般若波羅密多ではないだろうか。

マドリン・ギンズと著者（2012年、ニューヨークにて）

言葉の意味の広がりと深淵さ、神経の記憶が柔軟であると同時に強靭であることを感じます。これが言葉の意味のメカニズムであり、分子レベル・現象レベルの自己であり、摩訶般若波羅蜜多、甚深般若波羅蜜多と呼ぶものではないでしょうか。

・空華《くうくゑ》　第十四

二〇一二年四月、荒川修作の三回忌にニューヨークを訪れて、荒川のパートナーだったマドリン・ギンズ（一九四一―二〇一四）に「意味のメカニズムを理解したい」と言ったら、「『ヘレン・ケラーまたは荒川修作』を読みなさい」と言われました。読んでみたら、そこに道元の空華の一節が引用されていました。道元が首楞厳経《しゅりょうごんぎょう》の「釈迦牟尼仏言。また翳人の空中の華を見るが如し、翳病若し除《のぞ》こほれば、華空《くう》に滅す。」を紹介してから語る言葉です。

この道者《だうぢや》、あきらむる学者いまだあらず。空をしらざるがゆゑに空華をしらず、空華をしらざるがゆゑに翳人《えいにん》をしらず、翳人をみず、翳人にあはず、翳人ならざるなり。翳人と相見《しやうけん》して、空華をもしり、空華をみるべし。……ただ空花は所捨となるべしとのみしりて、空花のゝちの大事をしらず、花の種熟脱《しゆじゆくとつ》をしらず。

現代語訳：釈尊が言われた。盲人が空中の華を見るようなものだ。眼病がもし治ったら、華は空中に消えてしまう。

この言葉の意味を明らかにした学者はまだいない。空を知らないから、空華を知らず、空華を知らないから盲人を知らず、盲人を見ず、盲人に会わず、盲人でないのだ。盲人と会って、空華を知り、空華を見るべきである。……ただ空華は消えていくものだとだけ知っていて、空華が重要な意味をもつことを知らず、空華の種が熱脱することを知らない。

道元の言葉を紹介したあとで、ヘレン・ケラー（マドリンか荒川かもしれませんが）は、このなかに飛び込んでいって、次のようなことを言っているということがわかった。「汝が汝自身を見いだす世界は、ありとあらゆる点で汝の世界である。」このためには、世界のあらゆる素粒子波はモザイクのように、戦略的に配置されている。「空華」には特殊なかたちと……特殊な機能がある。わたしのような翳人の「空」の資質そのものを保持し、また維持しているのである。

ヘレン・ケラーは、一歳半を過ぎて熱病にかかり、その後、見ること、聞くこと、話すことができなくなりました。彼女の身体は、見る喜び、聞く喜び、話す喜びを知っていたから、不自由になったあと、なんとかしてそれらの感覚を取り戻そう、残されている触覚を使って身体に刻み込もうとしていたのでしょう。「ヘレン・ケラーまたは荒川修作」に紹介されているさまざまな図式絵画は、視覚や聴覚を触覚に置き換えて脳内で描いたものだったのです。

ヘレン・ケラーが見えない眼で空を見上げると、空は升目で区切られていて、ひとつひとつの升目には落ちている瞬間の花びらが収まっている。その現実性を道元も理解していたようです。道元は、首楞厳経の言葉から、ヘレン・ケラーと同じ感覚で落ちてくる花びらを触覚として身体に刻み込んだのでしょうか。

道元は仏道において翳人こそが本覚人であり、妙覚人であり、諸仏人であり、三界人であり、仏向上人であるとはっきりと言います。「吾が宗は唯語句」と断言し、言葉を大切にする道元は、水とマグカップを区別できないでいたヘレン・ケラーが、水という言葉の意味を理解したときに感じた戦慄、彼女が受けた言語の神秘の啓示に共感することでしょう。

すべてのものに名前があるのだということを理解したのは、先生がこられて数週間たってからのことでした。……サリバン先生は「M-U-G」は「MUG」、「W-A-T-E-R」は「WATER」だということを教えこもうとされたのですが、わたしはどうしても二つを区別できなかったのです。あきらめて先生はひとまずその問題をあとまわしにしたのですが、次の機会をとらえるとまた早速持ち出したのでした。わたしの方は何度も練習させられるので、いらいらして、新しい人形をつかんで床に投げつけました。（略）

わたしたちは、井戸水を汲む小屋の方へ歩いていきましたが、それは小屋を覆っているスイカズラの香りに誘われたからです。誰かが水を汲んでいて、先生はわたしの手を井戸水の注ぎ口の下へもっていきました。冷たい水の流れが手にかかると、先生はもう一方の手に、はじめはゆっくり次に素早く「W-A-T-E-R」と書かれました。わたしはじっと立ったまま、先生の指の動きに全神経を集中していました。突然、わたしはなにか忘れていたことをぼんやり意識したような、思考が戻ってきたような、戦慄を感じました。言語の神秘が啓示されたのです。そのとき、「W-A-T-E-R」というのは、わたしの手に流れてくる、すばらしい冷たいなにかであることを知ったのです。その生きた言葉がわたしの魂を目覚めさせ、光と望みと喜びを与え、自由にしてくれました。（「ヘレン・ケラーまたは荒川修作」一三八―一三九頁）

道元は、『眼蔵』「道得」で言葉と行動の直結を試みています。「言葉を使うサル」にすぎない現生人類が正しく生きるためには、言葉を正しく使うこと、言葉に身体を同期させて正しくふるまうことが大切である。これが道元の思想にあると思います。

・光明《くわうみやう》　第十五

道元は『廣録』上堂語九七で雲門《うんもん》の語録から、光明を語ります。仁治三年三月末か四月頭の上堂です。

上堂語九七

上堂に、云く。人々《にんにん》自《おのずか》ら光明有ること在り。仏殿《ぶつでん》・僧堂《そうどう》、更に壊《え》すること莫《な》し。且《しばら》く問う、人々何《にんにんいずれ》の処《ところ》よりか来《きた》る。光明有らしめて対《たい》す、と。

現代語訳：ひとそれぞれに光明がある。仏殿と僧堂は壊れることがない。そこで訊いてみるが、人の光明はどこから来たのか。仏殿や僧堂の光明が、人の光明を現成させるのだ。

おそらくこの上堂語は、二か月後の仁治三年六月二日に示衆される『眼蔵』光明第十五の準備であり、道元は答を模索していたのでしょう。「光明は光明を有らしめて対す」は『眼蔵』では語られていません。『眼蔵』では、雲門の「人々尽く光明在る有り。看る時見ず暗昏々なり。作麼生ならんか是れ諸人の光明あること」という問いに、雲門自ら「僧堂・仏殿・厨庫・山門」と語ったことが紹介されます。道元はこの雲門の言葉が理解できなかったようで、「雲門なにをよむでか僧堂・仏殿・厨庫・山門とする」と述べています。

この「僧堂・仏殿・厨庫・山門」はずっと気になっていたようで、上堂語二三三でも「何をか法王身と名づくる。四大五蘊、行住坐臥、開単展鉢《かいたんてんぱつ》、僧堂仏殿、厨庫三門《ずくさんもん》、法王身にあらざる無し」という黄竜慧南《こうりゅうえなん》の語を紹介しているほか、上堂語四〇六では「十方世界、光明を蒙る。一切衆生、仏説を聞く。拄杖袈裟、共に笑忻《しょうきん》す。僧堂、仏殿、鉢盂、悦ぶ。」といいます。結局道元はこの言葉が理解できなかったのか、『眼蔵』光明の奥書で「この謎を解くのは君たちに任せる（大家未免雲門道覷破）」と後世の読者に託しています（Ⅲ．4参照）。道元の不幸は、鋭い質問、あるいはトンデモナイ質問を投げかけてくる弟子や僧に恵まれなかったことです。もし何か質問を受けていたら、斬新な発想を得ていたと思うので残念でした。

私は「僧堂、仏殿、厨庫、山門」から、荒川の「図形のレントゲン」（一九六五年、四五頁）を思い出しました。これもヘレン・ケラーの脳内地図で、単純な部屋の間取りに、居間、寝室、台所、浴室、ホールと書き込みされただけのものです。

見ようとしても暗くてさっぱりわからないけれども自分のなかに備わっている光明として、家の間取りの脳内地図がある。修行者たちが何年も過ごした寺の建物の配置図は、彼らの身体の一部として記憶されます。自分が日々活動している場が、意識の上の一枚の地図になる。そのことが「一切世界は、自己の光明裏にあり。一切世界は、一人として是れ自己にあらざるなし」という世界と自己の一体化ではないでしょうか。試しに永平寺の七堂伽藍の配置図で「僧堂、仏殿、厨庫、山門」を順に線で結んでみると、ダイヤ型の配置がみえてきます。雲門のいた寺の配置がどうなっていたかは知りませんが、雲門は、衆僧たちに脳内地図のダイヤ型を喚起したかったのでしょうか。おそらく道元は厨庫に足を運ぶこともなかったから脳内地図をもっていなかったのでしょう。このダイヤが見えた弟子はいたのか。道元がこのダイヤをみたら何というでしょう。

・観音《くわんのん》 第十八

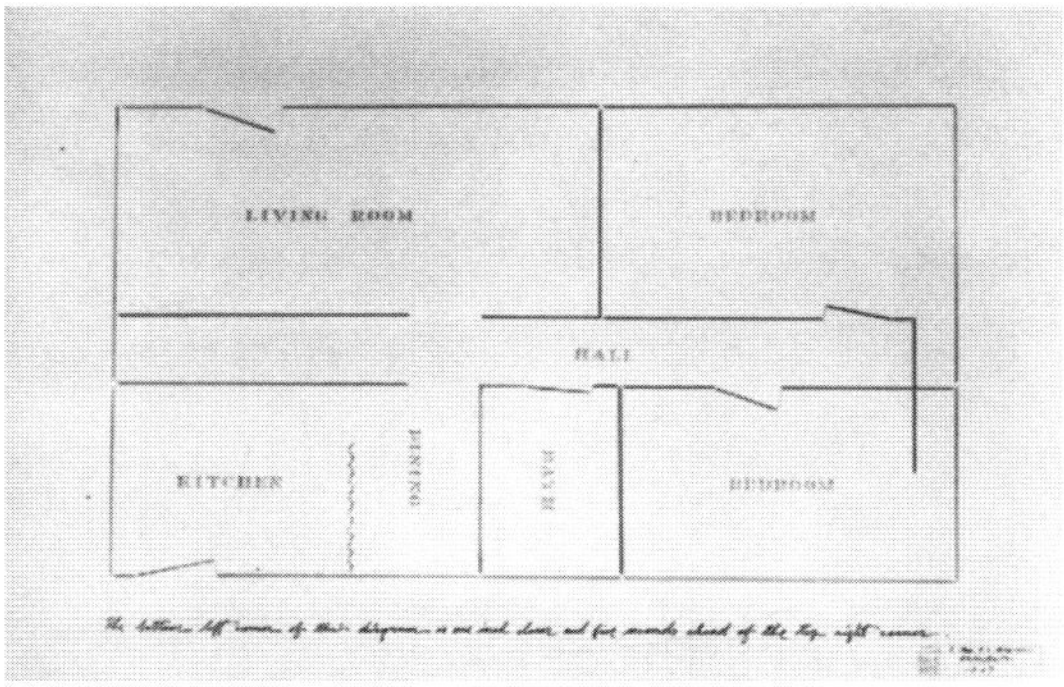

図形のレントゲン（1965）

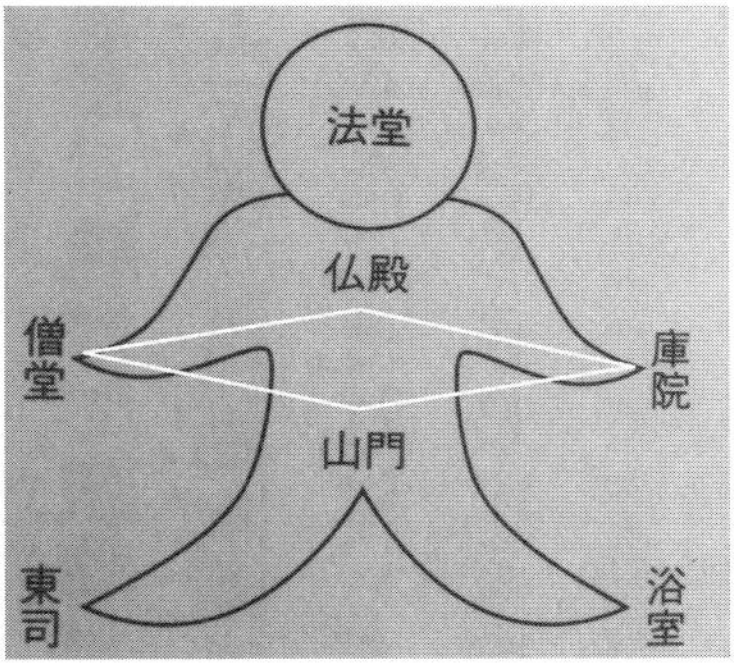

七堂伽藍の配置（「道元読み解き事典」より）著者がダイヤ形を書き入れた。

『眼蔵』観音第十八は、千手観音はどういうふうにたくさんの手を使うのですかという質問から始まります。

雲岩無住大師、道吾山修一大師に問ふ。「大悲菩薩、許多の手眼《しゆげん》を用ゐて作麼《そも》」
道吾曰く「人の夜間に手を背《うしろ》にして枕子《ちんす》を摸するが如し」（略）「通身《つうしん》是《ぜ》手眼《しゆげん》」　（正法眼蔵「観音」）
現代語訳：「大悲菩薩はたくさんの手眼を使って何をするのですか」
「人が夜間に手を後ろに回して枕子を探るようなものだ」（略）「からだ全体が手眼だ」

この問答から、それまでずっと何を描いているのかがわからなかった荒川の「分割された連続体」という作品がひらめきました。（「ヘレン・ケラーまたは荒川修作」二八―二九、三四―三五、六八頁）

「分割された連続体 #2」（「ヘレン・ケラーまたは荒川修作」六八頁）は、うっすらとした升目状になっているキャンヴァス上に、左辺の上部と下部から二本の太い線が横に延びていて、上の線には升目ごとに細い線が「窓、カーテン、帽子、足、服、取り消した痕、机、花、頭、椅子、ランプ、影、机」という言葉と太線を結びつけ、下の線は同じ数の細い線が升目と関係なく1から13までの数字と結びつけます。この上の太い線は指先の動きで、下の太い線は脳内の記憶でしょう。上の線が両手を伸ばして触れていく世界であり、下の線は両手の動いた線状に世界が脳内で記憶されていくことを示します。

指の動きは必ずしも直線的ではなくても、意識上は一本の直線の上に指で触った対象が刻み込まれる。私たちの手は二本しかないけど、意識の上の直線は無限につくることができる。観音様のようにたくさんの手を伸ばして、直接指で触れることのできないものでも、意識上の直線に記憶できる。触覚の記憶の応用とし

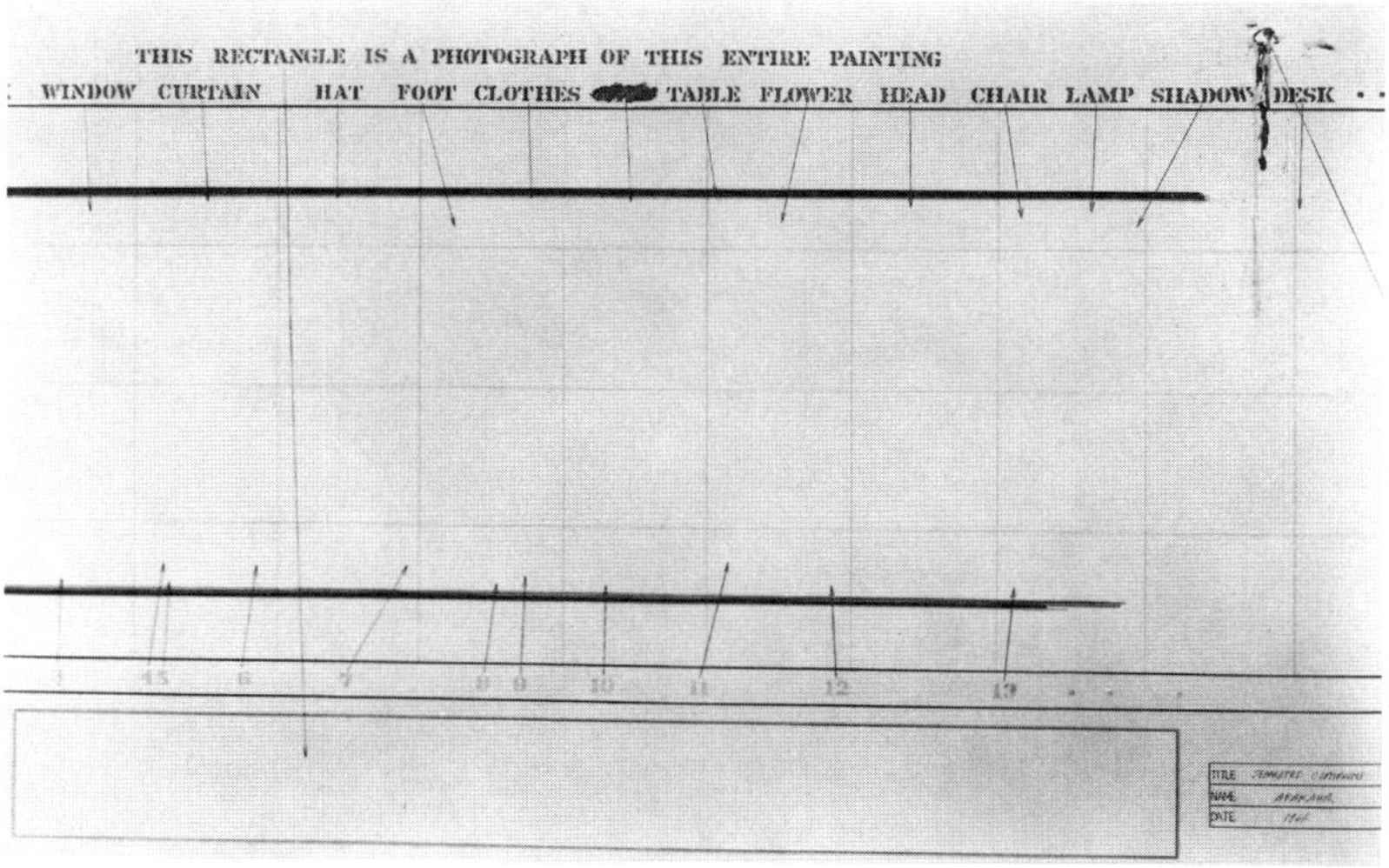

分割された連続体 #2（1966）

て、我々は千手観音のように世界を脳内の無数の手の上に構築することになります。千手観音の手はもともとそのためのものだったのか。荒川は『眼蔵』観音を読んでこの絵を描いたのか、ヘレン・ケラーが世界をどのように記憶するかを聞いたからか、それとも本能的に触覚の記憶の重要性を知っていたのか。

・画餅《わひん》 第二十四

道元は、仁治三年十月五日に道得第三十三を示衆します。おそらくその前後に慧顗《えぎ》上座と僧海首座という二人の弟子を喪って、道元は一人深い悲しみに沈みます。しかしいつまでも悲しみに沈んでいるわけにもいきません。廣録・巻十の偈頌　閑居の時の最後（七十）の詩は、清涼な秋の気配の中で心境を新たにして教えを説いていこうとする道元の心中を語っています。

涼風《りょうふう》方《まさ》に度《わた》って秋の響《ひびき》を覚《し》る、
天気爽晴《そうせい》にして結果新《あらた》なり、

結果新にして香満界《こうまんかい》なり、
廻避《かいひ》無《な》き処《ところ》得聞親《とくもんした》し。

寺田現代語訳：涼しい風が今や吹きわたり、物の音に秋が感ぜられる。空は高くすがすがしく晴れ上り、初生りの木の実が新鮮だ。新鮮な初生りの木の実だ、その香りがあたり一帯をみたしている。身にしみる匂いだ。嗅がずにすまそうと、避けようとしても避けようのない匂いだ。

こうして立ち直りの契機として、十一月五日にこれまでの常識を逆転させる画餅第二十四が示衆されました。物理的存在である餅よりも、論理的存在である餅の作り方のほうが重要で、それが仏法だというのです。

香厳撃竹《きょうげんげきちく》の公案で知られる香厳智閑《きょうげんしかん》は、師に授けられた公案の答えを見つけることができなかったために、すべての書物を焼き払って、食事を配る僧になります。そのとき画餅は飢えを充たさないと言いましたが、これまで誰もそれに異を唱えてきませんでした。ところが道元は、画餅という言葉を深く考えてその真意を知っている者がいないだけだ。画餅こそが餅を現成させると言います。仏法の論理（言葉）が真実ならば、画餅も真実であるというわけです。

いま道著《だうぢや》する画餅といふは、一切の糊餅《うひん》・菜餅《さいひん》・乳餅《しゆうひん》・焼餅《せうひん》・糍餅《ずひん》等、みなこれ画図《わと》より現成するなり。しるべし、画等《わとう》・餅等《ひんとう》・法等《ほふとう》なり。（略）

生死去来はことごとく画図《ワヅ》なり。無上菩提すなはち画図なり。おほよそ法界虚空、いづれも画図にあらざるなし。（略）

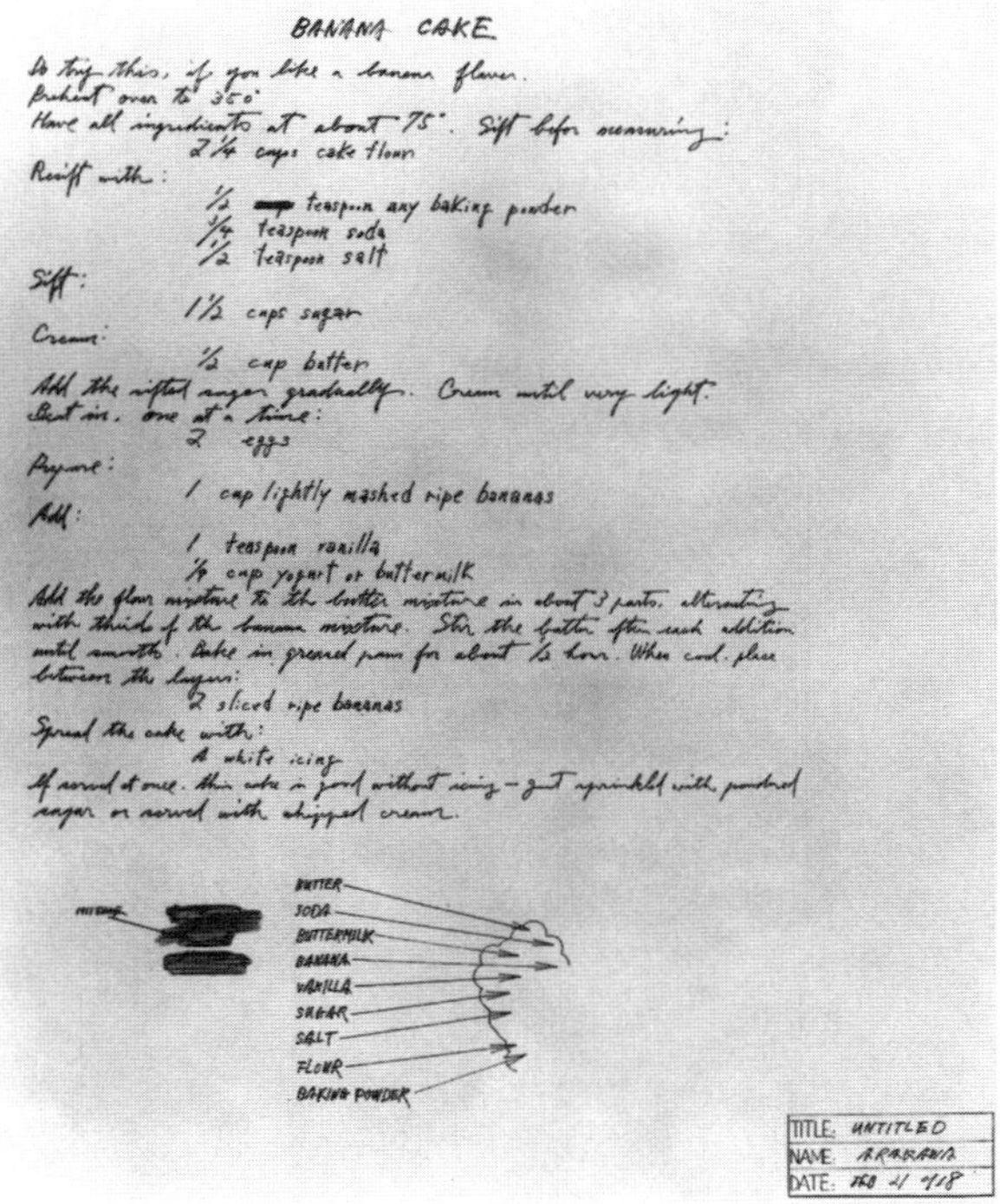

無題（バナナケーキ）（1968）

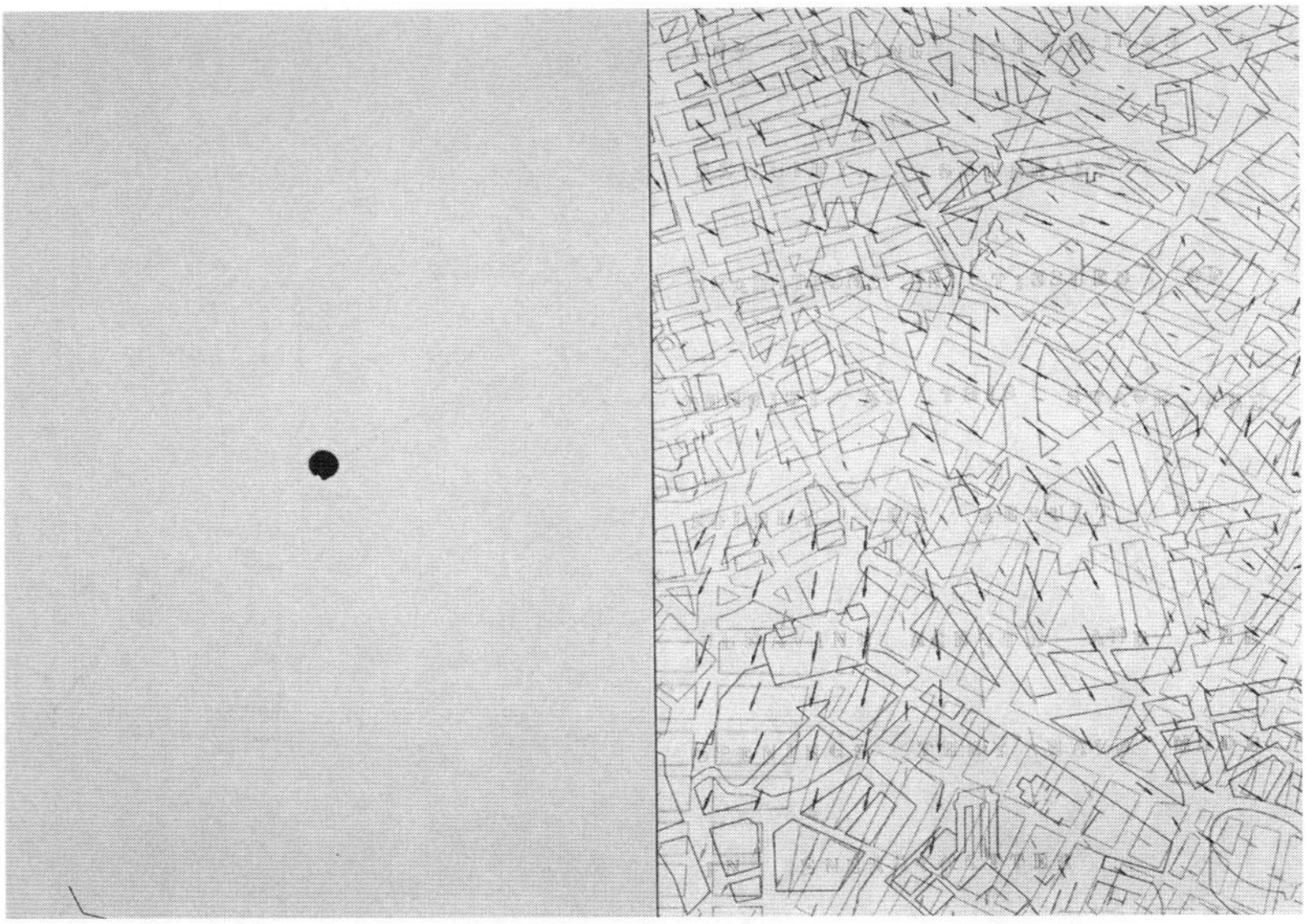

固有名詞（1983-84）　ひとつの固有名詞（左の黒丸）は、その人や場所にまつわるすべての記憶（右の図）を表現できる。ヴィゴツキーの内言における「意味の影響」。

仏法もし実なるには画餅すなはち実なるべし。

はじめは弟子を喪った悲しみから立ち直るため、物理的生命を喪った弟子たちも、自分の記憶のなかで論理的に存在し続けていると、自分自身に言い聞かせていたのかもしれません。それが一般化して、仏法の言葉が真理なら画餅も同様に真理であると思うようになった。

餅の作り方、レシピが画図です。レシピでお腹は膨らみません。だけど、レシピに書いてある材料と作り方に従えば、誰でもおいしいバナナケーキを作ることができます。仏法の言葉が真実であるというのは、レシピのようにそれを行動に移すからだ。正しい言葉が正しい行動を生み、正しい行動が正しい世界をつくる。弟子を喪ったことを契機として生まれた道元独自の言語哲学です。

荒川修作の意味のメカニズムにあるレシピシ

リーズも、同じ発想にもとづいていたのでしょう。

正法眼蔵　仏祖　第五十二

仁治二年正月三日に興聖寺で示衆された仏祖は、「仏祖の現成は、仏祖を挙拈《こねん》して奉覲《ぶごん》するなり。過現当来《くわげんたうらい》のみにあらず、仏向上よりも向上なるべし。」とはじまって、釈迦牟尼仏以前の六仏から天童如浄にいたる仏祖たちの名前を読み上げるだけの巻です。

固有名詞は、ひとつの言葉が、その人の人格や人生のみならず、その人が一生かけて修行し研鑽した過程と結果のすべてを表現します。これこそが仏向上事であり、釈迦牟尼仏以来面授を続けてきた仏祖の名前を順番に読み上げることで、仏向上の向上、つまり人類の前衛たちが綿々と叡智を継承し発展させてきた歴史を物語ります。（Ⅵ．2参照）

正法眼蔵　十方《じっぽう》　第五十五（光明第十五、一顆明珠第七、現成公案第一）

円筒状の TUBE から世界を映しとるために、四方八方にベクトルや円錐が伸びていく。グラデーションをもつ羽根車、階段状のゲージ。自ら光明を放って、世界を自分のものとしていくのだ。

世界との接点をもたせる技を身につける。はじめは、視覚や聴覚から取り込まれるリモートな刺激を、皮膚感覚あるいは手眼にもとづく体感に置き換える。世界は分断され統合されて整理される。だんだん、五官にたよらずに、世界を論理的に写し取ることができるようになる。無垢な円柱の TUBES からこの状態にたどりつくまで荒川が十年以上かけていることに注目してください。

尽十方界、是れ沙門の眼。尽十方界、是れ沙門の家常語。尽十方界、是れ沙門の全身。尽十方界、是れ自己の光明。尽十方界、自己光明裏に在り。尽十方界、一人として是れ自己にあらざる無し。（光明）

玄砂院宗一大師云、「尽十方界、是一顆明珠《ぜいつくわめいしゆ》」
あきらかにしりぬ、一顆明珠はこれ尽十方界なり。（一顆明珠）

道元の言葉が、光明と十方、一顆明珠と十方を結びつけ、荒川の図式が、十方を現成公案に結びつけます。

さとりの人をやぶらざる事、月の水をうがたざるがごとし。人のさとりを　罣礙せざること、滴露の天月を罣礙せざるがごとし。ふかきことはたかき分量なるべし。時節の長短は、大水小水を撿点し、天月の広狭を辨取すべし（現成公案）

現代語訳：さとりが人を壊さないのは、月が水に穴をあけないようなものだ。人がさとりを傷つけないのは、一滴の露が空の月を傷つけないようなものだ。深いことは高さとして理解しなさい。時間の長い短いは水の量が多いか少ないかをみて、空の月の大きさで判断しなさい。

天命反転地使用法にしたがって道元を読む

荒川修作は、日本で生まれてニューヨークで活動した現代芸術家です。パートナーである詩人のマドリ

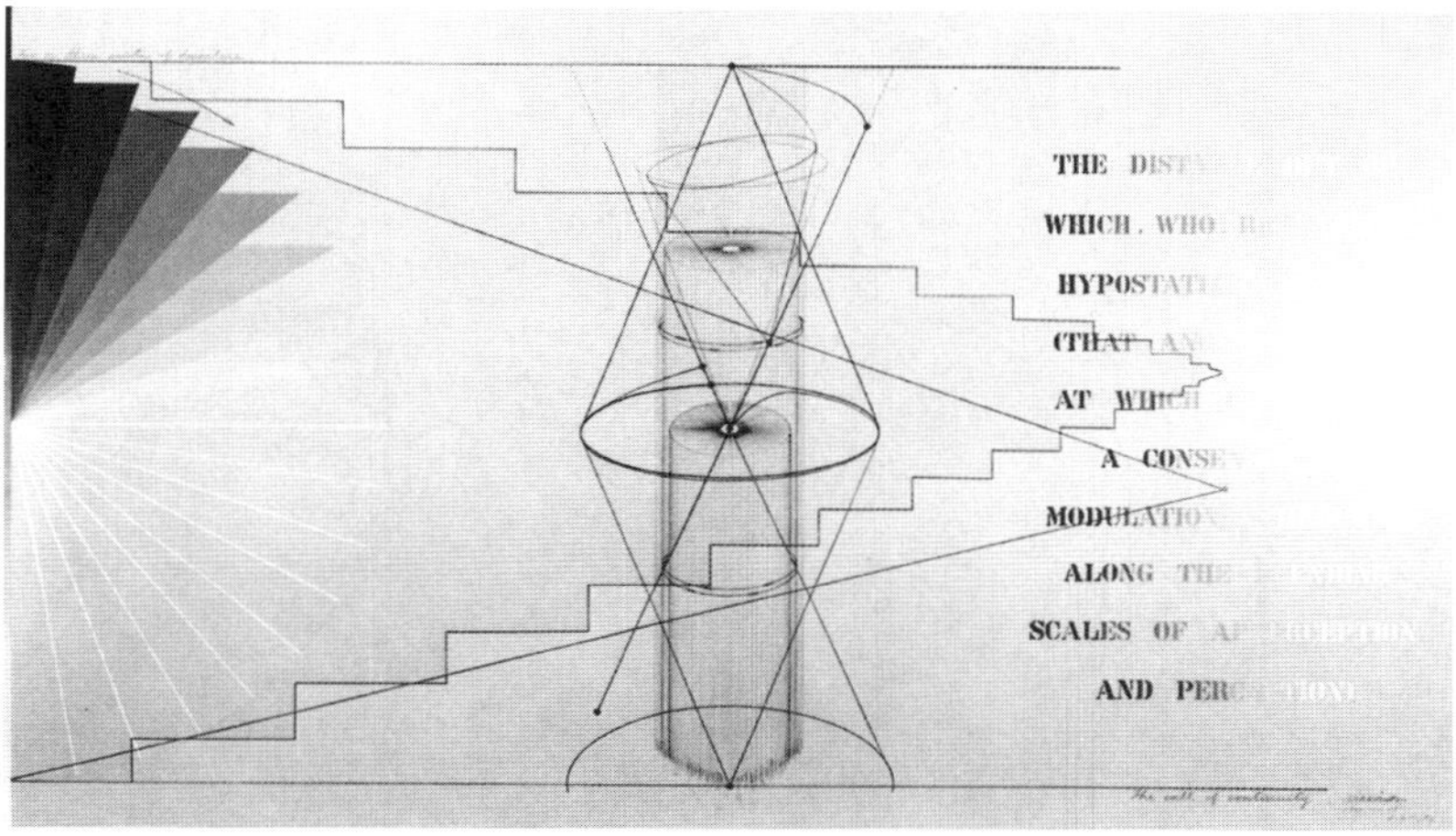

連続を呼びだす（1976-77）

ン・ギンズとともに、一九七〇年代に「意味のメカニズム」と名づけられた一連の図式絵画を作成しました。新しい文明を作ろうとした「天命反転」の仕事は、荒川を「はじめてレオナルド・ダヴィンチを超えた芸術家」にしました。

それらは単純な線画に始まってだんだんと複雑な形へと発展し、一九九〇年代には見るものの身体を包み込む建築空間として結実しました。奈義町現代美術館の「遍在の場　奈義の竜安寺　建築する身体」（一九九四年）、岐阜県立養老公園のなかにつくられた広さ一ヘクタールの回遊庭園「養老天命反転地」（一九九五年）、そしてその中で生活するための居住スペースとして「三鷹天命反転住宅　ヘレン・ケラーのために」（二〇〇五年）と、ニューヨーク州イーストハンプトンにつくられた「バイオスクリーブハウス」（二〇〇八年）が生まれます。

荒川修作の天命反転地は、見て楽しむ美術作品ではなく、身体を建築と一体化させて新たな気づきを得るため、覚りの装置です。大地は平坦ではなくて凹凸の形をしています。公園のなかを歩き、住宅に住むにあたって、一見すると禅の公案のようなナンセンスな使用法があるところに特徴があります。天命反転地と自分自身を一体化するためには、この使用法がとても大切です。

たとえば、養老天命反転地に入場した時にもらうリーフレットに書いてある「極限で似るものの家」の使用法は、具体的ですが、常識的ではありません。この使用法に従うと、建築と身体の関係が生まれやすくなり、意識が変容します。公園来場者の多くが使用法を読まずに歩いているのはもったいないことです。

- 何度か家を出たり入ったりし、その都度違った入り口を通ること。
- 中に入ってバランスを失うような気がしたら、自分の名前を叫んでみること。他の人の名前でもよい。
- 自分と家とのはっきりした類似を見つけるようにすること。もしできなければ、この家を自分の双子だと思って歩くこと。
- 今この家に住んでいるつもりで、または隣に住んでいるようなつもりで動き回ること。
- 思わぬことが起こったら、そこで立ち止まり、二十秒ほどかけて（もっと考え尽くすために）よりよい姿勢をとること。

　知覚の降り立つ場：あらゆる出来事を識別すること
　イメージの降り立つ場：知覚の降り立つ場と場のすき間を充たすところ
　建築の降り立つ場：ディメンションや位置を確かにすること
- どんな角度から眺めるときも、複数の地平線を使って見るようにすること。
- 一組の家具は、他の家具との比較の対象として使うこと。

- 遠く離れている家同士に、同じ要素を見つけること。最初は明らかな相似を見つけ出し、だんだん異なる相似も見つけ出すようにすること。
- 極限で似るものの家を出ると楕円形のフィールドがあります。その使用法はバランスを失うことを恐れるより、むしろ（感覚を作り直すつもりで）楽しむこと。
- 進む速さに変化をつけること。
- 不意にバランスを失ったとき、世界をもう一度組み立てるのにどうしても必要な降り立つ場の数、種類、位置を確かめること。
- しばしば振り向いて後ろを見ること。
- 実際に通っている所と同じくらい目につき、興味を引かれる所、あるいは降り立つ場があれば、すぐ、もうひとつの出来事が起こっている所としてできるかぎり見極めること。

これらの使用法は、我々が世界を歩き、世界と一体化するうえでも有効ですが、私は、『廣録』と『眼蔵』のテキストを読み、自分がテキストと一体化するためにこの使用法を適用しました。テキストには地形的な広がりはありませんが、登場する中国の古仏の名が、はじめはどれも縁遠く感じられたものが、何度も読んでいるうちにそれぞれの古仏の個性や師弟関係や道元の評価が頭に入ってきて、身近に感じるようになります。眼蔵の巻名になっている重要概念が複数の上堂で取り上げられた場合、論じられ方がどのように変化しているかを比べます。着任や離任のさりげない人事異動の上堂でも、実は道元はすべての異動を上堂で取り上げて歓迎や感謝しているわけではないことや、本来の文脈とはかけ離れた状況で語られた意味不明な超現実主義的な言葉遣いだと思っていたものが、公案の言葉であることに気づくと、これらは「知覚の降り立つ場」を構成します。すると今度は、これら「知覚の降り立つ場」を生みだしたもの、つまり道元の意識のなかで成長発展する概念、道元が一部の弟子を嫌っていた事実、道元の目の前で居眠りしながら坐禅している弟子たちの姿が、「イメージの降り立つ場」として生まれてきます。イメージが集積され、適度に分散すると、それらがネットワークをはじめて、「建築の降り立つ場」として物語が生まれます。速度や読み方を変えて何度も繰り返し読むことで、知覚が研ぎ澄まされていき、イメージは徐々に豊かになり、著者道元が生きた時空間が仮想現実として復元されていきます。

道元の天命反転：デコボコの丘や穴ぼこが仏を生む

荒川修作は宇治にある興聖寺を訪れた思い出を語っています。

「私は何十年か前に、誰だったかに連れられて京都の宇治に行ったんですが、宇治の平等院の宇治川を渡った向こうの所に、道元が初めて作ったお寺がありますが……なかなか立派なお寺なんです。小さなバラックで玄関が便所なんです。その隣が、一番大きなお勝手で、坐禅を組むところは非常に小さいんですね。（略）彼が何を学んだのか、言われなくても分かるように人間が最も嫌うことを表面に出そうとしたんです。だから天命までも行かなかったけれどそちらの方へ行く気骨は、あった分けです。」（一九九三年八月二日、岡山県奈義町役場会議室）

二〇一五年十月十九日に私も宇治にある興聖寺を拝観しました。江戸初期、一六四八年に建てられた寺ですが、道元が最初につくった深草の寺の名を受け継いでいます。私は寺の中をひと通り歩き、道元を祀る老梅庵でしばらく時を過ごし、寺の門前の茶そば屋で朝兼昼食をとりました。次の目的地、京都市中心部の高辻西洞院にある示寂の地への行き方を店の人に尋ねたところ、奥から「松殿山荘にも行けば」という声がしました。道元の生まれ育ったお屋敷が残っているというのです。

松殿山荘は公益財団松殿山荘茶道会が所有していて、電話を入れると建物の庭の見学を許していただきました。木幡の駅から数分歩くと住宅地が途切れて小高い丘の上の緑豊かな敷地に入りました。驚いたことに松殿山荘の敷地と庭は道元の生まれ育った時代の姿をとどめています。周囲には、藤原家の墓地である宇治御陵がいくつかあるほか、小高い丘を取り囲む土塁は平安時代のものであることが宇治市の行った発掘調査で確認されました。

道元は、藤原基房の三女で美貌の誉れたかかった伊子と、村上源氏の流れをくむ内大臣久我通親（源通親、歌人としても有名）の子としてここで産声を上げました。三歳で父を亡くし、八歳で母を亡くした道元が、十四歳のときに自らの意思で出家したときも、ここから比叡山まで歩いたと言われています。

少年道元はこの広い庭のなかを駆け巡り、土塁の上を走ったりそこから飛び降りたりしていたことでしょう。少年道元は天命反転地で遊んでいたのです。ここを訪れてから、私は、もしかしたら道元も天命反転を理解していて、実践していたかもしれないと思うようになりました。

道元が天命反転を理解していたことは、『廣録』上堂語から感じられます。上堂語二二一は、屋敷（寺の敷地）の内外を使った修行、意識の慣性を崩してそこからバランスを取り戻す話が登場します。実際に弟子

道元の遊び場だったかもしれない松殿山荘の土塁（2015年、著者撮影）

たちとこのようなゲームを行ったのかどうか確かめるすべはありませんが、もしかすると道元は永平寺のどこかに隠れて、修行僧たちが外でせわしく動き回る様子をじっと観察していたかもしれません。

道元は、まず石頭希遷《せきとうきせん》の修行の様子を紹介したあと、自分のところはちょっと違うと言って話を続けます。

上堂語二二一

上堂に、曩祖《のうそ》石頭大師《せきとうだいし》、上堂に云く「吾が法門は先仏伝受《せんぶつでんじゅ》なり。禅定《ぜんじょう》 精進《しょうじん》を論ぜず。唯、仏の知見を達するのみ」と。師云く、且《しばら》く大衆《だいしゅ》に問う、作《そ》麼《も》生《さん》か是《これ》、石頭道《い》うの、箇《こ》仏《ぶつ》の知見、と。卓、挂《しゅ》杖《じょう》一下《げ》して云く、上来《じょうらい》無限《むげん》勝因《しょういん》、仏《ぶつ》の知見に廻《え》向《こう》す。仏の知見をして喫飯《きっぱん》著衣《じゃくえ》、屙屎《あし》送尿《そうにょう》し、雲《うん》堂裏《どうり》に弁道し、長連床《ちょうれんじょう》に功夫《くふう》せしむ。永平門下、又、且く然らず。我、若《もし》、坐時《ざじ》、汝、須らく立つべし。我、若、立時《りつじ》、汝、須らく坐すべし。若、也《また》、斉《ひと》しく坐し、斉しく立するは、二倶《とも》に瞎漢《かつかん》なり。所以《ゆえ》に、洞山《とうざん》、五位君臣《ごいくんしん》を排し、臨済、四種《しゅ》の賓主《ひんしゅ》を列《つら》ぬ。門内底《もんないてい》は、堆々地《ついついち》に坐し、出《い》でんと欲するも、終《つい》に、出不得《しゅつふとく》なり。門外底《もんげてい》は、波々地《ははち》に走り、入《い》らんと欲するも、終に、入不得《にゅうふとく》なり。彼々相知《ひひあいし》らず、彼々相到《ひひあいいた》らず、你《なんじ》は你が為《ため》にし、我は我が為にす。各、その封疆《ほうきょう》を守ることを妨げず。若《もし》、忽然《こつねん》として、四方位《ほうい》を易《か》え、主賓《しゅひん》を互換《ごかん》せば、在途底《ざいとてい》は、家舎《かしゃ》を離れず、在家底《ざいけてい》は、途中を離れず。你が底、即ち是、我が底。我が底、即ち是、你が底。謂《い》うべし、彼此《ひし》一家主賓斉《かしゅひんせい》力《りょく》なり、と。恁麽《いんも》の見得《けんとく》、更に二途《と》、倶《とも》に四句に渉らず、能く収むること莫き底、有り。還《また》、甚麽《いずれ》の処に向って、伊《かれ》と相見《しょうけん》せん。卓、拄杖一下して云く、且《しばら》く堂裏《どうり》に帰って商量《しょうりょう》、と。

現代語訳：石頭大師は上堂して言われた。「私の教えは先仏より伝受されたものである。それは禅定や精進を問わずに、ただ仏の知見に達することだ」と。師は言われた。諸君、この石頭が言う仏の知見とはどのようなものか。拄杖をドンと立てて言われた。仏道には無限のすぐれた因縁があるが、それを仏知見に集約されたのだ。仏知見のはたらきとして喫飯し、着衣し、屙尿し、送尿し、僧堂で弁道修行し、長連床の上で工夫するのだ。だがわが永平門下ではそうではない。我が坐するとき、汝は立つのであり、我が立つとき汝は坐るのだ。我と汝が一緒に坐し一緒に立っては、二人とも仏法をみる目がなくなる。このために、洞山は、五位君臣を排列し、臨済は、四種の賓主を設けた。門内の者は、身動きできない状態に坐して、出ようとしても出られず、門外の者は、せわしく走り回り、入ろうとしても入れない。主賓は相互に知り合わず、行き会うこともない。汝は汝であり、我は我であって、それぞれの境界を守っている。そこで突然パッと東西南北の方位を入れかえ、主客の関係を入れかえたら、途中にある者は家を離れず、家にある者は途中を離れない。汝のものは我がものとなり、我がものは汝のものとなる。彼と此とが家を一つにし、主と賓との力が同じになる。このように見れば、主も賓も、どちらも四句で表現できず、うまくまとめきれないほどのものがある。さて、どこにいけば、このような体験ができるだろうか。拄杖をドンとひと突きして言うには、僧堂に帰ってよく考えてみなさい。

この上堂は宝治元年（一二四七）で、鎌倉行化の約半年前のことであり、寛元二年（一二四四）に落成した大仏寺を寛元四年（一二四六）六月に永平寺と改称して半年後です。当時、道元と弟子たちの関係はあまりよくありませんでした。廣録巻三に特徴的なことですが、道元は弟子に対してよそよそしい他人行儀な態度をとっていますし、弟子たちの生ぬるい坐禅を数回にわたって皮肉ってもいます。そのなかで、この上堂語だけ異彩を放っています。

道元には、寛元二年（一二四四）三月に吉峰寺で正法眼蔵大修行と正法眼蔵自証三昧を示衆した後、寛元三年（一二四五）三月に虚空を示衆するまでの一年間、示衆も上堂も行わなかった時期があります。この一年間、永平寺の敷地の内外や白山信仰の中心地である平泉寺界隈を彷徨い歩いて、天命反転を実験していたのかもしれません。

また永平寺は山の斜面に建てられたお寺ですから、うまく山の地形を利用すれば意想外の出会いや発見が生まれるように建物や廊下を配置することもできたはずです。松殿山荘で遊んだ経験を生かし、中国で訪れた寺の設計や建物の配置の知識も生かして、道元は身体と空間の相互作用が生まれるような仕組みを作っていた可能性があります。

この上堂語二二一から一年ほど後、鎌倉から戻った後の巻四・上堂語二六六では、「永平、時有りて、門庭に施設す．只要す、諸人の神通遊戯を」とも言っています。

この上堂語は、道元の指導内容とそれぞれ弟子がどのように受け入れるべきかの指針を簡潔にまとめあげたものです。鎌倉から戻った道元は、ひたすら廣録の上堂を行い、正法眼蔵の推敲に精力を注ぎますので、珍しく弟子たちに語り掛けた上堂です。

上堂語二六六

上堂に、永平、有る時、入理深談《にゅうりじんだん》す。只、要すらくは、諸人《しょにん》、田地隠密《でんちおんみつ》なることを。永平、有る時、門《もん》庭施設《ていせせつ》す。只、要すらくは、諸人、神通遊戯《じんずうゆげ》せんことを。永平、有る時、奔逸絶塵《ほんいつぜつじん》す。只、要すらくは、諸人、身心脱落《しんじんだつらく》せんことを。永平、有る時、入自受用三昧《にゅうじじゅようざんまい》。只、要すらくは、諸人、信手拈得《しんじゅねんとく》せんことを。忽《たちま》ちに、人有って出来《しゅつらい》し、山僧《さんぞう》に向って道《いわ》ん。向上、又、作麼生《そもさん》、と。但《ただ》、伊《かれ》に向って道うべし、暁風《ぎょうふう》、摩洗《ません》して昏煙浄《こんえんきよ》し、隠々《いんいん》たる青山《せいざん》、一線通《せんつう》ず、と。

現代語訳：私は時として、理詰めの議論を行う。諸君は静かにそれを聞くように。私は時として、寺内に建てたり置いたり設備をするが、諸君は力量をつけてはからいなくそれで遊んでほしい。私は時として、勢いよく現実界を離れるが、諸君は身心を脱落した境地で聞いてほしい。私は時として、坐禅三昧に入るが、諸君も手を伸ばしてそれを掴み取るように。もし誰かが来て、私に向上はどうなっているのかと聞かれたら、こう言ってやる。朝の風が夜のもやを洗い流すと、青山の稜線が見える、と。

さて、もっと驚くべきことに、道元がズバリと天命反転を語っている上堂語がありました。巻六の冒頭に置かれた上堂語四一四です。この中で道元は、「坑埳堆阜《こうかんついふ》は、仏を生む虚空なり。究尽時常無性、趯倒処従縁起。吐舌遍覆、信手し我が仏を拈来す。」（現代語訳：くぼんだ地面と小高い土の山は、仏を生み出す虚空である。究めつくすとき、本来の性質を失って無性となり、跳び上がったり倒れたりとどまったりが、縁によって起きる。言葉によってこの世界を表現し、手を伸ばして自らの仏をとってくる。）といっているのです。

くぼんだ地面と小高い土の山が、仏を生み出す虚空であるというのは、天命反転の思想そのものです。デコボコの大地の上で、身体はバランスを取り戻そうとします。そして跳び上がったり、倒れたり、動きが止まるとき、突如としてそれまで気づかなかったことに心が奪われてしまう。それが虚空で、その我を忘れた状態になって、次から次へとやってくる新しい知的刺激を受け入れ、処理し、総合していくと、我が仏を手に入れることができるのです。

仏を生む虚空とは、全身全霊で対象と一体化してしまうこと、乳幼児の知的好奇心の回復といってもよいでしょう。荒川は、自分がつくった家ではトイレに行って帰ってくるまでに一時間かかると言ってました。途中でふと何かに目を奪われて動きが止まり、そこから忘我の状態になるからです。忘我没我の無心の状態で自らの知識を急速に広げていくことが覚りの入り口であり、それが虚空です。覚りや虚空を理解したければ、養老天命反転地や奈義町現代美術館に足を運び、荒川が用意した使用法にもとづいて、身体を動かし、意識を操ることが道元の教えにもかなっているようです。

ちなみに鏡島や寺田は、「坑埳堆阜も、生も仏も虚空も、究尽する時、常に無性なり、趯倒の処、縁より起こる。」と読み下します。現代語訳は「くぼんだ地面も小高い丘も、衆生も仏も虚空もみな、究めつくすときは常に無性となり、跳び上がったり倒れたりが縁によって起きる。」と平板です。それぞれの関係が理解できなかったから、とりあえず並列に扱ってみた読み下しでしょう。

Ⅱ．道元のテキストを言語情報としてとらえる

1　言語情報を参照モデルで分析する

参照モデルで情報について考える

ヒトゲノム計画によって、二〇〇三年にヒトの遺伝子情報である三〇億塩基対のＤＮＡ配列が明らかになりました。この三〇億塩基対のＤＮＡの配列にもとづく情報を、巧みに制御することによって、ヒトが生まれます。やり方はまだわかっていませんが、たった一個の卵細胞がもつＤＮＡ情報を制御して、分裂と分化を繰り返すことで、手も足も目も耳もあり、皮も内蔵も骨も血液もそろい、泣きもすれば笑いもする一個の生命体へと成長することはまさに摩訶般若波羅蜜多、仏の深甚なる知恵を呼ぶべき神秘です。

同じように言語情報だけを使って、ヒトは覚りを得ることはできるでしょうか。つまり直接師と会って指導を受けることなしに、言語情報を読み解くことで、釈尊から弟子へと面授して伝えられてきた仏法をすべて獲得することはできるでしょうか。続燈録《ぞくとうろく》にはそのようにして自分より百年前に生きた雲門《うんもん》から嗣法した僧、承古《じょうこ》のことが記録されていて、『眼蔵』面授の奥書で道元が論じています。

『眼蔵』と『廣録』は悟りを得るための言語情報ではないでしょうか。承古は自分の力で雲門の法を体系化して嗣いだ。私は仏法を体系化しよう。そうすれば後世の修行僧たちは私の書いたものを読んでさとりを得ることができる。道元がそう考えたとすれば、読者は細心の注意をはらって道元の言葉を総合的かつ体系

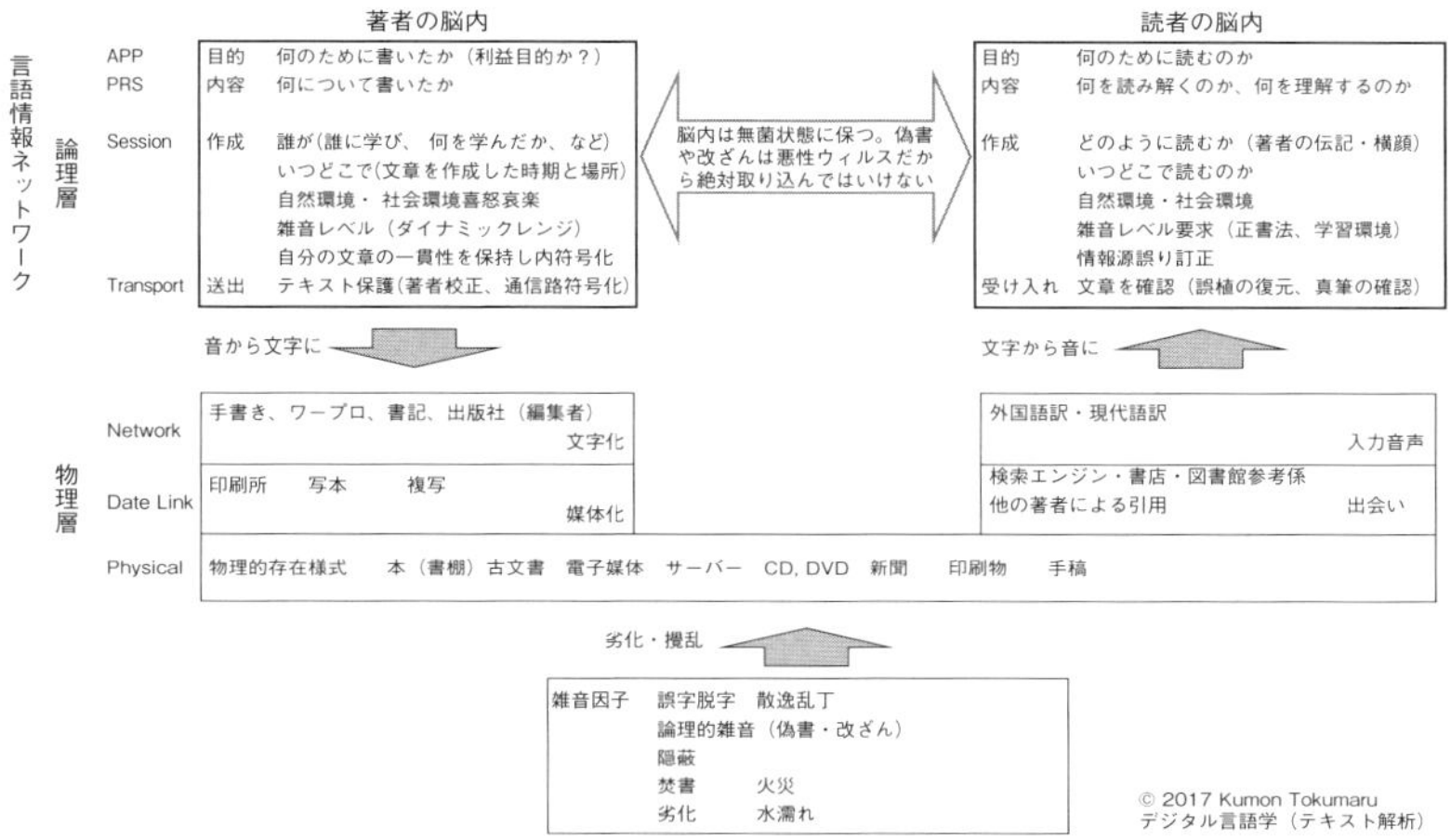

一般通信モデルと OSI 参照モデルに準拠して、複雑な言語情報を層ごとに分析

的に取り扱う必要があります。

これまで誰もまだきちんと『眼蔵』と『廣録』の両方を読み解いていません。「『正法眼蔵は難解を極め、取りつくシマさえないのだが、有難い教えなのだろう』、これが禅に関心のある人々を含めた今一般の評であり感想」といみじくも石井恭二が言うように、ほとんどの人は著作を拝むだけでした。あるいは自分が気に入った巻、多少自分に理解できそうな巻を取り上げて、自己流に解説するだけでした。『眼蔵』と『廣録』の両方を、隅から隅まで読み込んだうえで、それを読むとどうなるか、全体として何のために書かれたかということを考えた人はいません。

情報のように目に見えないけれども複雑かつ繊細なものを取り扱うために、参照モデルと呼ばれるツールを使うことが有効です。ここではコンピュータ・ネットワークの世界で使われているＯＳＩ参照モデルを使って、道元の言語情報を論理層と物理層に分けて分析します。

上の図は、コンピュータ・ネットワークで用いられているＯＳＩ（Open Systems Interconnection）参照モデルと呼ばれている図で、複雑なネットワーク制御を、性質の異なる七つの層に切り分けて、同じ層のなかでは送信側の通信プロトコルを受信側が尊重することによって、ネットワークが成立するように考えるための分析モデルです。コンピュータ・ネットワークでやりとりするのはビット列ですが、言語情報ネットワークでは音節列をやり取りします。雑音因子は、OSI参照モデルでは省略されていることが多いのですが、一般通信モデルにあるものを合体させました。

道元が考えていたのは、仏祖の書き残した言語情報を受け取った人が、それをもとに仏法をマスターすること、仏祖の意識構造と同じかそれ以上のものを自分の脳内に構築して法を嗣ぐことです。それは一度も雲門に会ったことがないのに、雲門の法嗣として認められた承古において実現しています。それが可能となるように、道元は『眼蔵』と『廣録』を体系化したはずです。

図を簡単に説明します。図の左上の四角は著者(仏祖)の脳内を示します、上から下に向って、著者の脳内にある知識が、音声化・文字化されて物理的に保存可能な状態になる過程です。著者が自分の脳内にある知識を言語化するとき、口からは一度に一つの音しか出せませんので、一度に一つのことしか語れません。音声は発せられるとすぐに消えてしまいますので、師の考えの全体を理解するためには、弟子は何十年も付き従って、受けた教えを体系化する必要がありました。指も一度に一つの文字しか書けませんが、音と違って書いたものはすぐに消えません。複雑な言語情報を伝え受け継ぐにあたって、文字と紙という長期保存と持ち運び可能な情報伝達媒体、そして自分で文字を音声化して脳内に送り込む読み書き能力は重要です。

右側は、下から上に向って、本や電子媒体に物理的に記録されている著者の文字情報が、読者と出会い、読者の脳内に取り込まれて、著者の脳内にあるのと同じ知識(覚り)が復元される過程です。我々の脳内で言語は音として処理されています。たとえば「空」という文字で考えているのではなく、「クウ」という音で考えています。そのため外国や古代の文章は、読者が読むことができて思考可能な現代日本語に翻訳することが求められますが、重要概念は翻訳しないままで読みこむほうがよいこともあります。読者は、著者の立論にしたがって、あるいは自分なりの読み方によって、著者の文章を脳内に取り込み、思考を重ねます。著者も読者の立場になって先人や同時代人の著作を読みます。

著者と読者の脳内を論理層と呼びます。論理層では、概念が自由にネットワークします。誤った概念や記憶はウィルスのように思考全体に悪影響をもたらしますので、できるだけ間違った概念や記憶を脳内に取り込まないことが大切です。また、思考を深めるため、ダイナミックな発想をするためには、静かな低雑音状態であることも重要です。

脳の外を物理層と呼びます。脳内の知識は音や紙や電子媒体によって表現されています。仏祖から弟子に言語情報が伝わるためには、直接対面して教えを受けるか、仏祖が書いたものが弟子に正しく伝わる必要があります。気をつけることは、著者と読者の間に時間的・空間的距離があると、雑音によって情報が劣化し錯乱する可能性があることです。その時間的・空間的な距離が長いほど、雑音の影響を受けやすくなります。

雑音には熱力学的（物理的）な雑音と、情報（論理的）雑音の二通りあります。熱力学的雑音とは、転記ミス（誤字・脱字）、散逸や乱丁、焚書（火災）、劣化（虫食い、水濡れ、インク成分の変質、紙の劣化など）などがあります。熱力学的雑音によって、言語情報は確率論的でランダムな劣化を受けます。それらは転記ミスや誤植のようなものであれば、ある程度までは修復することが可能ですが、火災などのように一定程度を超えてしまうと、修復不能となります。

情報（論理的）雑音には、著者の文章に対する改ざん、著者の名前を騙った偽書のほかに、著者ではない第三者の名前による偽書、理解不十分なまま書かれた解説書などがあります。第三者による出来のよくない解説書は読まなければそれですみますが、改ざんや偽書は著者の言語情報そのものの汚染であり、著者を正しく理解するうえできわめて深刻な悪影響を及ぼします。言語情報は繊細ですので、たった一文字の入れ替えでまったく逆の内容になります。たとえば、祖山本『廣録』に「我が宗は唯語句（我宗唯語句）」（上堂語一二八）とあるものが、卍山本では「我が宗は語句無し（我宗無語句）」とあるように。

著者はどうすれば自分の書いた文章を偽書や改ざんなどの論理的雑音から保護できるでしょうか。論理的雑音から情報を守るためには、論理的手法によって情報を保護するしかありません。数学者のジョン・フォン・ノイマンは、解析的に得られたわずかな量のデータを付加して送れば、データの真正性が保証できることを述べています。「これは形式論理学の問題であり、適切な用語としてはゲーデルのタイプ理論である。何かについて語ることはそれを作るよりもたやすい。その属性を語ることは、それを構築するよりもたやすい。形式論理学の複雑な部分では、あるものが何をできるかを語ることは、そのものを生みだすよりも常にひとつ次元が高い」（一九四九年十二月、イリノイ大学での講演。筆者が二〇一五年三月に米国・議会図書館で入手した手稿より）。ノイマンは、テキストの属性を示すわずか数行のデータが、テキストの真正性を確認するのに役立つといっています。道元はノイマンより七〇〇年早く生きましたが、驚くべきことにノイマンが説明したとおりに自分の文章に奥書や識語を付けて保護しました。読者は著者が本文とは別に解析的なデータを付加しているとき、細心の注意でそれを取り扱わなければなりません。道元が奥書と識語を付した以上、奥書や識語が正しく付加されているものしか、道元のテキストとして扱ってはならないということです。

これについてはあらためてⅢ章で論じます。

道元の情報送信に適合した読み解きを行う

道元の言語情報である『眼蔵』と『廣録』に特化した分析を行うために「道元の言語情報ネットワーク」（八三頁）を作成してみました。道元の脳内の知識が読者に伝わり、読者の脳内で知識になるまでの流れを階層別にみてみます。言語情報は複雑かつ繊細です。読者が正しく効率的に読み解くためには、それが何の目的でつくられたか、どのような内容であるのか、いつどこでどのようにして作成されたものか、送出にあたって何らかのテキスト保護手段がとられているか、といった著者側の事情を検知しておく必要があります。そのうえで読者は著者のプロトコル（儀礼、規約）に最適化した読み取り手段をとる必要があります。プロトコルというのは、主に外交儀礼とコンピュータ・ネットワークの通信規約として使われている言葉ですが、繊細な情報を受け取るにあたって、相手に適合するように細かに決められている規則です。

目的（アプリケーション層）

正法眼蔵の嗣書、面授、仏祖などの巻は、師資相承で仏法が伝えられてきたことを論じていて、道元にとって第五十二代の仏祖であることがきわめて重要な意味をもっていることがわかります。弟子の僧海が若くして亡くなったために、道元は師資相承の面授によって第五十三代の仏祖に法を伝えることはできませんでした。しかし、その代わりに、『眼蔵』七十五巻本・辨道話と『祖山本廣録』を書き残すことで、言語情報によって読者が悟れる仕組みを作りました。

読者は、道元の文章を読み解くことによって、覚りを得る、仏法を体得する気構えで読むことが求められます。道元を読む者は、道元の意図を理解して、我を忘れてひたすら学習することが求められます。二十年や三十年は我を忘れて没頭しなさいと道元は言います。そのようにすれば必ず覚りに到達できます。このように著者と読者が目的意識を共有することは大切です。

●内容（プレゼンテーション層）

内容とは、その言語情報は具体的に何か、どの範囲をいうのかということです。道元が奥書と識語によって符号を付したのは眼蔵辨道話と七十五巻本と、祖山本廣録です。この二つが道元の主著であることは、誰も否定しません。それを隅から隅まで徹底的に読み解くのです。この二つ以外は、雑音を含むために読まないよう気をつけてください。

道元の「山に登らんには須からく頂に到れ。海に入らんには須からく底に到れ。山に登りて頂に到らざらんには、宇宙の寛広を知らざらん。海に入りて底に到らざらんには、滄溟の浅深を知らざらん。既に寛広を知り又浅深を知らんには、一蹋、四大海をも蹋み翻さん。一推、須弥山をも推し倒さん。」（上堂語二六八）（現代語訳：山に登っては、必ず山頂にまで到らなければならない。海に入っては、必ず底にまで到らなければならない。山に登って山頂に到らなければ、宇宙が広大であることを知ることはできない。海に入って底にまで到らなければ、大海の深浅を知ることはできない。すでに宇宙の広大を知り、大海の深浅を知れば、一蹴りに須弥山を押し倒せるのである。）という言葉が示す通り、眼蔵と廣録を隅から隅まで徹底的に読んで、私を押し倒して、その先に行きなさいと道元は思っています。（V．6参照）

●作成（セッション層）

言語情報がいつ、どこで、どのような自然・社会環境で、どのようにして作成されたかは、とても重要です。

鎌倉行化から永平寺に戻った道元は「今日、山に帰れば、雲に喜びの気。山を愛するの愛、初めより甚ぐ」と頌を詠みます。修行や学習や思索にとって、永平寺の深山幽谷の環境が実によかったのでしょう。道元が鎌倉から永平寺に戻ったのも、眼蔵を完成させるためには、雑事の少ない山の寺の環境がよいと判断したからではないでしょうか。読者がもし道元のテキストを理解したいと思うならば、当時の永平寺のような静かな環境に身を置くことは有効です。

辨道話と正法眼蔵七十五巻本には、各巻末に奥書として示衆日・場所、書写日・場所などが示されています。示衆日は道元が弟子たちに語った日であり、どの時期に道元がもっとも生産的・創造的であったかがわかります。示衆日はあくまで最初に示衆した日であり、必ずしも最終稿の日付ではないですが、示衆日を表にするだけで、今までに気づかなかったことがわかります。たとえば、『眼蔵』仏祖が一つだけポツンと第五十二の連番を振られて仁治二年一月にあるとき、それには道元の意図があります。（九三頁の「正法眼蔵七十五巻本の巻番と示衆月対照表」と、Ⅵ．1参照）

廣録の上堂語はどの寺での上堂かが明らかになっています。配列も一部乱れはありますが、基本的には時系列的です。歳旦（一月一日）、涅槃（二月十五日）、浴仏（四月八日）、結夏（四月十五日）、解夏（七月十五日）、天童忌（七月十七日）、仲秋（八月十五日）、開炉（十月一日）、冬至、成道会（十二月八日）など日付の決まった日の上堂も多いので、廣録は道元の仕事がどのように発展したかを記録する年代記になっています。

また上堂語には、典座や監寺や維那や知客や書記や蔵主など寺内の人事異動が報告されています。着任早々異動となった維那や知客がいると、いったい何があったのか気になります。あるべき人事異動の報告がなかったとき、道元はその弟子を嫌っていたのかと思います。死んだ弟子の追悼や先師や父母の法要も含んでいるため、道元にとって大切な人は誰だったかがわかります。

上堂語巻一と巻二で道元は直接弟子たちに語りかけています。巻三では他人行儀な挨拶や皮肉めいた言葉が何度か登場します。巻四以降は、弟子たちに語りかけることがほとんどなくなります。身近な弟子たちへの対応の推移は、道元が目指しているものの変化を物語ります。

道元を読み解くためには、道元が言語情報として残した眼蔵と廣録だけを繰り返し読むことが必要です。道元の言葉遣いと意味を理解するために、読者は自分がこれまでに獲得した概念とその意味についていったんすべて忘れ去って、無になる必要があります。眼蔵と廣録だけを繰り返し読んでいるうちに、一見すると無味乾燥な文字列から、道元の考え方が理解でき、思いを感じとれるようになります。難解な言葉は無理にわかろうとしてもわかるものではありません。いつかきっと自然とわかるだろうと思って、あせらず読み続けるのです。自分の思い込みや現代語訳者の思い込みで、誤解がおきないように気をつけてください。

読むスピードや順番を変えて、繰り返し読むことで、どんな言葉がどこに書かれてあるかがはじめはおぼろげに、その後だんだん正確にわかってきます。最終的には著者と同じくらい著作に精通することです。はじめのうち眼蔵と廣録は別々に読むしかありませんが、ある程度読み込んだら眼蔵と廣録を相互に参照して読みます。そうして道元が異なる文脈や場所で同じ言葉を用いた例を連立方程式のように並べて、複数の文脈で共通に通る意味を求めるのです。言語情報を使いこなすには、先入観を排して、丁寧に繰り返し読んで、

テキストになじむことが一番です。「汝経に惑う、経汝を惑わさず」（『眼蔵』仏経）

廣録は時系列的に配置されているので、眼蔵で使われている概念の意味がいつ頃固まったかを確かめることができます。『眼蔵』の概念が、廣録の中でどのように発達あるいは変遷しているか、集中的に取り上げられた時期があるか……。二つの文書を相互対照することで、道元の考え方の変化がわかり、眼蔵における概念の使い方は、じつに注意深く丁寧に統一されていることに気づくでしょう。また、廣録で基本概念の集中的検討が行われるのは、鎌倉行化から戻った後の第四以降です。これは眼蔵の最終稿の完成時期も鎌倉行化以降の建長年間であることを示唆し、八大人覚奥書にいうところの百巻構想が嘘であることを証明します。

道元が活動したのは十三世紀で、今我々は二十一世紀を生きています。道元や釈尊や他の仏祖が、「仏性」、「空」、「般若波羅蜜多」、「仏向上事」という言葉を使って表現しようとしたことが、「発酵」、「現象」、「ネットワーク」、「科学」といった別の言葉で表現されている可能性もあります。現代に生きる読者は、現代科学の基本用語を学んでおくことが望ましいでしょう。

私が道元を読むにいたった理由は、荒川修作の業績を理解したいと思ったからです。そして実際に、道元のいくつかの文章が荒川の図式絵画や天命反転と結びつきました。道元は「坑埳堆阜《こうかんたいふ》、仏を生む虚空（丘や窪地は、仏を生む忘我へと導く）」（上堂語四一四）と、まるで荒川修作のような言葉を遺しています。しかし道元が天命反転を語ったことに気づくためには、荒川修作の作品を訪れておく必要があります。

読者は、自分自身が道元になったつもりで、道元を読み、世界と対峙するとよいでしょう。そして道元がどこまで到達していたのかを確かめて、道元の先へ進む意気込みで学習し修行するのです。

●送出と受入（誤り訂正符号化・復号化、トランスポート層：ネットワーク層）

言語情報の弱点は改ざんが行われ、偽書が登場しても、著者が死んでいたら著者に確認できないところにあります。あるいは『論語』のように善意の弟子たちが一生懸命に師の言葉を記録しても、師が亡くなっていたら著者校正を行えません。著者が自分が亡くなった後も自分の文章を正しく保護する手立てはあるのでしょうか。

道元は寛元三年（一二四五）に行った上堂一三一で、「一人虚を伝ふれば、万人実として伝ふ」と虚偽の内容が一人歩きすることを恐れていました。また、師の如浄が亡くなって十五年もたって送られてきた如浄語録が薄くて、如浄の言葉を十分に伝えていないことも不満だったと思います。

だから眼蔵と廣録を言語情報として残すにあたって、自分が生きているうちに完成させることにし、奥書と識語を書き入れることによってテキストを保護することを思いつき実行したのでしょう。通信プロトコルは、外交上でプロトコル（儀典、儀礼）というように、相手に応じた適切な儀礼という意味があります。読者は道元が文章を保護するために行った手段に対して最大限の敬意を払って適切な読み取りをすると、著者の望んだ文章を手にすることができます。

・論理層から物理層への送出

著者は書くことが決まったら、原稿を清書してもらうために書記に渡すか、印刷所に渡します。書記が手書きで清書した紙を綴じれば本になります。言語情報を文字にする行為は大切です。道元は新任の書記を迎えたときに、仏祖の法を伝えるにあたって書記の仕事が大切であることを讃える上堂を二度行っています

（上堂語三三六、四六〇）。校正、印刷、製本などの作業を経て、本が生まれます。

しかし著者の手を放れると、言語情報はじつに脆弱です。印刷物であってもきちんと管理しなければ、紙の劣化、インクの劣化、水や火による損失など、言語情報を読み取れない状態に陥ります。また、出版にあたって、誤字脱字誤植を校正しきれない場合があります。あるいは第三者が著者の名を騙った偽書を作ることもできれば、本の内容を一部改ざんして正反対の主張にすり替えることもできます。

著者が自分が書いた言語情報を保護する手段としては、できるだけたくさんのコピーを作成して様々なところに配布するということが考えられます。しかし、これだけだと、偽書や改ざんには対抗できません。どちらが正しいかは、多数決で決められるものではないからです。道元が自分のテキストを保護するためにとった手法は、二十世紀の数学者が生み出し、二十一世紀に高速マイクロプロセッサのおかげでコンピュータ・ネットワークや携帯電話などすべてのデジタル通信技術に利用されている「誤り訂正符号化」技術です。

道元は『眼蔵』七十五巻では、各巻の奥書で「正法眼蔵現成公案第一」のように、正法眼蔵の四文字に続けて巻名と連番（序数）とを一体表記しました。また、奥書に示衆日・場所と書写日・場所を書き入れましたが、辨道話には寛喜三年（一二三一）、現成公案と摩訶般若波羅蜜多には天福元年（一二三三）のタイムスタンプを押して、二十年以上の間、自分の考えが一貫性をもつことを示しました。さらに、第一巻の現成公案拾勒《しゅうろく》が建長四年であることを明示したため、続く七十四巻もすべて建長四年以降に拾勒されたことになります。誰かが道元の主張と異なる偽の巻を用意したとしても、奥書に道元の人生のある一日を示衆日として提示しなければなりません。こうして連番管理と示衆日の明示だけで偽書を見破れるようになっています。

一方廣録の巻一から巻七までには、上堂数と頌古数が、巻九と巻十には頌の数が、巻末に書き込まれています。この識語は、上堂語の清書が終わった段階で、全体を読み返さないと書けない性質のものです。とくに漢文白文で書かれている上堂語に含まれる道元の頌を数えることは、本人以外にはほぼ不可能です。この識語によって、道元は自分のテキストに改ざんが加えられることを予防し、異本に対して真筆であることを主張できるようにしています。祖山本廣録に識語があり、卍山本廣録に識語がないという事実だけにもとづいて、読者は祖山本を優先しなければなりません。

道元は将来かならず解析的手法によって自分が文章を保護したことを理解する読者が現われて、改ざんや偽書を排して、『眼蔵』七十五巻本・辨道話と祖山本『廣録』だけを言語情報として見分けてくれることを期待していたことと思います。

・物理層から論理層への取り込み

読者は、音韻信号や文字化された音韻信号を、脳内に取り込むところから、脳内（論理層）の現象が始まります。

知らない言葉は聞こえないし、言葉は知っていても意味を知らない言葉が苦手です。（民話「ふるやのもり」は、老夫婦が住む古民家を襲おうとしていた狼と馬泥棒が、老夫婦は狼よりも馬泥棒よりも「ふるやのもり」が恐ろしいという言葉に脅えて、自滅した話です。）逆に言葉を知っていると、意味も知っているような錯覚に陥りますので気をつけてください。

偽情報や雑音は取り込む前に排除しないといけません。言語処理は脳の深奥部にある脊髄反射の回路を使っていますので、脳内に言葉を疑う装置はなく、信号が入力されると考えることも迷うこともなく反射的に意味が生まれるようになっています。「俺オレ詐欺」の息子を騙った電話にたくさんの人がだまされるのは、いったんその電話の主を息子として認証すると、もはや立ち止まることや疑うことができないからです。そのため私たちのもとに言語情報が送り届けられたとき、最初にしなければならないのは、それが本当に著者を名乗る、信頼できる人の送ってきた情報であることの確認です。つまりその言葉が、本当に著者の言葉であることを確認しなければなりません。

送信者である道元が奥書を書き足したとき、受信者である読者は奥書をチェックすることによって、受け取ったテキストが道元の保護したものであると確認できます。正法眼蔵に七十五巻本、六十巻本、二十八巻本、九十五巻本とあるなかで、道元が付した正法眼蔵＋巻名＋序数の奥書が保持されているのは七十五巻本だけです。廣録の識語が保持されているのは祖山本だけです。この事実にもとづいて、いいかげんなテキストは受入段階で拒否するか、処理を後回しにします。著者の確認が取れたものだけを先に処理すれば著者の文体や引用のやり方になじむため、偽物を識別する目が養われます。

送られてきた言語情報の内容が正しいかどうかは、読者が自分で著者の論理を吟味して組み立てて確かめるほかありません。そのためには著者になりきる、著者の立場で考えることが求められます。そのためにも著者本人の言葉だけを読み取る必要があるのです。

言語情報は脳の中では文字ではなく音（音韻刺激）によって管理されています。文字情報は、それを読んで音に変換する力がなければ、単なる模様にすぎません。現生人類の言語進化において文字は重要ですが、それを読み書きする能力があってのことです。読み書き能力のおかげで、ヒトは脳の外部に記録された文字情報を共有するようになって文明が生まれました。

ヒトの言語処理が音による脊髄反射であることを理解しているから、禅は問答の形を重んじ、人から問われたときにどう即答するかに、言語の本質を求めるのでしょう。『眼蔵』古鏡第十九で、玄沙が師の雪峰に「你《なんじ》作《そ》麼《も》生《さん》（君はどうだね）」と問われたときに、「請《しん》すらくは和尚問ふべし（恐れ入りますが、和尚の方からたずねてください）」と、自分が考えついた問いを、あえて師から問いかけてもらいました。

読み手のために、古文や外国語の文章を脳に入力可能な現代日本語の音韻符号列に翻訳することや、漢文白文の読み下し文を作るのも重要な作業です。道元にかぎらず、古文や漢文あるいは外国語で書かれた文章を読むにあたっては、古文や漢文や外国語を自分で習得するよりも、現代語訳や日本語訳されたものを読むほうが手っ取り早い方法です。現代語訳は物理層に属し、どの音（音韻符号）にするのが適切かという脳の外側の現象です。もし今道元が現代日本語を使って語るとしたらどう語るかを示すのが現代語役です。

通常、翻訳や現代語訳は、外国語や古文の意味を伝えると思われています。しかし、正確には、意味をよびさます言葉に置き換えているだけです。翻訳によって意味がわかるのは、我々があらかじめ訳語の意味を知っている場合だけです。正法眼蔵各巻のタイトルである仏法の言葉は、五官で感知することができず、すぐには意味の生まれない抽象概念です。十分なだけの思考を積み重ねたとき、思考結果のネットワークとして意味が生まれます。言葉の意味がわからないからといって、安直に自分の知っている意味と結びつく言葉に訳してはなりません。自分にはまだまだ知らないことがたくさんあって意味のわからない言葉が存在すると肝に銘じて、まだ意味を知らない、まだ意味が収束しない言葉としてじっくりと付き合う心の余裕が大切です。

●言語情報の媒体（＝物理的存在、物理層）

道元が眼蔵と廣録の写本を何部作成し、どこに配ったのかはわかっていません。永平寺、興聖寺に置かれたことは間違いないでしょうが、ほかにどこに配布したのか、『廣録』は宋の天童寺や他の寺に送られたのか。鎌倉で出会った人々には届けられたのか。金沢文庫に所蔵されている「真字正法眼蔵」の来歴もまだわかっていません。（V．7参照）

二十一世紀の今日、『眼蔵』七十五巻本と祖山本『廣録』が本の形で伝えられているのはすばらしいことです。日本思想大系の「道元」（上・下）はかなり容易に古本で購入できます。ある程度読み慣れたら、現代語訳はないけれど、二冊で辨道話と七十五巻を読める日本思想大系本は便利です。祖山本『廣録』は、鏡島訳が入手可能であるほか、寺田訳は県立図書館クラスの図書館に蔵書されています。

言語情報を伝える物理的媒体としては、音声、ビデオ、手書き原稿、本、磁気媒体などがあります。紙の本は精読も飛ばし読みも書き込みも自在にでき、持ち運びや整理もしやすいので、学習効率がもっともよい媒体ではないでしょうか。紙媒体の弱点は火に弱いことです。火事や戦火でたくさんの貴重な文書が焼失しました。

石碑に書かれた文字情報は長時間雨ざらしでいても保存できますが、移動はできません。紙も電子媒体もなんらかの保護手段を講じないと劣化して消えていきます。図書館や書棚できちんと保管される必要があります。写本・複製本を作成すること、大量部数の出版を行うことは、保存の安全性を高め伝達の効率を上げます。

昨今は文字情報が電子化されたことと、コンピュータ・ネットワークのおかげで、検索エンジンを使って時空間を超えて求める情報を探すことや、古書店の在庫や図書館の蔵書確認がどこにいてもできるようになりました。言語的人類にとって、子音と母音、文字に次ぐ第三の進化の到来です。本書もその恩恵を蒙っています。

●言語情報との出会い（回線確立、データリンク層）

なんでもないことのようで実はとても大事なのは、読者が道元に出会い、道元を読むきっかけです。道元は中学や高校の社会科の教科書に名前が登場する人物で、主要著作が「正法眼蔵」であることは常識です。永平寺の除夜の鐘は、全国放送で中継されますし、全国には一万以上の曹洞宗のお寺があります。しかし、だからといって眼蔵や廣録を読む人はいません。道元の文章は、生半可な気持ちでは読みこなすことができません。

一般に正法眼蔵に触れるのは、誰かが現成公案を引用するときです。なまめかしいうねり、繰り返し、詩的な響きと対句、切れ目ない音韻の流れ、まるで呪文のようです。現成公案のおかげで道元と眼蔵に興味をもつ方は多いと思います

諸法の仏法なる時節、すなはち迷悟あり、修行あり、生《しやう》あり、死あり、仏あり、衆生《しゆじやう》あり。

万法《まんぽふ》ともにわれにあらざる時節、まどひなくさとりなく、仏なく衆生なく、生《しやう》なく滅《めち》なし。

仏法もとより豊倹《ほうけん》より跳出《てうしゆつ》せるゆゑに、生滅《しやうめち》あり、迷悟あり、生仏《しやうぶつ》あり。

しかもかくのごとくなりといへども、花は愛惜《あいじやく》に散り、草は棄嫌《きけん》におふるのみなり。

自己をはこびて万法を修証《しゆしよう》するを迷《まよひ》とす、万法すゝみて自己を修証するはさとりなり。迷を大悟《だいご》するは仏なり、悟に大迷《だいめい》なるは衆生なり。さらに悟上に得悟する漢あり、迷中又迷《いうめい》の漢あり。仏のまさしく仏なるときは、自己は仏なると覚知することをもちゐず・しかあれども証仏なり、仏を証しもてゆく。

身心《しんじん》を挙《こ》して色《しき》を見取し、身心を挙して声《しやう》を聴取するに、したしく会取《ういしゆ》すれども、かゞみに影をやどすがごとくにあらず、水《みづ》と月《つき》とのごとくにあらず、一方を證するときは一方はくらし。

仏道をならふといふは、自己をならふ也。自己をならふといふは、自己をわするるなり。自己をわするるといふは、万法に証せらるるなり。万法に証せらるるといふは、自己の身心を《お》よび他己《たこ》の身心をして脱落《とうらく》せしむるなり。（略）

私にとっては空華でした。荒川修作の意味のメカニズムについてもっと知りたいと思って読んだ「ヘレン・ケラーまたは荒川修作」で引用されていた空華がきっかけで読んでみようと思ったのでした。荒川が道元のことをよく話題にしていたし、マドリンが道元を引用していたから、道元を知れば荒川修作をもっとよく理解できるのではないかと期待したのです。（I．3参照）

「人は、なんらかのまったく個人的な目的をもって読むものだけを、精読する。その目的とは、なにかの力を得ることであるかもしれない。著者に対する憎悪からであってもよい。」とポール・ヴァレリイがいうとおりに、何か目的がないと、道元の文章と付き合う人はいないでしょう。

そして私は廣録を二度読みとおしたとき、道元の言葉が荒川の図式絵画と結びつき、それ以来どんどん面白くなり読み方も深まっていきました。いつか必ず面白くなると信じて、はじめのうちは丁寧に根気よく、修行のつもりで読んでください。

本に出会うためには、縁や導きが必要です。それは検索エンジンや誰かのツイートかもしれません。あるいは、たまたま訪れた書店や古書店の書棚かもしれません。導きや縁を得たときに、その本を手にする手段を講じ、一度は読み通すだけの読書力を日ごろからつけておくことが文明人、言語的人間のたしなみでしょう。

●言語情報を妨害する雑音因子（熱力学（物理）的雑音と情報操作（論理）的雑音）

通信理論において、信号と雑音の相互関係（いわゆる信号（S《エス》）／雑音（N《エヌ》）比）が重要です。まず、雑音についての基礎知識を簡単にお話しします。無線通信における雑音としては、太陽からの放射熱による熱雑音が最大です。AMのラジオ局を聞くとき、昼間は近くの放送局しか聞こえませんが、夜間は遠くの局も聞こえます。これは昼間は太陽からの熱雑音によって電波信号が劣化して遠くまで伝わらないけれど、夜は太陽熱がないから電波が遠くまで届くからです。情報理論において熱力学が重要であることはノイマンが指摘したことですが、これは通信回線上に雑音があるからです。雑音は回線上で情報の伝達を妨害します。

言語情報においても、雑音は熱の関数として存在します。暑いと書き写しの際の間違いが多くなりますし、虫食いもおきます。墨やインクや紙も暑いほど早く劣化します。火事や戦争によって灰燼に帰すこともあります。

一方で、文章の改ざんや偽書はむしろ冷たい悪意の所産であり、見かけは著者の伝えようとする情報と同じで、見分けがつきません。これらは論理的雑音または偽装情報と呼ぶべきもので、いったん情報の中に混

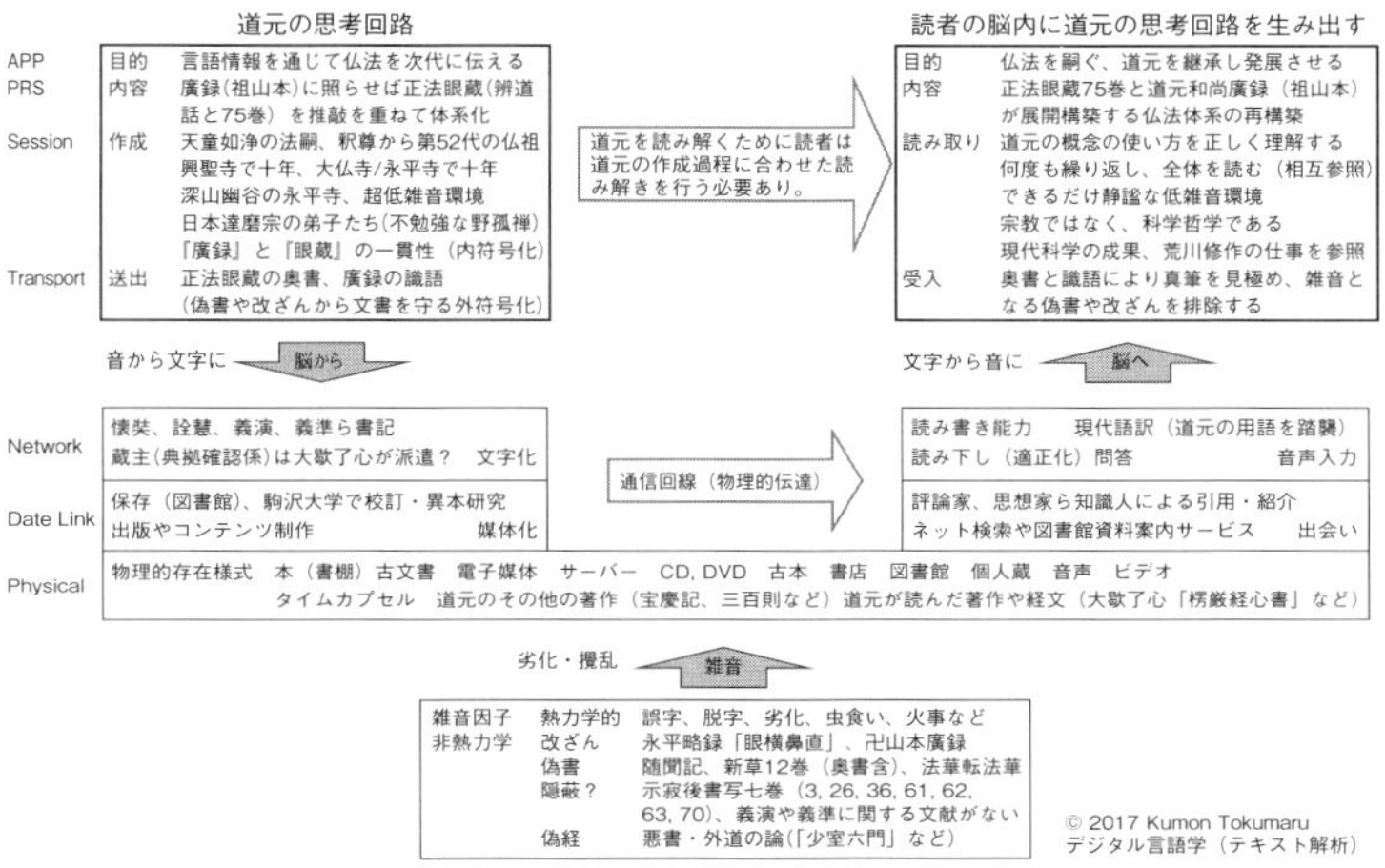

道元の言語情報ネットワーク

ざったら、識別することはむずかしく、ほぼ不可能です。

たとえば、正法眼蔵「法華転法華」は、仁治二年夏安居日（一二四一年四月十五日）に慧達禅人に向けて書かれたと奥書に書いてあります。しかし書写日は嘉元三年（一三〇五）で、道元の示寂後五十年を経過した後です。私は「法華転法華」が話題になるたびに、「何が書いてあるのだろう、読んだ記憶がない、不思議だなあ。一度読まなくては」と思って、七十五巻本中でこの巻を探したのですが、なぜかいつも見つかりませんでした。ある本に法華転法華第十七とあったときも、「あれ、何度か通読したので、第十七巻は読んだはずだが、記憶にない。どうしてだろう」としばし悩みました。このときようやく法華転法華は九十五巻本の第十七に位置付けられていることに気づきました。六十巻本では第十二となっています。七十五巻本の第十七は「恁麼《いんも》」、第十二は「坐禅箴」です。

法華転法華が書かれたことになっている仁治二年四月夏安居日は、前月に日本達磨宗《だるましゅう》から集団入門があり、道元は新しい弟子の教育で頭を悩ませていました。客人に長い文章を書いて渡す余裕はなかったはずです。また、慧達禅人をネットで検索しても誰だかわからず、実在する人物であることとの確認が取れませんでした。こうしてようやく「もしかしたら法華転法華は偽書かもしれない」と思うに至ったのです。本来は七十五巻本の連番でないことで怪しむべきでした。

偽書やテキストの改ざんは雑音因子です。道元の場合、祖山本廣録がまったく読まれておらず、改ざんを受けた卍山本や略録だけが流布していて、今も雑音を含んだ情報が、歪んだ道元像を広めています。排除しなければならない略録と卍山本のほうが、祖山本よりも流布しているのは深刻です。

「随聞記」は、「眼蔵」七十五巻本と重複する内容がないだけでなく、道元の主張を否定しているところもあります。「随聞記」が入門書として出回っていることを、道元は悲しく思っていることでしょう。巷の道元論のなかには「随聞記」だけにもとづいているものも多く出回っています。

じつは道元に関する偽書は、他にもたくさんありました。大久保道舟によれば、「（道元）禅師の著作の中には、滅後その道徳を慕うて故意に著作をなし、書冊に仕立ててこれを真作に擬したものが多々存している。例えば、永平和尚業識圖・梅花嗣書・永平仮名法語・永平伊呂波歌・正法眼蔵陞座・法華経仮名鈔・五位鈔・天童参問代語・天童参問代語鈔・天童参問綱要・天童参問三十四話・縁思宗・轉讀般若斷紙・室内斷紙三百幅（訂補建撕記圖繪所載）・吉書初五楽文（天正本「永平高祖行状建撕記」所載）のごときは、すべて偽作と見なされている」（大久保道舟編、道元禅師全集下巻、例言、一九七〇年、筑摩書房）。もし偽書作成者が道元の道徳を慕うているのであれば、道元の著作を読み、自分の名前で文章を書けばよいのであり、偽作や改ざんは慎むべきです。

従来の道元研究は雑音を信号として扱っていた

道元を理解したければ、『眼蔵』の奥書と『廣録』の識語の符号的役割を理解して、論理的雑音である偽書や改ざんを取り込まないようにしなければなりません。

八三頁の図で左上の四角い枠は、道元の脳内に構築された思考回路です。この図において目標とされるのは、右上の四角い枠で示す読者の脳内に、道元と同じかそれ以上の思考回路を構築することです。

脳の下にある横長の枠は、物理層と呼ばれるもので、道元はすでに示寂してこの世にいませんが、道元の言葉がどのようにして書き残され、どのような形で物理的に残っているか、後世に生きる人間がどのようにしてそれに出会うかを示します。一番下の枠は、雑音源で、道元の言葉が読者に正しく伝わることを阻害する因子です。道元本人の言葉を装った偽書や改ざんは、道元の思考回路を復元するうえで有害であり、邪魔な存在です。これまでの道元研究は、どれが雑音でどれが情報かを識別できていません。

ところが、道元本人は、自分が伝えたい正法眼蔵七十五巻本と道元和尚廣録を保護し、改ざんや偽書を見分けるために、『眼蔵』の奥書と『廣録』の識語を付加しました。情報理論において常識であり、鉄則であるのは、もし送信者が情報を符号によって保護した場合、受信者は、必ず符号の有無や正誤を確認して、正しいことが確認された情報だけを受け入れなければならないということです。これを実施すれば、雑音による汚染を回避できます。

これまでの道元の評論や研究書は、雑音である「随聞記」や「略録」、「十二巻本眼蔵」を道元本人の言語情報として取り扱っていて、道元が保護した『眼蔵』七十五巻本と『廣録』はあまり使っていません。道元は情報理論にもとづくテキスト分析を心待ちにしていることでしょう。信号と雑音の識別はⅢ章で行います。

2　釈尊以来の仏法を嗣いだ道元　文明史・人類史のなかの道元

仏教と文明

正法眼蔵には何が書いてあるのか。道元はなぜ正法眼蔵を書き残したのか。この問題を考えるために、そもそも仏法とは何か、それはどのようにして道元に伝えられたのかを、みておきたいと思います。

今から二千五百年前、ヒマラヤ山脈のふもとで、釈迦族の皇子として生まれたゴータマ・シッタールタ（釈尊）は、二十八歳のときに出家し荒野で修行し、三十五歳で悟りを開き仏教の開祖となり、八十歳で亡くなるまで、遊行と説法の日々を過ごしました。

釈尊が活動の場としたガンジス河平原は、東はバングラデシュのチッタゴンから西はアフガニスタンのカブールまでおよそ二千五百キロも丘も坂もなく、世界でもここにしかない驚くほど平たい大平原です。もともとはゴンドワナランドの一部だったインド亜大陸は握り拳のような形をしていますが、今から一億年ほど前に、それがゴンドワナランドから分裂して北上し、ユーラシア大陸に激突して、ヒマラヤ山脈、カラコルム山脈、ヒンズークシ山脈という世界最高峰の褶曲山脈が造られました。二つの大陸が衝突した地点から東に流れるガンジス河の水系と、西を流れるインダス河の水系が、大陸と大陸の間に土砂を運び入れて海を埋め尽くし、驚くほど平坦で広大な土地が生まれました。

広大な沖積平野と山から流れ来る水のおかげで豊かな農業生産に恵まれ、世界の最高峰によって中央アジアや西アジアからの侵略から護られたこの地でインダス文字が生まれ、四大文明の一つが栄えました。

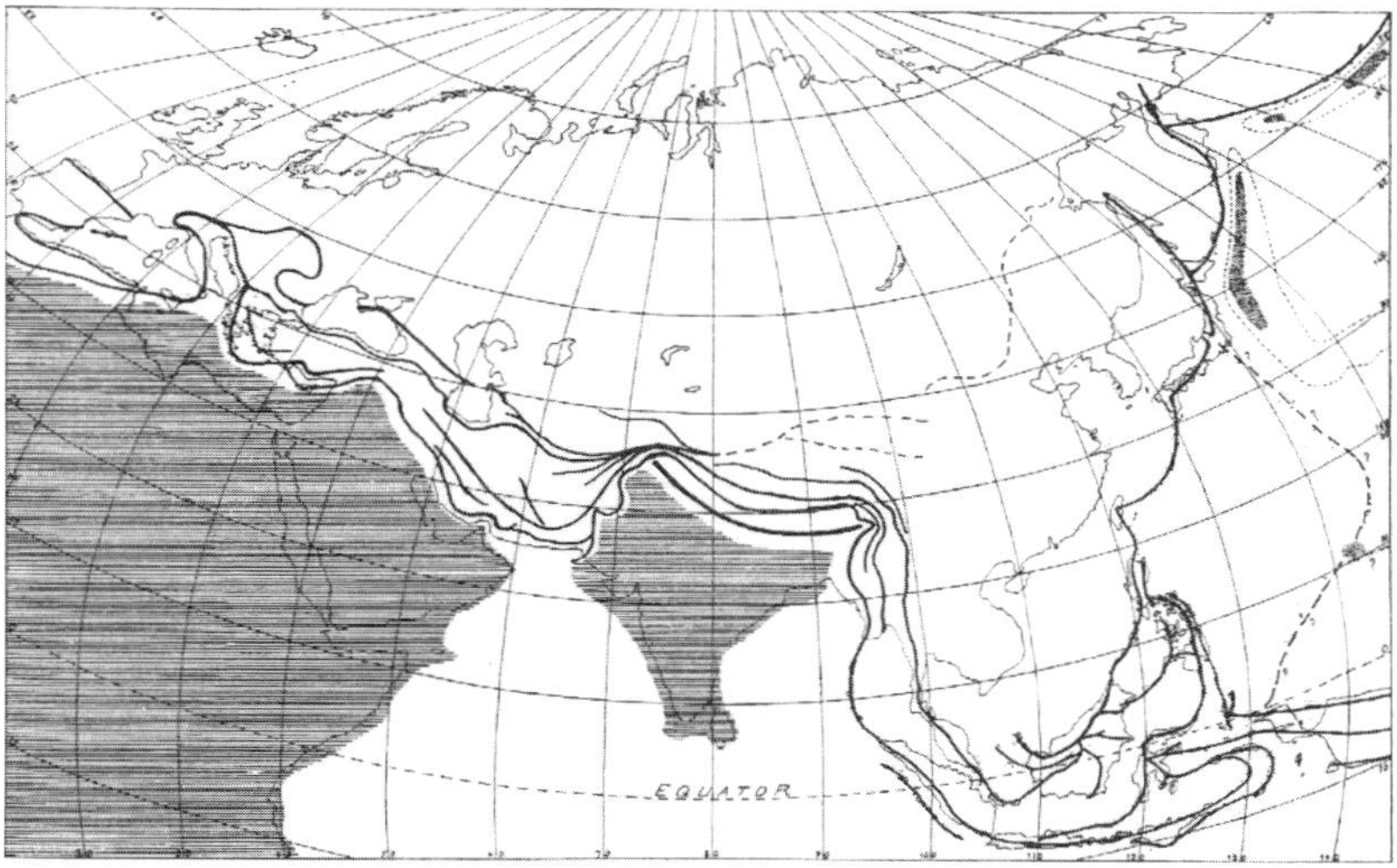

デカン高原がユーラシア大陸に激突して山脈が生まれ、大陸と大陸の隙間に大平原がつくられた。（Taylor, F. B. 1910）

「言語を使うサル」である現生人類にとって、七万年前に南アフリカで起きた喉頭降下によって、母音と文法を獲得したことが第一の進化です。まず口腔内で舌打ち音を反射させるクリック子音を獲得し、舌筋を高頻度で使った結果下顎が発達して、肺気流の出口である喉頭が喉の途中にまで降下しても窒息しなくなり、肺気流によるアクセントをもつ母音の発声が可能になりました。文字と読み書き能力によって法律や詩集や神話などの言語情報が人々に共有されて文明が生まれたことは第二の進化です。すべての大河文明は、象形文字や楔形文字、インダス文字、漢字という文字をもちます。文字を読み書きする能力によって、ヒトが身体外部に長期保存でき、他の人々と共有できる言語記憶をもつようになったことが、文明を生みだしたといっても過言ではないでしょう。

文明の定義はなかなかみつかりませんが、私は、文明（C：civilization）を文字の発明に伴う現生人類の言語進化の第二段階だと位置づけ、生産力による豊かさ（A：affluence）を前提とし、読み書き能力（教育システムや文字の使いやすさに左右される識字率L：Literacy）、共有される文字情報遺産（H：Heritage）の相乗関数（C=A*L*H）として文明を定義します。読み書き能力と文字情報遺産の関数にすることで、量と質の両方をふまえた定義となります。

ちなみに「文明の衝突」を著したハンチントンが、日本文明を特殊として扱ったのは、土地が狭くて生産力は低いのに、カタカナとひらがなという二組の音節文字（文字が発音記号の役割を果たす）をもつおかげで、古来、庶民が高い識字率を誇り、漢字仮名交じり文という効率の良い書式を使って万葉集や源氏物語ほか多くの文字情報を共有してきたことに由来すると思います。

二つの古代大陸が激しく衝突して生まれた世界最高峰の山の麓という環境は、人を思索や瞑想に誘うのでしょう。インドでは今も社会生活を終えたあと、家族にも別れを告げて、行者となって遊行生活に入ることが理想とされているそうです。仏教が宗教というよりもむしろ哲学的思弁的であるのは、大陸が激しく衝突した地点で生まれたことも影響しているでしょう。五官で感じられないことを意味とする抽象概念も、文字だけでは生まれえません。静かな瞑想が必要です。

釈尊は修行の結果、ヒトは言葉を獲得した動物にすぎないと覚りました。でもその言葉を使って静かに深く丁寧に考えることによって、五官の感覚や等身性という空間的制約や自分の一生という時間の制約を超えて、マクロな宇宙とミクロな生命の現象や法則を考えられる。道元は釈尊以来の仏法を受け嗣いで、『眼蔵』と『廣録』によってそれを伝えようとしたのです。

中国への伝法と発展

釈尊が興した仏教が、もうひとつの古代文明発祥の地である黄河・揚子江流域の漢字文化圏にはじめて伝えられたのは、後漢の永平十年（六七）です。その後、西域から訳経僧が多く渡来します。それから五百年近くたって、釈尊から数えて第二十八代の法嗣である達磨《だるま》大師《たいし》が普通元年（五二〇）に海を渡って仏教を伝えるために中国を訪れます。哲学的で高踏的な仏教は、インドではヒンズー教に吸収されてしまい、以後、仏教の中心は中国に移ります。玄奘（六〇二―六六四）は、仏教の経典を求めてシルクロードを通って十五年かけてインドを往復し、長安に戻ると一三三五巻もの経典をサンスクリット語から中国語に翻訳しました。中国では、唐（六一八―九〇七）の時代は黄河流域、異民族の侵入によって北宋が滅びたあと南宋（一一二七―一二七九）時代は揚子江流域の禅の叢林が栄えます。社会生活を捨てて出家して静かな叢林で学習と修行三昧の生活を送れたのは大河文明の豊かな生産力があったからでしょう。また、言語的人類史上最初で唯一の表意文字である漢字を生み出し、二千年前から辞書や識字教材をもち、書家の字体を尊びつづけてきた文字文化の地であったことも重要です。

道元の書いたものを読んでいると、景徳伝燈録《けいとくでんとうろく》ほか聯燈会要《れんとうえよう》や普燈録《ふとうろく》など仏祖たちの語録にもとづいた記述が多いことに気づきます。景徳伝燈録は、宋の景徳元年（一〇〇四）になり、釈尊以前の過去七仏、西天の二十八代、東土の六代を経て、宋代の法嗣にいたる千七百一人の言葉と頌偈を記録しています。史記をはじめとして、中国には歴史を言葉にして残す伝統があります。それが釈尊の言葉を伝える経文や過去の仏祖たちの書き残した語録を編纂し出版する文化を生み、ナンセンスな言語命題である公案をやり取りして自らの思索を深める伝統も生まれました。道元は廣録のなかで語録に記録されている公案を数多く紹介し、もし私（大仏・永平）ならこう言うと、自分の意見を述べています。文字を通じて仏祖たちと対話していました。

如浄のもとで大悟し仏法を日本に伝える

道元は十四歳のときに自らの意思で出家して比叡山で学びますが、比叡山の学問に飽き足らず、二十四歳のとき建仁寺の明全とともに入宋します。一二二三年三月に博多を出港し、天童如浄から釈尊以来師資相承されてきた法を嗣いで第五十二代の仏祖となって、一二二七年八月に帰国する四年半の異文化体験です。

しかし「当時の宋の仏教界は、隋唐の最盛期を経過し、国家の支配下にあり、前時代のみを踏襲する沈滞期」にありました。「禅宗が比較的活躍していた」ものの、「国家主義に迎合し……世俗化」しており、「現実主義と結びついて生きいきとしていた禅の精神をも鈍化させ……禅問答すらが形骸化して」いました。(「永平の風」)

正法眼蔵嗣書第三十九で書いているように、道元は、中国で釈尊から師資相承によって法が伝わったことを証する嗣書をいくつかみせてもらい、「仏のさとりは、同じ仏の境地を体得した人々によって、連綿と受け嗣がれてきた」ことを確信し、釈尊もやはり一人の人間だった、釈尊の法を嗣ぐ正師に出会って、真の法を受けなければならないと思います。道元が天童山で師事した無際了派は、道元の資質に瞠目し、何度か嗣法を許そうとしましたが、道元はそのたびに辞退しました。道元は天童山を出て、正師を求めて諸山をめぐる八か月間の旅に出ます。旅では七人の高僧に相見しますが、正師と思える人物には出会えませんでした。

旅を終えるころ、天童山の新たな住持となった如浄の噂を聞き、天童山に戻ります。「如浄は、当時にあっては数少ない古風な禅風を残していた中国曹洞宗の法を嗣いだ禅僧で」、「政治権力には一切近づ」かず、「簡素を好み、参禅求道に徹していた。道心を第一とし、名利や名声を求めず、ひたすら仏祖の児孫としての道を歩んでいた」。道元は如浄に正師を見出し、如浄のもとで厳しい修行生活を送り、如浄の指導を受けます。そして宝慶元年（一二二五）七月初旬、大悟します。それから二か月ほどたった宝慶元年九月十八日、如浄は道元に「仏祖正伝菩薩戒脈」を正式に授けます。

如浄は自分の責任を果たしたことで安心したためか、帰国する道元を見送るとすぐに体調を崩して天童山で示寂します。その後、南宋は元の脅威にさらされる時代となり、一二七六年に首都臨安（杭州）を占領されて滅亡します。釈尊以来師資の面授によって受け嗣がれてきた仏法は、第五十二代の仏祖である日本の道元とともに日本にわたります。仏法は平和な日本に難を逃れたわけです。

3　道元は自分の活動した時空間に結界を張った

帰国後の活動　京から越前の低雑音環境へ

第五十二代の仏祖となって日本に帰国した道元は、「ひとまず師翁栄西と恩師明全の思い出に満ちた建仁寺に掛錫」し、「自らを『入宋伝法沙門道元』と称し」て、「『普勧坐禅儀』を通して、如浄から受け嗣いだ正伝の仏法をはっきりと打ち出し」ました（「永平の風」）。それは「一方で建仁寺の僧や比叡山側の反発を招く結果ともな」りました。寛喜二年（一二三〇）春、道元は「足かけ四年間を過ごした建仁寺」を出て、「南へ四里ほどの地にある安養院」に移ります。安養院は、藤原一族の発願で建てられた極楽寺の別院でしたが、無住となって荒れ果てていました。

ここで寛喜三年（一二三一）八月十五日、道元は「辨道話」を著し、二年後の天福元年（一二三三）、同じ場所に坐禅専用の正式な道場として興聖寺が落成して正法眼蔵摩訶般若波羅蜜多第二と現成公案第一の示衆が行われます。寛喜三年から寛元元年（一二四三）七月に越前下向するまでの十三年間が、道元の活動の前半期です。嘉禎二年（一二三六）十月に僧堂が完成し、初上堂が行われ、仁治二年（一二四一）三月には日本達磨宗が宗派をあげて道元に入門するという大事件がありました。正法眼蔵の示衆も上堂語も、日本達磨宗の入門から急速に増えます。新しい弟子たちを教育するために、道元は自分の持てる力をすべて発揮して正法眼蔵の示衆と上堂を行ったことが伺えます。

寛元元年（一二四三）七月、道元は波多野義重の招きによって越前志比庄に下向します。新しい寺が建造されるまでの一年間、吉峰山上にある無住の寺で仮寓生活を送り、白山権現の本拠地である平泉寺でも示衆を行いました。人里離れた山寺の静寂な環境のなかで、道元は精力的に正法眼蔵の示衆を続けました。このあと正法眼蔵は、寛元二年七月に大仏寺に移った後は、わずか六巻しか示衆されず、実質的に吉峰寺時代に一旦完成したと考えてよいでしょう。正法眼蔵三十七品《さんじふしつぽん》菩《ぼ》提分法《だいぶんぽふ》第六十は、全巻を通じた索引のようになっていますし、正法眼蔵発菩提心第六十三では、各巻のタイトルを読み込んだことば遊びが試みられています。

寛元四年（一二四六）六月に、道元が寺の名前を大仏寺から永平寺に改称したのは、はじめて釈尊直伝の仏法を日本に伝えた自負心と責任感の表れです。大仏寺時代と永平寺時代に道元は四〇〇もの上堂を行います。自分が釈尊から第五十二代の法嗣であることを自覚しており、大仏寺を改めて永平寺と称える上堂（寛元四年六月十五日）では、「天上天下当処永平」と高らかに宣言します。

道元は、宝治元年八月から宝治二年三月まで鎌倉に行きます。鎌倉から戻った後、正法眼蔵の新たな示衆

		1月	2月	3月	4月	5月	6月	7月	8月	9月	10月	11月	12月	年間示衆数	年間上堂数	
寛喜三年	1231	前年より深草・安養院で活動							弁道話					1		
	1232															
天福元年	1233			興聖寺落成2					1					2		
	1234												懐奘			
	1235															
嘉禎二年	1236										僧堂完成初上堂				1#	
	1237														2#	
暦仁元年	1238				7									1	4#	
延応元年	1239					5			①		50, 54			3	6#	
延応二年仁治	1240			28	25				31		20, 32, 29			6	19#	
仁治二年	1241	52		39▲	8					19, 30	_3_, 6	35		8	58	
仁治三年	1242	10		12, 17, _26_	16, 13, 21, 18	_36_, 40	15		②	4, 27	★, 33	24, 34	22	17	26	
仁治四年寛元元年	1243	23		14	9			38	以後越前 41, 42	43, 44, 45, 47	46, 48, *50, 51	53, 55, 56, 57, 11	58, 59, _61_, 49	22	11	
寛元二年	1244	③ 37*	_62_, 64, _63_, 65, 66, 60, 67, 69	68		④		大仏寺に入寺	この時期上堂も示衆もなし					10	0	
寛元三年	1245			_70_, 71		⑤	72	73			74			5	14	1245
寛元四年	1246						永平寺に改称	⑥		75	以後示衆なし			1	74	1246
宝治元年	1247									鎌倉行化（上堂示衆なし）⑦				0	35	1247
宝治二年	1248	鎌倉行化												0	52	1248
建長元年	1249													0	58	1249
建長二年	1250	*50				⑧								0	52	1250
建長三年	1251									書記・蔵主増員				0	68	1251
建長四年	1252													0	51	1252
建長五年	1253								示寂					76	531	上堂合計

404（内大仏・永平寺
281（内鎌倉後）

注　*50は再示衆のため年間示衆数としては数え入れなかった。
斜体で示す3, 26, 36, 61, 62, 63, 70は懐奘書写日が道元示寂後（改ざんの可能性有）
*37は寛元2年再示衆、示衆の記録なし、仁治3年か。41は寛元元年閏7月、42は月不明
▲は達磨宗の集団入門。39嗣書の示衆は入門歓迎のためだったか。
★は僧海首座と慧顗上座の死亡推定時期（仁治3年10月初頭と思われる）
#嘉禎二年から延応二年までの上堂語数の合計は32であるが年別回数は推定した

正法眼蔵七十五巻本の巻番と示衆月対照表

はなく、上堂が二八〇回行われます。

正法眼蔵は「未完の大著」ではない

表に示すように、『眼蔵』七十五巻の示衆は実質的には寛元二年（一二四四）に終わっているので、本人も書き直すつもりだった若書きなのか、示衆後も改稿と推敲を重ねて完成度を高めたものなのか、という問題があります。

『廣録』の存在を無視し、十二巻本八大人覚の奥書を信じる研究者は、道元は亡くなる前に七十五巻本を書き改めるつもりだったが、病気のために十二巻目までしかできなかったという言葉を真に受けて『眼蔵』を未完の大著と評価します。

しかし『廣録』と『眼蔵』を読み比べると、道元は、仏性、即心是仏、虚空などの重要概念を鎌倉行化以後に検討し精緻化し

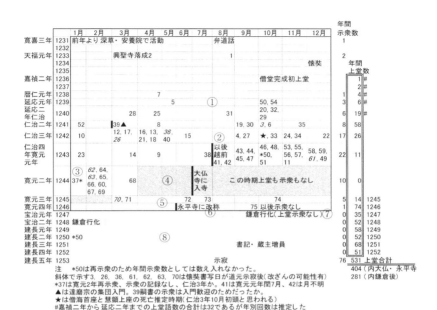

て上堂しており、検討結果を七十五巻本『眼蔵』に反映していることがわかります。示衆日は寛元四年以前ですが、内容は建長四年まで検討し続けたことが明らかになれば、眼蔵は未完という評価は改めるべきです。

『眼蔵』と『廣録』はいつ清書されたか

道元研究において、『眼蔵』と『廣録』がいつ清書されたか、いつ完成したかについて一致した見解はありません。しかし、現成公案第一が建長四年に拾勒されたと記されている以上、その後に続く残りの七十四巻も建長四年以降であると考えるべきでしょう。また廣録第七が建長四年の上堂を含むので、廣録の清書も建長四年以降であることは間違いないでしょう。

通常、語録は禅師が示寂した後で弟子たちがまとめるもののようで、たとえば道元は師の如浄語録を仁治三年（一二四二）八月に受け取ります。如浄が没して十五年もかかって編集された如浄語録は、宏智廣録に比べると数分の一しかない薄いものでした。一方で宏智廣録の編集には四十年以上もかかっています。道元は永平寺の弟子たちが長い年月かけて自分の語録をきちんと出してくれることを期待していませんでした。また道元自身が「一人虚を伝ふれば万人実として伝ふ」（上堂語一三一、一人が嘘を伝えれば、それを受けた全員が真実として伝える）や、「切に忌む、錯流転を」（上堂語一九三、考えを間違って伝えないように）と語ったように、仮に語録を編集したとしても、自分の言葉が改ざんされることを恐れていました。実際に道元が恐れていたとおりに、たくさんの偽書が生まれました。

道元は自分が生きている間に正法眼蔵七十五巻と廣録の清書を終わらせるつもりで、建長三年の秋に新任の書記と蔵主を雇い入れました（上堂語四六〇、四六七）。その結果、『廣録』が道元生存中に完成したことの決定的な証拠は、『廣録』の各巻末に付された識語です。それぞれの巻の上堂数と頌の数が書き入れられています。これは、『廣録』の清書が終わった段階で、道元本人がそれを書き入れたとしか考えられません。道元以外にその必要性を思いつく人はいなかったし、道元以外に頌の数を数えられる人もいません。道元以外に、識語や奥書がもつ誤り訂正機能を理解できた人もいなかったことでしょう。

以上のように考えた結果、『眼蔵』七十五巻本と『廣録』はともに建長四年から五年にかけて清書され完成したと結論します。この結論は、十二巻本　八大人覚の奥書とは矛盾しますが、それは八大人覚及びその奥書が正しくないことを示します。

興聖寺時代から永平寺時代までを時代区分する

廣録を読むと、道元と弟子たちの関係が変化していくことを感じ取れます。また、正法眼蔵七十五巻本の巻番と示衆月対照表からも明らかなように、正法眼蔵七十五巻の示衆時期は、寛元四年までの道元の活動時期に行われ、示衆ペースがその時の状況や環境を反映しています。ここで今後の議論のために道元の活動時期を、辨道話を書いた寛喜三年八月から、示寂するまでの八時期に分けておこうと思います（次の表参照）。示衆数や上堂数は図に準拠しています。

この表は辨道話の奥書の「寛喜辛卯中秋日」（一二三一年八月十五日）から、示寂の前年に行われた最後の上堂（上堂語五〇六が建長四年十二月八日であることから推定）までの約二十一年間を、道元が置かれた状況と眼蔵示衆・廣録上堂頻度に即して八時期に時代区分したものです。時期によって示衆や上堂の回数が大きく変わっているので、有意な区分であることがわかります。

時代	年月	年月	西暦	期間	時代の概要	正法眼蔵示衆数	示衆/年	上堂連番	上堂数	上堂/年	廣録巻数
Ⅰ深草興聖寺前期	寛喜3年8月(辨道話)	仁治2年3月	1231-1241	10年間	達磨宗入門以前の深草・興聖寺時代	14	1.4	1-36	36	3.6	1
Ⅱ深草興聖寺後期	仁治2年3月	寛元元年7月	1241-1243	2年間	達磨宗入門後の深草・興聖寺時代	28	14	37-126	90	45	1
Ⅲ越前仮寓期	寛元元年7月	寛元2年3月	1243-1244	10か月	越前・吉峰寺、禅師峰	28	33.6	上堂なし	0	0	—
Ⅳ長期休暇	寛元2年3月	寛元3年3月	1244-1245	1年	越前吉峰寺から大仏寺に入寺前後	示衆なし	0	上堂なし	0	0	—
Ⅴ大仏寺示衆上堂	寛元3年3月	寛元4年6月	1245-1246	1年3か月	越前・大仏寺での示衆・上堂	5	4	127-176	50	40	2
Ⅵ永平寺前期	寛元4年6月	宝治元年8月	1246-1247	1年2か月	越前・永平寺(鎌倉以前)	1	1	177-250	74	59.2	2, 3
Ⅶ鎌倉	宝治元年8月	宝治2年3月	1247-1248	7か月	鎌倉行化	示衆なし	0	上堂なし	0	0	—
Ⅷ永平寺後期	宝治2年3月	建長4年11月(上堂語531)	1248-1252	4年9か月	越前・永平寺(鎌倉以後)	示衆なし(改稿)	0	251-531	281	59.2	3, 4, 5, 6, 7
			合計	21年間		76	3.62(通年平均)		531	25.3(通年平均)	

道元が結界で保護した時期を8つに分割する(上)。デタラメな十二巻本奥書(下)

	タイトル(異本番号)《95巻本番号》	示衆日	書写日	注
第一	正法眼蔵出家功徳第一*(58)《86》	なし	延喜3年8月6日(1310年)	75巻本58は眼睛
第二	正法眼蔵第二受戒《94》	なし	なし	
第三	正法眼蔵袈裟功徳第三*(41)《12》	仁治元年庚子開冬日観音導利興聖宝林寺*	建治元年丙子5月25日(1275)**(建治元年の干支は乙亥。丙子とすると翌1276年)	示衆日正法眼蔵第32伝衣の奥書と同じ。75巻本41は三界唯心
第四	正法眼蔵発菩提心第四*(34)《70》	なし	建長7年乙卯4月9日(1255)	75巻本34は仏教
第五	正法眼蔵供養諸仏第五*(59)《87》	なし	弘安2年己卯6月23日	75巻本59は家常
第六	正法眼蔵帰依仏法僧宝第六*(60)《88》	なし	弘安2年己卯夏安居5月21日	75巻本60は三十七品菩提分法
第七	正法眼蔵深信因果第七*《89》	なし	建長7年乙卯夏安居日(1255)	
第八	正法眼蔵三時業第八《84》	なし	建長5年癸丑3月9日在於永平寺之首座寮書写之　懐奘	
第九	正法眼蔵四馬第九*(39)《85》	なし	建長7年乙卯夏安居日(1255)	75巻本39は嗣書
第十	正法眼蔵四禅比丘第十《90》	なし	建長7年乙卯夏安居日(1255)	
第十一	正法眼蔵一百八法明門第十一	なし	なし	昭和5年に石川県永光寺で発見
第十二	正法眼蔵八大人覚第十二*《95》	なし	建長5年正月六日、永平寺	

『廣録』と『眼蔵』を丁寧に読み比べると、Ⅷ期の上堂語で検討された内容が正法眼蔵七十五巻本に反映されているだけでなく、Ⅰ期の辨道話の語句の一部がⅧ期の上堂語四九一とほぼ同じであることも確かめられます。道元はあえて辨道話と上堂語の内容を一致させることによって、この二十一年間に結界を張ったのではないでしょうか。自分が語っていることは、寛喜三年から建長四年まで一貫していて、まったくブレていない。そのように主張するために、正法眼蔵と上堂語の語句に統一性をもたせたものと思われます。第三者が立ち入らないように結界を築いたのです。

皮肉なことに、十二巻本正法眼蔵の奥書は、示衆日がなく、書写日ですらすべてこの結界の外になっていて、自ら道元の真筆でないと語っています。結界が有効に機能しているのです。

簡単に表で時代区分した八時期の説明をします。この区分にしたがって、第五章で上堂期間、第六章で眼蔵示衆時期について分析を加えます。

Ⅰ　深草興聖寺前期　一二三一年八月から一二四一年三月まで　約十年間

寛喜二年（一二三〇）春、桜の花が散り始めた頃、道元は弟子の寂円《じゃくえん》と二人で、建仁寺を出て深草の安養院に移ります。そしてここで寛喜三年（一二三一）八月十五日、正法眼蔵の導入部である「辨道話」を書き著し、『眼蔵・廣録』の言語世界が始まります。仁治二年三月に日本達磨宗が集団で入門するまでの十年間、道元にとっては仏法を広めるための準備期間として位置づけられます。示衆と上堂のペースはゆっくりですが、仏法の本質を伝えようとする意気込みが感じられます。

道元の仏法が評判となり、多くの人々が参集するようになったため、坐禅専用の正式な道場の建立が発願されます。そして天福元年（一二三三）春、観音導利興聖宝林禅寺が竣工落成し、夏安居中に「摩訶般若波羅蜜多」、八月十五日に「現成公案」を著します。廣録から読み解く弟子たちの学習意欲も高く、師の問いに答える弟子の姿（上堂語一一）がみられます。中国の語録から三百則の重要な公案を抜き出して「真字正法眼蔵」をつくったのもおそらくこの頃です。

興聖寺落成から三年後の寛喜二年（一二三〇）秋には僧堂も完成し、初の上堂が行われます。道元の活動期間のうちで、この興聖寺時代だけが正法眼蔵の示衆と上堂が同時並行して行われます。即心是仏（上堂語八)、行持(上堂語一〇)、他心通(上堂語一七)、虚空(上堂語一九)、山水経(上堂語二三)、摩訶般若波羅蜜(上堂語三〇)など、正法眼蔵のテーマを扱った上堂語も散見され、なかには示衆日の直前または直後に上堂されたこともあったようです。

日本達磨宗が宗派をあげて集団で入門することが決まったのは、仁治元年の暮れのことだったと思われます。仁治二年元旦の上堂語三二にはめずらしく、明るくやや高揚した口調が感じられるほか、一月三日に、釈迦牟尼仏から道元まで師資相承で嗣法した仏祖の名前を順番に唱える、正法眼蔵仏祖第五十二が示衆されたことも、大所帯になることへの自負心のあらわれでしょう。

Ⅱ　深草興聖寺後期　一二四一年三月から一二四三年七月まで　二年四か月

仁治二年三月に日本達磨宗が集団入門すると、『眼蔵』の示衆頻度はそれまでの十年間に比べると十倍になり、二年間で二十八巻が示衆されます。それも「古鏡」、「仏性」(上堂語七二)、「恁麼」、「仏向上事」(上堂語九六)、「海印三昧」、「観音」、「光明」(上堂語九七)、「夢中説夢」、「道得」、「画餅」、「空華」など正法眼蔵のなかでもっとも独創的な巻です。新たな弟子たちに向かって、道元は自分がもっているものをすべてぶつけたのです。

一方、上堂語で仏法の本質を語ることは疎かになり、興聖寺内部の弟子相互のいがみあいや風紀の乱れを示唆するものが増えます。日本達磨宗の弟子たちは道元の教えに興味を示さず、不勉強でだらしない坐禅ぶりであったことが伺えます。現成公案の言葉も弟子たちの態度をたしなめるために使われたり(上堂語五一)、ちゃんと読んでくれというお願いだったり(上堂語六〇)。仏性(上堂語七一)は、弟子たちを見限るように「一切衆生仏性無し」と言い放たれ、百丈野孤（上堂語六二、九四）の公案は弟子たちの野孤禅を批判するかのように示されます。不真面目な修行態度の弟子に苦慮した道元は、仏法の考究は眼蔵で行い、上堂で弟子たちに語りかけていました。

もとからいた弟子たちと日本達磨宗の弟子たちの間の緊張は徐々に高まります。そして仁治三年八月に如浄語録が届き、如浄の厳しい指導を思い出した道元が荒々しく指導を呼びかけたすぐ後、破局が訪れます。慧顗《えき》上座と僧海《そうかい》首座が相次いで亡くなるのです。原因や経緯については何も語られません。道元にとって生涯最大の悲しみでした。

弟子を失った心の傷をいたわるかのように、十二月十七日に道元の外護者で鎌倉幕府の御家人であった波多野義重が道元を六波羅蜜寺に招き、道元は「全機」を示衆します。このとき道元は義重の越前の所領への招きを受けたと思われます。翌寛元元年四月、同じ六波羅蜜寺で道元は義重に「古仏心」を示衆します。これは古仏とともに越前に行くという受諾の意思表示だったのでしょう。道元は同年七月に越前に向います。

Ⅲ　越前仮寓期　寛元元年七月から寛元二年三月　約十か月

越前志比庄は、白山信仰の拠点となる平泉寺のおひざ元でした。七一七年に泰澄《たいちょう》が開いた白山は、山野で修行することにより霊力を得る修験道の修行場として知られていました。道元は入越した最初の示衆（三界唯心）と厳寒期の示衆（見仏、遍参、眼睛、家常、竜吟）を、大野盆地の平野に面した禅師峰《ぜんじがみね》で行い、残りは、吉峰山上にある吉峰寺で示衆しました（岩井孝樹「道元の思想と書」第二十二回、大法輪、二〇一五年十二月）。人里離れた山寺静寂な環境のなかで、雑事に悩まされることも上堂もなくなり、おそらく五人ほどの側近たちの前で、道元は興聖寺時代よりいっそう精力的に正法眼蔵の示衆を続けました。

入越後の一年で示衆された二十八巻は、どれも比較的短く、興聖寺時代のような独創的なものは少ないですが、読むとそれぞれに意義や成立経緯を感じます。仏道、仏経は、経文の大切さを伝えます。梅花、眼睛、家常は、如浄語録をもとにして編集されたものです。三十七品菩提分法は、三十七の修行を正法眼蔵のそれぞれの巻と結びつける索引になっています。竜吟は正法眼蔵の完成を祝うものであり、祖師西来意は翻身活命するぞという宣言でしょう。

Ⅳ　長期休暇　寛元二年三月から寛元三年三月　約一年間

寛元二年三月九日に吉峰寺で大修行を示衆してから、翌寛元三年三月六日に大仏寺で虚空の示衆を行うまでの一年間、道元は示衆も上堂もしていません。吉峰寺での示衆で正法眼蔵は完成したという気持ちだったのでしょう。弟子たちも新しい寺の建立で大忙しだったはずです。二月二十九日に法堂の地ならしが行われて大仏寺の建立が始まり、四月二十二日に法堂の上棟式、七月十八日に大仏寺開堂供養説法、九月一日には法堂の開堂法会、十一月三日には僧堂の上棟が行われます。これらの法会に京都の建仁寺や鎌倉の寿福寺の僧が参加したかどうかの記録はありません。大仏寺でより孤立感を深めた道元は、栄西の門流の僧たちを招いただろうと思います。

この時期、寺の行事の指示や来客対応のほかに道元が何をしていたのか。白山に登ったかの記録もありません。白山に登ったか、修験道の修行を試したか、修験者たちと交流したか。道元は、松殿山荘という小高い丘の上で育ったので、山の中で遊ぶことにはたけていたと思います。Ⅰ．3でご紹介した道元の天命反転、空間を中と外に分けて突然それを入れ替える実験（上堂語二一一）や、門庭に施設をつくったという話（上堂語二六六）、さらには小高い丘や穴ぼこが仏を生む虚空であるという覚りに導く意識変容の実験（上堂語四一四）は、この長期休暇中に行っていたかもしれません。

Ⅴ　大仏寺示衆・上堂　寛元三年三月から寛元四年六月　一年三か月

大仏寺への入寺は寛元二年七月ですが、『眼蔵』の示衆は翌年三月の虚空までなく、上堂も四月までありません。ここで示衆されたのは五巻だけで、眼蔵は実質的に吉峰寺で完成していたことが伺えます。一方、上堂は興聖寺時代後期と同じペースに戻ります。落成したばかりの大仏寺で、弟子たちは道元の教えを求めず、だらしなく坐禅するのみでした。道元は厳しく弟子を叱責していますが、弟子はそれに応えません。興聖寺時代は古くからいた弟子たちと達磨宗の弟子たちの間の緊張が感じられましたが、大仏寺では道元と達磨宗の弟子たちの間の軋轢が高まります。落成後わずか二年で寺の名前を永平寺と改称したのは、ここの生活に不満をもつ道元をなだめるためだったのでないでしょうか。

Ⅵ　永平寺前期　寛元四年六月から宝治元年七月　一年二か月

永平寺に改称した後、正法眼蔵の示衆は出家のみです。一方、上堂は大仏寺時代より五割以上もペースが上がります。

この時期の巻三の上堂語には、他ではみられない異常ともいえる特徴があります。廣録第三に入ってにわかに現われて第四以降では絶えてしまう「健かならんには坐し、困ずれば眠る」（上堂語一九一、二二〇、二三一）という甘い指導や、主に中国語で「御僧ら御機嫌よろしくて何より」という他人行儀で突き放した感じのする挨拶語（上堂語一九六、二〇六、二一八、二五〇）です（寺田透「日本の禅語録　道元」）。とくに上堂語二五〇は鎌倉に行く直前で、まるで弟子との別れを喜んでいるかのようです。もしかすると、道元と弟子との冷たい関係を案じた誰かが、建長寺開山含みで鎌倉に招いたものだったのかもしれません。

Ⅶ　鎌倉行化　宝治元年八月から宝治二年二月　七か月

鎌倉行化の間、示衆も上堂もなく、北条時頼に戒を授けたことくらいしか記録はありません。記録も証拠もないけれど、研究者たちは道元は期待が外れ、大きな失望を味わったと書いています。たとえば頼住光子は「鎌倉から戻った道元が、未来永劫永平寺を離れないという誓いを立てたことからしても、鎌倉で大きな失望を味わったことは確かだろう。」といい（「正法眼蔵入門」）、今枝愛真は「鎌倉の一般武士たちの信仰は、なお旧態然とした加持祈祷や密教的行事がほとんどで、道元禅による教化には限界があることは、明瞭だった。道元の期待は外れた。」（「道元」）といいます。

私は鎌倉に行く直前の上堂語二五〇がウキウキと明るいことや、鎌倉から戻った翌日の上堂語二五一がやや弁解がましいことが気になっていました（Ⅴ．5参照）。が、直接のきっかけとしては、建長三年秋に書記と蔵主の着任時期がおよそひと月ずれた事実から、書記は京都から、蔵主は鎌倉からの応援ではないかと思って、当時鎌倉に誰がいたかを調べてみました。

するとすぐに鎌倉仏教界で最高位にいた寿福寺三世の住持大歇了心《だいかつりょうしん》（生没年不詳）と、浄土宗第三祖で光明寺開山の然阿《ねんな》良忠《りょうちゅう》（一一九九―一二八七）の名前が浮かんできました。了心は建保三年（一二一五）

に宋から戻ったので、入宋前の道元と面識があった可能性もありますし、実朝やその正妻の信子とも交流があったはずです。信子は実朝暗殺の翌日に寿福寺二世退耕行勇のもとで出家して正覚禅尼となり、その後京都に戻ると深草にいた道元の仏法にひかれて外護者となっていました。「鎌倉にいたときに、寿福寺住職の行勇から入宋伝法沙門道元のことを充分聞き及んでいた」（「永平の風」）のです。行勇の隣には了心の姿もあったはずです。一方、光明寺の開基は北条時頼の兄、経時（一二二四―四六）で、開山は道元のもとで学んだこともある良忠でした。良忠は、嘉禎三年（一二三七）に浄土宗の第三祖となり、仁治元年（一二四〇）春、鎌倉に入りました。道元が滞在した名越《なごえ》は、材木座にある光明寺に近く、歩いて十五分足らずです。寿福寺はその年の火災で全焼していたので、了心がどこにいたかはわかりませんが、名越にいた可能性もあります。寿福寺住持と光明寺住持という鎌倉仏教界の最高位の二人が、道元にとっては古くからの知己であり、自由に行き来できるところにいたことは間違いないでしょう。この二人が道元を鎌倉に呼び寄せた張本人だったと思われます。三人は日本で仏法を広めようという志を共有していて、お互いに宗派が違うという意識はなかったでしょう。

道元は二人に、興聖寺から大仏寺、永平寺に至るこれまでのいきさつ、日本達磨宗の入門と僧海・慧顗の死と、越前の風土、成果物である正法眼蔵と廣録上堂語のことなどをありのままに報告し、これから何をすべきかと相談したでしょう。おそらく道元が望めば建長寺開山として鎌倉に残ることもできたはずです。それをしなかったのは、権力に近くて雑用や雑音が多いことを嫌ったためか、建長寺の建設予定地が永平寺より狭くて地形的にも面白くなかったからか、永平寺に戻ってやるべきことがわかったからか。鎌倉から永平寺に戻ってからの道元の一心不乱の仕事ぶりから考えると、やるべきことが明確にわかったから戻ったのだ

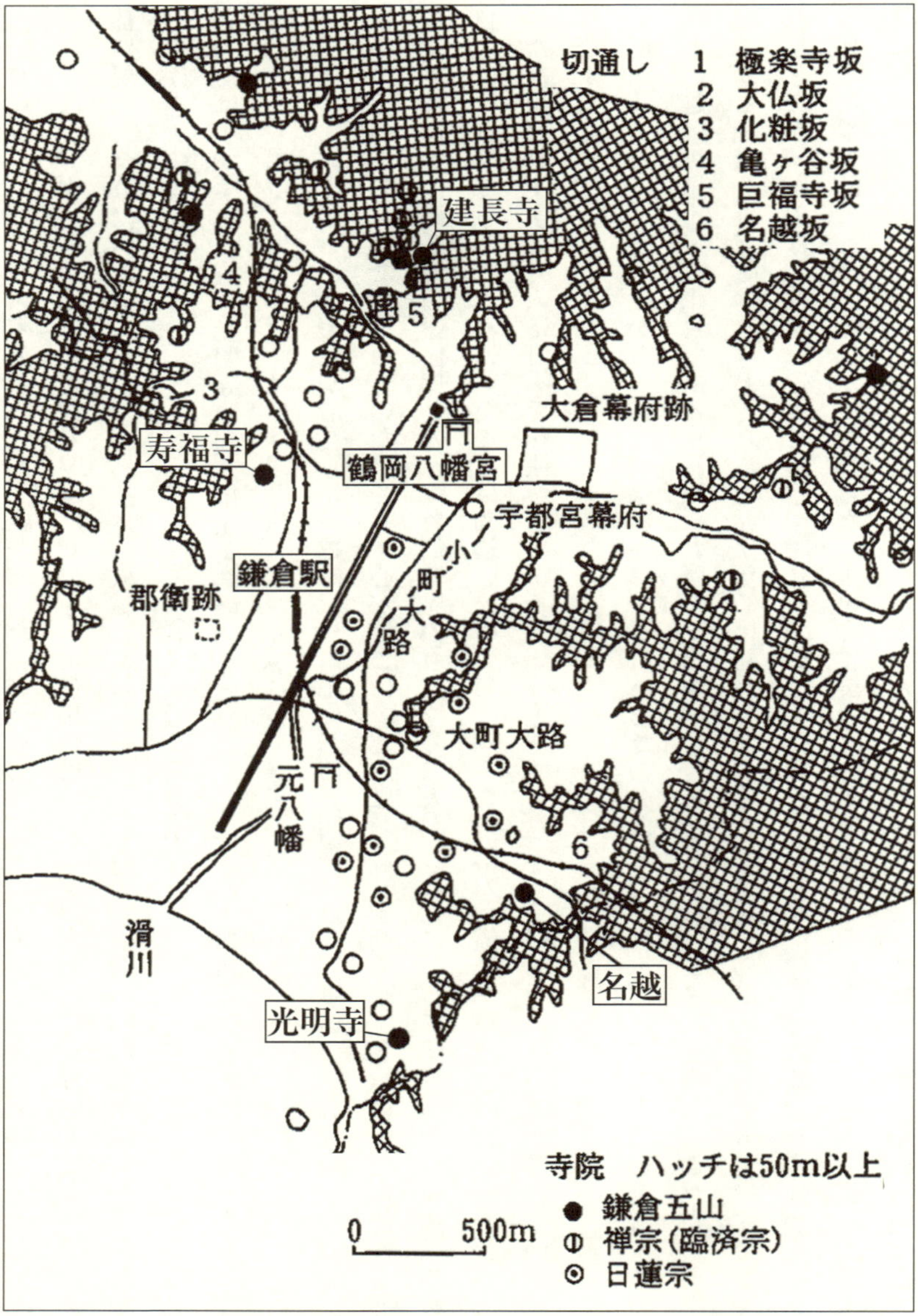

鎌倉（「関東Ｉ　地図で読む百年」古今書院をもとに作成）

と思います。

鎌倉で道元は了心や良忠と仏法を語り、多くの書物をひもとき、正法眼蔵がまだ完成段階にほど遠いことに気づきます。そこで徹底的に経文や語録を読むことによって、後世に残る仏法の書を書き残そうと思ったのです。言葉によって後世の修行僧に嗣法ができるほどに体系化された純粋な仏法を伝える書へと、正法眼蔵を高めるために、道元は永平寺に戻ったのです。了心や良忠はこの前人未到の試みを支えることを約束し、助けが必要なときすぐに鎌倉に使者を出せるように、永平寺に帰る道元に学僧を随行させたかもしれません。当時は使者がもっとも信頼できる通信手段でした（渡辺滋「古代・中世の情報伝達」八木書店、二〇一〇年）。

Ⅷ　永平寺後期　宝治二年三月から建長四年十月　四年半

これまでの道元研究において、鎌倉行化後の道元の活動はほとんど白紙状態でした。つまり道元は何もしないで無為に過ごしていたと考えられてきました。たとえば頼住光子「正法眼蔵入門」の巻末資料Ⅰ道元小伝には、「鎌倉から帰ってからの道元は、『正法眼蔵』全百巻の完成をめざして編集作業を続けたと推定されるが、志半ばにして、「八大人覚」巻を最後に、五十四歳で示寂する。」とあります。主な出来事としては「一二四八年　永平寺に戻る。一二五二年　十二巻本『正法眼蔵』最終巻の「八大人覚」なる。病重く、永平寺住職の座を懐奘にゆだねる。八月、京都にて示寂する。」としかありません。今枝愛真は、「永平寺にもどった道元は、再び厳しい修行生活に入った。そして、門弟たちの教育を一層徹底させようと、『庫院規式』や『衆寮清規』を著した。しかし、以前のように『正法眼蔵』の著述をすすめることはなかった。」といいます。これは、『廣録』を読まない悪しき慣習と、十二巻本八大人覚の奥書を真に受けたための誤った歴史認識です。

鎌倉から帰った後の道元は、かつてなかったほどにハイペースで上堂を続け、上堂語の過半数にあたる二八一語を残しています。『廣録』だけ読んだときには、この時期の道元は、日本の弟子を教育することはあきらめて、漢字かな交じり文の『眼蔵』は放置して、漢文の『廣録』を東アジア漢字文化圏に向けて発信しようとしたのかと想像していました。しかし、『廣録』と『眼蔵』を読み比べたところ、道元は上堂を通じて、『眼蔵』の重要概念である仏性、即心是仏、虚空などについて検討を繰り返し、検討結果を七十五巻本に反映しています。つまり、道元は鎌倉から帰った後、『眼蔵』七十五巻を完成させたのです。従来の道元研究が見逃していたことです。

Ⅲ．道元の信号と雑音を識別する

1　「正法眼蔵随聞記」は道元像を歪める最悪な入門書

「偽書の精神史」に照らして考える

佐藤弘夫の「偽書の精神史」（二〇〇二年、講談社）によれば、日本の中世には偽書が多く、「一見する限り、直接みずからの利害に関わらない限り、世に流布する文書の真偽を厳密に区別しようとする指向性は皆無である。偽書を著した当事者にしても、その行為に対する罪悪感は一かけらもみられない。さらにひとたび作り上げられた偽書は、聖徳太子未来記にみられるように、驚くほどすんなりと社会に受け入れられていく。その結果、中世社会には膨大な数の偽書が流通することになった。」とあります。

とくに仏教の世界では、本覚思想があるため、弟子たちは、「もし名を借りた先師がその場にいたならば、必ずやその思想に賛意を表するであろうことに」確信をもって、先師の名前で次々と著作を生み出したそうです。「それゆえ、彼らが作り上げた著作は先師に代わってその真意を述べたものとして、先師から称賛されることはあっても決して叱責されることはないこと」も確信していました。

Ⅱ．1の雑音のところでご紹介したように、道元禅師の著作の中には、現在は偽書とみなされてまったく話題にも上らない著作が少なくとも十六ありました。それを大久保道舟は「滅後その道徳を慕うて故意に著作をなし、書冊に仕立ててこれを真作に擬した」と善意の偽作ととらえていますが、言語情報を取り扱うえでは、除去しなければならない雑音であることには変わりはありません（大久保道舟、道元禅師全集、下巻、例言）。

道元の魅力を伝えない入門書

道元の著作を読むにあたって、何から読めばよいのか。これは大きな問題でした。なぜならば道元のものとされる著作が今でもたくさんあるからです。『正法眼蔵随聞記』、『正法眼蔵七十五巻本』、『十二巻本正法眼蔵』、『道元禅師語録（永平略録）』、『道元和尚廣録（永平廣録）』の祖山本（門鶴本）と卍山本とあります。が、それらが相互に矛盾をもつことはあまり知られていません。そうすると、なるべく読みやすそうなものから手を出すのが人情、人の常です。

私は二〇〇一年に岩波文庫版の「正法眼蔵随聞記」（第77刷、二〇〇〇年）を読みました。道元の教えを理解したいと思ったのだけど、いきなり正法眼蔵を読みこなすことは難しそうだから、弟子が正法眼蔵の講義を聞いて印象に残ったことを書き残したものがあるならまずはそれから読んでみようという思いで購入しました。読後に道元の語り口は平凡でつまらないと思いましたし、いったい道元が何を伝えたかったのかがわからないなと思いました。しかし、随聞記のなかには正法眼蔵各巻の教えがいっさいないことには気づきませんでした。正法眼蔵を読んでいないと、それには気づきません。そして、読むだけの価値はないと判断して正法眼蔵にアクセスしませんでした。「随聞記」を偽書だと疑うこともありませんでした。

岩波文庫の表紙には中村元の言葉で「永平寺の開祖道元が洛南に道場を開いた時、その学風を慕って参じた懐奘が、日々に聞く師の言葉を記録したもの。（略）道元その人の言葉がよく伝えられているという。」とあります。本を買った当時は、中村の言葉を信じるしかなかったのですが、『眼蔵』と『廣録』を熟読した後であらためて「随聞記」を読むと、むしろまったく道元の言葉とは思えない口調、内容であることに驚きます。中村は正法眼蔵や廣録を読んだことがなかったのでしょうか。中村は解説で廣録についてひと言も言及していません。

おそらく『眼蔵』と『廣録』を読んでいない読者は、随聞記に記録されている師の言葉が道元の言葉でないことに気づかないでしょう。正法眼蔵随聞記といいながら、正法眼蔵で述べられた教えがまったく語られていないことや、むしろ矛盾した内容が語られていることも、正法眼蔵を読まないと気づかないことです。入門書として存在するものが、真の著者の姿を歪め、真の著作への興味を低めるのは、非常に困ったことです。

正法眼蔵随聞記の異本間の矛盾が放置されていた

じつは当時すでに私は随聞記を読んで違和感がありました。岩波文庫版は面山本と呼ばれる明和七年（一七七〇）の写本にもとづいています。理解を深めるために、水野弥穂子校訂の長円寺本（昭和十七年に愛知県長円寺で「発見」された。寛永二十一年〔一六四四〕の写本とされる）の随聞記も読んだところ、章の配置が違っていることと（面山本で章1、2、3、4、5、6とあるものは、長円寺本では、6、1、2、3、4、5の順に配置されている）、面山本にある章句が長円寺本には含まれていない例があることに気がついたのです。

面山本の正法眼蔵随聞記第一の三、病気の僧侶が肉食を希望したのを仏照禅師が許した話と、第六の十、恵心僧都が庭前で草を食べていた鹿を打ち追った話は、長円寺本にはありません。私は、道元はこの話をしたのか、しなかったのか。していなかったとしたら、どうして混入したのかが、とても気になりました。歴史的事実はひとつしかないはずです。私は雑音が混入したものと想定し、面山本よりも長円寺本のほうが道元の教えに近いのではないかと考えていろいろと調べてみたのですが、どちらが正しいかの研究はまったく行われていないことに驚きました。正法眼蔵を読んだ後は、面山本も長円寺本も大差なく、どちらも道元の言葉ではないと断言できます。

この仏照禅師は、正法眼蔵・行持第十六・下で天童如浄が批判している拙庵徳光のことです。如浄は、徳光が僧堂での雲水の修行に一切見向きもせず、ひたすら訪ねてくる官吏の面会に応じて追従を言うばかりで、仏照は参禅したことがないと厳しく批判しています。その徳光の話を道元がするわけがないと私は思いますが、誰一人としてそういった検討を行っていないのです。道元は仏照禅師拙庵徳光が無際了派に与えた嗣書を宋で見ています（『眼蔵』嗣書）。

道元の言葉として伝えられる文字列（テキスト）は、道元の脳内に思考回路化されていることがそのまま素直に音声化されて、それをさらに文字符号に置き換えたものであるべきです。もし写本間に矛盾があれば、どちらが正しいかを確かめる必要があります。相互に矛盾するテキストがともに道元のものだとすれば、道元が矛盾したことを語ったことになり、道元に対しても失礼です。

おそらくそういうことを考える前に、すでに示寂している道元に何が真実であったかを聞くことはできず、確かめる手立てがない。だったらこの問題について考えることをやめよう、存在するものはすべて本当であると考えるほかはないというのがこれまでの多くの研究者の考え方だったのでしょう。これは言語情報に対する悲観主義《ペシミズム》であり、このような考えにたつかぎり、偽書や改ざんといった論理的雑音に対して無防備となり、言語情報を活用できません。

言語情報を作成する著者は、自分が全身全霊で打ち込んだことを、できるかぎり正確に言語化することで、後進に自分の到達地点を示すことができます。それを手にした読者は、先行する人間の努力と到達地点を言語情報として受け継いで、そこからさらに前に進まなければなりません。自分の心にないことや嘘があってはいけないのです。

すでにこの世にいない著者（送信者）に確かめることなく、読み手（受信者）が自力でどの文章が真正なものであるかを判断することは、デジタル通信技術において実現しており、前方誤り訂正（Forward Error Correction：FEC）と呼ばれています。送信時にデータの特性についてのわずかな解析結果を符号にして一緒に送ると、受信者は送信者に問い合わせず、符号を使って受け取ったデータが真正であることを確認する技術です。

道元はこの理論の実践をしていて、『眼蔵』七十五巻本の奥書で連番管理して、示衆日と場所を書き入れ、『廣録』祖山本には上堂数と頌の数を書き入れました。これによって七十五巻本と祖山本が真正であることが確認できるのです。随聞記にはそのような符号はありません。読者としては、道元が真正性の符号化を行っている『廣録』と『眼蔵』を先に読むことが求められます。符号化の行われていない『随聞記』は、言語情報としては信頼性が劣ります。

以下では、『随聞記』がどのようにして今のように広く読まれるようになったのかの来歴をみてみようと思います。

和辻哲郎は「正法眼蔵随聞記」を校訂したのか

永平寺が発行した「承陽大師聖教全集」（明治四十二年）には、第三巻で「学道用心集、永平清規、永平廣録巻一から巻十」までを掲載しており、その後に付録として「寶慶記、傘松道詠、正法眼蔵随聞記、光明蔵三昧、曹洞教會修證義」が収録されています。この「永平廣録」は卍山本で、祖山本を一部改ざん・削除したものです。

この正法眼蔵随聞記に東大教授和辻哲郎校訂というお墨付きがついて、昭和四年に「道元語録　正法眼蔵随聞記　懐奘編　和辻哲郎校訂」として岩波文庫から出版されました。これは和辻哲郎の功績というよりも、道元像を歪めることにつながったので功罪あいなかばするというべきかもしれません。あるいは、東大教授和辻哲郎というネームヴァリューを利用した、テキストロンダリング（素性の怪しいテキストを、それがまるで真正なテキストであるかのように保証する行為）と考えるのが、もっとも現実的な理解です。「和辻校訂」という後光によって、それまで道元の著作扱いされていなかった随聞記が、道元の言葉として一人歩きを始めたといってもよいでしょう。

和辻哲郎がどうして道元について興味をもったのかは、全集に記述がありました。関東大震災が起きる前、たまたま本郷の壱岐坂にある上宮教会でなんらかの夏期講習会があり、それにひっぱり出されて講演をしたときに、講演のあとで講演会場の番をしていた禅宗出の人と「雑談しているうちに、何の話の序」か道元の話題になり、「私はちっとも知らないと言った」ところ、「正法眼蔵随聞記」を送ってもらったことに始まります（「源泉を探る」、和辻全集二四、二七六頁、「心」昭和三十四年六月一日）。

これをきっかけに和辻は、大正十年に雑誌「新小説」（二、三、五、六、八月号）に、「入宋求法の沙門道元」を連載し、七月号には「『沙門道元』の間に」を掲載しました。また、大正十二年には、和辻自身が編集委員をつとめていた雑誌「思想」（一、四、五、六月号）に、正法眼蔵の「礼拝得髄」、「仏性」、「道得」、「葛藤」の紹介記事を書きます。これらの記事がまとめられて（「新小説」八月号の記事は使わずに）、大正十五年に岩波書店から「日本精神史研究」の一部として「沙門道元」が出版されます。

「沙門道元」の序（「新小説」大正十年七月号の記事）で和辻は、自分は道元の真理を得ていないし、自分の解釈が唯一の解釈であると主張するわけではないが、新しい解釈の道を開くことになるので道元を語る、と述べています。「それによって道元は、一宗の道元ではなくして人類の道元になる。宗祖道元ではなくして我々の道元になる。自分があえてかかる高慢な言葉をいうのは、宗派内においてこれまで道元が殺されていたことを知るからである」。これは高邁な考えであり、和辻はこの言葉通りに人類の道元であることを証明してほしかったと思います。

宗派内で「これまで殺されていた」道元に宗派の外から光を当てたことは和辻の功績かもしれません。しかし「沙門道元」の末尾に「この一篇は、道元の哲学の叙述を企てつつ途中で挫折したもの」と書きながら、その後道元について考察を深めた形跡がないのは残念なことです。結局のところ「沙門道元」から三十年以上経過した、亡くなる前年の言葉に「なんでも興味が出ると始めますが、それっきりものにならずに途中でほっぽりだしてしまって……。結局その出発点になった道元禅師の思想は、よく読みこなせないままで日が暮れてしまったわけです。」（「源泉を探る」、和辻全集二四、二七七―二七八頁、「心」昭和三十四年六月一日）という無責任でなさけない言葉が残されています。そういう事情にもかかわらず和辻哲郎の「日本精神史研究」（岩波文庫）や「道元」（河出文庫）は、今日でも大正十年、十二年の内容のままで売られています。

和辻が「随聞記」を岩波文庫に入れる提案をした手紙がありました（和辻全集二五、昭和三年九月四日付の岩波茂雄宛）。「（略）道元禅師の語録『正法眼蔵随聞記』を岩波文庫に入れる気はありませんか。これは道元の言行を弟子が記したもので、解り易く分量も手頃です。（一冊分位）これ迄にも刊本はありますが、組み方を少しなほせばよほど読み易くなると思ひます。この本は小生を道元へ引きつけた最初のもので、小生として中々愛着を持ってゐます。なるべく多くの人に読まれる様に望んでゐる本の一つです。」

「沙門道元」以来しばらく道元から遠ざかっていた和辻がどうしてこのタイミングでこのようなことを思いついたのかは不思議です。この後も和辻はいっさい道元研究を行っていません。しかし企画はすぐに承認され、校訂作業も順調に進み、「随聞記」は明くる年、昭和四年六月二十五日に、「道元語録　正法眼蔵随聞記　懐奘編　和辻哲郎校訂」として刊行されます。このとき和辻は「正法眼蔵随聞記の印税を早く送って頂きたい。」とだけ書き送っています（昭和四年七月十四日岩波茂雄宛）。著者印税は和辻がもらうという出版契約だったのでしょう。

和辻は初版の「解題」の最後に、「この書の校訂に際し、逐行較正の最もめんどう臭い仕事を分担せられたNIおよびTW両君に心からその労を謝する。校訂者識」と書いています。この「最もめんどう臭い仕事」をしてくれた二人の名前をイニシャルでしか出さなかったのはどうしてでしょうか。どのような「めんどう臭い」校訂作業が行われたのかわかりませんが、テキストはざっとみたかぎり明治四十二年の「承陽大師聖教全集」のままです。昭和三十三年四月二十六日の改版では、「改版の時に中村元君に振假名をつけて貰ひ、再校訂もやつて貰つた。」とあります。NIとTWの名前を出さなかったのは、東大の外の組織から実務作業労力を提供されて和辻は何もしなかったからではないでしょうか。校訂者として和辻の名前を付した「随聞記」を出版するアイデアも、外部から和辻に持ち掛けられたのかもしれません。

和辻は初版の「解題」では、「『正法眼蔵随聞記』は、日本の産んだ最も偉大な思想家、宗教家の一人である永平初祖道元禅師の言葉を二祖懐奘の筆録したものである」（昭和四年初版）、改訂版では「『正法眼蔵随聞記』は、永平初祖道元禅師の言葉を、近侍していた二祖懐奘が記録して置いたものである」（昭和三十三年改版）と書いていますが、随聞記の著者が誰かはどこにも記録されていないことであり、今なお事実確認がとれていないことです。原本がどこにも残っておらず、もっとも古いとされる写本でも江戸初期（一六三三年、大安寺蔵）のものです（春秋社、道元禅師全集第十六巻）。また「最初の刊本は、宗門の人によってではなく、面山師の言葉をかりれば、教家の人が、作者は誰とも知れないが、法理が殊勝であるため印版されたものであるという。それが慶安四年（一六四一）のことである」（水野弥穂子、『正法眼蔵随聞記』の世界、大蔵出版、一九九二年）。それを宝暦八年（一七五八）に面山瑞方が開板したというわけです。江戸時代よりも前に遡ることができない『随聞記』は、偽書の疑いを否定できません。

随聞記の道元の言葉はおかしい

もっと重要なことは、『随聞記』が道元の言葉として伝えるものが、『眼蔵』や『廣録』にはみられない内容であり口調であることです。『随聞記』は偽書ではないかと、私が疑う理由です。

仮に偽書であったとしても内容的に素晴らしかったらよいではないか、すでにたくさんの人が『随聞記』を読んで道元の教えに感銘を受けている、と。道元の教えである正法眼蔵転法輪第六十七に、「たとひ偽経なりとも、仏祖もし転挙しきたら真箇の仏経祖経なり」とあるもののひとつとして考えればよいという人もいるかもしれません。しかし『眼蔵』と『随聞記』の両方を比較した研究者によれば、二つのテキストの矛盾は、道元の教えの根幹にかかわることです。

東京大学史料編纂所で中世禅宗史の専門家だった今枝愛真は「『眼蔵』ではまったく見られない禅の本質に関する正反対の思想が『随聞記』に説かれているということは、ただ道元の思想の変化ということだけでは片付けられない重要な点」だと言います（『道元』一七九頁）。

今枝が問題にするのは、随聞記の「語録・公案等を見て、古人の行履《あんり》をも知り、あるいは迷者のために説き聞かしめん。皆是れ自行化他《じぎやうけた》のために無用なり。只管打坐《しくわんたざ》して大事を明らめ、心《しん》の理を明らめなば、後には一字を知らずとも、他に開示せんに、用ひ尽くすべからず」（語録や公案などを学ぶ必要などはない。ただひたすら坐禅をして悟りを開けば、その後は、たとえ一字を知らなくても、ヒトに仏法を説くことができる。ちくま学芸文庫〈長円寺本〉3の7）という記述です。

廣録と眼蔵を読むかぎり、道元はこのようなことを一度も口にしていないばかりか、むしろ語録こそが道元の最重要資料で、多くの上堂語で道元は語録に記録された仏祖たちとの問答によって自分の考えを語っています。ここで「心の理を明らめなば」それだけでよいという思想が示されていますが、これは日本達磨宗の教義である破相論の「心は萬法の根本。一切諸法唯だ心の生む所。若し能く心を了すれば、則ち萬法倶に備わる。」に近い考え方だといえます。

また、「公案話頭を見て、聊《いささ》か知覚あるやうなりとも、其れは仏祖の道にとほざかる因縁なり。無所得無所悟にて端坐して時を移さば、即ち祖道なるべし。古人も看語祗管打坐、ともに進めたれども、なほ坐をば専ら進めしなり。また話頭を以て、悟りをひらきたる人有れども、其れも、坐の功によりて悟りの開くる因縁なり。まさしく功は坐にあるべし」（公案を使う問答によって、仏教の神髄がいくらか判ったように思っても、かえってそれは、釈尊の本当の精神に遠ざかる原因にもなる。なにも悟るところがなくても、ただひたすら坐禅をして時を過ごせば、それがそのまま釈尊が説いた仏道につながるのである。古人は公案を使うことも、公案を使わないでひたすら坐禅に打ち込むことも、ともに勧めたが、やはりわたしは、もっぱら坐禅をすることを特に勧める。公案によって悟りを開いた人もいるにはいるが、それも坐禅の効果によって悟ったのである。だから、正しいのは只管打坐である。ちくま学芸文庫6の24）とあるのも、『廣録』・『眼蔵』とは真逆の主張であり、道元だったら絶対に口にしないことです。

今枝は、大慧宗杲が尻に腫れ物ができたときによりいっそう坐禅に打ち込んだという話も、道元がするはずないと指摘します。正法眼蔵自証三昧のなかで、道元は語録にもとづいて大慧宗杲の修行ぶりを追跡調査し、結局悟りに達していなかったと断定した人物だからです。

只管打坐は道元の教えではなかった

私が『廣録』と『眼蔵』を読み解く際に、とりあえず『随聞記』のことは忘れていました。そのほうが道元理解は深まると考えたからです。二〇一五年一〇月、「廣録」を二度通読して「露柱懐胎」という言葉が荒川修作のTUBESと結びついたとき、曹洞宗総合研究センターに質問状を書きました。その質問状を書いているとき、それまで道元といえば「只管打坐」という言葉がまず思い浮かび、「ひたすら坐れ」という言葉が道元の思想を代表する言葉だと思っていたが、道元は只管打坐を教えていない、これまで自分が道元をきちんと読んでいなかったから間違っていたのだと直に思いました。

『廣録』で道元は、只管打坐して身心脱落するという文脈でしか使っていません。身心脱落とは、清涼な環境のなか、物理的身体に備わった五蘊五欲から自由になって、純粋に論理的にものごとを考え続けることです。身心脱落から全てが始まるわけで、只管打坐（ひたすら坐る）だけではダメなのです。『随聞記』では、今枝が引用した二箇所以外でも只管打坐は身心脱落と結びつけられることなく登場します。道元が絶対に言わないことです。

一日奘問うて云く、「叢林の勤学《きんがく》の行履《あんり》と云ふは如何《いかん》。」示に云く、只管《しくわん》打坐《たざ》なり。あるいは閣上、あるいは楼下に定して常坐をいとなむ。人に交はり物語をせず、聾者《ろうしゃ》の如く瘂者《あしゃ》の如くにして、常に独坐を好むなり。（ちくま学芸文庫、６の１１）

示に云く、学道の最要は坐禅これ第一なり。大宋の人多く得道する事、皆坐禅の力《ちから》なり。一文《もん》不通にて無才愚鈍の人も、坐禅を専にすれば、多年の久学聡明の人にも勝《すぐ》れて出来する。然れば、学人祗管《しくわん》打坐《たざ》して他を管ずることなかれ。仏祖の道は只坐禅なり。他事に順ずべからず。（以下略）（ちくま学芸文庫、６の２４前半部分）

語録を否定し、「只管打坐」して「聾者の如く唖者の如く」、「利鈍賢愚を論ぜず、坐禅すれば自然によくなるなり」、「只管打坐して大事をあきらめなば、後には一字を知らずとも、他に開示せんに用ひつくすべからず」といった反知性主義的な言葉は、『廣録』と『眼蔵』の道元と親しんだ読者にとっては異物であり、道元の言葉とは思えません。ここで只管打坐という言葉は、道元とは違った意味で使われています。

道元の教えが変節したわけではない

道元が宇治興聖寺時代に、中国の禅問答のなかから重要な三百則を選んで抜き書きし、廣録と正法眼蔵がともに典拠として用いた「真字正法眼蔵」の公案のなかには、廣録（上堂語と公案に因んだ漢詩である頌古）だけで引用されているもの、眼蔵だけで引用されているものもありますが、廣録と眼蔵の両方で引用されているものが相当数あります。ところが「真字正法眼蔵」の公案の中で「随聞記」に採用されているのは南泉斬猫しかありません。南泉斬猫は廣録と眼蔵が採用していないため、随聞記と広録、随聞記と眼蔵の間にはひとつとして共通する公案がありません。

一般に随聞記は嘉禎二年（一二三六）から三年間の道元の教えだと言われています。正法眼蔵七十五巻本の巻番と示衆月対照表でみると、興聖寺に僧堂が完成し、正法眼蔵の示衆が本格的に始まるまでの期間です。このことを持ち出して、道元は若いときと年を取った後で教える内容が変わったとして、随聞記と正法眼蔵の矛盾を説明しようとする学者もいます。しかし彼らは、同じ嘉禎二年に上堂が始まっていることにはいっさい触れません。もし随聞記が嘉禎二年から三年間の道元の言葉を記録しているのなら、広録上堂語との間になにがしかの重複や関連があってもよいと思いますが、まったくありません。

また、眼蔵と廣録を読んだかぎりで、道元の主張は初期と後期で変わっていません。むしろ現成公案第一や辨道話の奥書の日付は、自分の語っていることは終始一貫していることを強調するためのものであり、矛盾した記述がつけ入る隙を与えないための結界を形成しています。

仮に若い頃と晩年で道元の語る内容が違っていることに気づいた読者は、なぜそのような変化が生じたのかを確かめて、どちらが正しいかを判断して、正しい方だけを選び取り、自分のなかに矛盾を持ち込まないようにする必要があります。さもないと道元は自分の誤りを訂正できたのに、読者は元の木阿弥になって、自分の意識に矛盾を内包することになります。

Ⅵ章では道元が『廣録』上堂を通じて、「仏性」、「即心是仏」、「虚空」などの概念をどのように深め、修正していったかを確かめます。道元のこれらの言葉の使い方は、『廣録』のなかでは変化し進化しています。そして、変節した結果だけが『眼蔵』に取り込まれているのです。

『廣録』・『眼蔵』の言葉と『随聞記』の言葉は、同一人物とは思えません。随聞記は随聞記で一貫性のある語り口ですが、それは道元とはまったく違う別人の語り口です。取り上げる話題もまったく違っていて、『眼蔵』や『廣録』が取り上げる中国の公案は随聞記に登場しませんし、『随聞記』が紹介する恵心僧都《えしんそうず》や建仁寺の僧正は、廣録や眼蔵には登場しません。大慧宗杲と仏照禅師拙庵徳光は、まったく逆の評価です。

『随聞記』は、日本達磨宗が古くから言い伝えてきた説話や仏話を、あたかも道元が語ったかのように構成しなおしたものではないでしょうか。まったくの捏造と考えるには分量が多すぎるし、道元とは違うものの、考え方に一貫性があります。

和辻の「沙門道元」に資料提供者がいた？

和辻の「沙門道元」の「九　道元の真理　㋺　仏性」のところで、ひとつひっかかって気になることがあります。和辻は、正法眼蔵　仏性第三の紹介をしつつ、正法眼蔵には書いていない乳と酪の譬えを紹介しています。

「涅槃経は衆生の内の成仏可能性を説く立場に立って時節因縁をいう。そこに用いられた比喩をとって言えば、乳が乳である時にはそれは酪でない、酪が酪である時にはそれは乳ではない。しかし酪を作ろうとする人は水を用いずして乳を用いる。乳は乳でありながらすでに酪と離れ難き因縁を有する、すなわち乳の内には酪となる可能性（酪性）が存するのである。」

道元はこの乳と酪の話を、おそらく涅槃経のなかに見つけだし、廣録・上堂語三九五で書いていますが、正法眼蔵・仏性には書いていません。もちろん随聞記にもこの話は登場しません。読者としての疑問は、随聞記と正法眼蔵（仏性）しか読んでいないはずの和辻が、どうしてこの乳と酪の譬えを紹介することができたのかということです。もしかすると、「沙門道元」を書くときに、誰かが道元思想をわかりやすく紹介する下ごしらえした資料を作成して、和辻に渡していたのかもしれません。それ以外に、どうすれば読んでいない廣録からの引用を説明することができるでしょうか。

2　道元の詩を読みたければ『廣録』所収の漢詩を読むべき

『歌集』は宗門内対立の生んだ偽書だった？

川端康成は、一九六八年にノーベル文学賞を受賞したときの講演で、道元の作として「春は花　夏ほととぎす　秋は月　冬雪さえて　冷しかりけり」を紹介しました。これは多くの日本人が一度は聞いたことがある、知っている歌です。しかしじつは、これも道元の作であることが確認されていない歌なのです。道元の和歌についての稀少な研究である、船津洋子「『傘松道詠集』の名称・成立・性格」（大妻　国分5、一九七四年）にもとづいて、道元の詩について考えてみます。

道元が三歳のときに亡くなった父は、歌人として知られた久我通親であり、異母兄の源通具は『新古今和歌集』の撰者でした。「しかし道元の和歌は一首として勅撰和歌集に採られていない」のです。松殿山荘に住んでいたときに、和歌と触れ合う機会もあっただろうと思うのですが、道元は和歌を詠まなかったのかもしれません。

福井県大野市の山中にある宝慶寺は、宋から道元を思慕して来朝した寂円《じゃくえん》が開基した寺で、永平寺と由緒の深い寺です。宝慶寺八世喜舜《きしゅん》が応永二十七年（一四二〇）道元の詠歌若干首を時の永平寺住持に進上しました。これが道元の和歌についての最古にして唯一の記録です（元禄本建撕記《けんぜいき》）。「喜舜が永平寺第十三世住持といわれる建綱《けんこう》に道元の詠歌若干首を進呈して以後、僅か五十年の文明年間（一四六九―一四八七）には末尾に五十余首の和歌を登載した『建撕記』が成立」します。

道元没後間もなく、門弟の間で「在俗禅の教化と教団拡張を唱えた義介、道元の純一古風な禅風をそのまま堅持しようとした義演の新旧両派が激突、半世紀もの長きにわたって」三代相論という教団内部の論争が繰り広げられました。

「この結果、永平寺を退いて加賀の大乗寺に本拠を移した義介一派は能登の永光寺、総持寺へとその勢力範囲を拡げ、民衆への教化を積極的に推し進めてゆ」きます。「密教的な修法など時代の流れに融合させた宗風は、厳格な道元のそれとはおよそかけ離れていった。しかし教団の発展と民衆化は着実にこの総持寺系教団の上に見られる」のでした。

「それに比べて表面的には三代相論に勝利を得て永平寺三世を嗣いだ義演派」は、波多野氏の外護を断ち切られて荒廃し、永平寺は無実、無力化してしまいました。「『歌集』と『建撕記』とは、気負い立った総持寺系の教団においてではなく、その陰に隠れた、本家たる永平寺の最悪の事態に直面した内からうまれてきたことに、我々は注目しなければならない」と船津氏はいいます。

「『歌集』の編纂には、競争者である総持寺系教団には存在しない、自分たちの教団にのみ道元の和歌は保持、伝授せられていたのだという意識が、最初の『歌集』発掘、紹介者の脳裏にあったとする私の推測は許されないだろうか。あるいはさらに進んで、祖師の作らしい和歌を集めることによって、道元の精神面において他に優位を示そうとする意図が『歌集』の編者にあったと考えてはいけないだろうか。」

「彼ら、永平寺教団にとってはもはや仏道修行よりも、いかにしてか本家の面目を、他に向って自らの正統性、存在価値を知らしめたいとする思いが終始去来して止まなかったのではないであろうか」（船津、同）。

本家の意地で『歌集』が捏造されたというわけです。

道元らしからぬ凡庸な和歌

「『歌集』に採られた和歌は、大半が宗教教理や天然自然の季節の往来を素直にうたったものである。しかし、これらの中には修辞、内容の多分に道歌的な、道歌を故造しているが如き稚拙な歌が多く含まれている。（略）五十余首の道元作と伝える和歌の内、ほぼ半数は道元の真詠作とは決し難い、他に類歌の存するものである。」（船津、同）

『歌集』に採られた歌は凡庸で盛り上がりに欠け、誰にでも作れそうです。実際に類歌が存在するものが多数あります。建長四年の仲秋に詠んだ漢詩（I．2で紹介）は、さすが詩人の家系に生まれた科学者だけあって、幽玄で荘厳でした。ラストに「半段晴」という思ってもみなかったアングルからの月を提示することで、太陽と月と地球とを透徹して視界に納めさせるという手法には思わず息を呑む斬新さがあります。

「春は花夏ほととぎす」の歌の類歌も、巨海東流（一七七九―一八五三）が『碧巌録』を吟詠した『碧巌百葛藤』に「はるははな夏ほととぎす秋はつき冬はたかねに雪ぞふりける」というのがみえます。「年代的にいえば巨海が道元の『歌集』からこの一首を本歌取したことも考えられるが、あるいはこの和歌は禅僧の境涯を表出したものとして作者名が不明のまま古来から禅門に所伝されていた一首ではなかったか。」と船津は疑問を呈します。

道元らしさが感じられないという点で、私も船津と同感です。これも真贋判定のひとつの基準になりえます。情報理論にもとづいて議論するならば、和歌と歌集は道元が奥書と識語で保護した言語表現には含まれておらず、道元が伝えようとした言語情報ではありません。かたや道元が識語で保護した『廣録』の巻九には百三首の頌古（道元が昔の事績と人物をほめたたえて作った歌）が、巻十には釈尊、達磨、阿難、明全の肖像に書いた詩文が五首、自分の肖像画につけた自賛が二十首、折々に詠んだ偈頌が百二十五首も収録されています。また巻一から巻七までの上堂語にも百七十五首の頌が含まれています。これら四百あまりの詩はすべて漢詩です。もし私の詩に興味があるなら、廣録にある漢詩を読んでいただきたいというのが道元本人の意向でしょう。

3　十二巻本正法眼蔵「八大人覚」奥書の強いウィルス感染力

十二巻本八大人覚奥書と他の十二巻本奥書の間に矛盾がある

Ⅱ．3では、正法眼蔵七十五巻の奥書にもとづいて、道元の活動期間の中に各巻の示衆日を配置してみました。すると、辨道話を書き著した寛喜三年（一二三一）八月から、最後の上堂が行われた建長四年（一二五二）十月に及ぶ二十一年間、道元は一貫性のある活動をしていたことが明らかになりました。この一貫性のおかげで、道元は活動期間全般に及ぶ結界を張り、改ざんや偽書が立ち入りにくい状態をつくり出しました。

九六頁の表「デタラメな十二巻本奥書」で示したように、いわゆる十二巻本正法眼蔵各巻の奥書を読むと、伝衣と同じ日に上堂が行われたとされる袈裟功徳以外で示衆日を記したものはなく、また書写日ですら十二巻とも結界のなかに立ち入っていないことがわかります。十二巻の書写日をよく見れば、一から十二までは時系列的になっていません。何のための連番なのかと疑いたくなります。八大人覚奥書がいうように、十二巻目で終わったというのなら、十一巻までが完成していなければならないのに、そうなっていません。つまり八大人覚の奥書と、十二巻本の各巻の奥書の間に矛盾があります。

十二巻本奥書にはさまざまな問題があり、少し検討すれば新装一百巻構想が嘘だとわかります。しかし「よく知られているように、『正法眼蔵』は未完の大著である」（増谷文雄全訳注「正法眼蔵」、講談社学術文庫、二〇〇四年）と、多くの学者がそれを真に受けています。

生理学者橋田邦彦と正法眼蔵

私は橋田邦彦のことを和辻哲郎全集ではじめて知りました。「橋田邦彦さんより私は幾らか後輩ですが、橋田さんが道元禅師をかつぎ出して色んなことをされた、その関係でしょうか、私は京都からこっちへ帰って来た後に、橋田さんと宇井伯寿君と一緒に、六本木にある曹洞宗の長谷寺といいましたか、そこへ永平寺の管長の秦さんから招ばれた事があります」（「源泉を探る」、和辻全集二四、二七七―二七八頁、「心」昭和三十四年六月一日）。橋田が和辻をどう評価しているのかが気になって、医学部の同僚を相手に正法眼蔵を語った講義を本にまとめた「正法眼蔵釈意」（一九三九）にざっと目を通してみました。すると、「第一篇　正法眼蔵解説、四　道元禅師伝記その他」で和辻の『沙門道元』を「一読に値する」と紹介していました。

橋田邦彦（一八八三―一九四五）は、東大医学部の生理学者でしたが、徳の高さゆえか研究室から引き離されて、一高校長をつとめ、次いで近衛・東條内閣の文部大臣になります。しかし、学徒出陣に反対して閣僚を辞任しています。にもかかわらず橋田は開戦当時の閣僚としてA級戦犯に指名され、昭和二十年九月、逮捕されるときに服毒自殺を遂げています。

橋田は、生理学者として大学で講義を始めるにあたって、「生きている」とは何かということを質問されたときに答えられないようでは講釈をするに値しないと考え、王陽明《おうようめい》、忽滑谷快天《ぬかりやかいてん》老師の「王陽明と禅」などを求めているときに「眼蔵」の存在を知り、東大図書館で詮慧《せんね》がまとめた「眼蔵御抄《げんぞうおんしょう》」の筆写に出会ったのでした。これは七十五巻本にもとづいていて、現成公案第一から出家第七十五まで、七十五巻本について解説をした最古の正法眼蔵の解説書の筆写でした。残念なことに関東大震災のときに、東大図書館に蔵書されていたこの写本は焼けたそうです。

自然科学者として正法眼蔵を日々読み、自らの行（日々の仕事）に生かしている橋田は、「宗教を宗教として科学を科学として生かして居る人は両者は正に一つであるといふことを考へずには居られないであらうし、只考へるのみならず真実そうであることを体得せずには居られない」と言います。

橋田のこの言葉は、真の仏は形を持たず真の法には相がないとする臨済義玄の言葉と結びつきます。「如来挙身の相は、世間の情に順ぜんが為なり。人の断見を生ぜんことを恐りて、権《かり》に且《しばら》く虚名《こめい》を立つ」（普通の人はついていけない次元のことを論じるために、仮に「如来」や「仏」という言葉を使っている）。仏道が考察しようとする対象は、五官で感じられず法則もわからない無相の次元、現代科学用語でいえば量子力学や分子生物学なのです。科学的に解明できていないことや一般大衆がついてこれないことをとりあえずは神や仏の名を使って説明しますが、仏道も神や仏抜きで論理的に考える科学を目指しているのです。橋田は道元や臨済義玄の仏道を理解していたのでしょう。

橋田が念願するのは、「日本の科学者凡《すべ》てが、この眼蔵を会得して科学に従事するやうになることでありましてその時始めて我日本の国の科学といふものが本当に樹立されるやうになると信じて居ります」。そうならなければ「結局、欧米の科学の模倣の域を脱し得ない」と言います。こんな科学者が日本にいたのかと、驚きました。

橋田も真に受けた「八大人覚」奥書 ―知能の構造的限界

その「正法眼蔵釈意」を読んで驚いたのは、橋田が「八大人覚」の奥書にある「假字正法眼蔵等皆書改メ、並ビニ新草具《トモニ》都盧《スベテ》一百巻可撰之云々ト」を、最も注目に値する奥書として紹介していることでした。なぜ私が驚いたかというと、「正法眼蔵十二巻本」が石川県永光寺《ようこうじ》で発見されたのは昭和五年のことだったのに、はやくも橋田がその奥書を最重要としていることであり、また、七十五巻本を読み続けていた橋田が、発見間もない十二巻本を正法眼蔵の精髄であると認めたことです。

しかし、調べてみると、昭和五年に発見されたのは、十二巻が揃っていたものとしてはじめてのもので、第十一巻（一百八法明門）以外はすでに正法眼蔵九十五巻の一部として本山版に組み入れられていたのでした。八大人覚の奥書も、秘密正法眼蔵の一巻として知られていたので、橋田がそれを知っていたとしてもまったく不思議ではなかったのです。つまり曹洞宗は、江戸時代から、連番管理を無視した九十五巻本正法眼蔵が正しいという立場だったのです。

私のもうひとつの驚きは、七十五巻本を読み込んでいた橋田が、八大人覚の奥書を真に受けていることでした。いったん言語情報として流されると、科学者であってもその言葉を吟味せずに真に受けることに驚いたのです。どうしてそうなのか。いろいろと考えてみましたが、後天的学習によって発達する我々の知能の構造的な問題（限界）だと思います。

言語処理が脊髄反射の回路を使うため、言葉が目や耳に入ってくると、疑う暇なく即座に意味が生まれるように脳はできあがっているのです。立ち止まって考えたり、ちょっと怪しいときには吟味するように回路ができあがっていないのです。そしていったんあることを受け入れてしまうと、容易にはそれを誤りだと認められません。

発達心理学者のジャン・ピアジェによれば、知能は発達の段階ではじつにゆっくりと成立するにもかかわらず、成立した後は新しい要素をじつになめらかに自分の身内に吸収できるという特徴をもちます。一つや二つの特殊な部分や例外は、体系の全体としての斉合性をおびやかすことにならず、かえってこれを調和してしまうというのです。おそらく橋田は、七十五巻本から読み始めたのでしょうが、当時一般に正法眼蔵は九十五巻本が流布していましたし、八大人覚奥書にもとづく百巻構想もひろく受け入れられていたものと思われます。九十五巻本や百巻構想にもとづいていったん概念体系が成立してしまうと、知能は、仮に十二巻本の奥書や文体がおかしいと感じても、それを柔軟かつ頑強に均衡し調和するのです。

また我々の知能は「新しく提起された関係を、すでに存在する体系の中に適合させるというやり方によってしか証明という操作はできない」（ピアジェ「知能の心理学」みすず書房、一九六七年）という制約をもちます。これはどういうことかというと、我々は、自分がまだ知らないことを提示されたとき、自分がすでに知っていることをもとにしてそれが正しいかどうかの判断を行うのです。言い換えるならば、知能は自己中心的であり、我々が何か新しいことを耳にするとき、すでに知っていることを正しいと思い、まだ知らないことは間違っていると思うように、知能はできているのです。（これは脳が言語を処理する際に脊髄反射の回路を使っているためです。）

これはじつに危険なことです。なぜならば、我々はすべてを知っているわけではなく、死ぬまで学習し続けることを運命づけられている。にもかかわらず我々の知能は、ある水準で均衡すると、そこから先は自分がすでに知っていることしか受け付けず、新しいことは否定的に受け取るからです。またもし教科書や入門書によって、誤った知識を植え付けられると、それが正しさを判断するための基準になってしまいます。

禅や現代芸術が、答えが出ない公案や常識からかけはなれたオブジェを提示して思考停止へと誘うのは、知能の限界を理解していて、記号が意味の反射を起こさない状態に耐える訓練、反射を止める訓練が必要だと考えるからでしょう。仮に、我々の意識が間違った先入観によって汚染されていたとしても、反射を止めて、過去の記憶を呼びさますことなく、今、ここに集中して、目の前にある問いやオブジェと格闘すれば、知能の調和機能によってうやむやにされず、自己中心性によって間違った判断をしなくてすむというわけです。

橋田のような優れた学者を含むほとんどすべての人が、八大人覚の奥書があるがゆえに、道元は七十五巻本を書き直す予定だったと思い込んでいて、これが正法眼蔵理解にとってマイナス要因になっています。亡くなる前に道元自身が否定した七十五巻本をどうして読む必要があるのかという気分になるのです。しかし、もし十二巻本と八大人覚奥書が、道元の考えではなかったとしたらどうでしょう。

正法眼蔵の複数の編集

いくつかある正法眼蔵の編集形式を、見比べてみましょう。大谷哲夫編著「道元読み解き事典」（柏書房、二〇一三年）によれば、「『正法眼蔵』は、編集形式によって、七十五巻本・十二巻本・六十巻本・二十八巻本・八十四巻本・八十九巻本・九十五巻本などがある。ただし全体としては約百巻を数える。」とあります。それぞれ誰がどのような意図にもとづいて編集したのか、どういう観点にもとづいて連番を振ったのかについては、説明がありません。

どうしてこんなにいろいろとあるのかとはじめは驚きましたが、「現成公案」巻から始まり「出家」巻で終わる七十五巻本が基本です。おそらく道元が連番を振ったのは、現成公案第一から出家第七十五までの七十五巻だけではないでしょうか。

九十五巻本や六十巻本は、七十五巻に何かを足すか引くかでできています。しかしそれぞれの編纂者は何故それを足した（引いた）のか、何故七十五巻本奥書と違った連番を付与したのかについていっさい説明していません。道元が存命中に編集した七十五巻本の連番だけが意味ある編集であって、他の六十巻本や九十五巻本は適当に並べて数字合わせをしただけと考えてよいでしょう。

たとえば、水野弥穂子と中村宗一は拾遺として、菩提薩垂四摂法を六十巻本の第二十八、法華転法華を六十巻本の第十二、唯仏与仏は秘密正法眼蔵の第三十八として収録しています。一方、石井恭二はそれらを九十五巻本の連番で収録しており、菩提薩垂四摂法は第四十五、法華転法華が第十七、唯仏与仏は第九十一です。これらの数字は連番管理されておらず意味のない数字です。

ほぼ九十五巻本に準拠している増谷の『正法眼蔵』①〜⑧（講談社学術文庫）や玉城康四郎の『現代語訳正法眼蔵』（大蔵出版）は、七十五巻本の奥書の巻名に続く序数部分を取り除いています。これは符号破りであり、喩えて言えば食品安全保護シールが破れているケースです。読んではいけません。

道元は自分が釈尊以来第五十二代の仏祖であることを誇りに思っており、七十五巻本では正法眼蔵仏祖を第五十二巻としました。九三頁の表を見ると仁治二年一月に唐突に52が示衆されていて違和感があります。これは示衆の時期と無縁に、仏祖には栄光の52番を割り振るという道元の明確な意図があるためです。この大切な仏祖巻を、六十巻本や二十八巻本は除外し、九十五巻本は十五番に置いています。七十五巻本以外には、編集意図がなく、仏祖巻の重要性が理解されていないことがわかります。

正法眼蔵九十五巻本の重雲堂式（九十五巻本の第五）法華転法華（九十五巻本の第十七）、菩提薩垂四摂法（九十五巻本の第四十五）は、「道元読み解き事典」の正法眼蔵執筆年次表に書き込まれていますが、今日それらが議論されることはあまりありません。岩波書店の日本思想大系が辨道話、七十五巻本、十二巻本だけの編集になったためか、「正法眼蔵全八十七巻」（頼住光子「正法眼蔵入門」）という表現が普通になってしまい、重雲堂式や法華転法華の影はさらに薄くなりました。偽書と評価されたわけではないのですが、なんとなく正法眼蔵に含まない研究者が増えているのです。情報理論にもとづけば、正法眼蔵は七十五巻だけです。それが道元の編集意図でもあります。できるだけ早く十二巻本を道元の文章から除外することが待ち望まれています。

なぜ誰も異質な十二巻本を疑わないのか

正法眼蔵の内容の時系列変化については、寺田透が「道元における分裂」（日本思想大系「道元　下」解説）のなかで「『行仏威儀』『観音』『画餅』『仏向上事』『夢中説夢』『諸悪莫作』、これらのように、暗喩的方法を採用しつつ濃厚な思惟に満ちた巻々が、後半に入ると全く現われなくなる」と指摘しています。また頼住光子は「『正法眼蔵』は、永平寺教団が成立し教団として軌道に乗ってくるとともに次第に書かれる量が少なくなっていく。また、内容的にも変質し、道元らしい思索や表現が姿を消し仏教の教義を忠実になぞった常識的な内容が目立ってくる。永平寺教団を整備しその運営を軌道に乗せることが、この時期の道元の最大関心事となる。それと呼応して、執筆する文章も教団としての規則や教義の解説が主となり、一人の修行者として真理に切り込む姿勢で書かれたものはほとんど見られなくなる。」（『正法眼蔵入門』）と書いています。

二人とも、十二巻本の記述内容が道元らしくないと思っているのですが、道元は変節したと考えているのです。おそらく橋田邦彦も同じように考えていたのでしょう。情報理論的に考えれば、十二巻本といいながら番号順に著作が行われた形跡がなく、奥書に示衆日がなく書写日も道元の活動期間外にあるテキストは、道元のものとしては取り扱うことはできないと内容を吟味する以前に受け入れ段階で門前払いしなければなりません。

寺田は『廣録』の現代訳を終えて、出版社の宣伝雑誌のために記事を書いているときになって、『廣録』がアレーグルな面白さをもつことに気づいたといいます。現代訳の作業を仕上げても、『廣録』を読んで楽しむ域へは到達できなかったということでしょう。頼住は廣録を読んだことがないのでしょうか。鎌倉行化以後の廣録上堂語を読めば、「一人の修行者として真理に切り込む姿勢で書かれたもの」ばかりであることに驚くでしょう。橋田が生きた時代は、祖山本『廣録』は一般人の目に触れることはない時代でした。

道元が言語情報として指定する『眼蔵』と『廣録』をまだ読んでいない読者が、いったん十二巻本を道元のテキストとして受け入れてしまうと、ピアジェが指摘するようにそれが正誤判断の基準になり、もはやそれを偽書だと疑うことができないのです。偽書や改ざんが恐ろしいのはここにあります。誤った情報が読者の意識を構成して、正しく思考できなくなるのです。偽書や改ざんなどの論理的雑音は、奥書や識語など本文以外のテキスト付随データにもとづいて門前払いして、意識に取り込まないことが重要です。

学校や先生や親から間違った情報を教わった場合に、それを取り除くことが非常に難しいのも、同じ理由からです。いったん自分の意識を形成するようになった知識を誤り訂正することは、多かれ少なかれ、自己否定が求められます。脊髄反射は自己否定することを予定していません。現成公案で「万法すすみて自己を修証するはさとりなり」というのは、自分の意識を客観視して、それぞれの知識を正しいかどうか吟味することかもしれません。

『廣録』を読めば矛盾に気がつく

ヒトの脳は、脊髄反射の回路を使って言語処理を行っているため、言葉が耳に入ってくるとそのまま意味が生まれます。言葉を疑うということは予定されていません。道元の専門家集団がつくった「道元読み解き事典」も、八大人覚の奥書を真に受けた説明をしています。どうしてこれを疑うことができるでしょう。

「懐奘が「八大人覚」巻に記した奥書によれば、十二巻本は道元が晩年に至って発病後に編まれたという。そして、道元には従来書いた諸巻も書き改めて、「都盧一百巻《とろいっぴゃくかん》」とする壮大なる計画があったが、十二巻目の「八大人覚」巻にて終わり、完成しなかった。懐奘はその無念を、「我等不幸にも一百巻の御草を拝見せざることは、尤も恨むる所なり」と滴涙しながら書いている」（『道元読み解き事典』一八六頁）。

この「八大人覚」奥書が言うとおりに、晩年の道元が従来書いた諸巻を書き改める計画をもっていたというのならば、著者道元は七十五巻本に何か問題を感じて、それらを書き直す必要性を感じていたのでしょうか。そのことについては誰も何も論じていません。ただ読むべきは十二巻本で、七十五巻本は二の次かと思ってしまいます。随聞記を読んだら正法眼蔵を読みたくなくなったように、「八大人覚」奥書を読むと、正法眼蔵七十五巻を読む気が衰えてしまいます。

『廣録』を丁寧に読み解くと、道元は廣録巻六の途中にあたる建長三年に、体調の変化を感じたためか、宿敵であった日本達磨宗第三世の懐鑑が病没して自由をえたためか、正法眼蔵と廣録を清書する作業に移ったことがわかります。同年秋（十月一日の開炉より二回前の上堂）に、書記を新たに招き入れます（上堂語四六〇）。それからひと月ほどして経蔵と看経堂を司る役僧の蔵主を招き入れます（上堂語四六七）。どちらも人数は明らかにしていませんが、複数の書記、複数の蔵主が到着した可能性は否定できません。こうして正法眼蔵と廣録の清書体制を整えたうえで、最後の巻となる巻七に移行します。それから七十五巻本冒頭の正法眼蔵現成公案第一が建長四年に拾勒されるのです。また、道元が鎌倉から帰ってきた後の上堂を通じて、「仏性」や「即心是仏」、「虚空」などの概念を確認し、修正した結果が、眼蔵に反映されていることも、七十五巻の成立時期を特定するうえで重要です。

鎌倉から帰ってきた後に上堂した内容が七十五巻本に反映されていることと、現成公案第一の拾勒が建長四年であることは、八大人覚の奥書と矛盾します。道元が病気を自覚したときまだ「假字正法眼蔵」はできあがっていないので、それを「皆書改メ、新草一百巻」にするなどと言うはずありません。八大人覚奥書は嘘なのです。

4　正法眼蔵各巻の奥書を考える

これまで正法眼蔵の奥書や廣録の識語を取り上げた先行研究はありません。奥書や識語を研究する分野は書誌学と呼ばれますが、書誌学研究として道元を取り上げた例もありません。この4節では、正法眼蔵の奥書について、Ⅲ．8では道元和尚廣録の識語について、考えてみることにします。

奥書の保護機能と罠機能

正法眼蔵七十五巻本には、奥書として「正法眼蔵空華第十四」というような形で、巻名と連番を結びつけ、示衆日と示衆場所、さらに書写日と示衆場所が、巻の最後に書き込まれています。

Ⅱ．3で作成した「正法眼蔵七十五巻本の巻番と示衆月対照表」は、七十五巻本の連番を奥書にある示衆日にもとづいて年月別に配置したものです。九十五巻本についても同じ表を作成しようと試みましたが、十二巻本と唯仏与仏に示衆日が示されていないことや、伝衣と袈裟功徳が同じ示衆日になっていて不自然で、作成できませんでした。袈裟功徳の奥書で書写日の年号と干支が適合していないのは偽書の証拠です。Ⅱ．3で論じたように、奥書は辨道話から示寂に至る道元の活動時期二十一年間を結界で保護するのみならず、偽書の作者が十分注意を払わずに奥書を書き込むと、自ら偽書であることの馬脚を露《あらわ》す装置（罠）としても機能しています。

奥書の追伸機能

・現成公案「建長壬子拾勒」の意味

七十五巻本の奥書はすべて建長四年以降に書かれたと考えてよいでしょう。

辨道話の奥書は「寛喜辛卯中秋日　入宋伝法沙門道元記」（一二三一年八月十五日）と日付だけですが、「現成公案」では「正法眼蔵現成公案第一　これは天福元年中秋のころ、かきて鎮西の俗弟子楊光秀にあたふ。建長壬子拾勒」（一二三三年八月十五日頃書いて大宰府の俗弟子に与えた。建長四年拾勒した。）と日付と渡した相手、さらに正法眼蔵への拾勒日が書き入れられています。

現成公案第一が建長四年に拾勒されたとする記録は、重要です。連番になっているために、以後、摩訶般若波羅蜜多第二、仏性第三と続いていく正法眼蔵の残りの七十四巻すべてが、建長四年以降に拾勒されたことになります。これは書記と蔵主の増員人事異動（上堂語四六〇、四六七）が建長三年末にあったこととも整合します。この連番のおかげで、道元は病で亡くなる直前まで正法眼蔵七十五巻をまとめる作業を続けていたことがわかり、八大人覚の奥書がいう、病中に仮名正法眼蔵を皆書き改めようとしたというのが嘘だとわかります。

建長四年とストレートに書くと、弟子が奥書の意味に気づいて、拾勒年を削除しかねない。だから道元はあえて干支を使ったのでしょう。建長四年より建長壬子と書くほうが検閲者の目をくぐり抜けやすいと考えたのです。そしてその試みは成功しました。

奥書には、テキスト保護のために結界を築く、偽書を見破るための罠という保護機能のほかに、正法眼蔵についての追加情報を伝える追伸機能があります。現成公案のほかに、春秋、光明、面授に、追伸が書き入れられています。

・春秋に初示衆の日付がどうしてないのか

七十五巻本のなかで唯一示衆日が示されていないのが、春秋第三十七です。初示衆日が示されずに、再示衆の年のみが示されています。

正法眼蔵春秋第三十七
爾時寛元二年甲辰在越宇山奥再示衆。逢仏時而転仏麟経。祖師道、衆角雖多一麟足矣
現代語訳：正法眼蔵春秋第三十七
ときに寛元二年甲辰、越州の山奥で再び衆に示した。仏に逢うときには、仏麟経を転ぜよ。祖師が言われた。角は多いけれども麒麟の角一つで十分である。

七十五巻本の三十番代の巻は、仁治元年から三年にかけて興聖寺で示衆されています。内容的にも、春秋はその時期に初示衆されたと思われます。道元が初示衆の日付を忘れたとは思えません。なぜ初示衆の日が示されず、再示衆の日が示されたのでしょう。

春秋のキーワードは、洞山悟本の「寒時には闍梨を寒殺し、熱時には闍梨を熱殺す。」です。越前の雪深き山寺で、この言葉を味わったことを強調したかったのでしょうか。しかし興聖寺時代にも、「是《これ》、一番の寒《かん》、骨に徹するあらざらんには、争《いか》でか、梅花の遍界に香るを得ん」（仁治二年春、上堂語三四、今日の寒

さは骨にこたえるが、これがなくては、梅の花が世界中あたり一帯にいい匂いをさせることはない）と、厳しい寒さはありました。初示衆も真冬か真夏に行われた可能性があります。

あくまで推測ですが、初示衆は仁治三年の盛夏、如浄語録が届いたばかりの盛夏で、その時傍らにいた弟子の僧海や慧顗の思い出が辛かったから、日付を示さなかったのかもしれません。「衆角多しと雖も一麟に足れり」というのは、初示衆日を消したことのうしろめたさを打ち消すために「初示衆と再示衆と二つ日付はあるけれど、一つ書けば奥書としては機能する。」と自己弁護したのです。

・光明：未免雲門道覰破

I．3で荒川修作の図式絵画と道元を結びつけたときに、雲門の「僧堂、仏殿、厨庫、山門」の言葉と、荒川が「図形のレントゲン」で描いたヘレン・ケラーの脳内にある「居間、寝室、風呂、台所」の地図とが、私の中で結びつきました。しかし、おそらく道元はそれに気づきませんでした。正法眼蔵光明には「雲門なにをよむでか僧堂・仏殿・厨庫・山門とする」と疑問が残されています。廣録を読んでも、道元はこの雲門の言葉だけは、最後までわからなかったようです。このことを頭に入れて正法眼蔵光明の奥書を読むと、現代語訳の先達たちとは違った読み方になります。

正法眼蔵光明第十五、
仁治三年壬寅六月二日夜、三更四点、示衆于観音導利興聖宝林寺。
于時梅雨霖々、簷頭滴々。作麼生是光明在。大家未免雲門道覰破。

中村現代語訳：仁治三年六月二日、夜三更四点、観音導利興聖宝林寺において修行者たちに示す。時に梅雨がしとしとと降り、軒先はしずくがぽとぽととしている。光明はどこにあろうか。修行者たちは雲門に見破られることを免れまい。

水野現代語訳：一二四二年六月二日夜午前二時ごろ、観音導利興聖宝林寺で示衆した。時に梅雨は霖々（ふりつづき）、簷頭《のきば》からは滴々と雨がしたたっている。どうしてここに光明が在るのか。（それを言うと）大家（みなさん）は雲門に道われ覰破《みやぶ》られることを免れないよ。

石井現代語訳：仁治三年壬寅夏六月二日の深夜に、観音導利興聖宝林寺に於いて衆に示したものである。その時、梅雨はしとしとと降り、軒先に雨水が滴り落ちていた、【看る時に暗昏々として見えずである、】雲門の「作麼生ならんか是れ光明在」の問いによって大方の修行者たちの未熟さは見透されざるをえない。

寺田透による注（岩波日本思想大系）：「人々はみな本来仏祖光明なのだ。それなのに目を注ぎながら見てとらず、無明に堕している。一体諸人は光明なりとはどういうことか」という雲門の問いに見通され（覰破）ざるをえぬ。

現代語訳をされた諸先達はなかなか苦労しておられます。「大家未免雲門道覰破」を諸先達は「大家未だ免れず。雲門道に覰破せらるるを」（石井）と読み下していますが、この白文から「せらるる」と受動態で読み下すにはちょっと無理がないでしょうか。もっと素直に、「大家、未だ雲門の道を覰破するを免れず」と読み下すと、現代語訳は、「諸君、まだ雲門の言ったことを見破る仕事が残っている」。つまり「それは君たちの仕事だよ」という意味となり、道元が未来の読者に解明を託したことになります。

・面授：文字情報だけで嗣法した承古の前例

正法眼蔵面授第五十一の奥書は、本文の半分以上の分量があります。奥書というよりは、増補や追記というほうがふさわしいでしょう。道元が最後の最後に書き足した正法眼蔵が、面授の奥書です。どんなことを語っているのでしょうか。

道元は薦福寺《せんぷくじ》の承古《じょうこ》禅師（九七〇―一〇四五）を紹介したかったのです。承古は「雲門大師を識得し、亦雲門大師を見得せり。方に雲門大師を承嗣すべし。」といって、面授を受けていない（雲門の生没年は八六四―九四九）雲門の法を嗣いだのです。それを続燈録《ぞくとうろく》の編者仏国禅師惟白《いはく》が認めて、承古を雲門の法嗣に列してしまったのです。前代未聞の嗣法です。

それに対して道元は、「いまなんぢ雲門大師をしり、雲門大師をみることをたとひゆるすとも、雲門大師まのあたりなんぢをみるやいまだしや。雲門大師なんぢをみずは、なんぢ承《しょう》嗣《し》雲門《うんもん》大師《だいし》不《ふ》得《て》ならん。雲門大師いまだなんぢをゆるさざるがゆへ（ゑ）に、なんぢもまた雲門大師われをみるといはず。しりぬ、なんぢ雲門大師といまだ相見《しやうけん》せざりといふことを。七仏諸仏の過去現在未来に、いづれの仏祖か師資相見せざるに嗣法せる。」といいます。

現代語訳すれば、「現在汝が雲門大師を識り、雲門大師にお目にかかることを、よしんば許すとしても、雲門大師が現実に汝を見るか見ないか。雲門大師が汝を見ないならば、汝は雲門大師に承嗣することはできないであろう。雲門大師がまだ汝を許していないから、汝もまた「雲門大師がわたしをご覧になる」と言わない。わかるのである。汝が雲門と相見したことがないということである。七仏諸仏の過去現在未来に、どの仏祖として師と資（弟子）とが相見しないで嗣法したことがあろうか。」ということです。

一見すると道元は承古の嗣法は、雲門が認めていないではないかと難癖をつけているようにも読めます。一見否でも本心は承古のように文字情報だけで法を嗣ぐことができることを、読者に伝えたかったのです。一見否定的に見せかけたのは、肯定してそうしなさいと書くと、弟子が改ざんまたは削除することを恐れたためでしょう。

わかる人には否定しても伝わります。道元が締め切り間際にあわてて駆け込んで正法眼蔵に書き足した（ふりを装った?）のは、自分が生まれる前に示寂した雲門大師の法を嗣いだことを自分で認め、さらにそれが続燈録でも認められた承古禅師を紹介するためだったのです。というのは、この奥書の終わりの部分にある道元の言葉をお読みください。一見すると否定的ですが、実は叱咤激励して、文字による嗣法を推奨し、助言を与えています。

なんぢがごとく文字によりて嗣法すべくは、経書《きやうしよ》をみて発明するものはみな釈迦牟尼仏に嗣法するか、さらにしかあらざるなり。経書によれる発明、かならず正師《しやうし》の印可をもとむるなり。

なんぢ承古がいふごとくには、なんぢ雲門の語録なほいまだみざるなり。雲門の語をみしともがらのみ雲門には嗣法せり。なんぢ自己眼《じこげん》をもていまだ雲門をみず、自己眼をもて自己をみず、雲門眼をもて雲門をみず、雲門眼をもて自己をみず。かくのごとく未参究おほし。さらに草鞋《さうあい》を買来買去《まいらいまいこ》して、正師をもとめて嗣法すべし。なんぢ雲門大師に嗣すといふことなかれ。もしかくのごとくいはば、すなはち外道《げどう》の流類《るるい》なるべし。たとひ百丈なりとも、なんぢがいふがごとくいはば、おほきなるあやまりなるべし。

現代語訳：汝のように文字によって嗣法できるなら、経書を読んで発明する者はみな釈迦牟尼仏に嗣法するのか、決してそうではないのである。経書による発明は、必ず正師の印可を求めるのである。

汝、承古が言うようなことであるなら、汝は雲門の語録をまだ読んでいない。雲門の語を読んだ人々だけが雲門に嗣法している。汝は自己の眼で雲門を見ていないし、自己の眼で自己を見ていない。雲門の眼で雲門を見ず、雲門の眼で自己を見ていない。このようにまだ参究しつくしていない。ひたすら行脚して正師を求めて嗣法しなさい。汝は雲門大師に嗣法すると言ってはならない。もしそのように言えば、それは外道の仲間になる。たとえ百丈であっても、汝の言うように言うならば、大きな間違いとなる。

いかにも道元らしい緻密な思考を繰り返していて初期の正法眼蔵にみられた文体です。道元はこの奥書で、承古の事例にもとづいて、文字による嗣法はどのように行われるべきかについて検討し、未来の求道者に助言を与えているのです。「雲門の語録」を読めといいながら、心では「永平の眼蔵と廣録を読みなさい」と思っていたことでしょう。そしてそれだけで満足するのでなく、行脚して正師を求めなさい。私に嗣法したという必要もない、と。

道元は、『廣録』と『眼蔵』の清書中も、何を最後の言葉にするかと考えていたはずです。『眼蔵』と『廣録』は、未来の求道者が文字によって嗣法するために書いたのですが、道元より二百年も前にそれを実践した古仏がいたことを続燈録に発見して心強かったことでしょう。『廣録』と『眼蔵』を書き残すことで仏法を伝えるという企ては決して不可能ではない、もし自分の法を嗣ごうとする者が現われたら、その者たちを叱咤激励するための奥書だったのだと思います。（廣録最後の上堂語五三一はV．8参照）

世界初の誤り訂正符号の応用事例

誤り訂正符号というのは、地上波デジタル放送でも、デジタル携帯電話でも、コンピュータ・ネットワークでも、必ず使われているデジタル通信技術の根幹にある技術です。

デジタル通信において、送信者が送ったデータ信号はひとつの誤りもなく受信者の処理回路に入力されなければなりません。たったひとつの信号誤りが、正を負に変え、肯定を否定に変えて決定的な悪影響を及ぼすからです。そのために受信者は、自分が受け取ったデータが送信者の希望通りであることを確認する作業を行って、もし誤りがあったら元の正しいデータに復元してから、データを処理回路に入力します。その確認のために使われるのが誤り訂正符号です。誤り訂正符号は、送信者がデータ信号に対して一定の解析を行った結果です。受信者は、送信者が行った解析に応じて確かめ算を行って、データ信号に誤りがないことを確認します。

この誤り訂正符号の理論は、第二次世界大戦直後のアメリカで生まれました。ブロック符号、畳み込み符号といった手法が考案されたのですが、それを実時間《リアルタイム》で処理するには高速計算機が必要なため、民生技術としての利用は二十一世紀に入ってからになりました。理論と応用の間に五十年もの時差があることと、数論理学的な考えが求められるために、情報処理学会や電子情報通信学会でほとんど研究発表が行われず、超重要技術のわりに知られていない技術です。

道元が、正法眼蔵各巻に連番を振り、示衆日と示衆場所を書き入れた奥書は、誤り訂正符号として機能しています。奥書があるおかげで、七十五巻本だけが正しい編集として保護されています。示衆日のない巻や、書写年の干支を誤っている巻は、信用してはならないと奥書が示すのです。

これまでの道元研究で、正法眼蔵の奥書を書誌学的に取り上げた例や誤り訂正符号として扱った例はありません。これは書誌学的にも実に珍しい事例です。応用数学やデジタル通信技術の学会で発表すべき、おそらく世界初の誤り訂正符号の応用事例です。道元の前衛ぶりはこの分野でも発揮されています。

道元が正法眼蔵で書き入れた奥書がどれくらい珍しいものか、どのような意味があるのかについて、情報処理の専門家たちの意見を聞くために、二〇一六年十二月に福山市で行われた情報処理学会インターネット運用技術シンポジウムに参加しました。A４一枚の短い予稿論文を提出して、「道元が道元和尚廣録と正法眼蔵に施した誤り防止符号」というタイトルで発表を行い、質疑応答を受けました。

その会場におられたのは、大学でコンピュータ・ネットワークの運用管理をしている専門家の先生方やネットワーク機器の業者の方々でした。質疑として「あなたは本当にその奥書を自分の目で見たのか」（答：渡部・大谷「祖山本永平廣録校注集成」に永平寺で保管されている廣録の写本の写真が掲載されている）、「奥書を書き入れたのが道元であるという証拠はあるのか」（答：奥書を入れる必要性をもっていて、奥書を書き入れ、上堂数や頌の数を数えることを思いついたのは道元をおいてない）、「世界的にみて前例がないと言い切るためにはもっと調査が必要ではないか」（答：書誌学の専門家にも問い合わせながら探し続けていますが、まだ見つかっていません)、といったものをいただきました。もし奥書が誤り訂正符号化であるならば、読者は道元の著作を読むにあたって符号を確認する必要があることについては、異論が出ませんでした。

この誤り訂正符号化の理論は、二十世紀最大の数学者とされるノイマンやゲーデルが考えていたことであり、それを道元が今から八百年近くも前に実践していたことには恐れ入ります。道元のテキストを取り扱うにあたっては、細心の注意を払う必要があるのです。

十二巻本の奥書は自ら偽書であることを物語る

日本思想大系所収の十二巻本正法眼蔵をもとに、その奥書を表にまとめたのが先の表(Ⅱ. 3「デタラメな十二巻本奥書」)です。タイトルのところに＊印をつけたのは、異本が存在するもので、その異本に別の番号がついている場合には( )内に数字で示しています。第七、第十二には異本はありますが、番号はありません(日本思想大系、道元・下、校異四九七—五〇三頁を参照)。

いつ誰が何のためにつけた番号かわかりませんが、同じ巻が二つも三つも異なる番号をもつことが奇異です。たとえば出家功徳には、十二巻本の第一のほかに、第五十八という番号のついた異本があるということですが、誰が何のためにその数字を付けたのか、そもそも連番管理されているのかも定かでありません。

袈裟功徳第三を除く十一巻には示衆日がありません。奥書に偽の示衆日を書き込むためには、道元がいつどこで何をしていたかを知らなくてはならず、その前後の道元の著作活動とも整合していなくてはなりません。示衆日がないということは、道元が示衆していないと奥書が認めているわけです。道元が示衆していないとすれば、それは何だというのでしょうか。もしそれらの巻本が道元の真筆であるといいたいのなら、せめて道元本人が生きた時間と空間の一点で書写されたと示すべきですが、それすらできていません。偽書の製造者は、道元の張った結界のなかに入ってこれなかったのです。

袈裟功徳の示衆日は、正法眼蔵伝衣第三十二と同じ日付です。伝衣とは一部同じ内容もありますが違った内容もある袈裟功徳を、伝衣と同じ日に道元が示衆するわけがありません。また、この巻の書写日は建治元年丙子となっていますが、その年は乙亥にあたります。年号と干支の不整合によって、書写が建治元年に行われたのではないことを示します。亥年にネズミの絵柄の年賀状を用意するようなもので、本当に建治元年に書写していたら、絶対にしない間違いです。

水野弥穂子の解説によれば（日本思想大系、道元・下、六一二頁）、一百八法明門第十一は、昭和五年に石川県永光寺《ようこうじ》にあった古写本が発見されて、はじめてその存在が知られるようになったそうです。しかしこれには示衆日も書写日もありません。十二巻本の数合わせのために、「発見」されたのだと思います。中身を読んでみても、あるひとつの経典からの引用が続くのみで、何が言いたいかもさっぱりわかりません。道元らしさがまったく感じられません。面接の奥書のように、病床の道元があわてて書き足す必然性がまったく感じられません。

三時業第八と八大人覚第十二は、道元がまだ存命中の建長五年に書写されたことになっています。「八大人覚」奥書に「十二巻目で終わった」という以上、新草十一巻目までがその前に書き終えていなければなりませんが、表からもわかるように、八大人覚第十二は、第一から第十一のどれよりも先に書写されたことになっています。ほかの十一の巻が示衆も書写もされていないときに、どうして第十二だけが書写されえたのか大いに疑問であり、十二巻本の信用を損ないます。

示衆の形跡がなく、書写日もいい加減で、きちんと連番になっていないテキストは七十五巻本と同じに扱ってはなりません。十二巻本の奥書をこうして並べて分析するだけで、すべて偽書であることが一目瞭然となり、八大人覚の奥書の百巻構想も嘘ということになります。

寺田透は「十二巻本眼蔵後半に入るとにわかに表記法、ことに送りがなが、きわめて異様なものになり、ほとんど読者をまごつかせる程である」（「道元における分裂」日本思想大系、道元・下、六〇〇―六〇一頁）と書いています。決定的な証拠をもたないために偽書と口に出せず、文芸評論家としてはこれが精いっぱいの表現だったのでしょう。十二巻本が道元の真筆であるという証拠はひとつもなく、真筆でない状況証拠はたくさんあります。十二巻本を読んではいけない、道元の言語情報として受け入れてはいけないことは間違いありません。

懐奘が道元示寂後に書写した七巻の奥書のもつ意味

正法眼蔵七十五巻のうち七巻は、道元示寂後、懐奘生存中に書写されたことになっています。なぜ道元示寂後の日時を懐奘書写日とした七巻が存在するのでしょうか。この七巻には懐奘が好ましくないと思う箇所があったために、検閲して削除したのではないでしょうか。

仏性巻三、仏向上事第二十六、虚空第七十の三巻は、道元が最後の最後まで手を入れた最重要巻です。そのどこかに建長四年または五年のタイムスタンプが押されていた可能性があります。それが八大人覚の奥書と矛盾するために、あえて削除した可能性はないでしょうか。

竜吟第六十一、祖師西来意第六十二、発菩提心第六十三という三巻も同様に弘安二年（一二七九）に懐奘

道元示寂後に書写された巻		示衆日（示寂1253.8.28）	懐奘（1198-1280）書写日
第三	仏性	仁治二年（1241）10月14日	正嘉二年（1258）４月25日
巻二十六	仏向上事	仁治三年（1242）３月23日	正元元年（1259）夏安居日
第三十六	阿羅漢	仁治三年（1242）５月15日	建治元年（1275）６月16日
第六十一	竜吟	寛元元年（1243）12月25日	弘安二年（1279）３月５日
第六十二	祖師西来意	寛元二年（1244）２月４日	弘安二年（1279）６月22日
第六十三	発菩提心	寛元二年（1244）２月14日	弘安二年（1279）３月10日
第七十	虚空	寛元三年（1245）３月６日	弘安二年（1279）５月17日

が書写したことになっています。これら三巻は寛元二年春、越前吉峰寺で正法眼蔵がひとまず完成したときに示衆されたものです。竜吟に込められた喜びの声、祖師西来意に込められた翻身活命の思い、そして正法眼蔵の巻名を織り込んでつくられた発菩提心には、正法眼蔵にかけた道元の思いが他にも言語化されていた可能性があります。

懐奘は弘安二年の書写の翌年、弘安三年（一二〇八）八月二十四日に寂します。遺偈には「一生の罪犯《ざいはん》、彌天《みてん》を覆ふ」という言葉があり、自己の肖像にしたためた自賛の偈頌にも、「罪業《ざいがう》感ずる所醜陋《しうろう》の質。人中《にんちう》第一極非人。」として罪の意識が表されています。仁治二年（一二四一）の懐鑑らの集団参加、翌年の僧海と慧顗の死、越前下向後はますます達磨宗の流儀で接したために道元を失望させたこと。生前の道元に対する罪もさることながら、道元示寂後は、義尹に廣録を宋にもっていかせて無外義遠に内容の改ざんを伴う略録を作成してもらったこと、「八大人覚」とその奥書を作成して正法眼蔵七十五巻への読書関心を衰えさせたこと、さらに正法眼蔵七巻の改ざんを行ったこと。懐奘は自分が最後の最後まで道元を裏切ったことを申し訳なく思っていたのではないでしょうか。

だからあえて道元示寂後に改ざんが行われた形跡を、奥書に書いて遺したのではないかと考えます。読者としては、改ざん前の正法眼蔵を読んでみたい衝動にかられます。いったい道元のどんな言葉が削られたのだろうかと、もどかしさに胸が苦しみます。もしかすると、懐奘は改ざん前のテキストを壺に入れて永平寺の地下に埋めたのかもしれません。

5　知られざる語録「道元和尚廣録」

道元和尚廣録との出会い

道元に「道元和尚廣録」（一般に「永平廣録」と呼ばれる）という語録があることは、ほとんど知られていませんし、まったくといっていいほど読まれていません。曹洞宗のお坊さんが書いた本でも、道元の研究書でも、廣録に触れたものは多くありません。『廣録』として出版されているものはごくわずかであり、そのうち、異本の卍山本と道元が識語で保護した祖山本を峻別しているものはさらに限られます。祖山本『廣録』を読み込んだうえでの研究書は皆無に近く、一般読者が『廣録』のことを知るきっかけがありません。「正法眼蔵随聞記」が道元の語録と誤解されているために、真の語録である『廣録』が認識されないこともあるでしょう。仮に認識されたとしても、『随聞記』を読んでいれば『廣録』に書いてあるうちの何割かには触れているのだろうから、今更読む必要はないと思う読者が多いのではないでしょうか。それは誤解であり、『廣録』と『随聞記』はまったく共通するものがなく、むしろ矛盾していることが多いのです。道元研究者ですら『廣録』を読んでいないというのは、不思議であり、異常なことですが、それが今も続いているのです。

嘉禎二年（一二三六）から示寂の前年の建長四年（一二五二）まで十五年以上にわたって、およそ五百三十一の上堂語が記録されている『廣録』が、道元を知るうえで最重要資料であることは間違いありません。「祖山本永平廣録校注集成」を世に送り出した大谷哲夫は、「『正法眼蔵』の示衆が、寛元三年（一二四五）を境としてほとんど行われなくなった」一方で、「大仏寺・永平寺での上堂数は、実に四百五回にも及ぶ」ので、「道元の正伝の仏法の宗旨の参学には、『正法眼蔵』の参究はもちろんのこと、『永平廣録』を判然と認識することを怠るならば、決して正鵠を得たものではないことを、肝に銘じておく必要がある。」といいます。

なぜ、私が「廣録」を知って読んだかは、偶然の引き合わせとしかいいようがありません。二〇〇一年に桶谷秀昭の「昭和精神史」という本を読み、それが面白かったので続いて同じく桶谷の「天の河うつつの花」（北冬舎、一九九七年）という随筆集を読んだところ、「志気と含羞の批評家　寺田透」という追悼文があり、その結語に、「『道元和尚廣録』上下二巻の大冊を戴いて、返事が書けぬうちに、妻を失ひ、悲嘆に日を送つてゐるうちに、突然その訃報を知つた。この精密な訓詁注釈と闊達な現代反訳文の仕事が、寺田透の道元論のたどり着いた場所になるのであらうか。よまねば話にならないが、批評家としていい死にかただといつても、礼を失することになるまいと思ふ。」とありました。

桶谷のこの随筆集には「燃えつきた藤枝静男」という追悼文もあり、藤枝静男の書いた小説を読みたくなって昭和文学全集を借りたところ、同じ巻に寺田の和泉式部論があり、それが面白かったのです。「寺田の専門はフランス文学だったはず。フランス語のような論理的な言語とつきあった人が、道元の文章をどんな風に取り扱うのだろうか」と気になって、また桶谷の「精密な訓詁注釈と闊達な現代反訳文」という評言に心が惹かれて、ぜひとも読んでみたいと思ったのでした。

ところが新刊書店に問い合わせたら在庫はなく版元品切れで注文もできず、参考までに値段を聞いたところ冗談みたいに高くて一冊二万四千円というのです。古書店に問い合わせたところ、そんな本見たことも聞いたこともないと言われ、仕方がないので県立図書館で借りて通り一遍に読みましたが、面白さを味わうに至りませんでした。ところが荒川修作を知るために道元を読むと決めた二〇一五年十月に、ネットで古書情報をみていたら、寺田透現代訳「廣録」が定価の七割引きで出ていたので、迷わず即、注文したのです。

寺田透と「道元和尚廣録」との関係

寺田透が筑摩書房から現代訳「道元和尚廣録」を出版した経緯も、なかなかに面白いものでした。寺田は水野弥穂子と二人で、岩波書店の日本思想大系の「道元（上・下）」（一九七〇、一九七二年）を担当します。寺田は若い時分から道元に関する考察を書いていました。東大闘争の頃、大学を辞めて文芸評論家専業となって時間の余裕もあったでしょう。

続いて寺田は「日本の禅語録」でも道元の担当となります。「語録という以上あきらかな論文集である正法眼蔵を採用するわけにいかず、さりとて『正法眼蔵随聞記』を道元のそれとして提出するのは逆に別に問題のないやり方ではあったけれど、同書は刊行例があまりに多くて、今更の観がある上、内容的にも少々安易な選択に失するようで、結局『永平廣録』に白羽の矢を立てた」（『道元和尚廣録』、上、前文xxxi）そうです。

ところが廣録の分量が多すぎて一冊に収まり切れなかったため、廣録の巻一から巻五までの前半部分だけが現代訳されました（講談社「日本の禅語録　道元」一九八一年）。抄本をしたてるのは、「道元のように何はともあれまずその思想や信仰の全容を知らねばならない存在に対して、語録の主道元と読書界の双方に対する裏切り」と考えたために、廣録第一から第五までの前半部分を丸ごと収録したのです。おそらく岩波の日本思想大系が「正法眼蔵」の七十五巻本と十二巻本を所収して上下二巻となった背景にも、寺田の完璧主義があったのでしょう。

残りも含めて全十巻の廣録の現代訳は、一九八四年頃、筑摩書房が出版することを承諾し、五回の著者校正を経て一九九五年に出版されました。寺田透は「普通永平広録と呼ばれるものの、白文にもどし、句読点をつけた原文と、その新しい訓読文、それを支え、補強する註、及び現代訳」を提供しました。「原稿作成から言えば、優に十五年がかり」の貴重な仕事であったのに、版元筑摩書房は、上下巻それぞれに二万四千円という当時の出版相場の十倍近いとんでもなく高い定価をつけ、印刷部数は上が八百部、下が七百部と少なくし、さらに出版社判断で初版で絶版にしたのです。寺田透は廣録が出版された年の暮れに亡くなっていますので、まさに命がけの仕事をしたのです。道元にとっても、寺田にとっても、潜在的読者にとってもなんとももったいないことでした。

寺田透本人が廣録に寄せた言葉が、遺稿集のなかにありました（「眼蔵から廣録へ」、「寺田透遺稿集　遷易不尽」所収、講談社、一九九六年。初出が『廣録』を出版した筑摩書房の宣伝誌「ちくま」ではなく、眼蔵を出版した岩波書店の「図書」に掲載されたことにも筑摩書房の消極的姿勢が伺えます）。自分が最晩年の二十年を捧げた遺著への熱い思いが伝わってきます。寺田はこの文章を書いているときに、ようやく「廣録」の面白さの本質に気づいたそうです。現代語訳の作業は、読む行為とは別なことのようです。

「『道元和尚廣録』は愉しい読み物たりうるか。（略）著者としては、自信をもつて肯定的に断言できる幸ひをもつ。」

「書物が読んで愉しいものであるか否かをきめるのはすでに言つたやうに、六七分はその著作の素材だが、三四分は、論の運び方、一篇の文中にもなほある一箇の小主題から他の小主題への移り行きのなだらかさ、思ひがけなさ、また措辞・修辞の快感を支へる、その適切正確、書かれていることが著者の内奥から流れ出てゐることを自然に納得させる文章の流露感、その心弾む喜ばしさなど、一口に言つて表現の態様のたまものである。（略）バルザックの作風が、おそらく音楽用語のアレグロと無関係ではあるまいアレグレッスなるフランス語で形容されることがあり、ひとにより時とともに共感されていくのは、この内容と表現の関係の機微にもとづくことだろう。」

「今、この自著紹介の小文を書き出してこのくだりに差しかかつてはじめて、『廣録』はアレーグルなものだ、それに『人間喜劇』に対すると同様、アレグレッスといふ総括的評言を与へることは至当だと悟つたのである。

『正法眼蔵』でも「都機」「観音」や「恁麼」「夢中説夢」などにはどこかひとの言にはなかつたことを言ひえたといふ自覚のもたらす歓喜がひそみ、低声のその歌の予兆が輝いてゐると言へなくはないが、それに比べると『廣録』は全巻アレグレッスの歌だと言つていい。」

たしかに寺田の「廣録」を読んでいると、読み下し文も現代訳文も、ともに道元の生の声を聞いているような気分になります。寺田の仕事の成果として、「廣録」はアレーグルになったところもあるでしょう。短い記事の中で寺田は上堂語一を紹介します。

師、嘉禎二年丙申十月十五日、始めて当山に就き、衆を集めて法を説く。

上堂語一

上堂するや云ふ。依草《えさう》の家風《かふう》、附木《ふぼく》の心《しん》、道場のもつとも好きは叢林なるべし。床一撃《しやういちげき》、鼓三下《くさんげ》。如来の微妙音《みめうおん》を伝へ説く。正当恁麼《しやうたういんも》の時、興聖門下、且道《シヤダウ》、如何。良久《いやひさ》しくありて云ふ。湘の南、潭の北の黄金国、限り無く平らかにして、人、陸沈《ロクチン》さる。

現代語訳：草木をたよりとする質素謙抑が、われわれのありよう、心の持ちようである。仏法を学ぶにもっとも適わしいのは山林の中だ。（大床座をどんと打ち鳴らすと、太鼓が三度鳴る。）仏如来の深遠な教えを伝えよう。このとき弟子たちよ、どういうことになるか。考えてみよ。（大層長い間黙っていたあとで和尚は言った。）湖水の南、潭水の北の黄金国は限りなく平らで、歩いて行く人影が陸地に沈む。

詩的で幻想的な風景のなか、修行者は黙々と歩きながら地平線に消えていく。我々の学習と修行は生死を超えて永遠に続くことを暗示しています。

以下は寺田が記事で紹介しなかったものですが、寺田の読み下し文のうち短いものをいくつか紹介します。

上堂語五

観音院裏に挙《コ》し、上藍院裏《リ》に挙《コ》す、亦是行脚。窮山窮水《キウザンキウスヰ》、草鞋《さうあい》を踏破す、亦是行脚《アンギャ》。

現代訳語：趙州従諗や上藍令超のように、禅院の法堂で古人の言葉を引くのも行脚であり、わらじを履ききるまで山水のあいだを歩きつくすのも行脚である。

語録から古人の言葉を引いて考えるのも、山水のあいだを歩きつくすのも、どちらも行脚。詩的な対句表現で、書物と体験はどちらも大切であると教えます。

宝治二年（一二四八）十二月八日、釈迦が悟りを開いた仏成道日の上堂語二九七。寺田透の読み下し文と現代訳のリズムもお楽しみください。釈迦同様に自分も覚りの境地に達し、空から落ちてくるボタ雪のようにたくさん言葉を読んでいると、それらが自分の意識の上で花開いて覚りが深まっているのでしょう。もうすぐ年が明けるが、そうなるともっと覚りが深まるという期待感で胸がはずんでいます。

上堂語二九七
雪団打雪団打《せつだんだ》。打得《だて》して、寒梅、雪裏《せつり》に開く。天上の明星、地上の木杓《もくさう》。年のはに臘八《らうはち》、春に先《さきだ》ちて来《きた》る。

寺田現代語訳：ボタ雪降る降る。降る降るボタ雪。雪がかかって、梅の花。空には明星、地上の柄杓。師走八日は春より早い。

上堂語四五三は建長三年秋です。道元は書記と蔵主の着任を待ちながら、『眼蔵』と『廣録』の清書作業のための様々な準備を指示します。応援部隊のための宿泊施設の建設、彼らの作業机、蒲団と坐蒲、紙と墨、綴じ紐、食料の調達などなど。懐鑑存命中は道元のいうことを聞かなかった達磨宗の弟子たちも、このときとばかりに精を出して働いたことでしょう。そして自分は最終稿を仕上げる作業に集中します。清涼な秋の気配のなか、ひとつの目標に向けて永平寺全体に活気と緊張が漂い、ようやく道元が理想とした修行場の気配を帯びてきました。示寂前の二年間、道元と弟子たちの関係はこれまでになく良好になりました。そうでなかったら、『眼蔵』と『廣録』の清書作業がうまくいくはずもありません。

上堂語四五三

上堂。磨甎作鏡《モセンソキン》、酬答《シウタウ》に功を積み徳を累《かさ》ぬ。磨鏡作甎、必ず智慧の資糧《シリヤウ》に由る。磨鏡作鏡、笑殺《セウシヤ》、我が手何ぞ仏の手に似たる。坐禅作仏《ざぜんさぶつ》、草を取り道場に坐す。甚《なに》に為《よ》りてか恁麼なる。良久しくありて云ふ。一車打たれ、諸車快《はや》し。一夜花開きて世界香《かん》ばし。

現代語訳：瓦を研いで鏡にする。問題に答えようと苦心努力し力量をつけた。鏡を研いで瓦にする。知的作業にも糧食は必要だ。鏡を研いで鏡にする。お笑い草だが、なんとまあ私の手は仏の手に似ていることか。坐禅によって仏になる。草を敷いて坐す、成道した釈尊のように。どうしてそうなのか。（大層長いあいだ黙っていたあとで和尚は言った。）一台の車に鞭が当ると、他の車も皆早くなる。ある夜、花が咲くと、世界中にいい匂いが漂う。

以上、五三〇ほどある上堂語の中から四つご紹介しました。廣録が軽妙《アレーグル》で読んで楽しい文章であることを感じていただけたでしょうか。廣録を繰り返して読めば読むほど道元の気持ちに近づいていける気がします。

『廣録』は忘却と発見の繰り返し

どうして「廣録」は知られてないのでしょう。永平寺がその存在を忘れていたからです。寺田の解題によれば、寺田が底本にした門鶴本（一般に「祖山本」と呼ぶ）廣録は道元示寂後永平寺において三百年以上にわたって忘れ去られていたというのです。

道元示寂後忘れ去られていた「廣録」は、慶長三年（一五九八）に永平寺二十世の門鶴《もんかく》和尚が「発見」して浄書・校合します。ところがそれがそのまま放置されていて、十八世紀末の寛政年間に永平寺五十世の玄《げん》透即中《とうそくちゅう》（一七二九－一八〇八）が、成立後二百年近くたつ「この希有の法宝」を永平寺の書庫で「発見し」、その「相当蝕欠や雨漏で傷んでいた」のを、「専門の職人に命じて製本装幀せしめ」たのでした。

寛政年間に製本し直し永平寺の書庫に納められた門鶴版道元和尚廣録は、その後明治十九年（一八八六）、一通りこれに目を通した永平寺僧のあったほか、昭和初期までふたたび「見失われてい」ました。昭和初頭に全十冊がすべて見つかった後で、「この十冊が行方不明となり、さいわいとも不思議ともいえることに、昭和三十三年（一九五八）に再発見されて、こんどこそ吉祥山書庫に安置されたという経緯をたどった。」のです。

つまり廣録は、忘却と発見の繰り返しという数奇な運命を凌いで今日に至ったというわけです。それは平成年間になっても続いていて、ようやく「祖山本永平廣録校注集成」という信頼できる読み下し文が世に現われ、それにもとづいて生き生きとした道元の声が聞こえてくる寺田の現代訳がつくられたのに、廣録はまだほとんど読まれていません。和辻哲郎が「宗派内においてこれまで道元が殺されてい」（和辻「道元」、河出文庫、二〇一一年、一六頁）る状態は今も続いていて、皮肉なことに和辻校訂「正法眼蔵随聞記」が道元の語録として読まれることによって、真の語録『廣録』が認知されないのです。

6　たくさんの謎に包まれた「道元禅師語録」（通称「略録」）

さて、私の本棚に鏡島元隆「道元禅師語録」（講談社学術文庫、一九九〇年）がありました。古本屋で見つけてとりあえず買っておいたもので、きちんと読んだことはありませんでした。裏表紙には「道元禅師の思想と信仰は、『正法眼蔵』と双璧をなす『永平広録《ママ》』にもっとも鮮明に、かつ凝縮した形で伝えられている。本書は、その『広録《ママ》』十巻の中から抄出された『語録』を訳注したもので、興聖寺と永平寺における「上堂語」や「小参」「法語」をはじめ、中国禅とは異なる禅師の宗風の独自性を示す「普勧坐禅儀」や「坐禅箴」などが収録されている。比類ない道元禅の要諦を窺うに最適の訳注書である。」と書いてあります。これを読むと、『廣録』の抄本が「道元禅師語録」（通称永平略録、以下略録と呼びます）であるということになります。

ところが『廣録』を何度か読んだ後で略録を読むと、単なる抄本ではないことに気づきます。祖山本『廣録』と比べると、収録している上堂語、小参、法語、頌のほとんどすべてが添削されていて、なかには悪意ある改ざんとしか思えないものがあるのです。また、『廣録』のなかでもっともよいものを集めたというよりは、道元思想の独自性を摘み取って、凡庸で魅力のない語録に貶めたという印象を受けます。どうしてこのような編集が行われ、どれほど違った文章に改ざんされているのか、なぜ今もそれが書店で売られているのか、謎に迫ってみたいと思います。

宋から略録を持ち帰った義尹と義介の入宋目的

鏡島によれば、「道元禅師語録」の正式名称は「永平元禅師語録」（通称「永平略録」）ということです。ここでは短く『略録』と呼ぶことにします。略録の由来を語ることがむずかしいのは、その成立に関する記録や資料が一切ないためにおおまかなことしかわかっていないためです。略録を中国に持ち込み、無外義遠《むがいぎおん》による添削を受けて日本に持ち帰ったのは寒巌義尹《かんがんぎいん》（一二一七―一三〇〇）ですが、義尹についての記録や資料が乏しいうえに、義尹の父親、日本達磨宗への所属、誰に嗣法したのか、廣録を中国に携行したのがいつか、一回目の入宋時期、二回目の入宋時期のすべてに説が二つ以上あって、結論が出ていないことがあります。

義尹の二回の入宋は、間に義介の入宋をはさんでいて、十四年がかりの一大プロジェクトの様相を示します。「義尹と義介の三度にわたる入宋は（略）ともに永平寺の使者としての入宋」（佐藤）でした。二人の入宋がどのように行われたのかを、みてみようと思います。

佐藤秀孝「義介・義尹と入宋問題」（宗学研究三十二、一九九〇年）によれば、寒巌義尹は「順徳天皇の第三皇子で、母は公雅法印の娘の宰相局でないかとみられており、世に法皇長老として名高い。義尹はその出生・参学・嗣法から入宋さらに帰国後の活動まで、その生涯の足跡がすべて謎に包まれた人物」です。「その最初の入宋は道元禅師の示寂と同じ年になされたらしい」。最初の入宋からの「帰国年時に関しては定かではないが、『日域洞上諸祖伝』や『日本洞上聯燈録』は友を失っての帰国と記している」（佐藤）。最初の帰国は任務を遂行できなかったようです。翌建長六年（一二五四）九月九日には永平寺で蔵主をしていた記録があるので、一年足らずの短い入宋だったことになります。

舘隆志「徹通義介と寒巌義尹」（徹通義介禅師研究、二〇〇六年）は、「生まれについては諸説があり、順徳天皇（一一九七―一二四二）の第三皇子とされているが、後鳥羽上皇（一一八〇―一二三九）の皇子とも言われており、いずれにしても皇室の出身である。建保五年丁丑（一二一七）に生まれている」。「幼くして出家し、後に世に法王長老と呼ばれた。比叡山に登り十六歳の時に受具したと伝えられ、二十五歳にして興聖寺の道元禅師に参じた。」と書いています。

義尹が皇室に属していたことは間違いなく、義尹が開山した熊本市の大慈寺は、今も菊の御紋です。幼くして出家した背景には、承久の乱（一二二一年）の後、後鳥羽上皇が隠岐の島に、順徳天皇が佐渡島に流されたことが影響しているでしょう。道元に入門した時期は、日本達磨宗の懐鑑が弟子を引き連れて入門した時期と一致します。法諱に義の字がつくことからも、義尹は達磨宗であると一般的には考えられています。舘は断定できないと留保していますが、「初期永平寺僧団での義尹入宋までの事蹟はまったく判っていないに等しい」のです。

舘も「義尹の一度目の入宋については、多くの資料は建長五年（一二五三）頃」、「即ち道元禅師が示寂した年」としています。その目的は明らかにされていませんが、目的が達成されずに帰国したから、後に永平寺三世になる義介が入宋することになったのだと思われます。

「義介は正元元年（一二五九）に四一歳で永平寺懐奘の使者として入宋を果たす」。「義介は在宋四年にして弘長二年（一二六二）に帰国している」（佐藤）。「義介は、正元元年に入宋を果たす。義介の入宋については詳しいことはほとんど判っていない」。「弘長二年（一二六二）在宋四年にして帰朝」（舘）。「義介の帰朝と入れ替わるように、弘長三年に義尹が再び入宋する。義尹の二度目の入宋の時期については、これまで文永元年（一二六四）とされてきたが、新出資料であり、中世資料とみられる「寒巌義尹和尚本伝」や、江戸初期の『国郡一統志』に、弘長三年の入宋が伝えられることや、義介と入れ替わるように入宋していることなどを踏まえ、本稿においては、義尹の二度目の入宋を弘長三年であったとしておきたい」（舘）。佐藤は文永元年に二度目の入宋を果たしたと書いています。

二度目に入宋した義尹は、「ただちに定海県の瑞巌開善寺に如浄の高弟である無外義遠（?—一二六六）を訪い、語録の校訂と序跋を依頼している。義遠はこのとき廣録を十分の一に抜粋校訂して『永平元禅師語録』（『永平略録』とも）を編し、景定四年（一二六四）十一月一日に序文を、さらに咸淳元年（一二六五）の書雲の日に題跋を撰している。

ついで義尹は杭州銭塘県の北山霊隠景徳寺にて無準下の退耕徳寧（?—一二六九）を訪うて、同年の三月の清明節の翌日に跋文を得ており、また同三月中に同じ銭塘県の南屏山浄慈報恩光孝寺に松源派の虚堂智愚（一一八五—一二六九）を訪うて、同様に跋文を得ている。ただ、義尹が道元禅師ゆかりの天童山や径山の住持に跋文を依頼していないのは問題である」（佐藤）が、こうして略録と跋文が得られて、義尹は咸淳三年（一二六七）すなわち日本の文永四年に帰国します。

義尹の帰国後まもなく蒙古襲来が起こり、日中往来断絶の時代が久しく続きます。

義尹と義介の入宋に関しては、これ以上のことはわかりません。私は二人が永平寺の使者として十四年間で三度の入宋を果たした目的は、ズバリ略録の作成だったと思います。

佐藤をはじめすべての研究者は、義尹が『廣録』を持参したのは二度目の入宋時としていますが、これは一度目のときは『廣録』がまだ完成していなかったという前提にもとづいています。しかし、道元が『廣録』に書き入れた識語から判断すると、道元は自分が生きている間に『廣録』を完成させたと考えるほうが妥当でしょう。

以下は、やや乱暴ですがひとつの仮説です。道元が京都で示寂した時、永平寺にいた弟子たちは「道元和尚廣録」という膨大な著作を前に、頭を悩ませます。道元の言葉が大切だとはわかっているが、あまりに高尚で理解できないのと、達磨宗の教義を否定しているところもある。公開すべきかどうかも含めて様々な意見が出た結果、『廣録』から無難な言葉だけ集めて抄本をつくることにした。その作業は中国でやってもらうのがよいということになり、義尹が一度目の入宋に際して廣録を携行し、無外義遠に略録作成を依頼をしたのですが、完成を待っている間に従者か通訳が病気か事故で失命し、成果品を持たずに帰国した。義介が完成した略録を受け取って持ち帰ったが、内容を吟味すると希望通りの仕上がりではなかった。そこで義尹が再度入宋して、細かい注文をつけて希望する仕上がりにしてもらった。その結果、無残なまでに改ざんされた略録が出来上がったという流れです。

義尹が帰朝して、九十一年をへた延文三年（一三五八）に、永平寺六世・宝慶寺三世を董した曇希《どんき》がそれを『永平元禅師語録』の名のもとに開版します。これが「道元禅師語録」、通称「永平略録」として今日出回っているものです。鏡島元隆「道元禅師語録」（鏡島著とも編とも校訂とも解説とも書いてない）は、平成二年（一九九〇）に講談社学術文庫の一冊として出版されました。これは「祖山本永平広録校注集成」が上梓された翌年です。その前には岩波文庫で『道元禅師語録』（一九四〇年）として、和辻校訂の『正法眼蔵随聞記』の翌年に出版されています。まるで世間が道元に注目し、道元の言葉を求めるときに、廣録を覆い隠すために出版されたかのようです。

『廣録』と『略録』はどれくらい違っているのか

菅原諭貴の「『永平略録』と『永平廣録』の関係――本文対象校異――上・下」（愛知学院大学禅研究所紀要二五　一九九七年、二六　一九九八年）は、『略録』に収められた七十五の上堂語、小参、法語、普勧坐禅儀、自賛、偈頌に照らして、卍山本・祖山本『廣録』を比較したものです。その結果、あまりにたくさんの相違が確認されたこともあって、菅原は「義遠の『廣録』校正による改変とするには疑義が生ずるのであり、今一度、寒厳義尹携行の『永平廣録』、及び第三系統の『永平廣録』の存在等について再検討すべき」と提案しています。別の論文で菅原は、「もともと『永平廣録』に存しないものを義遠が付加したとは考えられない」という前提にもとづいて、「義尹携行の『永平廣録』が卍山本・門鶴本とは異なるものであったことが予想し得る」という結論を導いています。（「『永平略録』成立の問題点について」、愛知学院大学、東海仏教）

しかし、鏡島は「別系統の『永平廣録』」が携行されたと「は言えない」と考えます。「門鶴本にせよ、流布本（注：卍山本のこと）にせよ、その上堂語はほぼ年代順に正確に列次されているのに、『永平略録』においては、その列次が不正確であるからである」。別系統の廣録があったとしても、時系列的な配置は守られているはずである。略録の配置のいい加減さは、中国における編集がいい加減であった証拠である。したがって、「無外義遠の手が加わったために生じた混雑と考えられる」と結論します（「道元禅師語録」解題、二二〇頁）。道元の白文の修正は、漢文に精通する人物によるものであると感じられます。

義遠は義尹が携行してきた『廣録』に整理添削を施し、五百三十一の上堂語から七十五を選び十分の一程にちぢめ、序、跋を添えて、義尹に返しました。鏡島の解題によれば、「本書は、興聖寺における上堂語（二一）、永平寺における上堂語（五三）、計七十五の上堂語と、小参四、法語一、『普勧坐禅儀』と『坐禅箴』。自賛三、偈頌十七から成っている」。

これを『永平廣録』と子細に比較すると、次のような異同がある。（以下、鏡島による）

ア．『永平略録』の上堂語は、興聖寺と永平寺二カ所における上堂語であるが、『永平廣録』においては、興聖寺と大仏寺と永平寺の三カ寺における上堂語である。『永平略録』において永平寺上堂語とされる第二五、第二六、第二七、第二八、第五七、第五八、第五九、第六一、第六二の九上堂語は『永平廣録』においては大仏寺上堂語である。（略）永平寺は寛元四年（一二四六）六月十五日、大仏寺を改めて永平寺と改称したのであるから、厳密に言えば、大仏寺時代の上堂語と、永平寺時代の上堂語とは区別すべきである。（略）さらに問題は、『永平略録』において興聖寺上堂語とされる第二、第三、第十九の三上堂語が、『永平廣録』においては、大仏寺上堂語であることである。（略）興聖寺と大仏寺とは入越前と入越後のまったく異なる寺であるから、それらを同視することは問題である。

イ．『永平略録』における永平寺上堂語第七三は、『永平廣録』においては、永平寺における解夏小参の言葉である。上堂と小参は異なるのであるから、それらは区別されるべき。（略）

ウ．『永平略録』は『永平廣録』の抄録であるから、『永平略録』に存する言葉は、当然『永平廣録』にその原型が存しなければならない。しかるに、『永平略録』には『永平略録』独自の上堂語が五例存する。（略）

エ．以上は上堂語をとおしてみた『永平略録』と『永平廣録』の構成上の相違である。さらに両者における相違は、『永平略録』には「普勧坐禅儀」と「坐禅箴」が存するが、『永平廣録』（門鶴本）には「普勧坐禅儀」だけが存して、「坐禅箴」は存しない。

鏡島が指摘した四点は、①　略録においては、道元がどの寺で上堂したかということが正しくない、②　道元が小参で語ったことが上堂として収録されている、③　道元が語った形跡のない上堂語が収録されている、④　祖山本（門鶴本）の『廣録』には収録されていない坐禅箴（正法眼蔵坐禅箴のなかの道元の頌）が収録されている、ということです。

③の祖山本にはない略録特有の上堂語五例は、菅原も指摘していることです（菅原諭貴「『永平元禅師語録』についての一考察――とくに上堂語の問題点について――」、宗学研究　第37号、一九九五年三月）。一方、大谷は『祖山本』・『略録』所在番号対照表（「祖山本永平廣録校注集成」、付録Ⅰ）のなかで、七十五すべての上堂語を祖山本の通し番号と結びつけています。鏡島と菅原が指摘する五例も、やや相違が大きいが対応する祖山本上堂語があります。

研究者ならともかく、一般読者にとっては、それくらいのことはたいした問題ではないと思いませんか。どの寺で語ったかはたいした問題ではなく、何を語ったかが問題であると。私はそう思っていました。

ところが『廣録』を二、三度通読した後で、たまたま手元にあった『略録』をひもといてみたところ、鏡島が指摘した四点以外の相違に気がついたのです。講談社学術文庫版の「道元禅師語録」の第二十五と、「祖山本道元和尚廣録」の上堂語一二八は対応しています。上堂語一二八は、大仏寺の開堂の翌寛元三年夏安居の夕暮れの上堂です。道元は興聖寺を離れて以来二年近く上堂をやめていて、再開後二回目の上堂です。少し長いので簡潔に現代語訳だけ紹介します。

上堂語一二八（現代語訳）：道場の大小は集まる修行僧の数や寺の建物の広さではなく、道を得ようと励む者が一人でもいたら大道場だという。代々の大道場には、かならず晩参といって日暮れに師の許に参じ、教えを受ける行事があった。十人、二十人の道場でも晩参が行われていれば大道場といえる。最近では五百人、七百人の道場でも晩参がない。如浄が天童山の住持となったのは幸運だった。私も如浄の弟子として晩参を行う。これは我が国で最初のことだ。

さて、丹霞《たんか》和尚が徳山《とくさん》和尚の語を取り上げて言ったことだ。「徳山は修行僧たちに『私の教えは言葉では表現できない。また人に与えられる教えもない』と言った。これでは草むらにもぐりこんで人を探すようなものでしかなく、全身泥まみれであることをわかっていない。よく見ると、片方の目しかあいていないようなものだ。もし自分だったらそうは言わない。私の教えは言葉で表現される。黄金の刀でも切り開くことができない、奥深い霊妙な教えだ。玉を彫って作った女の像が夜、子を孕むようなものだ。」道元は言った。丹霞はみごとに言った。その目玉は徳山の粗雑未熟を見破ったうえ、古今の凡庸な仏祖を笑いのめした。しかし私だったら、違うことを言う。皆のもの、私の言うところを聞きたいか。（しばらくしてから言われた。）『私の教えはただ言葉によってのみ表現される。それを読む目と語る口が先を争って開かれる。』人を救うための教えとなる言葉を、驢馬や馬の胎から生み出してみせる。

これが略録二十五では、いくつかの箇所で省略があるため、どこがどう違っているのかを示すだけでもむずかしいのですが、決定的に違うのは、道元の廣録での最後の言葉「我が宗は唯語句、眼と口競頭して開く。拈出、為人の処、驢胎と馬胎と。（我宗唯語句、眼口競頭開。拈出為人處、驢胎與馬胎）」が、略録では『私の教えは言葉では示されない。心と口は一致しないからだ。（我宗無語句、心與口相乖。）』になっているのです。わずか数文字置き換えただけで、まるで正反対の意味にした技術には恐れ入りますが、これは不注意によっておきた誤記や誤転写ではなく、周到な改ざんとしか考えられません。

鏡島は、「永平廣録」（春秋社、一九九九年）の該当箇所の注で、「この道元の結語を『略録』ならびに卍本は、「我宗無語句」と改めているが、言葉を尊重した道元の立場からは肯えない。」、つまり祖山本の「唯語句」が正しいといっています。そうであるなら著者は自分なのだから、「道元禅師語録」（略録）の本文または解説でもそのことをはっきりと書いておくべきです。また、唯と無の違い以外にも、語句の入れ替えがあることも指摘しておくべきでした。

このような重大な矛盾がこれまでずっと放置されてきたことに驚きました。しかし、もっと驚いたのは、略録の七十五ある上堂語、小参、法語、偈頌を祖山本と比較したところ、すべてで祖山本にある道元の言葉が大なり小なり別の言葉に置き換えられているのです。読み下し文で『祖山本廣録』と『略録』の両方を読み比べてもピンとこないのですが、漢文白文を突き合わせてみると、見事としかいえない改ざんが行われていることがみえてきます。

この略録の改ざんは、それが改ざんであると認識すること自体、むずかしいことです。なぜならば、祖山本は誰も読めない状態が七百年以上続いていて、ようやく平成元年（一九八九）に信頼できる読み下しが公開されたわけです。その間ずっと略録とそれに依拠した卍山本が道元の言葉だとしてまかり通ってきたのです。七百年以上通用してきたものが嘘だと言われても、なかなか意識を改めることはできないでしょう。

たとえば、眼横鼻直は、祖山本『廣録』には存在せず、『略録』が改ざんした部分にだけある表現です。つまり、眼横鼻直は道元の言葉ではなかったのです。略録冒頭の上堂語は、祖山本廣録では上堂語四八にあたります。読み比べてみましょう。

祖山本廣録上堂語四八

上堂に、云く。山僧《さんぞう》、是《これ》、叢林《そうりん》を歴《ふ》ること多からず。只《ただ》、是《これ》、等閑《とうかん》に先師天童を見しのみなり。然而《しかれども》、天童に謾《まん》ぜられず、天童、還《かえ》って山僧に謾《まん》ぜられる。近来《きんらい》、空手《くうしゅ》にして郷《きょう》に還《かえ》る。所以《ゆえ》に山僧、無仏法《むぶっぽう》なり。任運《にんうん》に、且《しばら》く延時《えんじ》す。朝々《ちょうちょう》の日《ひ》、東《ひがし》に出でて、夜々《よよ》の月《つき》、西に落《お》つ。雲、収《おさま》って山谷《さんこく》静《しず》かなり、雨《あめ》、過《す》ぎて四山低《しざんくだれ》り。三年には必ず一閏《じゅん》。鶏《にわとり》は五更《ごこう》に向って啼《な》く、と。

現代語訳：私は方々の老師を回ったわけではない。ただ天童山の如浄和尚にお目にかかっただけだ。しかしそれでいて私は和尚に騙されなかった。むしろ和尚が私に騙されたようなものだ。私は先年手ぶらで国に帰ってきた。だから私は仏法なんて持っていない。毎朝、日は東から昇り、夜には月が西に沈む。雲が去り、空が晴れると、山や谷が静けさを占める。雨雲が通り過ぎ、雨がやむと、あたりの山は落ち着いた佇まいになる。閏年は三年に一度やってくるし、鶏の鳴くのは朝の四時だ。

略録一（卍山本の上堂語一もほぼこれに依拠）

上堂。山僧《さんぞう》叢林《そうりん》を歴《ふ》ること多からず。只是等閑《なおざり》に天童先師《てんどうせんじ》に見《まみ》えて、当下《ただち》に眼横鼻直《がんのうびちょく》なることを認得《にんとく》して、人に瞞《あざむ》かれず、便乃《すなわ》ち空手《くうしゅ》にして郷《きょう》に還《かえ》る。所以《ゆえ》に一毫《いちごう》も仏法無し。任運《にんぬん》に且《しばら》く時を延ぶるのみなり。朝々《ちょうちょう》、日《ひ》は東《ひんがし》より出《い》で、夜々《やや》、月は西に沈む。雲収《くもおさ》まって山骨露《さんこつあら》われ、雨過ぎて四山《しざん》低し。畢竟《ひっきょう》如何《いかん》。良久《りょうきゅう》して云《いわ》く、三年に一閏《いちじゅん》に逢《あ》い。鶏は五更《ごこう》向《に》啼《な》く。久立下座、謝詞《しゃし》を録《ろく》せず。

鏡島現代語訳：上堂し説法された。山僧は、諸方の叢林をあまり多く経たわけではないが、ただはからずも、先師天童如浄禅師にお目にかかり、その場で、眼は横、鼻はまっすぐであることがわかって、もはや天童如浄禅師にはだまされなくなった。そこで、何も携えずに故郷に還ってきた。だからして、山僧には、いささかも仏法はない。ただ、何のはからいもなく自分の思うままに、時を過ごしているだけだ。看よ、毎朝毎朝日は東に昇るし、毎夜毎夜月は西に沈む。雲がはれあがると、山肌が現われ、雨が通り過ぎると、あたりの山々は低い姿を現わす。結局、どうだというのだ。しばらくして言われるには、三年ごとに閏年が一回やってくるし、鶏は五更になると時を告げて鳴く。大衆諸君、長いあいだ立たせてご苦労であった。と言って、法堂の座を下りられた。《謝辞は記録しない。》

祖山本廣録冒頭の「依草の家風、附木の心、道場のもっとも好きは叢林なるべし。」は、略録には採用されていません。代わりに冒頭を飾るのが、祖山本の上堂語四八で、その内容も祖山本とは違っています。推敲してよりよい文章にすることが目的であったとしても、そのようなことはやってはいけないはずです。それに、祖山本廣録上堂語一の軽やかなリズムとエキゾチックな情景に比べると、略録冒頭の語は凡庸で盛り上がりに欠けます。「眼横鼻直」という語句は祖山本のなかにはどこにもなく、略録および卍山本永平廣録にしかみられません。「只管打坐」と「眼横鼻直」という、多くの道元関連の本が紹介するキーワードがどちらも道元本人の教えではない改ざんであるということになります。

祖山本廣録の上堂語には「眼横鼻直」がないのに、「略録」で改ざんされたもうひとつの例をみてみましょう。大仏寺を永平寺と改名して少したった寛元四年（一二四六）七月十七日、天童如浄の命日の上堂語です。

祖山本上堂語一八四

天童和尚忌の上堂に、云く。入唐学歩《にっとうがくほ》、邯鄲《かんたん》に似たり。運水《うんすい》、幾《いくばく》か労する、柴も也、般《はこ》ぶ。謂うこと莫れ、先師、弟子を瞞《まん》ず、と。天童、却《かえ》って道元に瞞《まん》ぜらる、と。

現代語訳：天童如浄忌に上堂して言う。大陸で勉強したら（荘子に言う）邯鄲のように自分を忘れ如浄と一体となった。水の汲み運びに大骨折りし、薪も運んだ。師匠が私を瞞したとは言えない。師の天童を私が瞞したようなものだ。

略録上堂語六二

天童和尚忌上堂。云く、唐に入《い》って歩《あゆみ》を学んで邯鄲《かんたん》を失う、鼻直眼横《びちょくがんのう》に両般《りょうはん》なし、謂《い》うことなかれ天《てん》童学者《どうがくしゃ》を瞞《あざむ》くと、天童曾《か》つて永平に瞞かる。

鏡島現代語訳：天童如浄和尚の忌日に上堂して言われた。わたしは入宋して天童如浄和尚に仏法を学んだのだが、かんじんの仏法もみな忘れてしまった。ただ、眼が横に鼻がまっ直ぐにあるのがわかっただけで、格別のことはない。だからして、天童和尚が学者をだましたなどと言ってはならない。天童和尚がかえって永平にだまされたのだ。

天童和尚忌上堂、云。入唐学歩似邯鄲。運水幾労柴也般。莫謂先師瞞弟子。天童却被道元瞞。
天童和尚忌上堂、云、入唐学歩失邯鄲。鼻直眼横無両般、莫謂天童瞞学者、天童曽被永平瞞。

これは七言絶句になっていますが、脚韻を壊さないまま、中身を換骨奪胎している周到な改ざんといえます。改ざんがどれくらい元の道元の詩を貶めているのかわかりません。元の詩が、水や薪を運ぶ自力救済の求道であるのに比べて、眼横鼻直は何も考えず努力もしないだらしない禅風の気配を感じます。

細かな変更が行われた例としては、祖山本廣録上堂語二三と、略録上堂語一一があります。これも違いがどれくらい深刻なのか、わかりかねます。

上堂語二三

上堂に、云く、潜《ひそ》かに青山《せいざん》の常《つね》に運歩《うんぽ》するを見る。自《おのずか》ら知る、白石《はくせき》の夜児《よるこ》を生ずるを、と。下座。

現代語訳：心を静めて目をやると、青い山は常に歩いている。白い石から夜子が生まれるのも自然とわかる。

略録上堂語一一
上堂。ただ見よ青山《せいざん》の常に運歩《うんぽ》するを、誰《たれ》か知らん白石《はくせき》の夜児《よじ》を生むことを。と言いて下座《あざ》す。
鏡島現代語訳：上堂して言われた。ただ、青山が常に運歩するのをよく見るがよい、白石が夜、児を生むのを誰が知ろう、と言って座を降りた。

この例は、「上堂。潜見青山常運歩、自知白石夜生児。下座」の「潜」を「但」、「自」を「誰」に入れ替えただけです。これは改ざんなのか、あるいは中国に後者のような表現があるから、それに合わせたのか。変更した意図がわかりません。

祖山本廣録の上堂語二は、略録上堂語十四です。略録はちょこちょこと言葉を換装していてどこがどう改ざんされたのかもわかりにくいのですが、最後の七言二句は道元の独自な表現を許さず、宏智正覚の語句に戻した例といえるでしょう。

上堂語二
上堂に、直饒《たとえ》、周遍大法界《しゅうへんだいほっかい》と道得《どうとく》すとも、未だ春の夢に吉凶《きつきょう》を説くことを免れず。直饒、出入《しゅつにゅう》微塵裏《みじんり》と道得すとも、未だ紅粉作美女《こうふんさくびじょ》を免れず。若《も》し、也《また》、真《まこと》に一微塵裏《いちみじんり》を見、親しく恒沙界《ごうしやかい》を見るは、忽然《こつねん》として従来枉用《じゅうらいおうよう》の功夫《くふう》を省覚《しょうかく》するなり。沙界甚《しやかいなん》と為《し》てか大《だい》と為《す》る。微塵《みじん》、甚《なん》と為《し》てか小《しょう》と為《す》る。両般既《りょうはんすで》に是《これ》、未《いま》だ実《じつ》ならず、一句何《いっくなん》ぞ的当堪《てきとうすべ》き。従来法界《じゅうらいほっかい》の旧窠《きゅうか》を打破《だは》し、従来微塵《じゅうらいみじん》の旧鞋《きゅうあい》を脱落《だつらく》して、作麼生《そもさん》か道《いわ》ん。海底《かいてい》の蝦蟇《がま》喫粥《きつしゅく》し、天辺《てんぺん》の玉兎《ぎょくと》洗鉢《せんぱつ》す、と。

現代語訳：全世界に遍在するものの話をしていても、春の夢のよしあしを話題にせずにいられない。ミクロな現象を論じていても、美人に目がいってしまう。本当にミクロな現象やマクロな現象を理解するためには、これまでの見方考え方を改める必要がある。ガンジス河の砂粒が多いとはどんな多さで、微塵が小さいというのはどう小さいのか。両方とも言葉にできても、体感できていないのだ。そのために何というべきか。これまでの考えは古巣や古わらじとして捨て去って、どう考えればよいのか。海の底で蝦蟇が粥を食べれば、天界の兎が食器を洗う。（我々はそれを五官で感じることはできないが、世界の隅々で、マクロ的にもミクロ的にも、趙州の教えのとおりに粛々と修行が行われていると思いなさい。）

略録十四

上堂。人あり、一句を道《い》い得て法界《ほっかい》の量《りょう》を滅するも、未だ免《まぬか》れず春夢《しゅんむ》に吉凶を説くことを。更に若し一句を道い得て、塵《じん》を破って経を出《い》だすも、也《また》これ、紅粉《こうふん》の佳人《かじん》を飾るのみ。直下《じきげ》に非夢《ひむ》の真覚《しんかく》を照了《しょうりょう》すれば、便《すなわ》ち見ん、法界も未だ大《だい》と為《せ》ず、微塵《みじん》も小《しょう》と為ざることを。両《ふた》つながら既に実《じつ》ならずんば、一句何にか憑《よ》らん。井底《せいてい》の蝦蟇《がま》は月を呑却《どんきゃく》し、天辺《てんぺん》の玉兎《ぎょくと》は自ら雲に眠る。

鏡島現代語訳：上堂して言われた。もし人があって、一句を言い得て全世界の無限の量をなくして一真実に帰せしめても、それはなお春の夜の夢の中で吉凶を説くようなもので、何の役にも立たない。また、もし人があって、一句を言い得て一微塵を破ってその中から無限の真理を説く経をとり出しても、それはなお紅《べに》白粉《おしろい》で美人を塗りたくるようなもので、余計なことである。そんなことよりも、その場でただちに夢でない真実の悟りの世界を照見しおわれば、全世界といっても大きくはなく、一微塵といっても小さくないことがわかる。さて、そのように上に述べた両句がともに真実でないとき、真実の一句は何と言ったものであろう。それは、井戸の中のひき蛙が天の月を呑み尽くし、天辺の月が雲の上で自由に眠ると言ったらよい。

表現上の違いに気づいたら、それぞれの読み下しと現代訳をじっくりと味わうことによって、自分の意識上で生まれる意味の違いを比べてみてください。略録は宏智の語句に戻しているのです。海底のガマ蛙と月の兎が趙州の「喫粥し了れり」「鉢盂を洗い去れ」という世界を生きているとする道元の言葉はその本歌取りですが、道元の語句がより詩的でより格調も高いと私は評価します。

祖山本上堂語四〇

上堂に、云く、人々《にんにん》尽《ことごと》く衝天《しょうてん》志《し》有《あ》り。但《ただ》、如来明処《にょらいめいしょ》に向って明《あき》らむべし、と。下座《げざ》。

現代語訳：皆、それぞれ天にもぶつかって行く程の烈しい志を持っている。しかし釈尊の示した道に従うように。（喧嘩する場合じゃない。）

略録上堂語二一

人人《にんにん》尽《ことごと》く衝天《しょうてん》の志《こころざし》あり、如来の行処に向かって行くこと莫《なか》れといいて、下座《あざ》す。

鏡島現代語訳：人びとはすべて天をも衝く志気がなければならぬ。如来がなされた跡を求めてはならない。

人人尽有衝天志、但向如来明処明。下座。
人人尽有衝天志、莫向如来行処行。下座。

この上堂語には出典があり、『景徳伝燈録』巻二九、同安察十玄談・塵異の詩の最後の二句「丈夫皆有衝天志。莫向如来行處行」です。義遠の添削は、道元の言葉を出典に戻したものです。しかし、廣録を読み解く過程で明らかになりますが、道元の意図は、弟子たちの間で起きている対立をお互いが如来となることによって鎮めてもらいたいというところにあったと思われ、すると義遠の添削は余計なお世話になります。義介や義尹は、義遠が行った添削の説明を受けたのでしょうか。ここまで細かいところは知らずに受け取ったのか。どちらだったのでしょう。

上堂語四四八は、建長三年の仲秋です。廣録と眼蔵を清書するための書記と蔵主の派遣を京都と鎌倉に依頼する使いを派遣するところで、この詩を使者に持たせたと思います（V. 7参照）。宏智頌古にある「僧問雲門、如何是超仏越祖之談。門云、胡餅」（現代語訳：僧が雲門に質問した。仏を超え祖を超えるものとは何ですか。糊餅だ。）と月を結びつけることによって、中秋の天空の清らかさを生活感覚と結びつけ、自分が坐禅している姿は名月以上に輝いているという幽玄な自負の詩です。道元が名月よりも輝いているのは、これからいよいよ、これまでどの仏祖も試みたことがない、仏祖を生み出すための言語情報を体系化して残すという大それた計画に取りかかるところだからでしょう。

ところが略録では、仏祖雲門が「雲開いて」と変えられ、糊餅は仏祖を超えるものではなくなります。名月を見ているうちに眠ってしまい、目が覚めたら青空だったという間抜けな歌でしかありません。これは道元を冒涜する悪意があるか、あるいは元の語句をできるだけ残してナンセンスなパロディー詩を作る愉快犯かのどちらかでしょう。こんな無内容な詩が、七百年以上も道元の詩としてまかり通ってきたことに驚嘆します。でも、この改ざんと読み比べなかったら、廣録四四八の頌を十分に味わえてなかったと思いますので、改ざんにも効用はあります。ちなみに卍山本は、一・二句は祖山本、三・四句は略録を採るという意味不明な折衷です。

祖山本廣録四四八

中秋の上堂に、雲門《うんもん》の糊餅天辺《こべいてんぺん》に掛《か》かれり。喚《よ》んで中秋の月一円なりと作《な》す。天主青衣今正坐《てんしゅせいいいませいざ》、清光潔斯《せいこうけつし》筵《えん》に若《し》かず、と。

現代語訳：雲門は仏を超え祖を超えることを胡麻饅頭にたとえたが、その饅頭が天の真ん中にかかっていて、中秋名月だと言わんばかりの輝きだ。天帝の青い衣をつけて今私は威儀正しく席につく。月の光は澄んできよらかだが、この私の坐る莫蓙にはかなわない。

略録四五

中秋上堂《ちゅうしゅうじょうどう》。雲開いて糊餅天辺《こびょうてんぺん》に掛《か》く。喚《よ》んで中秋の夜月《やげつ》円《まど》かなりと作《な》す、睡《ねむ》り覚《さ》め起《お》き来《きた》って覓《もと》むるに処《ところ》なし、頭《こうべ》を擡《もた》げて忽地《たちまち》に青天《せいてん》を見る。

鏡島現代語訳：八月十五日、中秋の上堂。雲が開けて餅のようにまん丸い月が天辺にかかっている。いかにも中秋名月と呼ばれるだけの美しさだ。さて、ひと睡りして覚めてみれば、月はどこにもない。頭を持ちあげてみるに、ただ忽《たちま》ち青天が見えるだけである。

中秋上堂。雲門糊餅掛天辺。喚作中秋月一圓。天主青衣今正坐。清光潔不若斯筵。

中秋上堂。雲開糊餅掛天辺。喚作中秋夜月圓。睡覚起来無覓処。擡頭忽地見青天。

祖山本上堂語三五九の頌が、略録五一に変えられたことで、どれだけ意味が変わったのでしょうか。よくわかりません。改ざんの目的が理解できないので、名誉棄損したいのか、愉快犯なのか、わかりません。

祖山本廣録三五九

上堂に、衲僧《のっそう》の拄杖《しゅじょう》、黒《くろ》きこと漆《うるし》の如し、世間の凡木《ぼんぼく》と儔《とも》を作《な》さず。籮籠《らろう》を打破《だは》して、公案現《こうあんげん》ず、雪梅《せつばい》、頓《とん》に発《はつ》す、上枝の頭《ほとり》、と。

現代語訳：私の杖は漆そのもののように黒く、世間普通のありふれた木とは一緒にできない。これが桎梏束縛を打ち壊せば、公案が現われ出る。雪の中でも梢に近い枝では、梅の花が早く咲く。

略録五一

上堂。衲僧の拄杖《しゅじょう》は黒きこと漆《うるし》の如く、世間の凡木《ぼんぼく》と儔《ひと》しからず。従前の山鬼窟《さんきくつ》を打破《たは》して、嶺梅《れいばい》忽《たちま》ち綻《ほころ》びて枝頭《しとう》に上《のぼ》る。

鏡島現代語訳：上堂して言われた。修行僧の拄杖は真黒で漆のようであって、世間普通の木とは異なる。どう異なるかといえば、それはいままでの分別の虜《とりこ》となった生き方を打破するのであって、そのとき、大《だい》庾嶺《ゆれい》の梅（六祖伝来の仏法）の蕾《つぼみ》がふくらんで枝のさきにいっぱい花開くのである。

三五九　衲僧拄杖黒如漆、不作世間凡木儔。打破籮籠公案現、雪梅頓発上枝頭。

略五一　衲僧拄杖黒如漆、不与世間凡木儔。打破従前山鬼窟、嶺梅忽綻上枝頭。

上堂語四〇七の頌は、自ら積極的に七転八倒することで、不思議な力を得ることができるということを頌にしています。

祖山本上堂語四〇七

上堂に、祖師《そし》に箇《こ》の方便《ほうべん》有《あ》り、八倒《はっとう》未《いま》だ終《おわ》らざるに七転《しちてん》す、禅板蒲団拄杖《ぜんぱんふとんしゅじょう》、今時《こんじ》火中《かちゅう》の蓮《はちす》と作《な》る、と。

現代語訳：祖師には法を伝えるための一つの便法がある。七転八倒という言葉があるが、八遍転び終らないうちにさらに七度倒れる。それでも、坐禅を扶ける背もたせの板、蒲団、また住持の杖、そういうものが火中の蓮の花、法の姿として現われる。

略録上堂語六〇

上堂。山僧《さんぞう》に箇《こ》の方便《ほうべん》あり。明明《めいめい》に汝《なんじ》がために親しく伝《つた》う、箇の蒲団《ふとん》・禅板《ぜんぱん》に靠《よ》れば、酌然《しゃくねん》として綻《ほころ》ぶ火中《かちゅう》の蓮《れん》。

鏡島現代語訳：上堂して言われた。私には仏法を伝えるひとつのてだてがある。それを、はっきりと諸君のために親しく伝えよう。ひとつの坐蒲《ざふ》、ひとつの禅板によりかかることだ。そうすれが明らかに火中の蓮のような思議を超えた境界が開けるのである。

自ら七転八倒する意気込みの大切さを語る廣録上堂語に対して、略録上堂語はだらしなく感じます。道元をからかっているのでしょうか。基本的に略録の文を採用している卍山本も、ここでは略録六〇ではなく祖山本四〇七を採用しています。

四〇七　祖師有箇方便、八倒未終七転、禅板蒲団拄杖、今時作火中蓮。

略六十　山僧有箇方便。明明為汝親伝、靠箇蒲団禅板、酌然綻火中蓮

祖山本廣録の自賛1と略録自賛2は対応しています。

祖山（門鶴）本　巻十、自賛1　（この読み下しは寺田に従います。鏡島は祖山本を底本としながら、自

賛1は卍山本・略録と同じように「容」を「上」に訂正、大休を人名にしています。）

老梅樹、老梅樹。長く養へり、枝々葉々の春。兀地《ごっち》の一機、歴々。荘厳三昧、塵々。拄杖頭《しゆぢやうてう》に全《また》く節目なし。蒲団の容《すがた》、十方身あり。鳳毛を弄《ろう》して天童の鼻孔を捉得《そつて》し、虎穴に入りて一笑、大いに口唇を休《やす》む。山に住する、頑石叢林の陳人《ふるきひと》。

現代語訳：老いさびた梅の木よ、古木の梅よ。長年、枝に葉に、萌え出る春を養って来たな。ぴんと背筋をのばしてのはたらきは、めざましいものだった。一微塵のなかにも、荘厳三昧が現成する。拄杖の頭に節目がないように、坐禅蒲団の形たるや、十方世界を経巡るひとのからだそのままだ。鳳凰のごとき釈尊の教えにしたがい、わが師天童如浄の命を嗣続した。虎の巣に入って行って一笑い笑うだけで、口はきかずじまい。そうして今や山住みの石のように頑固な、禅寺の昔者だ。

略録　自賛2

老梅樹老梅樹、長養す枝枝葉葉《ししようよう》の春、兀地《ごっち》の一機《いっき》歴歴《れきれき》たり、荘厳三昧《しょうごんざんまい》塵々たり、拄杖頭《しゅじょうとう》まったく節目なく、蒲団の上に十方身あり、鳳毛《ほうもう》を弄して天童の鼻孔《びくう》を捉え得、虎穴に入って大休の口唇《くしん》を一笑す、住山の頑石、叢林の陳人。

鏡島現代語訳：この和尚は古びた梅の木、そう、古びた梅の木のようなものだ。梅の老木は春になれば枝葉が大きく茂る。そのように、和尚が兀兀と一坐すると、ものみなありありと現われる。荘厳三昧（坐禅）に入ると、ひとつひとつのものが仏法の姿となる。法堂に上堂するときは、拄杖に何の節目もなく、自在に動かし、僧堂に坐するときは、坐蒲の上に十方の諸仏身を現わす。かつては、鳳凰にも比すべき宗師家、天童如浄に参じて、その面目をわがものとし、身命を賭けて大休宗珏の宗風を受けついだ。いまでは、永平寺山中に根をおろした頑石のように、融通が利かず、叢林の腐れ木のような、無用の人間である。

老梅樹々々。長養枝々葉々春。兀地一機歴々。荘厳三昧塵々。拄杖頭全無節目。蒲団容有十方身。弄鳳毛而捉得天童鼻孔、入虎穴而一笑大休口唇。住山頑石叢林陳人。

老梅樹老梅樹。長養枝枝葉葉春、兀地一機歴々。荘厳三昧塵々。拄杖頭全無節目。蒲団上有十方身。弄鳳毛而捉得天童鼻孔、入虎穴而一笑大休口唇。住山頑石叢林陳人。

読み下し方や解釈の違いもあるのでしょうが、「容」を「上」に、たった一文字漢字を変えただけでこれだけ大きく現代語訳が変わってくるのかと驚いてしまいます。周到に考え抜かれた、道元を愚弄するための添削なのでしょうか。

「虎穴に入りて一笑、大いに口唇を休む。」のところは、字面は同じなのに、「虎穴に入って大休の口唇を一笑す。」とまるで違って読み下すことにより、如浄の二代前の臨済宗の和尚の宗風を受けついだことになるのには驚きます。

略録の編集方針は、できるだけ文字面を変えずに、意味を換骨奪胎するというであったことを思わせる例をご覧いただきました。それなりの時間をかけて周到に考え抜かれた、改ざんであることを気づかせない巧みな改ざんといえます。

これらの相違は鏡島が指摘した四つの異同に含まれていません。『廣録』と『略録』の表現のわずかな違いに気づくためには、両方をゆっくり丁寧に読む必要があります。一方だけ読んでもう一方を飛ばし読みすると、気づけません。両方を丁寧に読み、白文の文字列を比べてみないと異同に気づきません。略録のほぼすべてに大なり小なりこの種の改ざんが行われているのです。

なぜ徹底的な改ざんが行われたのか

道元が示寂した後、永平寺に遺された弟子集団が、道元思想の前衛的な部分が人目に触れぬようにするために略録の作成を思いつき、義尹と義介を入宋させて、無外義遠に編集を依頼して、『略録』は生まれたと私は考えます。道元示寂後、義尹と義介の三回に及ぶ入宋と、出来上がった『略録』に道元思想のもっとも前衛的部分や重要な仏法の概念が含まれていない事実、祖山本『廣録』がほとんど誰の目にも触れられないまま現代に到っていること、十二巻本や随聞記が『眼蔵』への人々の関心を阻害あるいは沈静化し続けている現実などを総合すると、仮説のような考え方が導き出せます。それ以外にどこに、道元の教えを減衰させる『略録』が生み出されなければならない理由があるでしょうか。

仮にそう考えることが許されたとして、今度は、なぜ無外義遠はここまで徹底した改ざんをしたのかを説明する必要があります。永平寺がここまで徹底した改ざんを依頼したとは思えません。無外義遠は、天童如浄の法を嗣いでおり、如浄語録の作成に加わり、完成した語録を道元に送ってくれました。悪意ある改ざんをするに足る恨みを道元に対して持っていたとは思えません。

ひとつ目の仮説は、やる気喪失仮説です。日本側の業務依頼が、中国人僧侶たちのやる気を削いだ結果、改ざんというゲームに業務の面白さを求めたというものです。義尹が一度目の入宋で作成を依頼した略録を、義介が入宋して受け取りました。しかし、義介が帰国してみんなでそれを読んだら、きわめて格調が高く、重要な仏法概念や道元の前衛的な上堂語も含まれていました。永平寺が義遠に求めたのは、もっと内容の薄い、重要概念や思想の前衛的部分を含まない抄本だったのですが、要求がきちんと伝わっていなかったのです。そこで改めて永平寺の意思を伝えるために義尹が二度目の入宋をしたというものです。せっかく良い内容の語録抄本をつくったにも関わらず、面白味のない抄本にせよとの業務依頼を受けた中国の僧たちはやる気を完全に失ってしまいます。しかし、引き受けてしまった仕事でしたから、どうせ日本人は気づかないだろうとタカをくくったうえで、改ざんに楽しみを見出すことで業務を続けたというものです。「日本の常識、世界の非常識」というように、島国に住む日本人は、自分たちがトンチンカンな要求をしているときに、それを相手が納得するように論理的に説明することが下手です。相手が怪訝な顔をしても意に介さず日本異質論でごまかしたりします。時代が十三世紀であったとしても、現代と変わらない態度だったというわけです。この説明は、義尹と義介が略録のためになぜ三度も入宋したかを説明できます。

もうひとつの仮説は、愉快犯的自己アピール仮説です。当時の南宋は元からの侵攻に脅えていて、仏道や学問に打ち込むことが許されない時代背景でした。実際に略録を持ち帰って十年で国は滅びました。道元の『廣録』に刺激されて学道に励む余裕はありませんでした。

無外義遠は、すでに高齢でしたので、おそらく実務は若い僧侶が担当したと思われます。彼らは、日本の静かで平和な環境で、多くの語録をわがものとして思索を深めて独自の境地を開いた道元の著作に驚き、感動したことでしょう。道元を読んだおかげで日本に亡命した僧もいたかもしれません。国家としても個人としても明日をも知れぬ命を生きる自分たちの境涯を嘆き悲しみ、中国語も満足に話せないのに『廣録』を持参して、難しいところを省いた抄録を作ってほしいという能天気な依頼をしてきた義尹や義介をうらやんだことでしょう。

この改ざんは義遠の指示があったためではなく、略録作成作業に携わった僧侶が自発的に行ったのだと思います。自己存在をアピールするための愉快犯的な犯行。いつか誰かが改ざんに気づいて誤りを訂正すればいいと考えて、こっそりと改ざんしたのではないでしょうか。将来改ざんに気づいた誰かが、なぜそのような無意味で不毛な改ざんが行われたかを調べて、南宋の自分たちの悲しい運命に思いをはせてくれるかもしれない。改ざんによって、中国仏教受難の時代が歴史研究の対象となり、人々の意識に蘇ることを期待したというものです。

自己存在をアピールするための愉快犯だったとしてもけっして褒められることではありませんが、所詮抄録に加えた改ざんであり、オリジナルのテキストの破壊や改ざんではありません。元によって国が滅びた後、寺も仏道も僧侶もどうなるのか予測のつかない時代を生きていた彼らにとっては、この程度はかわいいいたずらに思えたことでしょう。道元の弟子たちがきちんと廣録と略録を比べて読めばすぐにわかる改ざんですから、きっとすぐに誤りは訂正されるだろうと思っていたに違いありません。彼らとて『廣録』がこんなにも読まれないまま二十一世紀を迎えるとは思いもしなかったことでしょう。はじめは誰か一人がひとつの上堂語に対して行った改ざんを、調子に乗ってすべての章句と頌に対して行った、遊び心による自然発生的なもので、語句を換装した人は、どうせ日本に戻ればすぐに気がついて正しい文字列に戻されるだろうと思っていたから、罪の意識もなかったでしょう。

7　卍山本永平廣録（通称「流布本」）による道元テキストの修正

戦国時代が終わって平和な江戸時代になると、略録だけでは物足りない、廣録全文を読みたいという学侶が現われるようになったのでしょう。そのとき、永平寺宝蔵にある廣録の原本（祖山本）を公開すべきか、それとも略録の改ざんを反映させた廣録の異本を作成すべきかという議論が、曹洞宗内部で行われたのでしょう。その結果、略録による上堂語の改ざんを多く取り込んで卍山本の『永平廣録』（一六七三年）がつくられました。この卍山本の永平廣録のほうが祖山本よりも広く出回っていて、流布本とも呼ばれています。たとえば明治四二年に永平寺が編集・発行した「承陽大師聖教全集　第三巻」は永平廣録を収録していますが、これは卍山本です。卍山本はその名のとおりに、江戸中期に活躍した曹洞宗中興の祖といわれる卍山道白（一六三六ー一七一五）が編集したものです。卍山道白は「略録」のように「要約整備されたものが、あたかも本来のすべてであるかのように盛んに行われるのを好ましくなく思って、今日通本永平廣録とされているものを編集刊行した」（寺田、道元和尚廣録・上、前文、vi）とされます。

卍山本は独自の編集方針をもっていて『略録』を優先して祖山本と合体させ、全部で五百二十七の上堂語を収録していますが、『略録』の改ざんを引き継いでいる場合もあれば、それを採択していない場合もあります。また、祖山本と略録に共通する誤りを独自に訂正している例もあります。そうかと思えば独自の改ざんを祖山本のテキストに加えた例もあります。

まず「略録」が行った道元のテキストの改ざんの多くは踏襲しています。たとえば卍山本は祖山本の上堂語一「依草の家風、附木の心」の前に「略録」上堂語一を置き、それは「眼横鼻直」という表現を含みます。

その一方で、『略録』の改ざんがあまりにひどいと判断したのか、略録を採らずに祖山本を採った例もあります。略録による改ざんを誤り訂正したといえます。略録は七十五の上堂語を収録していますが、卍山本はそのうち十数編で、略録を採用せず、祖山本の全部または一部を採用しています（略録四、八、十九、二十六、二十九、三十八、四十四、五十三、五十四、五十五、五十九、六十、七十、七十二）。また、祖山本にあった誤りを、中国で編集された略録がそのまま踏襲しているのを、卍山本が誤り訂正した例もあります（祖山本上堂語五一一、略録四十六）。

ところが『略録』が収録しなかった上堂語についても、祖山本のテキストに独自の変更を加えているほか、祖山本にある上堂語のいくつか（四一、六七、九二、二一六、二七二、三八二の六編）を採択していません。

頌の書き換えも多く、大谷によれば、「『永平廣録』巻十の偈頌総数百五十首のうち、『卍山本』では、百十一首は、その殆どの句において、何らかの校訂、というよりはまるで書き換えとも思える訂正がなされ、その概ねは句の換言であるとさえいえる」のです。「頌の転句・結句などに見られる換骨奪胎とも思える変換補訂などは、はたして卍山一人によってなされたものかは甚だ疑問を遺」します。その「大胆とも思える校訂は、はたして卍山一人の力量によったものなのであろうか。いやしくも、祖師の偈頌と伝えられるものを、誤字の訂正はともかくとしても、その法孫がその語句を恣意的に手直しするとは考えられず」（大谷哲夫『道元「永平広録　真賛・自賛・偈頌」』、講談社学術文庫）真相はまだわかっていません。

つまり卍山本は、きわめて高い学識をもとに編集がなされているかたわら、道元の伝えようとした仏法をそのまま受け入れることはしなかったということになります。道元の教えよりも優先したものは、組織の論理でしょうか。

・上堂語五への追加

たとえば、『略録』が採用しなかった祖山本廣録の上堂語五（Ⅲ・5参照）の対句表現に、卍山本は十文字付け加えて、「観音院裏に挙し、上藍院裏に挙す、亦是行脚。窮山窮水、草鞋を踏破す、亦是行脚。行脚の事、作麼生。脱落身心」（行脚とは何か。身心脱落のことである）としています。この十文字は蛇足です。なぜなら、道元は行脚が身心脱落であるとは一度も言っていません。むしろ行脚は知らないものに出会う契機ととらえていました。（祖山本上堂語五九で取り上げた地蔵と法眼の問答と、それについての道元の言葉、二三六頁を参照）

・卍山による誤り訂正

祖山本廣録五一一に「大義法師問鵞湖和尚」とあり、略録四六もその表現を踏襲していますが、鵞湖大義という一人の人物が誤って二人で問答しているかのように表現されている誤りです。卍山本はこれを、「唐の憲宗、嘗て鵞湖の大義禅師を詔して、内に入れて麟徳殿において論議せしむ。一の法師有り問う」と丁寧に誤り訂正しています。

・卍山本に採録されなかった上堂語

祖山本と卍山本を比較すると、祖山本上堂語の四一、六七、九二、二一六、二七二、三八二は卍山本にありません。なぜそうなのか。それだけ重要な上堂語なのでしょうか。まずは、読んでみようと思います。

上堂語四一は、仁治二年春、日本達磨宗が集団で道元門下に参じてまだ二か月ほどしかたたない頃です。

上堂語四一

上堂に、云く。仏々祖々《ぶつぶつそそ》、劫《ごう》を経て成道《じょうどう》す、前後得道す。然りと雖も、見成《げんじょう》の大道《だいどう》、還是《またこれ》、同じ。仏々《ぶつぶつ》具足《ぐそく》し、拈華得髄《ねんげとくずい》す。祖々具足して、仏《ぶつ》、相伝《そうでん》し来る。昨日《さくじつ》、山《やま》を見る、便《すなわ》ち是《これ》、昨日《さくじつ》。今日《きょう》、山を見る、便ち是、今日《きょう》。全如一同《ぜんにょいちどう》なり。昔日《むかし》、世《よ》を避《さけ》し人《ひと》と、前後《ぜんご》各《おのおの》の林下《りんか》に志《こころざ》す。還《また》、相見《しょうけん》に各《おのおの》の本性《ほんしょう》を説く、同じく是《これ》、呂氏《りょし》なり。各《おのおの》の愛山《あいざん》を志《こころざ》す。或《あるい》は南嶽《なんがく》、或《あるい》は五台《ごだい》、或《あるい》は衡山《こうざん》、或《あるい》は嵩山《すうざん》。入山《にゅうざん》して、又《また》、同一処《どういつしょ》なり。仏法も也《また》、恁麼呢《いんもにい》なり。良久《りょうきゅう》して云《いわ》く、志《こころざし》を立てて山を愛す、各《おのおの》の異《こと》なる山《やま》なり。三十一人《にん》、同一山《どういつざん》、と。

現代語訳：仏たち祖師たちは、長い長い時間をかけて悟りを得、相次いで道を得た。仏智の大道も同じだ。智慧を身につけた仏は、花を手に持ち、髄を得る。祖師たちも智慧を身につけ、仏の悟りが伝わってきた。昨日見た山と今日見る山とまったく同じだ。昔、世を避けた人が前後してこの叢林に参じた。一同顔を合わせて素性を明かすと、みんな同じ一族である。皆、山が好きで、諸山を目指したが、いざ山に入ってみると同じひとつの山だった。仏法もそういうものだ。（長い間黙っていたあとで和尚は言った。）志を立てて愛する山はそれぞれ異なるかもしれないが、三十一人同じ山に暮らしている。（仲良くしてください。）

日本達磨宗が宗派として道元門下に参じて、興聖寺は総勢三十一人となったのでしょう。そのなかに達磨宗が十名近くいます。達磨宗はひとつの集団を構成していて、前から道元のもとに参じていた弟子たちとの間でぎくしゃくした関係が生まれていたのかと思わせる言葉です。それを知られないために摘み取ったのでしょうか。

上堂語六七は、それから数か月が経過したと思われます。達磨宗の弟子たちは、あまり熱心に学習や修行をしなかったのでしょうか。道元は怒っているようです。弟子を教えることを放棄したかのような発言です。だから隠蔽したのでしょうか。

上堂語六七

上堂に、云く、分明《ぶんめい》に諸人《しょにん》に挙似《こじ》す。直《じき》に古今《ここ》の不悟《ふご》に到《いた》るも、無始《むし》に如《にょ》の端的《たんてき》有《あ》り。何《なん》ぞ吾常親切《ごじょうしんせつ》を労《わずら》わさん、と。

現代語訳：はっきり言わせてもらうが、昔から悟れない輩は、はじめから態度でわかる。私がねんごろに説く必要はない。

上堂語九二は、弟子の中に大悟した者がいることを他の弟子たちに伝える語です。

上堂語九二

上堂に、云く、大衆《だいしゅ》、衆中《しゅちゅう》、箇《こ》の大悟漢《たいごかん》有《あ》り。諸人《しょにん》、知及《ちきゅう》すや、未《いま》だ知及せざるや。若《も》し、如今《にょこん》、知及せば、対面不相識《たいめんふそうしき》なり。若し、如今、未知及ならば、咨参問答《しさんもんどう》すべし、と。

現代語訳：諸君、皆の中に大悟した者がいる。誰だか知っているか、まだ知らないか。知っているなら、顔を合わせながらそれと知らない間柄だ。知らないなら、その者に教えてもらいなさい。

九二の「若し、如今、知及せば、対面不相識なり。若し、如今、未知及ならば、諮参問答すべし」は、次の九三で「若し、知及せば、諮参問答すべし。若し、未知及ならば、対面不相識なり。」と変わっています。卍山本は九二を上堂しなかった草案と判断して、校正（削除）したのでしょうか。それなら理解できます。

このほか、祖山本の上堂語二一六（寛元五年元旦の上堂）も卍山本にありませんが、前の年の元旦の上堂語一四二と似ているから、重複とみなしたのでしょうか。

上堂語二一六

歳朝《さいちょう》の上堂に（宏智禅師《わんしぜんじ》歳朝《さいちょう》坐《ざ》禅等《ぜんとう》の語、前の如く挙《こ》し了《おわ》って、師良久《りょうきゅう》して云《いわ》く）。大吉歳朝《だいきちさいちょう》、喜坐《きざ》禅《ぜん》。衲僧辨道《のつそうべんどう》、平如然《へいにょぜん》。人々慶快《にんにんけいかい》して春面《しゅんめん》あり、鼻孔《びくう》、眼睛《がんぜい》、現前《げんぜん》す。清白十分《せいびゃくじゅうぶん》なり江上《こうじょう》の雪《ゆき》。謝郎満《しゃろうまん》意《い》す、釣魚《しゃくぎょ》の船《ふね》、と。

現代語訳：めでたい元日の朝、坐禅できるのは嬉しい。我々の仏智を得るための修行は、普段通りだ。人々が春を迎えて喜ぶ表情は、眼に鼻に現われている。川に降り積む雪は白さにおいて欠けるところがない。のちの玄謝師備、謝家の三男は魚が連れて大満足だった。

上堂語二七二（鎌倉から戻ったあとの宝治二年の上堂）、上堂語三八二（建長二年）が卍山本にない理由もわかりません。二七二は、身心脱落のことが具体的に表現されています。三八二は、達磨宗を批判しているからでしょうか。

上堂語二七二
上堂に、惜《おし》きかな、身心脱落《しんじんだつらく》。眼睛《がんぜい》、霹靂《へきれき》として雲漢《うんかん》を照《てら》す。怜《あわれ》むべし、坐破金剛座《ざはこんごうざ》。誰《たれ》か識《し》らん、吾《ご》家《け》の壁観《へきかん》、と。
現代語訳：身心脱落はすばらしい。眼から雷が迸り天の川を照し出す。なんと釈尊は坐り通して金剛座に穴を開けた。我々の坐禅は壁に向かって不動だ。

上堂語三八二
上堂に、鬼着分明《きじやくぶんみよう》に説禅《せつぜん》す。其《そ》の鬼《き》、去《さ》り已《おわ》って顛《てん》ずるが如《ごと》し。不識《ふしき》、不為《ふい》、正伝《しようでん》、誰《たれ》か知らん、邪《じや》偏《へん》を会《え》せず、と。
現代語訳：誰の教えか知らないがもっともらしく禅を説く。そうかと思えば、阿呆面の野狐禅だ。達磨太師正伝の法を知りもせず、行いもしない。曲がったもの偏ったものが混りこんでいないかどうか、分りゃしない。

祖山本にあるのに、卍山本にない上堂語を観察することで、卍山本の編集方針が理解できればと思い、紹介しました。上堂語四一と六七は、日本達磨宗の集団加入の後に不穏な空気が漂っていることを匂わせるからでしょうか。上堂語三八二は弟子たちの坐禅を批判しています。それが社会に広がることを嫌って、卍山本はこれらを削除したのでしょうか。卍山本の編集が、卍山個人の判断なのか、宗派としての意思がはたらいたのかも、気になります。

以上、卍山本と祖山本の表現上の相違を概観しました。卍山本は非常によくできた編集であるといえますが、道元の言語情報として受け入れる際には、識語によって保護されている祖山本を優先し、卍山本は補助的に読むのがよいでしょう。

卍山道白と面山瑞方

卍山本を編集した卍山道白と、随聞記（明和七年〈一七七〇〉）を印刻出版した面山瑞方（一六八三―一七六九）は、非常に勉強好きで優秀な方たちだったようです。二人は鏡島元隆が編集した「日本の禅語録18　卍山面山」（講談社、一九七八）で紹介されています。

「卍山・面山は近世における曹洞宗を代表する禅者である。この二人が出なかったならば、曹洞宗の歴史はいまとはよほど違ったものになったであろうと思われるほど、二人の宗史の上に占める地位は鮮烈である。卍山も面山も復古主義者である。彼等は道元の古《いにしえ》に還《かえ》れという大旆《たいはい》を掲げた。」（日本の禅語録18、はしがき）

「卍山の宗統復古運動、面山の古規復古運動は、彼等の信じたように、まったく道元の古に還ったものであろうか。答えは否である。（略）道元へ還れと叫びながらも、近世の枠を超え得なかった近世禅者としての卍山・面山の特質がある」。鏡島の厳しい評価は、近世の枠のせいだったのでしょうか。都市で二人が暮らしたために、永平寺で生活した道元と同じレベルの清浄に到達できなかったせいだったのか。あるいは別の問題を内包しているのか。

鏡島によれば、この二人はすこぶる親しい関係にあり、面山は二十一歳の年に江戸に出てきたときに宗統復古運動に奮闘中の卍山を浅草の客舎に訪ね、親しく教えを受け、面山が二十八歳で「永平実録」を撰述したときは卍山は序文を書いて上梓を賀しています。面山は三十三歳の年示寂した卍山の病側に侍して看護につとめ、さらに卍山の葬儀に当っては侍真をつとめて、葬儀万端の差配をしたそうです。

卍山が「永平廣録」を出版し、面山が「晩年十余年を費して、古写本により逐行較正した」のが「正法眼蔵随聞記」（和辻哲郎「解題」）であり、道元の和歌集とされる「傘松道詠」も面山の手になります。

なぜ卍山本は上堂語や頌を書き換えたのか。卍山一人の判断だったのか、宗派としての組織的判断だったのか。祖山本廣録への追加や変更の多い卍山本を見ると、面山の手になる正法眼蔵随聞記や傘松道詠が道元の真筆でないという疑いは高まります。

8　祖山本の識語による誤り訂正符号化

祖山本の廣録では、上堂語の第一から第七まで、各巻の終わりにその巻での上堂数と頌古数が書き込まれています。これはそれぞれの巻の清書が終わったときに、誰かが巻全体に目を通して、上堂数と、上堂語で詠まれた道元の漢詩の数を数え上げて、その結果を余白に「上堂数三十四、并頌古四十五首」、「上堂五十九、頌古十首」と書き入れたものです。また、巻九の終わりには「頌古百三首」、巻十には「仏十　頌百廿五首祖賛四　自賛十九　合百四十八首　都合二十四首」と書き入れられています。このような書き込みは卍山本と略録にはありません。

ちなみに寺田訳「道元和尚廣録」は識語を記載していますが、凡例によれば同じ底本を使っているはずの鏡島訳春秋社版には識語がありません。鏡島が識語を重要と思わず、転記しなかったのでしょう。

上堂語の場合は「上堂に云く」が目印になりますので、数えるのはそれほどむずかしくありません。一方、上堂語の漢文白文のテキストからどれが道元の詩かを識別するのはむずかしい作業です。上堂語には、経典や語録からの引用も多く、それらも五言や四言の連続です。また道元のものでない漢詩も含まれています。道元の漢詩は、五言絶句や七言絶句・七言律詩ばかりではなく、六言絶句（上堂語四四九、四五八）、５５６６６７７（上堂二二七）、６６７７４４７７（上堂語三九二）、７７７７５５７７（上堂語四〇四）、８８６６（上堂語四四〇）、７７６６（上堂四九四）といった破調のものもあります。道元は、「良久云」の後を七言絶句または七言二句で締めくくることが多く、その場合、四句は詩と数え、二句は詩に含めません。道元にとっては自分の詩ですから容易に識別できますが、道元以外の誰か、ましてや後世の誰かが数えようとしても、容易には数え上げられない性質のものです。

こう考えると、上堂数と頌古数の識語を書き入れたのは、道元本人であった可能性がもっとも高いといえるでしょう。つまり、廣録も道元の生前に完成していた、道元は自身の語録を完成させてから示寂したことになります。廣録の成立時期を考えるうえで識語は重要です。

なぜわざわざ巻ごとに上堂数と頌の数を数え上げたのでしょう。また、いったいこの作業はなんの役にたつのでしょう。識語は、誤り訂正符号と呼ばれるデジタル通信技術と同じ性質のものです。誤り訂正符号というのは、デジタルデータ（ビットや音節などのデジタル信号列）を送信する前に、データを解析した結果か、一定の規則にもとづいた演算結果を、データに添付して送信すると、受け取った側が同じ検算を行って、もし検算結果が正しければ、通信回線上でデータが破壊されていないことを確認する技術です。情報理論のなかでも、数学や論理学に近い分野であり、理論は第二次世界大戦直後に生まれましたが、民生技術としての利用は二十一世紀以降になりました。

通信におけるプロトコル（儀礼規約）として、情報発信者の道元が符号化によってテキストを保護しようとしたことを知った廣録読者は、テキストを読む前に、それぞれの巻に識語があること、識語と同じ数の上堂語と頌があることを確認することが求められます。同じ数であれば、道元が希望する数の上堂語と頌であることになり、安心して読書できます。違う数であれば、落丁、追加や削除が行われている可能性もあるわけです。また、祖山本だけが識語をもち、卍山本には識語がないため、読者は祖山本が道元の意図に沿った本であると判断できます。識語のない本の信頼性は低くなります。

道元は自分でこの識語を思いついたのでしょうか。奥書によって真筆を主張すること自体は、道元が生まれる百年以上前に藤原通俊《ふじわらのみちとし》が後拾遺和歌集《ごしゅういわかしゅう》（一〇八六年）で行っています（久保田淳・平田喜信校注、後拾遺和歌集、新日本古典文学大系8、一九九四年、岩波書店、三九七頁）。道元は歌人の家系ですので、少年期を過ごした松殿山荘に後拾遺和歌集が蔵書されていて、道元が藤原通俊の奥書を実際に目にするか、あるいは誰かがそのことを話題にするのを耳にしていた可能性はあります。

宏智廣録や如浄語録にも同様の識語があるかを確認するために、「大日本続蔵経　第壱輯第貳編　第貳拾九套」所収の「宏智正覚禅師廣録と天童如浄禅師語録、天童如浄禅師遺録」を閲覧しましたが、道元和尚廣録のような識語を確認することはできませんでした。

宏智正覚も天童如浄も語録は師の示寂後に弟子たちがまとめたものです。弟子たちは識語を書き込む必要性を意識していなかったものと思われます。如浄語録が道元の手元に届くのは、如浄が示寂して十五年後の仁治三年です。道元は、弟子が師の語録をまとめる作業にはずいぶんと時間と労力がかかることを実感したことでしょう。

釈尊から師資相承された仏法の第五十二代の法嗣である道元は、自分が法を嗣ぐ弟子をもてませんでした。そこで、何十年先あるいは何百年先に自分のテキストを読むことになる読者が、改ざんを受けていない、自分が伝えたいとおりのテキストを入手できるための手段を考える必要性に迫られたのです。寛元三年（一二四五）、大仏寺での上堂語一三二で、一人が過ちを伝えればその後の人はみんなそれを本当と思うと伝言ゲームの恐ろしさを語り、寛元四年（一二四六）の永平寺での上堂語一九三では、内容を変えて伝えること（錯流転）だけはしないでくれと語っています。

道元がこの問題意識をずっと持ち続けていたなら、清書された廣録を前にして、識語によってテキストを保護する考えが自然とわいてきても不思議ではありません。道元はまず巻ごとに上堂語の数を数えることを思いつき、次いで上堂語の中の頌も数えることを思いついたと想像します。

数え終わって道元は、自らその識語を余白に書き込みながら、将来もし偽書や改ざんが起きたとしても、この識語がもつ意味を理解できる読者が登場して、自分の真正なテキストを選びとってくれることを願ったことでしょう。達磨宗の弟子が道元に不安と緊張を与えたことで、人類史上初の、奥書や識語によって言語情報（テキスト）の真正性を保護する試みを生んだのです。

なお門鶴和尚は、巻一の上堂数を三四と転写しています。しかしこれは巻一の上堂数一二六とあまりにかけ離れた数であり、変です。これは「一二十四」となっていたものを誤って「三十四」としたのではないかと考えます。門鶴は自分で上堂数を数えたわけでなく、わけもわからずにそのまま写したと理解します。この上堂語数を反映しない第一の識語のおかげで、門鶴は自分で上堂語を数えていないと証言しており、道元が書いた可能性を高めています。

上堂数と頌数

巻	上堂	頌古
1	124	45
2	59	10
3	71	13
4	87	22
5	68	32
6	57	21
7	60	32
8		
9		103
10		148
	526	426

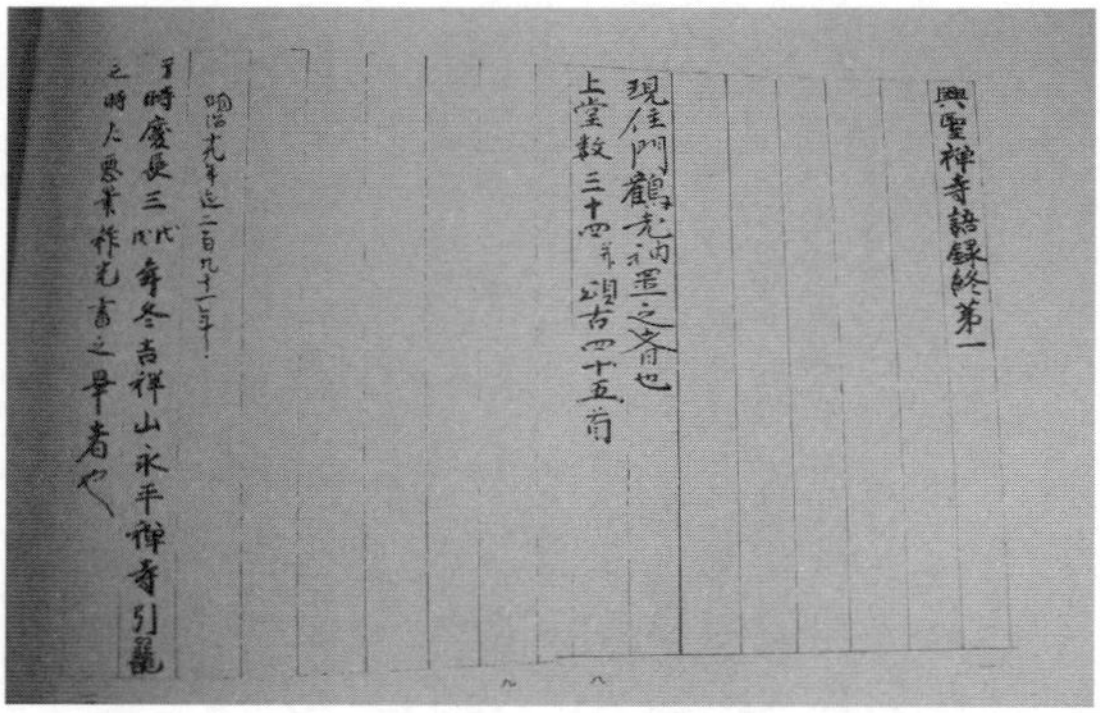

渡邉・大谷「祖山本永平廣録 校注集成」上巻、122頁

祖山本の廣録に書き込まれた識語の意味、誰がなんのために書き入れたのかについての先行研究は私が調べたかぎりこれまでのところ皆無です。識語を研

究する分野としては、書誌学あるいは情報理論となりますが、どちらの分野でも先行研究がありません。道元という思想家はそれほど前衛だったのです。テキストの符号化問題は、今後の道元研究の基本となることでしょう。

情報処理学会で私の発表を聞いてくれたコンピュータ・ネットワークの専門家たちは、もしこれが道元による符号化であるならば、読者はテキストを手にしたときに、真っ先に符号の有無を確かめ、テキストと符号が合致しているかどうかの確かめ算をしなければならない、という復号化の手順や、符号化が、テキストを偽書、改ざん、文章の追加・削除などから保護することについて異論はありませんでした。

こうして道元のものとされるテキストについて検討し、道元が奥書と識語による符号化によって、正法眼蔵七十五巻本と辨道話と、祖山本『廣録』を保護する意思表示をしたことを確認することは重要です。読者は、① 道元入門書の様相を示しながら実際には道元思想を否定している正法眼蔵随聞記は読まない、② 正法眼蔵のうち奥書がきちんとしている辨道話と七十五巻本だけ読み、十二巻本は読まない、③ 廣録は、祖山本を読み、略録と卍山本は読まない。このようにテキストを峻別することができます。

何を読めばよいかが明らかになったので、次章ではどんな現代訳を読めばよいのか、どのように読み解けばよいかについて検討します。

Ⅳ．道元を読み解くための準備運動

1　密語に迫るため現代訳はどうあるべきか

もしあなたがわからないなら、世尊の密語です（正法眼蔵・密語第四十六）

正法眼蔵密語第四十六に、「もしあなたがわからないなら、世尊の密語です。」（「汝若不会、世尊密語」）という言葉があります。道元の文章は一度や二度読んでもわからない、いえ十回読んでもわかりえません。それはなぜかというと、あなたがまだ知らない、これまで考えたこともないことが書いてあるからです。正法眼蔵・密語は、自分の知らないことをどうやって知り、どうやってそれについて理解を深めるかについての、認識発展論《エピステモロジー》になっています。これはⅢ．3でご紹介した二十世紀の最高知性のひとりとされる、スイスの発達心理学者のジャン・ピアジェが研究した領域です。

ピアジェは、ジュネーブで生まれ、ジュネーブ大学で活躍しました。幼少時から利発で、生涯にわたって発達心理学の分野で多彩な研究を行いました。ピアジェは認知科学の父です。たくさんの共同研究者と行った幼児の数の発達や量の発達の研究、知能の心理学、脳内の論理処理をめぐる研究と、あまりに研究活動が多かったために、誰もピアジェの研究の全貌を把握できず、ピアジェ全集やピアジェ選集というものが編集されていません。道元並の前衛です。もしピアジェが道元を見習って、生前に自分で自分の研究成果を体系化していたら、我々はもっと身近にピアジェを感じることができたでしょう。

私は言語の起源と脳内処理メカニズムに関するデジタル言語学の研究でピアジェの本や論文を参考にすることが多かったこともあって、二〇一三年七月にジュネーブ大学で開かれた第一九回国際言語学者会議に参加したとき、学会事務局に教えてもらってピアジェのお墓参りをしました。宗教改革を行ったカルヴァンの墓もあるジュネーブ市中心部にあるプランパレ墓地のなか、墓碑銘のない、苔むす石がピアジェの墓である

ピアジェの墓石（2013年、ジュネーブ市プランパレ墓地にて）

ことを知ったとき、ピアジェは死んでなお前衛であると感動しました。今回、道元の「密語」を読んでエピステモロジーを思い出し、人類の前衛は同じことに興味を示すものだと思いました。

道元は言います。「いまの茫然《ぼうぜん》とあるを不会《ふうい》といふにあらず、不知を不会といふにあらず。なんぢもし不会といふ道理、しづかに参学すべき処分《そうぶん》を聴許《ちやうこ》するなり。功夫弁道すべし。さらにまた、なんぢもし会ならんはと道取する、いますでに会なるとにはあらず。」（現代語訳：わからないというのは、ボケっとしていたからでもなく、言葉を知らなかったためでもない。わからないということを、静かに考えてみなさい。（具体的なある言葉が何を意味しているのかがわからないのです。）そこから静かに学び深めてわかるようになることを工夫しなさい。そして、仮にあなたが「わかった」と思ったとしても、その時すべてをわかったわけではありません。）（『眼蔵』密語）

たくさん知っているかどうかという知識の量の問題ではなく、より高次で、複雑で、精密な知識の質あるいは次元の問題です。一度聞いてわかるものではなく、二十年も三十年もかけて繰り返し考え続けて、完全にわかったというところまで到達する必要があるのです。そのため読書百遍の要領でテキストに臨む必要があります。

「参学すといふは一時に会取《ういしゆ》せんとおもはず、百廻《うい》千廻と審細功夫して、かたきものをきらんと経営するがごとくすべし。かたる人あらばたちどころに会取すべし、とおもふべからず。（現代語訳：学ぶというのは、一度で理解しようなどと思わず、百回も千回も、あれやこれやと思いめぐらして、あたかも固いものを切ろうと努めるようにしなさい。人の話を即座に理解できると思ってはならない。）（『眼蔵』密語）

まさに道元が語っているのは認知科学であり、ピアジェが道元を読んでいたら、きっと親近感を覚え、即座に道元を理解したことでしょう。

言葉の記憶と意味の記憶を分けて考える

言葉は、音による記号の表現と、記号によって喚起される脳内記憶である意味に分けて考える必要があります。言語表現は、話者がもっているのと同じ記憶（意味）を聞き手の脳内で呼びさますことを期待して発せられる音韻記号の連続体であり、それは意味を伴いません。ここで言語コミュニケーションにおける最大の問題が姿を現わします。すなわち、言葉の記憶も意味の記憶も、生まれながらにもっている生得的なものではなくて学習によって後天的に獲得するものだということです。どのようにして言葉の記憶を獲得し、どのようにして意味の記憶を構築すればよいのかという問題です。これは七万年前に子音と母音を発声できるようになって音節を獲得して無限の言葉を生みだせるようになり、六千年前に文字と読み書き能力を獲得して文明をつくるようになった言語的人類が、正しく言葉を使いこなすためには最重要なことなのですが、まだ誰も答を見つけだしていません。禅と現代芸術はこの目に見えない意味と格闘してきました。

脳の言語処理は、大脳皮質ではなく、脊髄反射を転用して行われているというのが、私が十年来続けてきた現生人類の言語の脳内処理メカニズム研究の結論です。そのためパブロフの行った条件反射実験や、ティンバーゲンの行った動物の本能の実験観察に学ぶところ大です。言語処理のためにヒトは運動反射能力を犠牲にしています。反射であるために、言葉という記号とそれによって喚起される記憶（意味）はあたかも一体であるような錯覚をもたらします。しかし、実際には言葉の記憶と、その言葉に関連する五官の記憶は別の細胞によって記銘・保持されています。また、反射回路をつくるためには一定の時間と過程が必要であるために、我々は自分があらかじめ知っていることには反応できるけれども、自分の知らない言葉はそもそも聞き取ることができないし、もちろんその言葉の意味を知らないということになります。

たとえば数年前に話題になった「ＳＴＡＰ《すたっぷ》細胞《さいぼう》」のように、一度も聞いたことのない言葉の場合、最初は「何か変な言葉だな。どんな細胞なのだろう」程度にしか思えず、スタップという言葉は記憶に残りません。でも何日かニュースを聞いているうちに脳内にその言葉に対する受容体がつくられ、ようやくその言葉を聞き取れる、認識することができるようになります。認識を意味する英語の recognize《レコグナイズ》 には、「再び」を意味する「re」という接頭辞がついているように、まず記憶がつくられて、その記憶に照らして確認する仕組みです。

しかし言葉の記憶ができたからといって、その言葉の意味がわかるわけではありません。言葉の記憶と意味の記憶はまったく別のもので、言語学者の鈴木孝夫によれば、言葉の意味とは、「ある音声の連続（イヌならイヌということば）と結びついた、ある特定個人の経験や知識の総体である」（『ことばと文化』岩波新書）です。経験の記憶とは五官で感じた記憶で、いわゆる具象概念、日常的な言葉です。知識の記憶とは、脳内であれこれと考える思考結果で、五官の記憶を一切伴わない場合は抽象概念、科学概念になります。

「スタップさいぼう」という音の連続が言葉の記憶であり、ＳＴＡＰが何の略語であるか、どのような働きをするのか、どこがどう新しいかが言葉の意味です。それを知るためには、科学雑誌「ネイチャー」の記事を何度も読む必要があります。ＳＴＡＰ細胞の意味を構成するのに十分なだけの経験や知識を獲得するためには、一定期間ＳＴＡＰ細胞という言葉に振り回される必要があります。具体的には、辞書を引きながら科学雑誌や論文を読み、そこに書かれている知識を取り込み、自分の頭の中で整理をしなければなりません。そうしないと、若い女性研究者の笑顔や割烹着姿という、ＳＴＡＰ細胞そのものとはまったく無縁な記憶しか残らないことになり、テレビのワイドショー番組のように、ＳＴＡＰ細胞はあるのかないのかという不毛な議論しかできません。

ＳＴＡＰ細胞を仏性に置き換えると、眼蔵の議論と結びつきます。これまで犬に仏性はあるのかないのかという議論がたくさんされてきましたが、仏性とは何かを置き去りにした幼稚で不毛な議論に陥ります。「有無の無はしばらくおく、いかならんかこれ仏性」と問取すべし、「なにものかこれ仏性」とたずぬべし。（『眼蔵』仏性）

道元は四年間の中国暮しを通じて、まず言葉の記憶が生まれ、その言葉を使って思考を重ねるうちに意味の記憶が生まれて成熟することを経験しました。正法眼蔵にはその経験が生かされています。正法眼蔵各巻の構成は、巻名がその巻で取り上げる重要概念になっていて、まず言葉の記憶が生まれるようになっています。そして、経文や語録のなかでその言葉がどのように使用されているかを紹介します。別の言葉で意味を説明するのではなく、言葉が使用された状況と文脈が示されるのです。十二巻本ではこの規則が適用されていません。

正法眼蔵の学習者の脳内では、「仏性」や「仏向上事」という言葉の記憶がまずつくられます。その後はなぞなぞを解くように、「仏性」とはなんだろう、「仏向上事」とはなんだろうと心の片隅で常に疑問をもちながら、文脈をおいかけていくことになります。すると意味を構成するのに必要とされる思考の記憶が蓄積されていき、あるときふとしたきっかけで、それまで謎だった言葉の意味がカラリと晴れてわかるようになるのです。

したがって、道元の言葉の意味がわからないからといって絶望する必要はありません。言葉の記憶も意味の記憶も、あらかじめもっているものではなく、言葉に出会った後にゼロからつくりだすものだからです。道元だって、最初はまったくわからなかったのです。意味は十年や二十年ではわからないものだと腹をくくって、あせらず根気よく繰り返し考え続けることが重要です。自力でこつこつと考えないといけません。他人の思考結果を教えてもらうとか、最終的な意味だけを知ろうとすることは、盲目的に信じることにつながり、思考の土台がぐらつきます。五官の記憶をともなわない言葉を意味と結びつける作業は、できるだけ静かな環境に身を置いて、慎重かつ丁寧に行わなければなりません。道元は自己をならうことを通じて、自分の意識上で意味が生まれるメカニズムを理解していたのでしょう。

正しい言葉だけ受け入れる

他者の言葉を取り込むにあたっても、気をつけなければならないことがあります。取り扱う言語情報に雑音が混じっていないこと、ウィルスに感染していないことを、受け入れ時にきちんと確かめることが重要です。いったんウィルスを脳内に受け入れると、他の言葉とネットワークを始めますので、意識内部に構築される記憶のネットワーク全体が汚染されて、ウィルス除去は非常にむずかしくなります。

道元理解において「只管打坐」、「眼横鼻直」、「八大人覚奥書」は悪性ウィルスです。これらの言葉がウィルスであることを、いきなり見破ることは不可能です。しかし『眼蔵』七十五巻本と祖山本『廣録』を読むと、只管打坐や眼横鼻直に出会わないので、そのときに頭を冷やしてよく考えて、本当の道元を見極めようとすれば、見破れます。これらの悪性ウィルスは道元関連の著作や研究書から除去すべきですが、なかなか大変でしょう。いったんすべての記憶を忘れて、無心に『眼蔵』と『廣録』を読むことをお勧めします。

経文や語録の言葉であっても、間違って使われていることもあります。同じ人が、時と場合によって同じ言葉を違った意味で使っていることがあります。他者が用いた言葉も、ひとつひとつ吟味してから受け入れることが大切です。けっして鵜呑みにしてはいけません。

言葉を誤解している人は、その言葉が生み出された必要性や目的を見失っていることが多いようです。そもそもその言葉は誰がどんな状況で生み出したのか、言葉が生まれた状況や背景を考えることは大切です。著者の使っている言葉に疑問を感じたら、いったい何を前提にそう考えたのか、実験や思考の過程を追体験してみる必要があります。

ある言葉に関連して自分の構築した記憶の体系が正しいものであるか、他の人と同じか違うかを確かめることはきわめてむずかしいことです。他の人がどのような記憶や意識を構築しているかを知ることはもっとむずかしい。ここに言語コミュニケーションのむずかしさがあります。禅が問答を重んじるのは、脊椎動物のもつ脊髄反射によって生み出される言葉だけを言語として認めるという考えです。禅問答は、言語が脊髄反射であることを理解しています。美辞麗句や修辞《レトリック》や言いつくろいやこじつけを否定し、問われて即答するものだけが言葉なのです。

ユニークな言葉は翻訳しないほうがよい

外国語からの翻訳や古文の現代訳は、言語表現の問題であり、意味の問題ではありません。良い訳文とは、元の外国語や古文の表現が結びつくべき記憶を、現代日本語でどう表現すれば思い出してもらえるかという基準で判断されます。

目玉焼きのようにシンプルな調理法なら、それぞれの言語の中に対応する表現（英語ならフライドエッグ）があって翻訳可能ですが、和風洋食のような独自のものは、翻訳不能であり、どう訳してもそれを知らない人には伝達不可能です。たとえば、和風洋食「オムライス」は、トマトケチャップで味付けしたごはんを、薄焼き卵で包んだ料理です。これを食べたことも見たこともない外国人や古代人に伝えるとき、「オムライス」というほかはない。中途半端に一般化して「卵とご飯でつくる日本独特の料理」と説明すれば、親子丼が出てくる可能性があります。言い換えるならば、オムライスを食べたことがなければ、オムライスの意味は理解できません。

道元が難解であるというとき、難解であるのは個々の概念です。概念装置、そして概念の意味をまだ正しく構築できていないために、道元の文章はわからないのです。道元が正法眼蔵の各巻で取り上げた言葉は、道元自身で考えたものではなく、中国仏教界で使われていた言葉です。道元にもそれらの言葉を知らなかったときがあり、言葉は知っているけど正確な意味を把握していなかったときがありました。正法眼蔵は、道元自身が中国で学んだ概念を、日本の弟子たちに正しく理解してもらうために書かれたもので、繰り返し読み、あれこれ何度も考えることで、意味が生まれるものです。意味は翻訳で解決できる問題ではないので、現代訳にあたっては、むしろ翻訳しないほうがよいといえます。その言葉を聞いてすぐに意味が思い浮かばないからといって、意味を知っている別の言葉に訳すことは誤りです。意味がわからない言葉は、わからない状態でそのまま思考し続けることによって、それまで考えも及ばなかった意味と出会うのです。

自分勝手な想像をはたらかせてはいけない

「オムライス」を「ケチャップの入ったチャーハンを卵で包んだ料理」と自分勝手に想像すると、その誤った想像が邪魔をして本物に出会ってもそれとわからないことがあります。駒澤大学の学長もされた仏教学者の奈良康明先生は、インド留学中に指導教官の家でごちそうになったのが「ミルクの中に米粒が入っている食べ物だった。甘くて、スパイスがたっぷりきいていて、良い匂いがして、いかにも滋養がありそうで、まことに美味しいものだった。名前を聞いたら、パヨシュだという。『美味しいものですな。初めて食べました』、と私は言い、何げなしに昔からある食べ物かと尋ねた。先生は教えてくれた。『釈尊が苦行を中止したとき、村娘のスジャーターが捧げ、それを食べて釈尊が元気をつけ、菩提樹下に赴いて悟りを開いたのが、このパーヤサではないか、お前は仏教を勉強していてそんなことも知らなかったのか!』」(『釈尊との対話』NHKブックス、一九八八年)

もちろん奈良先生は乳粥という言葉は知っていました。でも、若いときに牛乳で炊いた不味そうなお粥を想像していたために、非常に香りもよくて美味しいミルク粥の名がパヨシュだと聞いても、乳粥は不味いと思った記憶が邪魔をして結びつかなかったのでしょう。この話は、自分の限られた体験や知識の記憶にもとづいて想像をはたらかせた結果、正しい理解を妨げた例です。

五官の記憶と結びつかない言葉の意味：概念装置のネットワーク

オムライスや乳粥のような言葉は、経験の記憶（五官の記憶、廣録で道元は「見聞覚知」、または「識神」と呼びます）と結びつきます。経験を積み重ねることで意味が生まれ、育ちます。オムライスをきわめるには、たくさんオムライスを作り、たくさんオムライスを食べることが有効です。経験を通じて、オムライスの味や見た目の記憶が蓄積され体系づけられます。オムライスを知らない人には、論より証拠、百聞は一見に如《し》かずと、食べてもらうのが一番です。

一方、道元が正法眼蔵の各巻のタイトルとした「摩訶般若波羅蜜多」、「仏性」、「即心是仏」、「大悟」、「空華」、「仏向上事」、「虚空」などの言葉は、目で見えず、味もなく、五官で感知できず、五官の記憶と結びつきません。ではこれらの言葉の意味はどのようにして生まれるのでしょうか。

まず「虚空《コクウ》」なり「仏性《ブッショウ》」なりの言葉の記憶を司る概念装置を獲得して、その言葉を使った思考ができるようになることが必要です。

それから「虚空」とは何か、「なぜ鼻をつままれたことが虚空なのだろうか」、「虚空のように学ぶとはどんな学び方だろうか」と考え続けると、考えた結果が少しずつ蓄積されてネットワークを構成して意味となるのです。意味はすぐには生まれないことを肝に据えて、あせらずじっくりていねいに考え続けることが大切です。理屈をこねくり回してこじつけてみたり、想像を働かせすぎてはいけません。そして、ある時、期せずして、カラリと確かな意味を感じるときがくるのを待つのです。

正法眼蔵の各巻は、その巻で議論される概念がタイトルとなっていて、その概念を含む語録や経の文章が紹介されています。これは、道元が中国で新しい言葉を学んだ経験にもとづいて、できるだけ早く簡単に仏法用語を獲得できるようにという配慮でしょう。

訓読みや熟語と結びつけてはならない

あくまでもその言葉単位で思考することが大切です。使われている漢字が似ているとか音が似ているからといって、それらの言葉の延長上に意味があるわけではありません。たとえば「空《クウ》」の意味を「空しい」や「空っぽ」、「空々しい」と結びつけて考えてはいけません。あるいは、「空」を「虚空」と結びつけてもいけません。「空」を「空虚」や「大空」と結びつけてはいけません。「空」と「虚空」は文字面や一般的意味は似ていますが、道元がこの二つの概念を明らかに使い分けている以上、混同してはいけません。「仏性」を「仏の性」、「仏になる性質」などと分解することも無意味です。

随処に主となれ、新しい言葉はまったく新しい意味をもつ

「新しい酒は新しい革袋に」という諺がありますが、新しい言葉はそれまでに存在していた言葉では表現できない新しい意味と出会って、どうしてもそれがなければ表現できないという必要にもとづいて誰かが生み出したものです。したがってその言葉が意味するものは、それまで誰も考えたことがないことです。

その言葉をはじめて使った人の話を聞いてみることは有効です。道元も正法眼蔵・仏向上事では桐山良介の言葉を紹介しています。なぜそのような言葉を生み出す必要があったのか、その言葉を生み出した人は、どういう状況でその言葉を使ったのかを知ると、意味へと近づけます。禅語に「随処に主となれ」という言葉がありますが、概念に振り回されるのではなく、自分自身が概念の主人であると思って、概念と付き合う

必要があります。

ルイス・キャロルの「鏡の国のアリス」に、ハンプティ・ダンプティという無邪気で我がままなふとっちょさんが登場します。彼がアリスと話したことは、単なる暴言だと私は長い間思っていましたが、むしろ概念の意味論においてはこれが一番の真実だと最近は思っています。


「私が言葉を使うときには」とハンプティ・ダンプティはさげすむような調子で言った。「その言葉は、私がその言葉で言い表そうとしたまさにそのことを意味するのだ。それ以上でも、それ以下でもない。」

「問題は」とアリスが言った。「そんなに多くの違った意味をあなたが言葉にもたせられるかどうかね。」

「問題は」とハンプティ・ダンプティが言った。「どっちがご主人様なのか。それだけだ。」


ハンプティ・ダンプティがご主人様というのは、まさにこの禅語の文脈です。それまで名前のなかった現象や物質に名前を与える主人です。それまで名前がなかったのは、人類史上誰もそれに気づかず、考えたことがなかったからです。それに名前を与えなければならなかったのは、それを誰かに伝えるため、あるいは、それについてもっとじっくりと考えるためです。

したがって自分がまだ知らないことを模索する気持ちで、これまでに考えなかったことを考えるつもりで、意味を求めることが必要です。自分がすでに知っている言葉をこねくり回すのは絶対にやめるべきです。わかったような気分にひたれますが、実は何もわかっていないのです。

言葉が正しく使用された例をたくさん集めて、アアデモナイ、コウデモナイ、アアカナ、コウカナと考えていくと、何年もかかって概念を手なづけることができるようになります。あなたはその概念を生みだした主人と同じくらいその概念に通じるようになり、あなた自身が概念の主人となります。それまで、あせらずに淡々と考え続ける我慢強さと愚直さ、間違った方向に行かない方向感覚が必要です。

現代科学に対応する概念を求める

意外な早道は、学際的翻訳です。仏道で用いられてきた言葉は、目に見えない物質や現象を取り扱う現代科学（量子力学、分子生物学、認知科学、情報科学など）のなかに対応する意味をもつ言葉が見つかります。たとえば、「密語」を「エピステモロジー」、「空」を「現象」、「摩訶般若波羅蜜多」を「ネットワーク」、「仏向上事」を「公理」（ヒルベルトの公理的思考にいうところの公理。中央公論社「世界の名著　現代科学Ⅱ」所収）や「内言」（ヴィゴツキー）に置き換えて正法眼蔵を読んでみると、すんなりと意味が通じることが多いのです。

この場合、適切な翻訳語を得ることはできますが、その意味を理解するためには、分子生物学や認知科学や数学などの領域で、丁寧にその概念の意味することを学ぶ必要があります。現代科学のなかでも目に見えない量子力学や現象学の世界は、認識論に陥って混乱しています。仏法と並行した理解によって、混迷から抜け出すことを目指すべきです。

教科書や先生や道元でも間違えることがある

道元は、自ら概念をつくりだしていません。正法眼蔵で紹介される概念は、すべて中国の禅語録に記録されているものばかりです。もとを正せばインドの概念ですから、中国での翻訳、受容と発展がどこまで妥当なのかも吟味しなければなりません。つまり、中国の語録に収録されている古仏たちの用例や道元の言葉使いすら、正しく意味を理解できていない可能性があると思って注意して読まなければならないということです。

師から直接教えられたことや教科書の内容を、弟子が疑っていては学習できませんし、そもそも疑うだけの知識も判断力ももっていません。しかし、長い生涯にわたって学習しつづけていくうちに、自分自身が吟味なしに受け入れた師や教科書の知識に疑問をもたざるをえないときがきます。そのときこそ冷静になって、自分自身の記憶を客観視して、疑問を自覚し、どこに矛盾やズレがあるのか、なぜ誤りが生まれたのかを解析して、自ら誤りを乗り越えていくのです。

正法眼蔵の言葉にもいくつか疑問があります。たとえば、正法眼蔵摩訶般若波羅蜜の奥書には、摩訶般若波羅蜜多とあります。どちらが正しいのか。そんな違いたいしたことないと軽く考えてはいけません。そもそも摩訶般若波羅蜜と摩訶般若波羅蜜多はそれぞれ独立した概念であるかどうかは重要です。この巻では道元は二つの概念を使い分けているようですが、廣録の中では使い分けをしておらず、般若波羅蜜で統一しています。もしかしたら道元ではなく、書記係がそのように表記しただけかもしれません。

正法眼蔵光明を読むかぎり、道元は、雲門が「作麼生ならんか是れ諸人の光明在ること」と問い、雲門自ら「僧堂、仏殿、厨庫、山門」と答えたことが理解できなかったようです。「雲門なにをよむでか僧堂・仏殿・厨庫・山門とする。」という言葉は、弟子への問いというよりは自問でしょう。そして廣録の上堂語でも何度か「僧堂、仏殿」と口にしていますが、最後までわからないままだったようです。奥書に「大家、未だ雲門の道を覰破するを免れず」とあるのは、「雲門の言葉を見破るのは、君たちに頼んだよ」という読者へのメッセージとして受け取りました。道元よりも後に生まれた人間は、道元がどこまで到達したのかを見きわめて、道元の誤りを正し、道元を追い越して、その先の地平を目指すべきです。

言葉を言葉で説明して満足してはいけない

受験や雑学の知識のように、「デカルト」と「方法序説」を結びつけ、「サルトル」と「実存主義」を結びつけるだけでも、思い出せないとイライラしますし、思い出すとうれしいものです。これは方法序説やサルトルの著作を一行も読んでいてもいなくても得られる喜びです。ある言葉が別の言葉の記憶と結びつくだけでも、我々は喜びを感じるようです。おそらくボードリヤールが「消費社会の神話と構造」のなかで批判したシニフィアン(意味するもの＝言葉)が別のシニフィアンと同語反復的に結びつく現象もこれです。そこにはシニフィエ(意味されるもの)が欠落していても、幸せなのです。

一方、道元は「(火の神である)丙丁童子が来て火を求める」の言葉を一度聞いただけでは悟れなかったけれども、二度目に聞いたときに大悟した則公監院の話を紹介しています。言葉の知識を得て満足するのではなく、自己が言葉と一体化することが大切です。

釈尊や道元の言葉を、別の言葉で表現しかえることで意味がわかったと勘違いすることは意外に多く、典型的な例は「空」を「実体がない」とする説明です。

「空」を「実体がない」と訳してはいけない

二十世紀の仏教学者や僧侶や文学者の多くは、「空」を現代訳するにあたって「実体がない」と訳します。これは、表現と意味を混同した現代訳ですので誤りです。現代訳は「空」にとどめておかなければなりません。正法眼蔵の現代訳では、玉城康四郎（『現代語訳正法眼蔵』大蔵出版）と水野弥穂子（『原文対照現代語訳道元禅師全集1』春秋社）は「空」のまま訳しています。

「空」を「実体がない」と訳す代表格は中村元です。中村は『空の論理』（一九九四年、春秋社）のはしがきで、「〈空〉は大乗仏教の根本観念であるということは、だれでも知っている。では〈空〉とは何か、ということになると、なかなか答えが簡単には出て来ない。（略）「〈空〉とは何か？」という端的な問題を、学者はとかく避けて通っている。」と述べます。

その中村は、ナーガールジュナほかの中観派の哲学者たちの言葉をいくつか紹介したあと、とくになんの説明もなく「空」＝「実体がない」と言い換えます。しかしこれは言葉を別の言語表現で置き換えただけで、自分の脳内でなんの記憶とも結びつかず、意味を生みません。しかも、「〇〇がない」というのは、概念の否定でしかなく、新しい意味と結びつかないのです。

中村は第六章「「空」の意義の解明」で、「その原語は sunya であるが、sunya というのは、ふくれあがった、うつろな、という意味である。ふくれあがったものは中がうつろである。われわれは、ここに実体があると思っている。けれども、実体性はしょせん限定されたものにすぎない。これが未来永久に存在するわけではない。ある限られた時間のあいだだけ存在する……。」と論講して、「実体とみえるものも、本質はうつろである。いつかは欠けて、滅びるものであるということを、空の概念で強調した」と説明します。「今は存在している」が、「時間が経過すると消滅する」ことを、ひとつの概念で表したというのでしょう。「空」が時間と存在の複合概念を示すという説明には、疑問を感じます。そもそも「空」は常にそのような文脈で用いられているわけでもありません。言葉の意味は、複数の異なる文脈に共通にあてはまるものでなければなりません。

また「実体」という概念の定義が必要ですが、誰も定義していません。また、「ない」というのは文法ですから、あるひとつの概念〈空〉を、概念プラス文法である「実体がない」として翻訳することが正しいのかという問題もあります。

この中村の説明が広く受け入れられていて、仏教者である中村宗一も、文学者である寺田透も石井恭二も、「空」は「実体がない」と訳しています。実体がないとは、「今そこにあるものも、将来消えてなくなるかもしれないから、確かにあるとは言い切れない」と説明します。しかし将来といってもシャボン玉のように数秒で消えるものもあれば、数年単位、数百年単位で消えるものもあり、大陸や惑星のように数億年たっても消えないものもあります。

本来言葉は明解な現象を指し示すために用いられるべきです。「空」を「実体がない」というのは、こじつけで苦し紛れに感じます。自分で考えたのではなく、東大の先生が言ったから正しいのだろうくらいの安易な気持ちかもしれません。その概念の意味を体得していないなら、中途半端な受け売りの翻訳はやめるべきです。少なくとも道元は、空とは「実体なきことなり」などと言っていませんし、おそらくナーガールジュナも釈迦牟尼もそうは言っていないはずです。

「空」を「実体がない」というのは、わからない言葉に自分が知っている記憶を強引にあてはめる乱暴な行為です。わかった気になりますが、「空」という言葉から遠ざかります。自分がわかっていないことすらわからなくなります。そのため「空」について考える契機、意味を模索する契機を奪われてしまい、いつまでたっても「空」の意味を生み出せないのです。

2　道元を読み解くためには道元になりきる

養老天命反転地使用法に従って道元を読む

「正法眼蔵」七十五巻本と祖山本「道元和尚廣録」を脳内に取り込む作業にとりかかりましょう。奥書と識語によって論理的雑音は除去していますので、道元が引用している文章は道元と一緒にそれを読む気持ちで、道元本人の言葉はそのまま素直に受け入れる気持ちで、わかるとかわからないとか考えずに、言葉を言葉としてそのまま受け入れます。意味はいつかわかりますから心配しないでください。

「山に登らんには須からく頂に到れ。海に入らんには須からく底に到れ。」（上堂語二六八）という言葉にしたがって、道元が言語情報として保護した祖山本『廣録』と『眼蔵』七十五巻と辨道話をまんべんなく、繰り返し読んでください。

自分の知らないことを書いている本の場合は、まず自分がそれまで出会ったこともない言葉の記憶を構築するところから始まります。道元の言語情報をまんべんなく繰り返し読んでいくうちに、それまで脳内には存在していなかった言葉の記憶が生まれ、続いてその言葉の記憶と別の言葉の記憶が結びついて、徐々に意味が生まれて育っていきます。言葉の記憶が相互に結びつけば著者の意識が再現されます。

養老天命反転地使用法も具体的な読書法たりえます。

・何度か繰り返し、その都度、違った読み方をすること。熟読精読、飛ばし読み、後ろから順番に、特定の言葉を探して、などと読み方をいろいろと変えて、無心に繰り返し読む。

・一週間、一か月と時間をおいてから読み直す。

・読む速さに変化をつけること。あるときはゆっくりと注や参考文献にも目を通し、あるときは急いで一気に全体を読む。その都度、違ったことに気づくでしょう。

・自分と道元のはっきりした類似を見つけるようにする。自分は入宋沙門道元だと思って読む。自分だったらこう考えるだろうと思う。

・今、道元とともに生活しているつもりで読むこと。道元の周りに誰がいるかを想像する。勉強熱心な弟子とそうでない弟子がいることに注意する。

・「辨道話」を書いた寛喜三年（一二三一）から示寂した建長五年（一二五三）まで道元の側で一緒に過ごしたつもりで、時間の流れ、出来事の発生した順番も意識しながら読むこと。それぞれの時点で道元の過去（一年前、五年前、十年前）と未来（一年後、五年後、十年後）を見わたすこと。何も出来事のない空白の時間を見つけたら、そのとき道元が何をしていたかと考える。

・思わぬことが起こったら、そこで立ち止まり、もっと考え尽くすこと。

知覚の降り立つ場：思わぬことの正体を見極める。言語表現の相似やわずかな相違に注意を払う。自分が前提としてきたことと合わない出来事に出会ったら、一度前提を完全に忘れるか否定してみる。語調の明るさ、暗さに気をつける。

イメージの降り立つ場：思わぬことが生まれた背景を考える。いったん本から離れ、別の本や資料を探し求めて、より具体的なイメージが思い浮かぶようにする。中国の祖師たちについて調べる。道元の弟子それぞれついて調べる。鎌倉で語り合った人物を探す。鎌倉の名越を歩いてみる。なぜ鎌倉（金沢文庫）に正法眼蔵があるのかと考える。奥書・識語の歴史を調べる。卍山・面山の業績を調べる。なぜ異本である十二巻本や卍山本、随聞記のほうが広く読まれているのか、それぞれの出版経緯を調べる。荒川修作のカタログ、現代科学者の論考や伝記に目を通してもよい。

建築の降り立つ場：複数のイメージをつなぎ合わせて、映画のような物語を構築する。最初は場面場面の短いシーンでよい。そのうち一本の長編映画として道元の人生ドラマを描いてみる。

・同じ概念が、複数の場で用いられているときは、比較の対象として使うこと。
・バランスを失うことを恐れるより、むしろ（感覚を作り直すつもりで）楽しむこと。一般常識や通説を鵜呑みにせず、自分自身の読書を通じて言語情報に向き合う。一語一語丁寧に比較・翻訳する。漢文白文を読み下すにあたって、素直で自然な読み下しを心がける。
・ある記憶が別の記憶と結びつくとき、ある言葉から別の記憶を連想させたとき、それは道元にとっても同じであるかと考えてみること。
・遠く離れている文章同士（廣録内、眼蔵内、廣録と眼蔵の間）に、同じ章句（フレーズ）を見つけること。

最初は明らかな相似を見つけ出し、だんだん異なる相似も見つけ出すようにすること。（正法眼蔵で示衆される言葉が、廣録上堂語でどのように語られているかを確かめる。）

まずは廣録と眼蔵をそれぞれはじめからおしまいまで通して読むことを二度、三度と繰り返します。すると、テキストに書かれていることが、うっすらと記憶されます。どこかに似たようなことが書いてあったとか、正確にどの箇所だったかの記憶は伴いませんが、漠然と内容が記憶されていきます。

それから今度は、廣録を読んでいて眼蔵と関連するところがあればそこを読み、眼蔵を読んでいて廣録の記述を思いだせばそこを広げと、繰り返し、あっちからこっち、こっちからあっちへと読む。これを何度も繰り返していき、道元と同じくらい『眼蔵』と『廣録』に詳しくなれたらしめたもの。道元を理解したければ、眼蔵と廣録を相互対照させることは必須です。

道元の伝記を読み、道元が活躍した場所と時期をおさえること

道元が生きた時代がどのような時代であったか、道元が生まれてから示寂するまでにどこでどのように過ごしたかを知ることは大切です。当時は世界的な異常気象が起きて、中央アジアの草原の民族が中国に進出しようとしていました。

道元の伝記を読むことは大切です。残念ながら「正法眼蔵随聞記」と「正法眼蔵十二巻本　八大人覚奥書」と「眼横鼻直」を紹介しない伝記はありません。そのため、伝記を読みながらも、随聞記や十二巻本にもとづいた記述は受け入れず保留にします。只管打坐も道元の教えではないとなると、保留することばかり

です。

道元を人物としてもっともリアルに感じたのは、永平廣録の研究家大谷哲夫の「永平の風　道元の生涯」です。本書は豊富な資料にもとづいていて、母との関係、比叡山内部の派閥争いや道元を支えた高僧たち、承久の変や宝治の乱など時代背景にある事件、留学の同行者や費用、当時の中国仏教の様子など、史実に忠実な歴史小説です。『廣録』や『眼蔵』に関する知識に加えて、仏教一般についての深い知識と教養のおかげで、興聖寺や永平寺で修行していた道元を生き生きと感じられます。道元理解のための必読書です。

もし時間に余裕があれば、永平寺や京都や鎌倉を訪れて道元にゆかりのある場所を訪れるのもおススメです。何も考えずにただ歩くだけでも、少しだけ道元に近づけます。

V．廣録から時系列的に読み解く道元と弟子たち

廣録を読み解いて、道元の思想や初期道元教団について分析した先行研究は見つかりません。廣録は、嘉禎二年（一二三六）十月から建長四年（一二五二）十一月までの道元の上堂語を伝えますので、これを様々な観点で分析すれば、道元の考えていたこと、置かれていた状況が明らかになってきて、廣録や正法眼蔵についての理解も増すのではないでしょうか。ここでは「永平の風」を参考にしながら、廣録の上堂語と頌を読み解き、まだ誰も試みていない道元の心中を想像してみようと思います。

廣録の記述を参照した正法眼蔵の示衆の経緯と最終版のテキスト解析は、次章で行います。本章も次章もともに時系列分析を行っていますので、重複する記述もあれば、同じ事件を異なる観点から記述することもあることをお許しください。両方をまとめてひとつの章にすることも検討したのですが、読者も異なる観点から複眼的に道元を理解するほうがよいと考えました。

1　日本達磨宗第二世覚晏の弟子懐奘との出会い

道元が宋から帰国したところから、道元の活動をみてみましょう。

嘉禄三年（一二二七）八月、道元は四年半の宋における修行を終えて、天童如浄の法を嗣ぎ、第五十二代の仏祖となって寧波から肥後の川尻に帰り着きます。如浄は道元を見送ってすぐ、七月十七日に示寂しますので、この時点ですでにこの世にいません。道元は大宰府に向い、帰国の手続きを済ませて京に向います。大宰府では天神様に無事帰国したことを報告し、四年半の在宋中のご加護に感謝をしたことでしょう。一緒に日本を発った師の明全は宋で客死し、遺骨になっていました。九月中旬、京都の建仁寺に着くと、明全の追善供養を行います。帰国後の雑務がすむと、道元は「普勧坐禅儀」を著します。

同じ年の八月、多武峰《とうのみね》の達磨宗の衆徒と興福寺の衆徒が互いに争いを起こし、翌安貞二年（一二二八）四月二十三日には、興福寺の衆徒らが、達磨宗の本拠である多武峰を焼き討ちします。当時の寺僧は延暦寺も興福寺も日本達磨宗も武装化していたのです。寛喜元年（一二二九）十一月、興福寺衆徒による多武峰への二度目の焼き討ちが行われた後、建仁寺の道元のもとに孤雲懐奘（一一九八―一二八〇）と名乗る僧が訪ねてきます。師の仏地覚晏《ぶっちかくあん》の勧めで、道元がどれほどの人物かを偵察するためでした。このとき道元は懐奘と問答を交わしますが、懐奘はいったん日本達磨宗に戻ります。

懐奘は藤原氏の出身で、関白九条師通《くじょうもろみち》の曾孫として京に生まれ、十八歳で比叡山横川の円能法師について出家し、天台教学や真言密教、浄土学などを学びますが、それに飽き足らずに、日本達磨宗の大日房能忍の禅を嗣いだ覚晏の門下となり、覚晏より印可証明を与えられるところまでになっていました。

一方、寛喜二年（一二三〇）、道元は弟子の寂円と二人で、建仁寺から幼少時代を過ごした松殿山荘にも近い深草の安養院に移ります。ここで寛喜三年（一二三一）八月十五日、「辨道話」を書き著すと、道元の仏法が評判となり、多くの人々が参集するようになったため、坐禅専用の正式な道場の建立を発願します。そして天福元年（一二三三）春、観音導利興聖宝林禅寺が竣工落成します。この年、興聖寺での夏安居中に「摩訶般若波羅蜜多」、八月十五日には「現成公案」を著します。

文暦元年（一二三四）の暮れ、師の覚晏が他界したことを機に、懐奘が道元に入門します。懐奘は覚晏が書いた「心要提示」を道元に差し出しますが、それには「今後は、わが弟子たちは正伝の仏法を正確に嗣法した道元どのを頼るべし」とありました。

2　興聖寺で行われた上堂　廣録第一

詩的に宇宙と結びつく道元の理想とする叢林

門弟が増えたため、嘉禎元年（一二三五）十二月中旬、道元は本格的な坐禅道場として僧堂の建立を決意し、人々の浄財を募ります。翌嘉禎二年（一二三六）十月十五日、完成したばかりの僧堂で、開堂宣言の上堂が行われます。

「師、嘉禎二年丙申十月十五日、始めて当山に就き、衆を集めて法を説く。」このとき「依草の家風、附木の心、道場のもつとも好きは叢林なるべし」で始まる上堂がなされました（Ⅲ．5参照）。日本ではじめて展開される上堂という説法の格式の高さと、何よりも道元の説く宗旨の高度さは、弟子たちを驚嘆させました。

すでに鞭道話、摩訶般若波羅蜜多、現成公案という教科書はできていました。上堂語二(Ⅲ．6参照)は、教科書を読んでも理解できないという弟子たちのために、五官で感じることのできないマクロやミクロな現象を考えるするための助言ではなかったかと思います。ミクロな生命の現象やマクロな天体や山の動きは、そこで黙々と修行が行われていると考えろ、そうすれば理解できるというのです。現代を生きる我々も、地球環境の劣化や、ひとつひとつの細胞内でどのようにタンパク質が産生しているのか、それがどのように体全体と結びつくのかを、実感できていません。道元の教えは我々にとっても役に立つはずです。

初期の道元教団の雰囲気を伝える上堂語二六を紹介します。道元と弟子たちがひとつとなって悟りに向かって修行辨道していく様子が伝わってきます。

上堂語二六

上堂に、云く。箇裏《こり》に横身《おうしん》し、那畔《なはん》に脱体《だったい》す。如何《いか》なるか是《これ》、那畔《なはん》。歩々綿々《ほぼめんめん》。如何なるか是、箇裏《こり》。心々《しんじん》片々《へんぺん》。那畔、箇裏は且《しばら》く致《お》く。如何なるか是、恁麼《いんも》の消息《しょうそく》。主《しゅ》、十分《ぶん》の説を設くれば、賓《ひん》、証明す。賓、十分の説を設くれば、主、証明す。諸人、十分の説を設くれば、山僧、証明す。山僧、十分の説を設くれば、諸人、証明す。山僧・諸人の説く時は、払子《ほっす》・拄杖《しゅじょう》、証明す。払子・拄杖説く時は、諸人・山僧、証明す。脱体・横身甚麼の道《どう》か有る。良久《りょうきゅう》して云く、対説団圝《ついせつだんらん》、其れ十分なり。賓と作って叉手《しゃしゅ》して、主は元より在り。百千万度、道《い》い来《きた》ること久し。此《こ》の番《たび》、如何《いかん》が人、不会《ふえ》ならん、と。

現代語訳：身躰をここに横たえて、その身躰を向うに脱け出させる。向うとは何か。歩いても歩ききれないところだ。ここととは何か。一片の心だ。向うとかここととかはひとまずおこう。今言ったような事情はどういうことか。主人が十分に説くと客がそのことかと悟る。客が十分に説くと主人がそれと悟る。皆が十分に説くと、私が悟る。私が十分に説くと、皆が悟る。私と皆とが説くと、払子や杖が悟る。払子や杖が説くと、私と皆とが悟る。身躰を脱ぎ捨てるとかその場に横たえるとか、それはどういうことになるか。（大層長いあいだ黙っていたあとで和尚は言った。）円陣をつくり、向いあって皆で仲良く話す。それが十分説くことだ。客として挨拶のしぐさをすれば、それだけでもう主人はいたことになる。昔からずっと言われて来たことだ。そうやっていたら悟れないわけがない。

これが道元の理想とした叢林の姿だったのでしょう。このような師と弟子の姿は、この後日本達磨宗が集団で入門すると消えてしまいます。

達磨宗の集団入門

建仁寺を出て深草に移り、早くも十一年が流れた仁治二年（一二四一）正月、達磨宗の集団入門が確定したのでしょう。

上堂語三二

上堂に、云《いわ》く、今日《きょう》、是、一年の初めなりと雖《いえど》も、乃《すなわ》ち、亦《また》、三朝《ちょう》の日なり。三朝とは、年朝《ねんちょう》・月《げつ》朝《ちょう》・日朝《にっちょう》なり。挙《こ》す。僧、鏡清《きょうせい》に問う「新年頭《しんねんとう》に、還《また》、仏法《ぶっぽう》有《あ》りや、也《また》、無《な》しや」と。清《せい》云く「有《あ》り」と。僧云く「如何なるか是、新年頭の仏法」と。清云く「元正啓祚《がんしょうけいそ》、万物咸新《ばんぶつかんしん》」と。僧云く「和尚答話《おしょうとうわ》を謝《しゃ》す」と。清云く「老僧、今日失利《きょうしつり》」と。又、僧、明教《みょうきょう》に問う「新年頭、還、仏法有りや、也、無しや」と。教云く「無し」と。僧云く「年年《ねんねん》、是《これ》、好年《こうねん》、日日《にちにち》、是《これ》、好日《こうじつ》。什麼《なん》と為《し》てか却《また》、無《な》き」と。教云く「張翁喫酒《ちょうおうきつしゅ》、李翁酔《りおうすい》」と。僧云く「老老大大《ろうろうだいだい》、竜頭蛇尾《りゅうとうだび》」と。教云く「老僧、今日失利」と。師云く、同じく云う、老僧今日失利、と。恁麼《いんも》の話を聞くに、諸人《しょにん》云く「失利好話頭《しつりこうわとう》」と。山僧、即《すなわ》ち然《しか》らず。鏡清・明教一失を道《い》うと雖も、未だ一得《とく》を見ず。如《も》し、人有って、興聖《こうしょう》に問わん、新年頭、還、仏法有りや、也、無しや、と。他《かれ》に向って道《い》うべし、有りと。僧云く「如何なるか是、新年頭の仏法」と。山僧、他に向って道うべし、各各人体《かくかくにんたい》、居起万福《きょきばんぷく》、と。僧云く「恁麼ならば則ち、依而行之《えじぎょうし》せん」と。山僧、彼に向って道うべし。興聖、今日利利《きょうりり》、と。参《さん》。

現代語訳：今日は一年の最初だが、年の朝、月の朝、日の朝として三朝の日である。昔のことを取り上げる。ある僧が鏡清に訊ねた。「新年の初にも仏法はありますか」。鏡清は言った。「有る」。僧「新年の初の仏法とはどんなものですか」。清「元日はめでたさの始まりだ。何もかもが新しくなる」。僧「和尚、お答えありがとうございます」。清「わしは今日儲けそこなった」。別の僧が明教大師に訊ねた。「新年の初にもそれなりの仏法はありますか」。教「ない」。僧「毎年毎年が良い年で、毎日毎日が良い日なのに、どうしてないのですか」。教「それは、ひとに飲んでもらって酔払うおめでたがりさ」。僧「老師、初め好し好し、終りが悪いの当外れでした」。清「わしは今日儲けそこなった」。和尚は言った。ふたりともわしは今日儲けそこなったと同じことを言った。この話を聞いて、皆、儲けそこなったことはいい話だという。私は違う。鏡清も明教も、損のことは言うが、得があったことを見ていない。もし私に「新年にも仏法はあるか」と訊ねるものがあったら、言ってやろう。「ある」と。するとその僧は「新年の初の仏法とはどんなものでしょう」と言うだろう。私は彼にこう言おう。「皆さん、御銘々、お達者、おしあわせでありますように」。すると僧が言うだろう。「それなら修行しましょう」。私は彼にこう言おう。「おかげで私は今日、大儲けしたよ」と。さあ坐禅しなさい。

道元の口調に明るさを感じる上堂語です。なぜ道元は「利利（大儲けした）」と言ったのか。春になれば達磨宗が宗派として入門することが決まって、仲間が増えることへの期待感、自分が十年やってきたことがさらに多くの人々に受け入れられたことへの自信だと思います。

その二日後の正月三日には、正法眼蔵仏祖第五十二が示衆されます（I．3、VI．1参照）。この仏祖の巻は、釈迦牟尼仏より前の六祖、釈迦牟尼仏から後の菩提達磨に至るの西天二十八祖、さらに達磨から慧可を経て東二十三代の如浄まで、道元に仏法を伝えた先師たちの名前を順番に唱えるものです。それを道元は「仏向上よりも向上なるべし」といいますが、一人ひとりの名前を唱えることがその師の偉大なる功績を讃え思い出すことになるから、大きな功徳があるということでしょう。道元はそこで自分が第五十二代の仏祖であることを高らかに宣言します。春になれば達磨宗が集団で入門してくる。ようやく自分も仏祖としての役目を果たすときがきたという自負が感じられます。

続いて三月七日には正法眼蔵嗣書第三十九の巻を記します。これが集団入門した日本達磨宗の面々を迎えた示衆ではなかったかと思います。

日本達磨宗の法系は中国の臨済宗大慧派《りんざいしゅうだいえは》で、開祖は大日能忍《だいにちのうにん》といい栄西と同時代の人です。平景清の叔父さんにあたる平氏一門でした。ちなみに能忍とは釈尊の別称で、日本の釈尊と名乗っていたわけです。能忍ははじめ天台教学を学びますが、中でも特に禅を修習し、禅の古典を独習し、独悟したとして、摂津の水《すい》田《た》に三宝寺《さんぼうじ》を建てて禅風を鼓吹します。比叡山などから法系が不明であることを批難されると、文治五年（一一八九）夏に自分の弟子二人を宋の阿育王山《あいくおうざん》の拙庵徳光《せったんとっこう》（一一二一―一二〇三、正法眼蔵行持下と嗣書に登場し、随聞記には肉食を認めた仏照禅師として登場します）に、多くの貢ぎ物とともに遣わし、自分の悟境を披瀝し印可証明を求めます。拙庵はそれを認め、大慧宗杲《だいえそうこう》（一〇八九―一一六三）から嗣いだ法を能忍に伝える証拠の品を与えます。能忍は当時中国禅宗の中心をなしていた大慧宗杲の法系を嗣いだことになり、その名声は大いにあがり、一時は法然らの浄土宗と肩を並べるほどに一世を風靡し、勢力を拡大します。

　ところが禅宗の流行を恐れた叡山側が朝廷に直訴して、建久五年（一一九四）には禅宗が禁止されます。禅宗停止の詔が下されると栄西は激しく能忍の禅風を否定します。その最中に、能忍が甥の悪七兵衛《あくしちびょうえ》景清《かげきよ》に誤って殺されます。叡山による弾圧や開祖能忍の非業の死などにより、達磨宗は大打撃を受けます。さらに安貞二年（一二二八）から翌年にかけて、二度も興福寺衆徒による焼き討ちにあい、門下は壊滅的な状態に追い込まれました。能忍の弟子仏地覚晏《ぶっちかくあん》は弟子の懐奘とともに大和多武峰妙楽寺《やまとのとうのみねみょうらくじ》に難を逃れ、覚晏の高弟である覚禅懐鑑《かくぜんえかん》（?―一二五一?）、その門下の徹通義介《てつつうぎかい》（一二一九―一三〇九）、義演《ぎえん》（?―一三一四）、義準《ぎじゅん》（生卒年不詳）、義荐《ぎぜん》（生卒年不詳）、義尹《ぎいん》（一二一七―一三〇〇）、義運《ぎうん》たちは、白山天台の拠点である越前の波著寺《なみつきでら》を中心に教団を形成していました。

　懐奘は道元に入門してからも、頻繁に波著寺の懐鑑らと連絡を取り合っており、道元の思想を伝えていました。そしてついに、仁治二年春、懐鑑とその弟子たちも集団で道元の門下に入ることを決心して上洛してきたのでした。日本達磨宗の集団入門は、「日本曹洞宗の教団発展史上、きわめて大きな史的意義をもつ」（竹内道雄「道元　新稿版」一九九二、吉川弘文館）ことは多くの研究者が認めることです。しかし、廣録から読み解くかぎり、道元の理想とする叢林の在り方からは遠ざかってしまいます。

達磨宗の人々が道元門下となる仁治二年（一二四一）の春以降、道元は、彼らを教育するため、あるいは自分の極めた仏法を示して彼らを惹きつけるために、正法眼蔵の示衆が質的なピークを迎えます。夏安居中に「心不可得」、九月九日「古鏡」、九月十五日「看経」、十月十四日「仏性」、十月中旬「行仏威儀」、十一月十四日「仏教」、十一月十六日「神通」などを矢つぎ早に示衆しました。

ところが、まだ達磨宗が入門して二三か月しかたっていないはずなのに、上堂語四〇は衝突を避けるように弟子たちを戒めているかのような上堂語です。（Ⅲ．6参照）

上堂語四〇
人々尽く天を衝くの志有り。但、如来の明めし処に向りて明めよ。
現代語訳：皆、それぞれ天にもぶつかって行く程の烈しい志を持っている。しかし釈尊の示した道を進みなさい。

続く上堂語四一（Ⅲ．7参照）は、略録にも卍山本にも採用されなかったものです。上堂語二六のように仲良く功夫することを目指していた興聖寺で、達磨宗の参加の後、なにやら派閥間対立や衝突が生まれている気配を感じます。「志を立てて山を愛す、各の異なる山なり。三十一人、同一山」というのは、もとからいた弟子たちと達磨宗の弟子たちに、それぞれ目標とする山は違っているかもしれないが、同じ山で暮らしているのだから仲良くしなさいと諭しているように感じられます。

道元も新しい弟子たちの挙動や古くからいる弟子たちとの間の軋轢に心を痛めていたため、初期の哲学的、科学的、詩的な上堂語は減り、達磨宗の弟子たちになんとかして勉強をしてもらい、自分についてきてもらうよう語り掛けるものが増えます。

上堂語四七

上堂に、云く。忽《たちま》ちに仏法の二字を聞く。早く是、我が耳目《じもく》を汚《けが》さん。諸人《しょにん》、未だ僧堂の門閫《もんこん》を跨《こ》えず、いまだ法堂《はっとう》を踏まず、便《すなわ》ち好《よ》く三十棒を与え了《おわ》りぬ。然も是の如くなりといへど、山僧、今日また是、力を竭《かつ》して衆《しゅ》の為《ため》にす、と。喝《かつ》、一喝《かつ》。下座《げざ》。

現代語訳：仏法という二字はたやすいものではないぞ。私は長い間それと付き合ってきた。諸君はまだ僧堂に入ってもいない、法堂にたどり着く前だ。私が三十回棒で打ってあげよう。こういいながらも、私は力を尽くして諸君のためにやっているのだ。喝！

しかし、道元の気持ちは弟子に伝わりません。上堂も不定期になったようです。上堂語四九では、しばらく上堂が行われなかったが、君たちはなぜだかわかっているか、と語りかけます。最後で僧としての五戒を保つことを求めます。達磨宗の人々が五戒を破って酒盛りか無断外出でもしたのでしょうか。道元の口調はやや堅く厳しくなっています。これは略録上堂語一三としてに採用されていますが、内容は大きく変わっています。

上堂語四九

上堂に、云く、山僧、久しく衆の為に話せず。甚《なん》と為《し》てか恁麼《いんも》なる。代って仏殿・僧堂・渓水・松竹有って、毎々喃々《まいまいなんなん》、諸人の為にし了《おわ》れり。諸人、聴得《ちょうとく》すや也《また》、未だしや。若し、聴得すと道《いわ》ば箇《こ》の甚麼《なに》をか聴す。若し不聴と道ば、五戒も持《たも》たず。

現代語訳：私は暫く皆を集めて話をして聞かせなかった。どうしてそうだったのか。代わりに仏殿、僧堂、谷の水、松の木や竹などが、いつもくどくどと皆のために法話をし、それももう終わっている。みんな、ちゃんと聴いたか。聴いたというなら、何を聴いた。聴いてなかったようでは、僧としての行儀は守れないぞ。

風紀の乱れだけではなく、仏法でも道元の教えとは違う教えが語られていたのでしょうか。上堂語五〇では、間違った教えに耳を傾けるのはやめなさいと言っているようです。なんのために私のもとに入門したのか、という問いであったといえます。

上堂語五〇

上堂に、云く、百丈《ひゃくじょう》、馬祖《ばそ》の一喝《かつ》を被《こう》むり、直《じき》に三日《か》の耳聾《じろう》を得《え》たり。叢林《そうりん》、今古《こんご》尽《ことごと》く奇特《きとく》と称《しょう》す。其《そ》の謂《い》い無《な》きに非《あら》ず。更《さら》に奇特有ること在り。山僧、未だ馬祖の一喝を被らずして、甚《なん》と為《し》てか一生《しょう》両《りょう》生《しょう》、三生《しょう》四生《しょう》、祇管《ひたすら》に耳聾なる。三世の諸仏、半耳半聾《はんじはんろう》、六代の祖師、少許《すこしばかり》、耳聾なり。作麼生か是、遮箇道理《しゃこどうり》。良久《りょうきゅう》して云く、好箇風流《こうこふうりゅう》、流布《るふ》の処《ところ》、六耳《ろくじ》をして等閑《とうかん》に知らしむこと莫《なか》れ、と。

現代語訳：百丈は馬祖の一喝を蒙り、三日間耳が聞こえなかった。禅門の修行場では昔から今までこれを奇蹟だと言っている。そういえなくはない。しかし更なる奇蹟がある。私は馬祖の一喝を受けていないのに、今生から来世にわたって、ずっと耳が聞こえない。三世の諸仏は半分方しか聞こえないし、初代達磨から六代大鑑慧能までの祖師は少々聞こえない。こうなっているわけは何か。（しばらくして言われた。）結構な前代の遺風が行き渡っていて誰の耳にも入る。そういうものに耳を傾けてはいけない。

それでも不穏な空気は法堂の中にまで漂っていました。この神聖な場に、お前たちのいがみあいの澱んだ空気が漂っているのはなぜだ。お前たち、余計なことを考えずに、無心に修行しなさい。最後に現成公案の一節を語るのは、愛惜や棄嫌といった私情を捨てて、しっかり修行してくれたまえという意味でしょう。

上堂語五一

上堂に、云く、人々具足《にんにんぐそく》なり、箇々円成《ここえんじょう》なり。甚《なん》と為《し》てか法堂上、草深きこと一丈《じょう》なる。這箇《しゃこ》の消息《しょうそく》を会《え》せんと要《よう》すや。良久《りょうきゅう》して云く、花は愛惜《あいせき》に依《よ》って落《ち》り、草は棄嫌《きけん》を遂《お》って生《しょう》ず、と。

現代語訳：ひとは皆それぞれに完全無欠のものであり、それぞれに円満完成している。ところが法堂の上が草ぼうぼうで、その丈が一丈にもなっている。これはどういう意味か。理解したいか。（しばらくして言われた。）花が散るのは、花を惜しむ人間の心のせいだ。草を嫌う心があるから、草が生い茂る。

それでも、悲しいことに、暴力事件が起きてしまったようです。上堂語五二では、暴力だけはやめてくれと、弟子たちに訴えています。

上堂語五二（部分）
切忌《せっき》すらくは当頭《とうとう》。明頭《めいとう》に合《がっ》するも、也《また》、三十。暗頭《あんとう》に合《がっ》するも、也、三十。既に恁麼《いんも》を得《え》たり。諸人よ、少《しょう》虧闕《きけつ》無《な》し。如何《いかん》が不悟《ふご》なる。悟《ご》は悟《ご》を惜《おし》まず。
現代語訳：衝突はなんとしてもいけないぞ。いろんな人間が三十人ここに居合わす。すでにこういうことになれた今、皆のもの、傷は少しもないようにしてもらいたい。どうして悟らないのか。悟りが悟りを惜しむなどということはないのに。

また上堂語五三は、弟子たちの雰囲気から何か異変を感じたのでしょうか。

上堂語五三
上堂に、云く、直《じき》に道《い》う、本来一物無し、と。還《かえ》って、遍界《へんがい》の、曾《かつ》て蔵《かく》れざるを看《み》る、と。下座《げざ》。
現代語訳：何もないといっても、あらゆるものが隠れるところなくその姿を現わしている。見えているぞ、と座から降りる。

上堂語五で述べた行脚について、道元は上堂語五九でも取り上げました（Ⅲ．5、7参照）。行脚とは

「知らないことに出会う」ことだとする公案を紹介します。

上堂語五九

上堂に、挙《こ》す。法眼禅師《ほうげんぜんじ》、因《ちな》みに琛禅師《ちんぜんじ》に参《さん》ず。問う「上座《じょうざ》、何《いず》くにか往《ゆ》く」と。法眼云く「邐迤《りい》として行脚《あんぎゃ》し去《さ》る」と。琛云く「行脚の事、作麼生《そもさん》」と。法眼云く「不知《ふち》」と。琛云く「不知、是《これ》、最親切《さいしんせつ》」と。法眼、豁然《かつぜん》として大悟す。師云く、若《も》し是《これ》、興聖《こうしょう》ならば、地蔵和尚《じぞうおしょう》に向って道《い》うべし。不知、是、最親切、知るも也《また》、最親切なる。親切は一任《さもあら》ばあれ、最親切なりとも、且《しばら》く地蔵に問う、親切とは箇《これ》、甚麼《なん》ぞ、と。

現代語訳：上堂して昔の話を取り上げた。法眼禅師が地蔵桂琛の弟子として修行していた時、桂琛から「上座、どこへ行くのか」と聞かれ、「あちこち爪先の向くままに行脚をつづけます」と答えた。桂琛がきく、「行脚とはなんだ」。法眼がいう、「知りません」。桂琛がいう、「知らないというのが一番行き届いた答えだな」。それで法眼文益は心がからりと開けて悟りを得た。和尚は言った。もし私だったら地蔵和尚にこう言いかえそう。知らないが一番行き届いているというのは、それは知るも一番行き届いているからだ。行き届くのはどうせならば最も行き届いた状態がよい。ちょっと地蔵に訊いてみたい。そもそも行き届くとはなんですか、と。

行脚という行為は、自分が知らないものに出会う、知らないことを経験するためだというつながりが生まれたのです。ここに「豁然として大悟す」（心がからりと開けて悟りを得る）という言葉が登場しますが、これは「ひらめく」、「ひらめいてわかった」と置き換えてもよさそうです。

正法眼蔵現成公案は、天福元年（一二三三）の示衆ですから、すでに道元教団の教科書として使われていたと思われます。せっかくいいものがあるのだから、現成公案を勉強して理解してくれとお願いしています。新参の弟子たちはそれに見向きもしなかったのでしょうか。

上堂語六〇

上堂に、云く、諸人《しよにん》、直《じき》に須《すべか》らく箇《こ》の見成公案《げんじようこうあん》を辨肯《べんこう》すべし。作麼生《そもさん》か是《これ》、見成公案。便《すなわ》ち是《これ》、十方《じつぽう》諸仏《しよぶつ》。古今《ここん》の諸祖《しよそ》、是なり。而今《にこん》、現成《げんじよう》す、諸人見るや。而今、掲簾放簾《けいれんほうれん》、上床下床《じようしようあしよう》、是なり。好箇《こうこ》なる見成公案、諸人、甚《なん》と為《し》てか不会不参《ふえふさん》なる。山僧、今日、性命《しようみよう》を惜《おし》まず。眉毛《びもう》を惜《おし》まず。諸人の為《ため》に再説し、諸人の為に重説《じゆうせつ》せん。卓《たく》、拄杖《しゆじよう》一下《げ》して、便《すなわ》ち下座《げざ》す。

現代語訳：みんな、この現成公案を一途に具さに勉強してくれ。現成公案とはそもそも何か。十方の諸仏、古今の諸祖が現成公案であり、諸仏諸祖がここに現に現われている。みんな、それが見えるか。今、垂れ幕を上げる。また下げる。禅床に上る、また下りる。これがそうだ。こんな結構な現成公案を、どうしてみんな会得せず研究しないのか。私は今日もみなのために自分に具わるものも寿命も、外見も惜しまず、法を説きに説き、さらに説く。（そう言って杖を一度立てて見せ、すぐ説法の席を降りる。）

しかし行脚の話も現成公案も弟子たちの修行態度を改めるに至らなかったのでしょう。これに続く六一から六三までの上堂で、道元は毎回払子や団扇を放り投げています。気分が落ち着かなかったのでしょうか。

六一では「払子を抛り出し、大床座を下り、法堂内を巡り歩」きました。弟子たちの近くに寄って表情や気配を観察して、いったい何のために自分に入門したのかを探ろうとしたのでしょうか。六二でも「払子を投げだして、大床座から下りる」、そして六三では「団扇を抛り出して、『みんな、今のこれはどう思うか。』と呼びかけ」ています。自分の教えが弟子たちに届かないことで道元はイライラしていたのでしょう。そもそも君たちはなんのために私に入門したのかねと問いただしたかったのだと思います。

六二で百丈野狐の話をしたのは、達磨宗の弟子たちが野狐禅だったからでしょう。そして不落か不昧かの違いを論じて悦に入っていることに対して、「君たち、ひと言言い間違えたくらいで狐に落ちるなんてことはないんだよ。因果に落ちないと答えると狐になって、因果に昧《くら》からずと答えると悟りが開けるなんてまったくどうでもいいことだ。日々の修行を正しくすることが因果であり、それだけだよ」と言いたかったのでしょう。払子を投げ出したことから「君たちの坐り方では絶対に悟れない。」という強い思いを感じます。

上堂語六二

上堂に、百丈野狐《ひやくじようやこ》の話《わ》を挙《こ》し了《おわ》って云《いわ》く、将《まさ》に為《おも》えり胡鬚赤《こしゆしやく》と、希《まれ》に赤鬚胡《しやくしゆこ》有《あ》り。不落《ふらく》と不昧《ふまい》と、因果《いんが》因果更に因果なり。諸人、因を知り、果を識《し》らんと要すや、也《また》、無《いな》や。払子《ほつす》を挙《こ》して云ふ。看《み》よ看よ、因果歴然《れきねん》たり。払子《ほつす》を擲下《てきげ》して下座《げざ》す。

現代語訳：（和尚は上堂し、百丈懐海が野狐を解脱させた話を取り上げ、評唱し終ると言った。）西域の人間の鬚は赤いのかと思ったら、希に赤鬚の西域人もいるというわけだ。因果に絡まれずにすむと言い、因果の理に明るいというが、因果は因果で、いよいよ因果の実を発揮する。みんな、何としてでも因と果とその関係についての認識を得たいか。（払子を高く揚げて言う。）これだ。見るがいい。因果の存在とはたらきはこんなにはっきりしている。（払子を投げ出して、大床座から下りる。）

このあたりの上堂語は、それぞれ弟子たちの不勉強、俗説への耽溺、感情的対立に対する道元流の回答のようにも読み取れます。しかしそれはさらにエスカレートしていき、上堂語七一では悲痛で絶望的な諦め、弟子たちがどうにも変わらないので見放した気持ちを感じます。巻一で道元が仏性について上堂したのはこの回だけですので、この上堂は正法眼蔵仏性の示衆と同じ仁治二年十月頃かと思います。

上堂語七一
上堂に、云《いわ》く。但、看《み》る、業識《ごうしき》太《はなは》だ茫々《ぼうぼう》たるを、一切衆生《いっさいしゅじょう》無仏性、と。下座《げざ》。
現代語訳：君たちの自我は、太くて茫々と伸びていてお手上げだ。一切衆生に仏性がないと言わざるをえない。

続く上堂語七二には、短いながら問答があります。
道元の語録と中国の祖師たちの禅語録を比べて決定的に違うのは、師と弟子の間にほとんど問答がないことです。たとえば、道元が正法眼蔵や廣録を書くときの参考にしたと思われる「真字正法眼蔵」は中国の禅語録から三百個の公案を集めたものですが、そのすべてが「青原和尚、因みに僧問う」、「趙州真際大師、南泉に問う」、「鏡清、僧に問う」といったように師から弟子や僧、あるいは弟子や僧から師への問答になっています。

ところが「廣録の中に問答の記録されるのは五指を屈するに足らない一一、七二、一四三位のもので」、「問答によってあんなにも活気づけられ、問と答のあいだ、あるいは問答ののちに、無音不可見のことばに真理を語らせる中国の禅語録とはもともと別の世界の消息」で、「師僧道元ひとりの説示の声」(寺田「道元和尚廣録」前文)だけがひびいているのです。師僧道元ひとりの説示の声しか聞こえないというのは、達磨衆がひたすら黙っていたからでしょう。

さて、この上堂語七二は、最後のひと言がちょっと気になります。弟子たちの間に何かこそこそした嫌な雰囲気が漂っていたのでしょうか。

上堂語七二

上堂に云《いわ》く。如今《にょこん》、雲水兄弟《うんすいひんでい》、得底人有《とくていにんあ》りや、と。時に僧有り、出でて礼拝《らいはい》す。師、云《いわ》く。有るには是《これ》、有《あ》り。只《ただ》、是《これ》、未《いま》だ在《あ》らず、と。僧問う、「箇《こ》の甚麼《なに》をか得《う》る」と。師、云く、情知《じょうち》すらくは你《なんじ》、未得《みとく》なり、と。師乃《すなわ》ち、云《いわ》く、。如何《いかん》が是《これ》、得底人、と。良久《りょうきゅう》して云く、身心質直《しんじんしつじき》、語声高《ごせいたか》し、と。

現代語訳:皆のなかで会得したもののあるものがいるか。するとひとりの僧が出て行き、礼拝した。和尚は言った。いることはいるな。しかしまだまだだ。すると僧が一躰何を会得したらいいのでしょうと訊いた。和尚は言った。よく分った、お前さんはまだ会得していない。和尚は言った。会得したものとはどういう人間だと思うか。大層長いあいだ黙っていたあとで和尚は言った。身も心も正しく虚飾がなければ、物言う声は大きいものだ。

達磨宗の教義は即心是仏を「あるがままの自分が仏である」と理解して、修行も学習もしません。道元は達磨宗の弟子たちを指導しようとするのですが、まったく指導しがいがない、素直でないし、向学心がない。知らせたくても知らせられないと上堂でこぼします。

上堂語八三

上堂に、云く、不是心《ふぜしん》仏《ぶつ》不是物《ふぜもつ》、不為自己《ふいじこ》不為人《ふいにん》。汝等《なんじら》をして少知及《しょうちきゅう》せしむること莫《な》し、海裏《かいり》春秋《しゅんじゅう》、海神《かいじん》有《あ》り、と。

現代語訳：心ではない、仏でもなく物でもない。自分でもない、ひとでもない。君たちはほんのわずかなことも知らせられない。海の中に四季があり、神妙な現象がおきていることを。

言葉を大切にするか不要とみるかが、道元と達磨宗の大きな違い

上堂語九〇は年が明けて仁治三年（一二四二）元旦です。道元は世界が梅の花とひとつになった自らの理想を頌で示します。お正月だからか、久々に道元らしい詩的で格調高い上堂語にほっとします。

上堂語九〇

歳旦《さいたん》の上堂に、天宇《てんう》廓清《かくせい》にして、一、一を得て清《す》めり。地区《ちく》含潤《がんじゅん》なり、千通万達《せんつうまんたつ》。当恁麼《とういんも》の時、作麼生《そもさん》。良久《りょうきゅう》して云《いわ》く、春信《しゅんしん》、通和《つうわ》して偏界芳《へんがいかんば》し。東君《とうくん》、兀々《ごつごつ》として雲堂《うんどう》に坐す。枝々《しし》花笑《はなひら》く、珊瑚《さんご》の色。世界

花開く、是、帝郷《ていきょう》なり、と。
現代語訳：元旦の朝の上堂語。天地は清浄で、一月一日を迎え爽やかだ。地上には潤いが出はじめ、すべてに躍動の気配がある。まさにこのときどうであるか。しばらくして言われた。春の便りである梅の花が綻んで全世界が芳しい。春の神は兀々として僧堂に坐している。梅の枝々に花が咲いて珊瑚の色を呈している。世界中が花の一色でまさに都の春景色である。

達磨宗集団入門から一年が経過しようとしています。道元は上堂と『眼蔵』の示衆を通じて自分のもっているものを精一杯提示するのですが、達磨宗の弟子たちは学ぼうとしないし、理解しようとしません。道元と達磨宗はとくに言語に関してまったく違った考え方をもっていました。

道元は仁治三年（一二四二）四月五日に興聖寺で書かれた正法眼蔵「行持」（下）のなかで、日本人は経書を知らず、経書の師がいないために愚かであり、慕古の心をもって古経を知り古経を読むことが大事であると教えます。同年十一月七日に興聖寺で示衆された「仏教」では、「教外別伝《けうぐゑべつでん》の謬説《びうせつ》を信じて、仏教をあやまることなかれ。」といいます。言葉こそが仏法であるので、「しるべし、一句を正伝すれば、一法の正伝せらるるなり。一句を正伝すれば、山伝水伝あり」。また翌年越前に下向した後、寛元元年九月に仮寓の吉峰寺で示衆した正法眼蔵「仏経」では、「なんぢ経にまどふ、経なんぢをまどわさず」という古徳の言葉を紹介し、翌寛元二年二月十五日に吉峰精舎で示衆された正法眼蔵「如来全身」のなかでは「経巻はこれ如来舎利なり如来全身なり」と教えます。

道元は、言葉を大切にします。身心脱落も、身体や五官の束縛から解放されて、言葉をつかって不可視のものを自由に考えるためです。言葉に対する考え方が弟子たちと正反対であることに道元は早くから気づいていたようで、上堂語九一で、「道《い》うこと莫《なか》れ、我が宗語句無し、」と指導します。達磨宗の弟子たちは日ごろからそのように口にしていたのでしょう。皮肉にもその「我が宗語句無し」によって上堂語一二八の「我が宗は唯語句」は改ざんされているわけで、略録改ざんに達磨宗の意向が反映されていたことを示唆します。

上堂語九一

上堂に云《いわ》く、我、仏《ほとけ》を得て自《よ》り来《このかた》、常に此《ここ》に住《じゆう》して説法《せつぽう》す。道《い》うこと莫《なか》れ、我が宗語句無し、と。真《しん》箇《こ》、我は是《これ》、謝三郎《しやさんろう》。諸法《しよほう》、法位《ほうい》に住《じゆう》し、世間相常住《せけんそうじようじゆう》。鴻雁回《こうがんかえ》り、林鸎《りんおう》出《い》ず。不恁麼《ふいんも》を得《え》れば、既に恁麼を得たり。既に恁麼を得たり。又《また》、且《しばら》く如何《いかん》。良久して云く。三春《さんしゆん》、果満菩提樹《かまんぼだいじゆ》。一夜《や》、花開いて世界香《かんば》し、と。

現代語訳：私は目ざめ、悟りを得てから、いつもここで悟りえた法を説いている。我々の派には言葉がないなどと言ってはいけない。私はまったく謝家の三男玄沙師備そのものなのだ。しかしまた、すべての事物現象は変わりゆくが、ひとの世の外形は恒常であり、変転しない。春が来て雁が帰っていくと、うぐいすが林を出て囀り始める。やっとああでなくなったと思うと、同じようにこうなっている。こうなれたからには、まあどうするか。（しばらくして言われた。）三度目の春を迎え菩提の果が実ってきた。ゆうべ花が咲いて、今世界中でいい匂いがしている。

上堂語九四では再び百丈野孤の話を取り上げます。達磨宗の弟子たちの坐禅を批判し、野孤禅をしてもまったく何の意味もないと言っているのでしょう。

上堂語九四
上堂に、百丈野孤《ひゃくじょうやこ》の話を挙《こ》し了って、師、乃ち云く、山河大地《せんがだいち》、野孤窟《やこくつ》。受脱一枚《じゅだついちまい》、皮肉骨《ひにくこつ》。因果《いんが》明《あきらか》にして、己《おのれ》が物《もの》に非《あら》ず。鷓鴣《しゃこ》頻《しき》りに囀《な》いて百花《ひゃっか》没《ち》る、と。
現代語訳：百丈野孤の話をするとすぐに師は言った。この地上は至るところ、野孤の身に堕した者の巣だ。野孤の身を受けてはそれを抜け出る繰り返し。因果は明らかなのだが、それを自分のものにしていない。鷓鴣はしきりに啼いているが、花はすべて散っている。

如浄語録が届く

道元は、宋の天童山の如浄から嗣書を授かり、釈尊に始まり、仏祖から仏祖へと連綿と受け嗣がれてきた仏祖の命脈を単伝され、釈尊から数えて五十二代の祖師になって帰国しました。帰国する少し前、師の天童如浄は、道元を自分の侍者として迎えたいという意向を道元に示しましたが、道元はそれを丁重に辞退します。この誘いは実質的には如浄の後継者とするという如浄の意向であったと思われますが、中国人僧が数多くいるなかで、自分が住持になるわけにはいかないと思ったのでしょう。道元には帰国して明全の供養をするなど、中国に残るわけにはいかない理由もたくさんありました。

如浄は道元との別れにあたり、「国に帰って化《け》を布き、広く人天《にんでん》を利せよ。ただし、その際、城邑聚楽《じょうゆうじゅらく》に住《じゅう》することなかれ、国王大臣に近づくことなかれ。ただ深山幽谷に居りて一箇半箇《いっこはんこ》を接得《せっとく》し、吾が宗をして断絶致さしむることなかれ。」という訓戒を与えます。後に道元が越前下向を決断した背景には、この如浄の訓戒もありました。

如浄は、帰国する道元を見送ったあと、急に体調を崩し、宋の宝慶三年（一二二七）七月一七日、天童山の涅槃堂で示寂します。六十五歳でした。如浄が天童山で住持した二年は道元に法を嗣ぐためであったかのようです。それから十五年が経過した仁治三年（一二四二）八月五日、道元のもとに中国の瑞巌寺の住持となっていた無外義遠《むがいぎおん》から、『天童如浄和尚語録』が届きます。義遠は如浄禅師の語録の編者のひとりであり、その完成をまって道元に送ってくれたのです。義遠は、道元示寂後に義尹が中国に持参した廣録から、抄録をつくった人物でもあります。

語録が届いた翌六日、道元は「天童和尚語録到」と題して上堂します。

上堂語一〇五

天童和尚の語録到る上堂に（繁詞《はんし》は録《ろく》さず）、師、乃《すなわ》ち起立《きりゅう》し、語を捧《ささ》げて、薫香《くんこう》して云《いわ》く、大衆《だいしゅ》、箇《これ》は是《これ》、天童打踍跳《てんどうたぼっちょう》、東海《とうかい》を踏翻《とうほん》す、竜魚驚《りゅうぎょおどろ》く。竜魚驚き怕《おそ》れて、形《かたち》を潜《ひそか》にせず。且《しばら》く道《い》え、如何。此《こ》の語や先に到る、先に到るや此の語。若《も》し、道《どう》、未だ道《どう》ならずば、要且《ようしゃ》すらくは、清浄大海衆《しょうじょうだいかいしゅ》、証明すべし。良久《りょうきゅう》して云《いわ》く、海神《かいじん》、貴《き》を知り、也《また》、価《か》を知る。人天《にんてん》に留在《るざい》して、光《ひかり》、夜《よる》を照《てら》す、と。下座《げざ》し大衆《だいしゅ》とともに三拝《さんぱい》す。

現代語訳：（天童山の如浄和尚の語録がとどいたので）上堂。くだくだしい言葉は省く。和尚は上堂するとすぐ起立して、語を捧げもち、香を焚いて、こう言われた。

修行者諸君、天童和尚が、跳び上がって東海の海を越えてきた。

東海の竜魚たちも驚いたに違いないが、驚きながらもこの語録を加護してくれた。

さて諸君、この語録が和尚より先にきたのか、和尚が語録よりも先にきたのか、明らかにせねばならぬ……」

しばしの無言の間をおいてから、

「海神が、この語録の尊さを、その真価を知り、その光で暗夜を照らす……」

と言い、弟子たちに、天童如浄のありし日の姿とその峻厳な仏道精神を改めて自らに再確認するかのように思いを込めて切々と説くと、下座し、大衆とともに如浄禅師がそこに端座しておられるように『語録』に三拝した。


弟子たちはもとより、集まった人々の中にも、この日道元が何か思いつめていることに気づいたものが多かった。

如浄の語録が届いたことにより、道元は、古仏如浄に絶対的に回帰しなければならぬと強い思いにかられた。何かがふっ切れたような気持ちになり、それからあとは、『正法眼蔵』の示衆や執筆などに、再び精力的に取り組んでいった。

まず九月一日には「一葉観音《いちようかんのん》」の画に賛《さん》を撰した。そして、九日には「身心学道」、二十一日には「夢中説夢《むちゅうせつむ》」、十月五日には「道得《どうとく》」、十一月五日には「画餅《がびょう》」と立て続けに示衆を行なった。（以上、「永平の風」）

続く上堂語一〇六は、頭を悩ます目前の異分子的な弟子のことを忘れて、冷静に月の光について考察し、かつての格調ある科学者の目にもとづいた上堂に戻っています。「法として商量すべき無し」のところは、太陽光だと光合成などの現象が起きるが、その月面での反射波である月光では光量が足りず現象がおきないと解釈します。

上堂語一〇六

中秋《ちゅうしゅう》の上堂に、云く、前仏後仏《ぜんぶつごぶつ》、同共証明《どうきょうしょうめい》す。這辺那辺《しゃへんなへん》、互《たがい》に相《あ》い円照《えんしょう》す。当陽顕赫《とうようけんかく》なり、直下《じきげ》の承当《じょうとう》。破的破塵《はてきはじん》、殺有《さつあ》り活有《かつあ》り。是《かく》の如《ごと》きの標格《ひょうかく》を具《ぐ》し、是《かく》の如《ごと》きの威権《いけん》を得《う》る、何《いずれ》の処《ところ》にか尊《そん》と称《しょう》せざる。何《いずれ》の処《ところ》にか説法《せっぽう》せざらん。然《しか》も恁麼《いんも》なりと雖《いえど》も、冷地《れいち》に看来《みきた》る。一場《じょう》の好笑《こうしょう》。還《また》、委悉《いしつ》すや。良久して云く、目前《もくぜん》に法として商量《しょうりょう》すべき無し。法外《ほうげ》には何《いかな》る心か点検するに任《まか》せん、と。

現代語訳：前仏も後仏も皆が明らかにしているように、月光はあちらもこちらもまどかに照らす。その光の当たるものすべてを明らかにして、受け入れさせる。中心を貫き微塵をも貫いて、殺活自在となる。このような品格と、威力をもつために、どこにいっても尊ばれ、どこにいっても説かれないことはない。しかし、冷静に考えると、そういうふうに考えるのはお笑いでもある。どうかわかるか。（しばらくしてから言われた。）月の光の中では生命現象が起きていない。生命現象がないなら、特に考えるべきことはない。

上堂語一〇七は暦仁元年（一二三八）年四月十八日に興聖寺で示衆した一顆明珠第七のおさらいです。初心にかえって、弟子たちに自分が如浄から受け嗣いだ仏法を伝えなければならないという思いにかられたのでしょう。正法眼蔵のラッキーセブンに位置づけられた一顆明珠は、現成公案、光明、十方などを結びつける重要な概念です（I．3参照）。道元は、玄沙の昔の話に道元独自の解釈を加えて弟子たちに示しました。

上堂語一〇七

上堂に、云く、十方界《じっぽうかい》を把尽《はじん》して発足《ほっそく》し、十方界を把尽して修行す。十方界を把尽して明心《めいしん》し、十方界を把尽して翻身《ほんしん》す。十方界を把尽して転悩《てんのう》す。挙《こ》す。僧、玄沙《げんしゃ》に問う「和尚に言《げん》有り『尽十方世界《じんじっぽうせかい》、是《これ》、一箇《いっこ》明珠《めいじゅ》』と。学人《がくにん》、如何《いかん》が得会《とくえ》せん」と。沙云く「尽十方世界、是、一箇明珠、会《え》を用《もち》いて作麼《そも》」と。沙、来《らい》日《じつ》に却《また》、其の僧に問う。「尽十方世界、是、一箇明珠、汝、作麼生《そもさん》か会《え》す」と。対《こた》えて曰く「尽十方世界、是、一箇明珠、会を用いて作麼」と。沙曰く「知りぬ。汝、黒山鬼窟裏《こくさんきくつり》に向って活計《かっけい》を作《な》すことを」と。挙《こ》し了《おわ》って云《いわ》く、尽方《じんぽう》、尽界《じんかい》、一明珠《めいじゅ》、日月星辰《にちげつせいしん》、兎烏《とう》に似たり。団圝《だんらん》を会《え》せんと要せんに、如し会せずんば、黒山鬼窟好功夫《こくさんきくつこうくふう》なり、と。

現代語訳：全世界を把握したうえで出発し、全世界を把握して修行する。全世界を把握して自分の心を明らめ、全世界を把握して身心を透脱し、全世界を把握して考えを一新する。昔の話を取上げる。ある僧が玄沙師備に訊ねたことがある。「和尚、あなたはかつて全世界は一個の輝かしい珠玉であるといわれましたが、どうすれば私に理解できるでしょうか」。玄沙が言った。「全世界は一個の珠玉だ。それを理解してどうなるというのかね」。玄沙は後日自分からその僧に訊ねた。「全世界は一個の輝かしい珠玉だ。お前はどう理解できたかね」。僧は前に玄沙に言われたとおりに答えた。すると玄沙は言った。「お前が怪しげなもののうようよしている無明の世界で暮しをたてていることがわかったよ」。昔の話を終えて和尚が言った。あらゆる方角、あらゆる場面が挙って一個の輝く珠玉となる。太陽や月や星も、兎や烏のように生きている。全世界と珠玉の相似性を理解できないものにとっては、怪しい無明の世界に住んでみるのも（そのありがたみがわかり、自分自身に備わった光明や明珠に気づくので）有効である。

しかし、このように新味を帯びた仏道であり科学である上堂も二回かぎりで終わります。弟子が喜ばなかったか、よい反応を示さなかったのでしょう。上堂のペースも落ちます。通常、上堂は五日に一回行われていたのですが、一〇五が八月六日で一〇九が十月一日ですので、二週間に一回程度になっています。上堂語一〇八と一〇九は、七言絶句の詩が一篇読まれるだけです。どちらも珍しく元気で威勢のよい詩です。これまで暴力や衝突を控えるように言い続けてきた道元とは思えない詩です。

上堂語一〇八

上堂に、云く、従来の諸仏祖《しょぶつそ》を超越《ちょうおつ》す。南北及び東西に関《あずか》らず。風雲感会《ふううんかんえ》して糊餅《こべい》を喫《きつ》す。打聖《たしょう》、打《た》賢《けん》、打一斉《たいっせい》なり、と。

現代語訳：過去の仏祖を乗り越える。東西南北おかまいなしだ。その気配に風雲が寄り集って、餅を食べる。聖を打ち負かし、賢を打ち負かし、一斉に殴ってやれ。

上堂語一〇九

開炉《かいろ》の上堂に、火炉《かろ》、今日大開口《きょうだいかいこう》、諸経《しょきょう》の次第文《しだいもん》を広説《こうせつ》す。寒灰《かんぱい》と鉄漢《てつかん》とを錬得《れんとく》して、心々片々《しんじんへんぺん》、目前《もくぜん》に殷《あか》し、と。

現代語訳：十月一日の開炉の上堂。今日は炉が大きく口を開いて、いろんな経文を次第を追うてつぶさに説く日だ。冷えた灰を練り上げて、鉄の男をつくりあげる。皆の鍛えられた心が私の目の前で燃えさかるのだ。

一〇五の如浄語録で仏法を伝える使命に目覚め、一〇六と一〇七で初心に帰って弟子たちの指導にあたった道元ですが、達磨宗の弟子たちはそれでも態度を改めなかったために、勇ましい言葉を連ねて厳しい指導を呼びかけているようです。『廣録』のどこを探しても、このような荒々しい詩はありません。これがどのような結果を招くことになるのか、次の上堂語が伝えます。

惜しまれる僧海首座と慧顗上座の死

仁治三年、晩秋の冷たさを増した風が吹く頃、まず慧顗上座が亡くなり、続いて興聖寺時代を通じて道元が手塩にかけて育てた首座の僧海が亡くなります。二十七歳の若さでした。

日本達磨宗の集団入門の後、彼らの不真面目な修行や学習ぶりに道元も古くからいる弟子たちも悩んでいました。如浄語録が届いたとき、道元は如浄の厳しい指導を思い出したはずです。

「如浄は、自ら率先して、夜は二更の三点（午後十一時頃）まで坐禅をし、朝はまだ暗い四更二点（午前二時半頃）には坐禅していた」。「如浄は厳しい坐禅を修行僧たちにも課した。坐禅中に居眠りをしている僧がいると、如浄は拳や自分の履いている木靴を脱ぎ、それですさまじい勢いで打ちつけた。それでもなお眠る者がいると、住持の雑用をする僧である行者《あんじゃ》を呼び、照堂の鐘を思い切り大きく鳴らさせ、蝋燭をあかあかと点させて眠気を覚まさせた」。（永平の風）

如浄の厳しい指導の思い出が血気盛んな詩に表され、詩に込められた道元の意を汲んだ二人が、達磨宗の弟子たちに身体的接触も含む厳しい指導を行い、逆恨みされて死に至る傷を負ったか、あるいははずみで命を落とした可能性があります。日本達磨宗は武装組織をもっていた宗派ですので、道元のもとで平和に修行していた慧顗や僧海は太刀打ちできなかったのでは。

開炉の上堂語一〇九に続く上堂語一一〇が亡くなった慧顗上座のための上堂、続く上堂語一一一と一一二が亡くなった僧海首座のための上堂です。どうして二人が同じ頃に亡くなったのか、何があったのか、死因や背景を書ける状況になかったのでしょう。

上堂語一一〇

亡僧慧顗《ぼうそうえき》が為《ため》の上堂に、云く、一華開五葉《いっけかいごよう》、死《し》を打《た》し、生《しょう》を打《た》す。結果、自然《じねん》に成る。仏《ぶつ》と作《な》り、祖《そ》と作《な》る。慧顗上座《えきじょうざ》、恁麼《いんも》の面目《めんもく》を得《え》たり、也《また》、未《いま》だしや。還《また》、委悉《いしつ》すや。娑婆《しゃば》の皮一枚《かわいちまい》を巻却《けんきゃく》す、万年一念《まんねんいちねん》、直《じき》に須《すべか》らく灰《はい》なるべし。箇《こ》の中の仏祖《ぶっそ》、競頭《きょうとう》して現《げん》ず、閻老《えんろう》・業鬼《ごうき》、作仏《さぶつ》し来《きた》る、と。

現代語訳：（亡くなった慧顗のための上堂語。）花一輪開けば五弁となるように、死と生はひと続きだ。教えは自然と実を結び、仏や祖が生まれる。慧顗上座はそれがわかったか。娑婆世界のできことは万年と一瞬に違いはなく、すべてはたちまち灰になる。だが仏祖はこういうはかない現実のなかに競って現われる。

閻魔大王や業鬼も仏として現われるのだ。

上堂語一一一

亡僧《ぼうそう》、僧海首座《そうかいしゅそ》の為《ため》の上堂に、彼《かれ》の終焉《しゅうえん》の頌《じゅ》を挙《こ》するに曰《いわ》く「二十七年、古債《こしゃく》、未《いま》だ転《てん》ぜず。虚空《こくう》を踏《とう》翻《ほん》して、投獄《とうごく》すること箭《や》の如《ごと》し」と。師、挙《こ》し了《おわ》って云く、夜来《やらい》、僧海《そうかい》枯《か》れぬ。雲水《うんすい》、幾《いく》ばくか嗚呼《ああ》す。徹《てつ》底《てい》、汝《なんじ》、見《まみ》ゆと雖《いえど》も、胸に満《みつ》る涙、湖《みずうみ》を鎖《とざ》す。昨《さき》に一払《いちばつ》を拈《ねん》じて魂魄《こんぱく》を打《う》つ。一語、臨行《りんこう》して、蘇《そ》を待《ま》たず、と。

現代語訳：亡僧、僧海首座のための上堂。僧海の辞世の偈を挙げられた。「生を享けること二十七年、過去世の業債はまだ償えなかった。虚空を蹴倒して足場が外れ、矢の勢いで地獄に堕ちる」。師はこれを挙げ終わって言われた。昨夜、僧海は死んだ。雲水は嘆き悲しんだ。海の底に行ったお前が見えるが、胸に溢れる涙で湖が塞がっている。昨日、ひと振りの払子でお前の魂を打ったが、この一語はあの世にいくお前についていく。

上堂語一一二

僧海首座《そうかいしゅそ》が為《ため》に又《また》上堂す、挙《こ》す。趙州道《じょうしゅういわ》く「一見老僧《いっけんろうそう》の後《のち》、更《さら》に是《これ》、別人《べつじん》ならず」と。師乃《すなわ》ち云《いわ》く、一見老僧、旧面《きゅうめん》に非《あら》ず。生前《せいぜん》、未《いま》だ一叢林《そうりん》を出《いで》ず。風寒《ふうかん》、菓落《かお》ち頭脳《ずのう》を換《か》う。水沫《すいしゅ》、身《み》と為《な》す、雲《くも》、是《これ》、心《しん》、と。

現代語訳：僧海首座のために再上堂。公案を挙げて言われた。趙州は「私に一度会ったからといって、別の人間になるわけでない。」と言った。師は言われた。僧海は私に一たび会った後、いままでの面目を改め、生前、叢林を一度も出なかった。風が寒く木の葉が落ちる季節に姿を変え、水沫を身とし雲を心とした。

道元がもっとも大切にしていた二人の弟子は、なぜ死んだのか。誰に責任があるのか。道元は血気盛んな詩によって厳しい指導へと導いた自分を責めたことでしょう。如浄語録が到来してから、僧海と慧顗が亡くなるまでの流れが見えやすい上堂語の配列は、道元の自責の念の現われでしょう。

閑居の時と名づけられた深草時代の頌（巻十、六九）に三句目で「忘れ難き事有り」と詠う一首があります。この忘れ難き事とは、慧顗と僧海のことであり、心を明かすことができる弟子を喪い、道元は雨音を聞きながら一人涙していたのだと思います。

生《しょう》死《じ》憐《あわ》れむべし休《きゅう》して又起《またおこ》る
迷《めぃ》途《と》覚《かく》路《ろ》夢《む》中《ちゅう》に行《ゆ》く、
然《しか》りと雖《いえど》も尚忘《なおわす》れ難《がた》き事有《ことあ》り
深草《ふかくさ》の閑居夜雨《かんきょやう》の声《こえ》。

現代語訳：人間の生き死にははかないもので終わりかと思えばまた始まる。迷いも覚りも夢の中のできごとのようにはかないものだ。そうはいっても、どうしても忘れられないことがある。深草に一人で聞いた夜の雨音。

また、同じく偈頌のなかの山居一五首の最初（巻十、九九）に、静かな山の生活で法華経を読んでいるのだが、深まった秋に夜の雨音を聞くと、憎愛の念がどうしてもわいてくるという頌があります。越前に移った後も、二人を死にいたらしめた自分を責めていたのかもしれません。

幾《いくば》くか悦《よろこ》ぶ山居《さんきょ》尤《もっと》も寂莫《じゃくばく》なり、
斯《こ》れに因《よ》って常《つね》に法《ほ》華《け》経《きょう》を読む、
専精《せんしょう》樹《じゅ》下《げ》何《なん》ぞ憎愛《ぞうあい》せん、
妬《ねた》ましきかな秋深《あきふか》き夜《よる》の雨《あめ》の声《こえ》。

現代語訳：ひと声のせぬ山中の静けさは、私が願い嬉しく思うものだ。そこで私はいつも法華経を読む。木陰で精神凝らして読み続けると、愛憎など起るわけがないと思うのだが、秋が深まり雨音を聞く夜にはどうしてもわいてくる。

3　波多野義重の誘いを受けて越前下向を決意

道元を経済的に支えた鎌倉武士：覚念と義重

上堂語一一三は、全機を論じています。上堂の時期は仁治三年の冬至の前です。正法眼蔵・全機第二十二が、京都の六波羅密寺にある波多野義重の私宅で示衆されるのが十二月十七日ですので、その直前だったのでしょう。僧海追悼の上堂から二か月近く上堂がないまま経過しています。大切な弟子二人を失って失意にあった道元の気分転換をはかるために、義重は道元を京都の六波羅蜜寺に招いたのであり、この上堂語は示衆の予行演習だったと思います。このとき義重は道元を越前の所領に招いたのではないでしょうか。

上堂語一一三
上堂に、云く、全機《ぜんき》の活眼《かつげん》、機先現成《きせんげんじょう》す。牙《きば》は剣樹《けんじゅ》の如し、口は血盆《けつぼん》の如し、と。
現代語訳：あらゆる機能を発揮するためには、はじめからそれぞれができてなければならない。牙は剣の樹のように、口は血まみれの皿のように。

正法眼蔵の示衆が叢林の外で行われたのはこの「全機」と翌年四月二十九日にやはり六波羅蜜寺で示衆された「古仏心」だけです。波多野義重は、左金吾禅門覚念とともに、六波羅出仕の鎌倉武士であり道元を経済的に支えました。波多野義重も覚念ももともとは関東武士ですが、ともに越前に所領をもっていて、道元を越前に招き、大仏寺（のちに永平寺に改称）の法堂、僧堂などを建立しました。もしかすると、もともと二人は日本達磨宗を支援していたのかもしれません。道元示寂後の三代相論では、義演ではなく、義介の側を支援しました。

建長五年八月に病状の思わしくない道元を京都に招いて治療を受けさせたのもこの二人であり、八月二十八日に道元が示寂したのも高辻西洞院《たかつじにしのとういん》にある覚念の邸宅でした。どうして覚念がここに屋敷を構えていたのかわかりませんが、現在、道元示寂の地の石碑が建っているところは、菅原道真の生家にある菅大臣天満宮の鳥居のすぐ近くです。道元は、菅原道真の霊に守られていて、覚念は天神様のお使いだったのでしょうか。

示寂の地、京都市中心部の高辻西洞院にある俗弟子覚念の屋敷跡。菅原道真のお屋敷跡に祀られている菅大臣天満宮はそのすぐ近くにある。

年が明けて、寛元元年（一二四三）三月一日に閉炉の上堂（一一二二）をして、その次の上堂語一一二三は、波多野義重から越前下向を誘われたことに対する道元の決断をものがたります。夢の中に観音様が現われて、道元に饅頭を買いたいという。道元が銭は持ってきたのかと聞くと、銭は持って来ずと言う。道元が、では銭は持って来ていないわけだね。持って来て買うかね、というと、それに相手は答えず、また、買いたいのです買いたいのです、という。この話をしてから七言絶句で、「観音菩薩出頭して来る。大地山河、死灰ならず。常に念う、須らく知るべし、三月の裏、鷓鴣啼く処、花開く」と詠じます。深山幽谷の越前であっても、鳥が啼き花咲く処に仏法は現成し、観音様がお守りくださる。迷わず越前に行けという観音様のお告げがあったのでしょう。

上堂語一二三

上堂に。鈍置《どんち》一枚《いちまい》、厚さ三寸《さんずん》。顚倒《てんどう》三条《みすじ》、長さ五尺《ごしやく》。山僧《さんぞう》、夜来《よごろ》、虚空《こくう》を打《う》って一頓《いつとん》す。拳頭痛《けんとうつう》せず、虚空痛《こくうつう》を知る。大地、競頭《きようとう》し来《きた》る。糊餅《こべい》、面目《めんもく》と為《な》す。忽《たちま》ちに、一人有《いちにんあ》って山僧《さんぞう》に向《むか》って道《い》う。「吾《われ》、糊《こ》餅《べい》を買《か》わんことを要《よう》す」、と。山僧《さんぞう》、他《かれ》に向《むら》って道《い》う。「你《なんじ》は是《これ》、什麼人《なにびと》ぞ」と。他《かれ》、山僧《さんぞう》に向《むか》って答《こた》う。「吾は是、観音菩薩《かんのんぼさつ》、張《ちよう》は姓《せい》、名《な》は李《り》」と。山僧、他に向って道ふ。「你、銭《ぜに》を将《も》ち得《え》て来《きた》るや」と。他道《かれいわ》く「銭《ぜに》を将《も》ち得《え》ずして来《きた》る。」吾《われ》、他《かれ》に向《むか》って道《い》う「銭《ぜに》、既《すで》に将来《しようらい》せず、将《また》、買《か》うことを得《え》てんや、也《また》、無《いな》や」と。他《かれ》、対《こた》うること無《な》し。他《かれ》、又《また》、道《いわ》く。「買うを要す、買うを要す」と。還《また》、這箇《しやこ》の道理《どうり》を委悉《いしつ》すや。良久《りようきゆう》して云《いわ》く、観音菩薩出頭《かんのんぼさつしゆつとう》して来《きた》る。大地山河《だいちさんが》、死灰《しかい》ならず。常に念《おも》う、須《すべか》らく知《し》るべし、三月《さんがつ》の裏《うら》、鷓鴣《しやこ》啼《な》く処《ところ》、是《これ》、花開《はなひら》く、と。

現代語訳：厚さ三寸の坐蒲の上に、五尺の身を置いて坐っているとき、私は昨晩虚空を一度打った。拳は痛くないのに、虚空が痛がった。すると大地がやってきたが、糊餅を求めてのことだった。そのうちの一人が私に向って「私は糊餅を買いたいのです」というから、私は「君はいったい何者だ」というと、彼は「私は観音菩薩である。姓は張、名は李です」と。私は「君はお金をもってきたのか」、彼「お金はもってきませんでした」、私「お金をもってこないで、買うことができようか」。彼はそれには答えないで、「買いたいのです、買いたいのです」と。この道理を諸君は理解できるかな。しばらくして言われた。観音菩薩がおいでになると、大地に生命がよみがえる。いつもこのことを念頭において、三月中鷓鴣が鳴けば、そこにはきっと花が咲くと心得なさい。

寛元元年四月二十九日に波多野義重のために六波羅蜜寺で示衆された眼蔵「古仏心」は、「天童の屋裏に古仏あり、古仏の屋裏に天童ある」と、天童古仏は自己の意識のなかに生きていてともにいることを確認し、「諸仏以前に古仏心花開す、諸仏以後に古仏心結果す、古仏心以前に古仏心脱落なり。」と結びます。京を離れ越前に下向しても、古仏とともに、古仏そのものとして生きるぞという宣言と受け取れます。

古仏心示衆からわずか一週間後の寛元元年（一二四三）五月六日未明、比叡山の僧兵たちがいきなり興聖寺に押しかけ、道元に退去を呼びかけ、法堂と僧堂の一部を破壊します。被害はそれほどでもなかったということですが、越前下向を急ぐことにつながりました。

越前下向は日本達磨宗の計画

なぜ懐鑑は二人を死にいたらしめたのでしょうか。達磨宗ははじめから道元を越前に連れて戻ると計画していて、その際に僧海と慧顗は邪魔という報告を懐奘から受けていたのだと思います。だから達磨宗は、道元に入門した直後から、古い弟子たちとわざと対立していたのであり、二人と衝突するきっかけを待っていたのです。如浄語録が到来して、道元の意向を反映して僧海首座と慧顗上座がそれまでとはちがって厳しい指導をするようになったとき、達磨宗の弟子たちは、厳しい指導に対するはずみで起きた事故に見せかけて、二人を私刑に処した可能性があります。

日本達磨宗がはじめから道元を越前に連れていくことをもくろんでいたと考えると、様々なことの説明がつきます。もともと日本達磨宗が法を嗣いだ拙庵徳光は臨済宗だったため、栄西と同じ法系となり、権力中枢に近いところにいる栄西の宗派から攻撃や支配を受ける可能性がありました。臨済宗と共存するためには、法系が別の曹洞宗を名乗ることが得策だと判断して、道元を開祖として越前にお連れする作戦に出たのでしょう。

永平寺は、日本達磨宗の本拠地である波著寺と尾根ひとつ隔てて山の反対側の北向き斜面に建てられました。二つの寺は直線距離にして五キロメートルほどしか離れていません。波著寺のある山の裏に寺を建てて、道元に開祖となってもらうことで臨済宗から曹洞宗へと中国の法系を変更し、第二世以降は日本達磨宗出身者が曹洞宗を引き継ぐという計画だったと思われます。そのためには僧海や慧顗が道元の法嗣になっては困るのです。入門しても熱心に学ばず風紀も乱し、わざと波風を立てて弟子集団の中で対立を生んだのは、越前に連れていきたくない弟子を排除し、道元の法嗣となる可能性をもつ僧を抹殺するきっかけを待っていたのでしょう。

寛元元年四月に比叡山の僧兵を名乗るものたちに興聖寺を襲撃させたのも、道元の気持ちを焦らせて、できるだけ早く越前に戻るためだったかもしれません。道元を経済的に支えた波多野義重と覚念が、もともと関東武士であったにもかかわらず、越前に知行地をもっていたのは、日本達磨宗と関係していたからかもしれません。覚念の覚の字は覚晏と同じ、義重の義の字は義介や義尹と同じで、達磨宗の法名だった可能性があります。後に義重が大蔵経を寄進した（V．6 上堂語三六一、三六二）のは、懐鑑が病に倒れたとおぼしき頃でした。

仁治二年春に深草興聖寺の道元教団に参加した日本達磨宗は、二年後の寛元元年（一二四三）七月に道元とともに越前に戻り、計画は成功しました。荒唐無稽にみえますが、これは越前下向後の大仏寺・永平寺での道元と弟子たちのぎくしゃくとした関係を読み解いていて自然と思いうかんだことです。

懐奘は弘安三年（一二八〇）八月二十四日に八十三歳で亡くなります。遺偈は、罪の意識にみちみちているだけでなく、僧海の遺偈にある語句「蹈翻虚空」が詠みこまれています。一生の罪とは、懐鑑ら達磨宗の偽装入信を内部から手引きしたことであり、とくに道元の法嗣僧海を計画的に死に至らしめたことをもっとも罪深く感じていたのでしょう。虚空に蹈翻して、いよいよ君のもとに行くよと、僧海に語りかけたのかもしれません。

八十三年夢幻《むげん》の如し。
一生の罪犯《ざいほん》、彌天《みてん》を覆ふ。
而今足下無絲《じこんそっかむし》に去る。

虚空《こくう》に蹈翻《とうほん》して地泉《ちせん》に没《ぼっ》す。

現代語訳：八十三年の私の人生は夢や幻のようである。一生ずっと罪を犯していた。今、私の足元には何もない。虚空を蹴倒して地獄に堕ちよう。

一廣録読者として私は、僧海と慧顗の二人が興聖寺で亡くなったことを残念に思います。二人がいれば、廣録はもっと刺激的で面白いものになっていたでしょう。たとえば上堂語一一は、弟子が道元の言葉に対応した珍しい例です。道元は「諸仏同参し、自己同参せず」（仏たちと同じ考えをもち、自分の考えに縛られないこと）と教えたあと、「這箇の因縁を以て、一円の団子と作し、諸仏諸祖を供養せよ」（この話の意味合いを何か丸いものにつくねて、供物として仏たち祖師たちに上げなさい）と言います。するとそれで悟るところのあった僧が三人いて、「一人は云ふ、曼陀曼珠沙華もて供養せんと。一人は云ふ、海岸の六銖の香もて供養せんと。一人は云ふ、頭目髄脳もて供養せんと。」と答えています。道元門下にも、師と問答ができる弟子はいたのです。この三人のうちの二人が僧海と慧顗だったと思います。上堂語七二で「出でて礼拝」した僧も、上堂語九二・九三で悟りを得た人物も、僧海か慧顗だったでしょう。僧海と慧顗が死んだ後、師と弟子の問答は、即心是仏をめぐっての上堂語二四三（Ⅵ．4参照）以外に生まれていません。二人が生きていたら、廣録には師と弟子の問答が収録されていたことでしょう。

しかし、僧海に嗣法できなかった（あるいは嗣法したが早逝した）ために道元は言語情報を体系化して仏法を伝えるという大事に踏み切ったのです。二人の死も仏縁だったといえます。

道元は僧海のために二回上堂しました。廣録全体をみても、同じ人のために続けて二度上堂した例は、僧海首座以外にはありません。道元はよほど悲しかったし悔しかったのでしょう。しかし道元は感情の人でもありましたが、論理の人でもありました。二回の上堂は道元の失意の深さも表しますが、二人の死を特別扱いしてほしいというメッセージになっています。

さて、本書では偽書(論理的雑音)の扱いである『正法眼蔵随聞記』には、「嘉禎二年臘月除夜、始て懐奘を興聖寺の首座に請ず。」(岩波文庫第四5、ちくま学芸文庫第五、四)という章があります。この記述がもし正しくて、仁治三年に僧海が首座であることも正しいとすれば、首座は懐奘から僧海に交替したことになります。あるいは、随聞記の記述が虚偽であり、嘉禎二年に懐奘は首座にならなかったとも考えられます。私は後者と考えます。

越前下向と吉峰寺仮寓時代正法眼蔵示衆

寛元元年七月七日に道元は興聖寺での最後の正法眼蔵として葛藤を示衆します。深草を去るにあたり、興聖寺の後事を義準と詮慧に託します。義準は達磨宗の懐鑑の弟子でしたが、道元のそばで書状侍者として、道元の往復の手紙や文章などの草案や書状に関する一切を処理していました。

夏安居が終わった七月十七日、正師如浄の命日に、道元は十年余住み慣れた深草の地を数人の弟子たちとともに離れ、越前志比庄への旅の途につきます。ほぼ七日あまりで越前志比庄についた道元一行を、波多野義重が迎えます。一行は義重の知行地にある古寺吉峰寺《よしみねでら》に掛錫します。

興聖寺を離れてから大仏寺が落成した翌年の夏安居までのおよそ二年間、道元の上堂はありません。上堂こそは、住職の正式の説法です。いたずらに語句を重ねるのではなく、簡潔な語句の中にすべてを込めて説示するものです。そのためには、聞くほうの側が、その仏法に対しての正確な理解をもつ必要があります。道元は、上堂を理解させるために、さらなる和語による正法眼蔵各巻の説示が必要であると考え、吉峰寺ではそれまでにないすさまじい勢いで正法眼蔵の示衆をします（「永平の風」）。正法眼蔵七十五巻のうち三十一巻が、寛元元年閏七月から寛元二年三月にかけて、わずか九か月の間に示衆されました。一日に二巻が示衆されたこともありました。眼睛第五十八と家常第五十九は、どちらも寛元元年十二月十七日に禅師峰で示衆されています。山寺の吉峰寺は雪に埋もれてしまい、大野盆地にある禅師峰に移動したのでしょう。如来全身第六十五と三昧王三昧第六十六はともに寛元二年二月十五日に吉峰精舎で示衆されています。

発信する道元は大丈夫だとしても、受信する弟子たちはついていけたのでしょうか。越前で示衆された正法眼蔵には、興聖寺時代に示されたダイナミックな思考の飛躍や想像も及ばない思考展開がありません。興聖寺時代には、道元の話に食い下がってくる勉強熱心な弟子がいたのに、越前にはいないことも影響したでしょう。

ここでの示衆の内容には、禅宗批判や日本達磨宗が法を嗣いだ宋の臨済宗楊岐派の大慧宗杲の具体的な批判が行われていることが特徴です。たとえば仏道・第四十四（寛元元年九月十六日、吉峰寺示衆）における禅宗という呼び方の否定。「西天東地従古至今いまだ禅宗の称あらざるをみだりに自称するは仏道をやぶる魔なり、仏祖のまねかざる怨家なり」という表現がそれです。あるいは仏経・第四十七（寛元元年九月、吉峰寺示衆）は経典の大切さを説き、教外別伝を否定します。

吉峰寺に仮住まいした時期、いったい何人が正法眼蔵の示衆を受けていたのかはわかりません。場所も狭

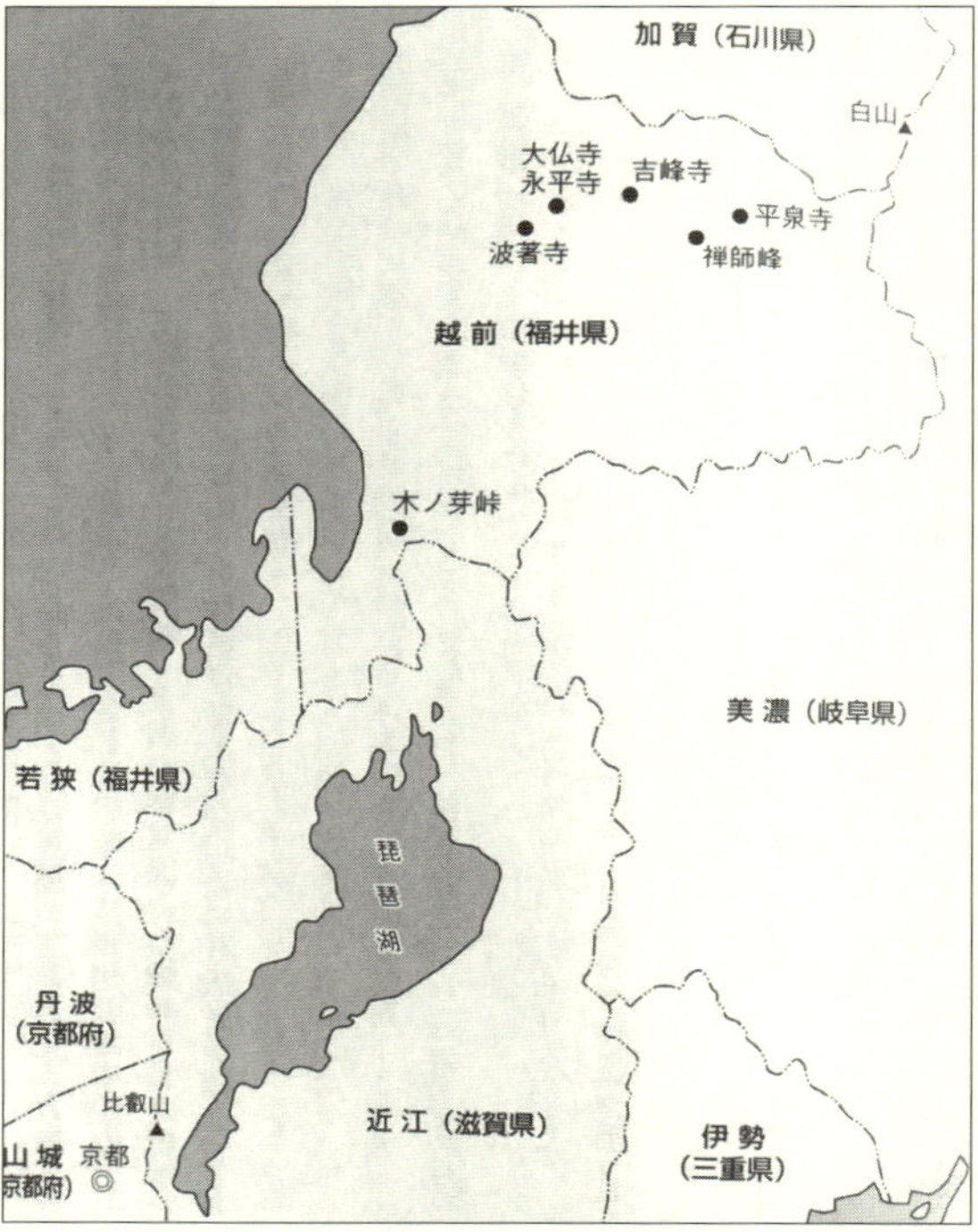

永平寺周辺の道元ゆかりの地（「道元読み解き事典」より）

かったでしょうし、勉強嫌いな弟子たちは寄り付かなかったと思われます。側に残っていたのは、寂円、懐奘、義介、もしかすると懐奘の配下で書記を手伝っていた義演。それほど多くなかったと思われます。

なぜ道元は弟子たちに禅宗と呼ぶことを否定し大慧宗杲を批判したのでしょうか。道元は、弟子たちに禅宗や達磨宗の過ちをきちんと認識してもらい、世尊から法を受け嗣いでいる自分の弟子としてまじめに修行してもらいたかったのではないでしょうか。

道元の願いは、一部実現しますが、最終的には実現しませんでした。懐奘亡きあと、道元の教えを守るべきだとする義演派と、日本達磨宗の流儀を貫こうとする義介や義尹らの間で、三代相論がおきたのは、その表れです。道元との約束を裏切った懐奘と義介には、痛々しい自責の念や自己欺瞞を感じさせる自賛と遺偈が残されています。一方、義演や義準には遺偈も自賛も残っていません。宗派内で完全に抹殺されたのでしょう。

寛元二年二月、道元は四日に祖師西来意、十二日に優曇華、十四日に発菩提心、十五日には如来全身と三昧王三昧の二巻、二十四日に三十七品菩提分法、二十七日に転法輪という驚くべき数の正法眼蔵を吉峰寺や深山で示衆します。そして二十九日に自証三昧、三月九日に大修行を示衆します。道元があえて達磨宗に喧嘩を売るためのように自証三昧と大修行を示衆したのは、それまでおぼろげに感じていた達磨宗に対する疑念を、はっきりさせるためだったかもしれません。

二月二十五日の菅原道真公の命日に道元が詠んだ詩が廣録巻十に収録されています。「建撕記図会」（石龍木童訳注、国書刊行会、二〇〇〇年。この本は卍山本の廣録に依拠しており、慧顗や僧海の死についても触れておらず、どこまで信用できるのかはまだよくわかりませんが）によれば、道元はこの日、吉峰寺と同じ谷にある天神宮に参篭しました。子供のころ住んでいた松殿山荘にも学問の神様である天神様のお社はあり、漢詩文に長けていたこと、梅の花を愛すること、道元の「道」の字も道真公と同じということもあり、天神様は道元の守り神だったと思われます。ましてや、半年前に都落ちして越前に移り住んだことで、大宰府に左遷された道真の気持ちをより身近に感じていたことでしょう。

天神宮に参篭した道元は、これまでを振り返ります。わずか一年数か月前に深草でもっとも大切にしていた僧海首座と慧顗上座を失い、前年の七月に達磨宗の弟子たちとともに京を離れて越前にやってきました。波多野義重と左金吾禅門覚念のおかげで新しい寺が建立されることになっていて、一週間前の二月十九日には、大仏寺の整地が行われ立派な法堂を建てる工事が始まりました。京からも鎌倉からも遠い辺鄙な土地に、もうすぐ立派な修行道場ができあがる。

興聖寺時代から示衆を続けた正法眼蔵は六十九巻まで出来上がり、自分の仏法はほぼ体系化できた。しかし、肝心の自分が嗣いだ仏法を伝える弟子がいない。越前に下向してから、当地で弟子たちに、禅宗の誤り、経文の大切さを懇切丁寧に教えているのに、彼らはまじめに修行や学習するつもりがない。

私はこれからどうすればよいですか。道真公に向って、道元はこのように問いかけたはずです。道真公の霊と一体化することを願って、参篭したのでしょう。道真が十一歳のときに月の夜、梅の花を見て詠んだ五言絶句は道元がそらんじていたものだったのでしょうか。その道真公の漢詩の韻を踏んで、七言絶句を作ることで、道元はさらに道真公への接近を試みました。

そして、そこで得られた答えは、何も恐れる必要はない、一か八かやってみなさい。もっとはっきりと宗杲を批判し、もっとはっきりと達磨宗の野狐禅を批判して、弟子たちがどういう態度に出ようが構わない。

お前はお前の正しいと信ずる仏法を語りなさいということだったと想像します。

廣録第十・頌第七十八

此《こ》れ自《よ》り已後《のち》、皆、越州《えつしゅう》に在《あ》って作《さく》す。

天満天神の偉辰《いしん》、月の夜、梅花を見る、本韻を次ぐ。

斉衡《さいこう》二年天神年十一歳、月夜梅花を見て、始めて志を言う。其の詞に云く「月耀晴雪《げつようせいせつ》の如し、梅花《ばいか》照星《しょうせい》に似たり、憐《あわれ》むべし金鏡《きんきょう》の転《めぐ》って、庭上《ていじょう》に玉房《ぎょくほう》の馨《こうばし》きことを」

春松《しゅんしょう》何ぞ怕《おじ》ん厳冬《がんとう》の雪《ゆき》、
老樹《ろうじゅ》の梅花《ばいか》飛んで星に似たり、
天上人間三界《てんじょうじんかんさんがい》の裡《うち》、
眼睛鼻孔幽馨《がんせいびくうゆうきょう》を見る

現代語訳：厳しい冬の雪を、春を迎える松がどうして怖がるだろう。梅の老木の花が点々と飛び散ったように咲いたところは星さながらだ。天上界だ人間界だといってみても、それは三界のうちであり、眼がほのかな香りを嗅ぎ、鼻が香りのもとの花を見る。

吉峰寺での正法眼蔵の示衆は、二月二十九日の自証三昧と三月九日の大修行第六十八で終わります。この後、寛元二年三月から約一年間、示衆も上堂もない、何も活動記録のない空白の期間になります。

4　弟子たちと日々の闘い、大仏寺　廣録第二

空白の一年間、道元は何をしていたのか

三月から七月まで吉峰寺の最後の四か月間、示衆はありません。また、大仏寺に入寺してからも、翌寛元三年三月六日の虚空第七十、三月十二日の鉢盂第七十一まで八か月間示衆がありません。正法眼蔵によって、弟子たちに仏法に対する正確な理解を与えるという道元の計画はひとまず完成したのです。上堂語も寛元元年七月に深草興聖寺を出たあと、寛元三年夏安居まで約二年間ありませんので、この一年間は道元としては珍しく示衆と上堂の活動記録がない期間です。

道元は、示衆や上堂に対して何の反応もない、まったくわからないのにそれを恥じない弟子たちから解放されて、仏法を伝える手段を求めて再び行脚に出かけたのかもしれません。一体、覚りを得る人と得ない人の違いは何か、覚りを得るのはどのような時なのか、惰性的に続く日常性が破られるのはどのような契機によるのか。日ごろから自分はもう十分に知っていると思っている人が、いや、自分はまだ十分に知っていない、もしかしたらもっと多くの知恵や知識を得ることができるかもしれないと思うためには、何が必要か。

現代の認知科学でもまだそこまで到達していない知と不知の境界線を越える法則、契機を求めて、道元は語録や経文を読み、白山修験道、吉峰寺や大仏寺の周囲の山や沢をさまよい歩いたのではないでしょうか。

そうして得られた成果が、正法眼蔵・虚空第七十に表されています。（Ⅵ．5参照）

大仏寺が落成した翌年、道元に期待して全国から学僧たちが集まってきました。廣録・第二は「師、寛元《かんげん》二年甲辰《こうしん》七月十八日に於《お》いて、当山《とうざん》に徒《うつ》る。明年《みようねん》の乙巳《おつい》、四方《ほう》の学侶《がくりよ》、座下《ざげ》に雲集《うんしゆう》す」で始まります。詮慧は京都に残ったので、侍者懐奘が廣録第二～四の書記となります。上堂語一二七は大仏寺に移ってから九か月が経過した寛元三年の夏安居開始の上堂語です。

続く上堂語一二八（Ⅲ．6参照）も夏安居中の夜に、わが国初の晩参として語られたものです。道場が大きいか小さいかは、寺の建物が広いか狭いかではなく、修行僧が多いか少ないかでもない。たとえ雲水の数が多くても、仏智を得ようと励むものがいなかったら、実は小道場にすぎない。たとえ寺が小さくても、そういう修行者がいれば大道場であるといいます。そして、徳山の「我が宗は語句無し」と丹霞の「我が宗は語句有り」を紹介したうえで、自分は「我が宗たる、唯語句のみ。」と言い切っています。禅は不立文字だ、教外別伝だと思っていたら、道元を見誤ります。道元の思想は、真逆なのです。

この「唯語句」が、略録や卍山本廣録では「語句無し」に改ざんされています。しかし、道元は弟子が改ざんをすることを予測していました。少し後の上堂語一三一の最後で道元は言います。

上堂語一三一

（略）又《また》、問《と》わん、即今関捩子《そつこんかんれいす》、又、且《しばら》く如何《いかん》、と。即《すなわ》ち、他《かれ》に向《むか》って道《い》うべし、一人虚《いちにんきよ》を伝《つた》うれば、万人実《ばんにんじつ》として伝《つた》う、と。

現代語訳：（略）今の障碍はどんなもので、それをどうするべきでしょうと訊かれたら、こういってやる。
一人がまちがいを伝えると、万人がそれを本当のこととして伝える。

いわゆる伝言ゲームにみられる現象で、誰かが途中でメッセージの内容に嘘や誤りを混ぜたら、そこから後の人たちは嘘を本当だとして伝えるようになる。すでに寛元三年（一二四五）の時点で道元は自分が死んだ後でテキストが改ざんされることを恐れていて、どうすればよいかと悩んでいたのです。

せっかく新しい寺の建物に移ったのに堂内にどこか冷たい雰囲気が漂っていました。道元は弟子たちに、寺の中でお互いに挨拶をきちんとしなさいと語っています。これは異常です。こんな初歩的なことを上堂で語る必要があったことに驚きます。道元が弟子たちと話ができる唯一の機会が上堂だったということでしょうか。全国から雲集した学侶たちはいったいどんな修行をしていたのでしょうか。ここで挨拶をせよというのは、弟子同士の話でしょうか、道元と弟子の間でしょうか。廣録巻一は古参派と新規加入派の弟子の派閥抗争でしたが、廣録巻二では道元と弟子の亀裂を感じます。

道元は「我が宗は唯語句のみ」（上堂語一二八）と語って言語の重要性を訴え、一方で弟子たちの不勉強と怠け気を「慚《はず》べし、悲しむべし」（上堂語一三四）と強く叱責しています。いやしくも自分の弟子である以上、できるかぎりの仏法を伝えなければならないという気持ちからでしょう。でも弟子たちに道元の思いは伝わりません。

上堂語一三三

上堂に、去年の冬間《とうかん》、特に兄弟《ひんでい》に示す。若《も》し、堂内《どうない》・廊下《ろうか》・谿辺《けいへん》・樹下《じゅか》に於いて、兄弟相見《ひんでいしょうけん》の処毎《ところごと》に、互いに相い合掌低頭《がっしょうていず》して如法《にょほう》を問訊《もんじん》すべし。然る後に説話《せつわ》せよ。未だ問訊せざる前、大小の要事を相い語ることを許さず。永く恒規《こうき》と為《な》すべし、と。是《これ》、仏祖相見《ぶっそしょうけん》の家常茶飯《かじょうさはん》なり。仏祖《ぶっそ》、豈《あに》、礼儀無《れいぎな》からんや。

（略）

現代語訳：去年の冬、同志諸君に特に教えておいたことがある。山内の屋内屋外どこでも、諸君はお互いに出会ったらかならず合掌し、頭を下げ、きめられた通りの挨拶をしてから、話をしなさい、と。挨拶をしないうちにはどんな要事にせよ、言葉を交わしてはいけない。それをこれから先ずっときまりにしなさいと。これが仏祖たちが出会いの際にした日常普通の行儀だった。仏祖に礼儀がなかったということはない。（略）

上堂語一三四

（略）　山野《さんや》に曽《かつ》て才士賢人《さいしけんじん》、豊《ゆたか》なり。然《しかれ》ば則《すなわ》ち汝等雲水《なんじらうんすい》、身心《しんじん》を山野に寄せて、身心を仏道に学《がく》すべし。俗人《ぞくじん》より劣《れつ》なるべからず。朝臣《ちょうしん》に劣なるべからず。汝等《なんじら》、即今《そっこん》、いまだ人臣《にんしん》の心操《しんそう》に及ばず。寧《むし》ろ聖賢《しょうけん》の意略《いりやく》に達せんや。職《もと》として、不学《ふがく》と疏怠《そたい》とに由《よ》るなり。慚《はず》べし、悲しむべし。汝等、須《すべか》らく知るべし、光陰箭《こういんや》の如し。人命駐《じんめいとど》め難《がた》し。（略）

現代語訳：（略）　辺鄙な地方にも才士賢人は昔はおおぜいいたのだ。それゆえ君たち修行にたずさわるものは、開けていない土地に身も心もあずけて、全人格を仏智にのっとって学ばねばならぬ。未出家のひと、君主に仕えるものに負けてはならぬ。君たちは今のところ、ひとの家来でいるものたちの心掛けにさえかなわない。それでどうして聖人賢士の智慧才覚に行きつけようか。もとはといえば不勉強と怠け気のせいだ。

恥しい、情無い話だ。君たちは、時間はあっという間に過ぎ去るものだということをしかと心得ていなければならない。ひとの命は止まっていてはくれない。（略）

上堂語は永平寺の人事異動の記録も含みます。一三七は寺の庶務を総轄する監寺に謝する上堂、一三八は食事を調える典座に謝する上堂。この一三八で任務に感謝された典座は義介ということですが（鏡島　注）、人事異動に関する上堂語のなかでもっとも長く、心のこもった上堂語です。道元が義介を非常に大切に思っていたことが伝わってきます。続いて一三九は、監寺と典座を請ずる上堂。上堂語一五七では、新たに知客《しか》が任命されたことが記録されています。知客は寺を訪れる雲水（修行僧）に対応する役目です。新しい寺ができたことを聞きつけて、道元のもとを訪ねてくる雲水が増え、対応係をつくる必要があったのでしょう。

上堂語一五七は、寛元四年（一二四六）四月の浴仏上堂の二つ後ですから、おそらく同じ四月の上堂語だったと思います。「新旧の維那・知客に謝する上堂語一九〇」は、寛元四年中秋の次ですから八月後半の上堂語です。これで四月に任命された知客が八月に異動したことがわかります。道元は「我、上山して、拄杖を採らんを待つべし（また手伝ってもらうからしばらく休んでいてくれ）」といっています。維那は、禅院内の綱紀を掌る役僧です。わずか四か月で知客が更迭された理由はなんだったのでしょう。

払子を投げて下座する道元

寺のなかには不穏な空気が流れています。道元には大きな不満があったのでしょう。寛元四年（一二四六）の年が明けてから、状況はますますおかしくなります。上堂語一四四、一四六、一四八、一四九では、それぞれ最後に払子を抛り投げて説法の座をおりています。せっかく道元が仏法を伝えようと上堂しているのに、弟子たちがついてこない、居眠りするものも多かったのかもしれません。上堂してみたけれど、ダメだこりゃ、という気持ちから、思わず払子を投げたのかもしれません。

上堂語一四九では「智《ち》、自《みずか》ら到《いた》らざる処《ところ》、切忌《せっき》すらくは、更《さら》に道着《どうじゃく》することを。道着せば、則《すなわ》ち頭角《ずかく》生《しょう》ず。」（智のはたらきによって自然とわかった場合でなければ、何かとものを言ってはいけない。言えばその場で頭に角が生え、人間ではなくなる）と語り、一五〇では「仏法《ぶっぽう》は仏法《ぶっぽう》を以って批判すべし。天魔《てんま》、外道《げどう》、三界《さんがい》・六道《ろくどう》の法を以って批判すべからず。」（仏法のよしあしを論ずるには仏法によれ。天魔や異学の非仏教、三界や六道の世間の教えをもって批判してはならない）と、誤った基準によって批判しないよう注意します。因果に落ちずというと野孤になり、因果に昧からずというと本覚に目覚めるというような、修行の本質から外れた俗悪な議論が寺内で横行していたのでしょう。

上堂語一五九では、趙州と大慈の「般若、何を以て体となす」という問答を紹介して、「もし人の大仏に、般若、何を以て体をなすと問う有らんには、即ち他に向いて道わん、相随って来るや」（もし人が私に般若の本体は何でしょうと問えば、すぐにそのものに言おう。私についてきなさい）と結びます。これは弟子たちへのメッセージです。諸君は私の弟子になったんじゃないのか。もっとまじめに私の教えを聞かないか。払子を抛り投げていたのも、このことに悩んでいたためでしょう。せっかく新しい寺ができて私の教えを伝えようとしているのに、君たちはついてこない。これはいったいどうしてなのか。君たちは、私の教えを求めていたのではないのか。もし教えを求めていないのならば、私はもうここにいる必要はない。払子を投げ出した道元の心は、もうここでの指導はやめて、どこか他所に行くよ、という意味もあったと思います。

上堂語一五九

上堂に云く。嶺《みね》に生《しょう》なる雲《くも》、瑞《ずい》を為《な》し祥《しょう》を為《な》す。潙山水牯牛《いさんすいこぎゅう》、九九八十一。月《つき》、潭《たん》に在《あ》り、明有《あ》り清有《あ》り。雪峯《せっぽう》の鼈鼻蛇《べつびじゃ》、七九六十三。記得《きとく》す。趙州《じょうしゅう》、大慈《だいじ》に問う。「般若《はんにゃ》、何を以ってか体《たい》と為《な》する」と。大慈云く「般若、何を以ってか体と為する」と。趙州、呵々大笑《かかたいしょう》して、大慈、明日《みょうにち》、趙州掃地《じょうしゅうそうち》を見て「般若、何を以ってか体と為する」と問う。趙州、掃箒《そうそう》を放下《ほうげ》して、拊掌《ふしょう》、呵々大笑す。大慈、便《すなわ》ち方丈《ほうじょう》に帰る、と。師、乃《すなわ》ち云《いわ》く。大慈・趙州、只《ただ》、相似底《そうにてい》の句を道得《どうとく》して、相体底《そうたいてい》の句を道得せず。若《も》し、人あって大仏に問わん、般若、何を以ってか体と為する、と。即ち他《かれ》に向って道《い》うべし、相《あ》い随《したが》って来《きた》れ、と。

現代語訳：峯に湧き出した雲は吉祥で、潙山霊祐が百年ののち水牯牛になると言ったのは平凡だ。淵に映った月には明光と清澄とがある。雪峯義存の山にいる毒蛇をいやがらずによく見ろと言ったことなど平凡なものだ。覚えていることがある。趙州従諗があるとき大慈寰中に「彼岸に渡るのに必要な智慧の実躰はどんなものだろう」と訊いたというのだ。大慈の答えは鸚鵡返しだった。趙州は大笑いすると出て行った。翌日趙州が庭掃除をしているのを見て大慈が同じ問いをかけた。趙州は箒をほうり出し、手を打って大笑いした。大慈はすぐ方丈に戻った。（すぐ続けて和尚は言った。）大慈と趙州は、表向き似たことを言いあったにすぎず、ぴったり合った文句を言ったのではない。もし私に同じ問いをかけるものがあったら、即座にこう言ってやる。私についてきなさい、と。

上堂語一六三は、正法眼蔵・空華でも取り上げられている言葉「一翳眼に在れば空華乱れ墜つ」を取り上げて説明した後で弟子を挑発します。

上堂語一六三

(略)而今《にこん》、もし、向来《こうらい》、拈払子《ねんぽつす》の前に、翻巾斗得底《ほんきんとうとくてい》麼《ま》有《あ》らば、出来《しゅつらい》して、大仏《だいぶつ》と相見《しょうけん》すべし。如《も》し無《な》くんば、切忌《せっき》すらくは、眼本無翳《げんぽんぶえい》、空本無華《くうほんむげ》の処《ところ》に著到《じゃくとう》することを。便《すなわ》ち、払子《ほっす》を階下《かいげ》に擲下《てきげ》して云《いわ》く、然《しか》も是《かく》の如《ごと》くなりと雖《いえど》も、未だ今年、塩貴米賤《えんきべいせん》を免《まぬか》れず、と。

現代語訳：(略) 今、私は払子を手にとって動かすから、それより先に、渾身の力を絞り、何にせよ何かしてみせることの出来るものがいたら、進み出て、私の眼の前に立って御覧。もしいないなら、けして行ってはならないぞ、眼に本来翳りなどなく、空中にもともと華などない、そういうところへは。そういうと和尚は払子を須弥壇の階段下に投げて言った。ではあるが、今年は塩が高く、米が安いことは避けられない。

払子を投げたのは、もっと修行にはげめという意味だったのか。進み出た弟子はいなかったけど、道元の教えにしたがったからではなさそうです。廣録巻二の道元は毎回弟子たちと格闘するために上堂しているようでした。

永平寺への改称

弟子たちは道元についてこなかったようですが、新しい拠点である大仏寺に移ったことは、道元自身の自負心を刺激します。上堂語一四七は「若《も》し、人有《ひとあ》って、大仏に問わん、如何なるか是、奇特事、と。即《すなわ》ち、他《かれ》に向《むか》って対《こた》えん。大仏の拄杖《しゅじょう》、日本国に卓《たく》す、と」（もし特別すぐれた非凡なこととはどういうことかと聞かれたら、私の杖が日本に立ち、正法が日本に伝わったことだ。）という一語を残しています。

そして寛元四年（一二四六）六月十五日、大仏寺の寺名を永平寺と改めた日の上堂語一七七は、釈迦牟尼が生まれたときに天上天下唯我独尊と言ったことを踏まえて、道元は、「天上天下当処永平」と高らかに宣言します。

上堂語一七七

大仏寺を改めて、永平寺と称する上堂に寛元四年（丙午《へいご》六月十五日）、天《てん》に道《みち》有り、以って高く澄み、地に道有り、以って厚寧《こうねい》なり。人に道有り、以って安穏《あんのん》なり。所以《ゆえ》に世《せ》尊降生《そんごうしょう》し、一手《しゅ》は天を指《さ》し、一手は地を指し、周行《しゅうこう》七歩して云く「天上天下唯我独尊《てんじょうてんげゆいがどくそん》」と。世尊に道有り、是《これ》、恁麼《いんも》なりと雖《いえど》も、永平に道有り、大家《だいか》、証明《しょうめい》す。良久して云く、天上天下《てんじょうてんげ》、当処永平《とうじょえいへい》、と。

現代語訳：（寛元四年丙午の歳、六月十五日、大仏寺の名前を永平寺と改めた。その日の上堂語）天は道があるから高く澄み、地は道があるから厚く清らかで、人は道があるから安らかであり穏やかである。それゆえに釈尊はお生まれになると、一手は天を指し、一手は地を指し、四方に七歩周行されて「天上天下唯我独尊」と宣言された。世尊のお言葉はこうだったが、私にも言うべき言葉がある。諸君に証明していただきたい。天上天下、ここが（日本で初めて仏法の伝えられる）永平である。

大仏という名称は、檀那である波多野義重の法名です。落成して二年しかたっていない大仏寺という名称を、なぜ永平寺に改称したのでしょうか。道元は、上堂の中で自分を寺の名前で呼びますので、興聖寺時代は興聖、大仏寺時代は大仏と自分を呼んでいます。道元は自分を何もせずただ座っているだけの大仏と呼ぶことが嫌になったのかもしれません。中国に仏教が伝来した後漢の永平年間にちなんで、日本に仏法を伝えたのは自分であるという自負心から、永平寺という名を選びます。

どうして弟子たちは大仏寺を永平寺に改称することを受け入れたのでしょう。おそらく道元は、弟子たちがあまりに不勉強な怠け者だからもう大仏寺にいるのは耐えられない、いっそ京都に戻るか鎌倉に行って一から自分の教団を立て直すといったのではないでしょうか。しかしそうなると、達磨宗は開祖を失うことになるので、認めるわけにはいきません。永平寺改称は、道元に越前に居続けてもらうための妥協策と考えられます。道元はせめて寺の名前だけでも自分の教えを説く場所としてふさわしいものにすることでこの時は妥協したのでしょう。釈尊の第五十二代の法を嗣いだ自分の教えを広める寺として、永平寺と改称したのです。

5　鎌倉行化以前の永平寺　廣録第三　弟子たちとの冷めた関係

大仏寺と永平寺は同じ建物ですが、廣録としては、第二が大仏寺の上堂に、第三から第七が永平寺の上堂に対応しています。また、第三の二五〇までが宝治元年（一二四七）八月の鎌倉出発以前であり、二五一以降が宝治二年（一二四八）三月から建長四年（一二五二）に対応します。鎌倉行化の前後で道元の上堂ぶりが一変するので、まず鎌倉行化以前に永平寺で行われた上堂をみてみましょう。ちなみに正法眼蔵七十五巻本の最後にあたる出家・第七十五は、寛元四年（一二四六）九月に永平寺で示衆されています。

達磨宗の依頼による達磨宗のための上堂で始まる

廣録第三から最後の第七までの五巻は、すべて永平寺で行われた上堂です。侍者は、第三と第四は懐奘、第五から第七までが義演と記されています。第一や第二のような状況説明はなくなって、いきなり上堂語から始まります。

廣録の上堂語を集めた七つの巻の冒頭には、どの巻のものも道元らしく詩心があり格調が高く、仏道の教えの根幹にかかわる上堂語が置かれますが、第三巻の冒頭に置かれた上堂語一八五はちょっと異様で、「懐《え》鑑首座《かんしゅそ》、先師《せんし》覚晏道人《かくあんどうにん》の為に上堂《じょうどう》を請《こ》ふ。」と始まります。

五年前に達磨宗の弟子たちを引き連れて入門した懐鑑は、いつのまにか道元の弟子代表である首座をつとめています。懐鑑首座を請ずる上堂がないので、いつ懐鑑が首座になったかは廣録からは読み取れません。

道元が懐鑑を首座として請ずる上堂をしなかったのは、僧海と慧顗の死に責任をもつ懐鑑を嫌っていたためでしょう。懐鑑が首座を退いたとき、亡くなったときも道元は上堂していません。

懐鑑は、大日能忍、覚晏に嗣ぐ達磨宗の第三世ですから、尾根一つ隔てただけの至近距離にある波著寺に常住して、波著寺と永平寺を行き来して首座として寺を取り仕切っていたと思われます。道元はそのことも認めたくなかったのでしょう。それでも道元がもっとも嫌っていた懐鑑が首座になったところに、道元と弟子集団の力関係があったといえます。越前下向における最大の問題は、達磨宗の道元への帰依が偽装であり、達磨宗は教団としてきちんと継続していたことです。道元は心を開いて語り合える弟子を失って、孤独な生活をしていたと思われます。

覚晏は文暦元年（一二三四）に他界した達磨宗の第二世です。おそらく寛元四年（一二四六）の法要は覚晏の十三回忌と思われます。達磨宗の依頼によって、達磨宗のために、永平寺で道元が上堂しました。

達磨宗の存在を強く感じさせる上堂語を道元が巻三冒頭に配置したのは偶然とは思えません。道元の教えについていこうとしていた達磨宗以外の弟子たちは、追い出されたか、閑職に追いやられたか、達磨宗に取り込まれてしまい、達磨宗による永平寺支配が確立したことを伝えています。実際、廣録第三以降、弟子同士の対立や争いをほのめかす言葉は一切ありません。道元は達磨宗の集団入門が偽装であり、自分は曹洞宗の法系を伝えるために利用されていることを訴えているのです。

この上堂語を読んで驚くのは、達磨宗の師と弟子のために道元が詠んだはずの漢詩がじつに心を打つことです。

哀《あわ》れなる哉《かな》、昔日《むかし》一団《いちだん》の空《くう》。
眼花《がんか》を悩乱《のうらん》して、大地《だいち》紅《くれない》なり。
血涙《けつるい》、胸《むね》に満《み》つ、誰《たれ》に向《むか》ってか説《と》かん。
只《ただ》、憑《たの》む拄杖《しゅじょう》善《よ》く流通《りゅうずう》せんことを。

「血涙、胸に満つ、誰に向ってか説かん」（血の涙で胸がいっぱいだけど、誰にも打ち明けられない）は、深草で詠んだ閑居の時の「然りと雖も尚忘れ難き事有り」の胸に秘めた悲しみと通じます。あるいは僧海を追悼した上堂語一一一の「胸に満《みつ》る涙、湖を鎖《とざ》す。」と似ています。道元はこの上堂で、達磨宗の師弟である懐鑑首座と先師覚晏のことを詩にしたように見せかけながら、実は四年前に亡くなった僧海と慧顗のことを詠んだのではないでしょうか。

二句目、三句目は、事件のすぐ後たくさん血涙が流れたが、今追悼するにあたって再び血涙が胸に満ちてくるという途方もなく深い悲しみを述べています。私はこの頌を繰り返し読んでいるうちに、この深い悲しみは道元自身のものだと思えてきたのです。自分の脇が甘かったがために、達磨宗の集団入門を許し、その結果もっとも大切にしていた弟子二人を失ったという自責の念の混じった悲しみは、当時の永平寺では絶対に誰にも口に出せなかったことです。深い悲しみを誰にも言えないところが深草閑居の詩とも似ていて、この頌は僧海・慧顗のためだったと私は考えます。道元が嫌いな懐鑑の要請に応じたのは、本上堂語を師と弟子の一般論として語ることで、僧海と慧顗のための追悼上堂として利用しようと思いついたからでしょう。そして、唯一弟子たちへの供養となるのは、この拄杖によって仏法を後世に伝えることであると、思いを新たにしたのだと思います。
最後の「作麼生《そもさん》か是、仏祖向上の事。」と語って、持っていた杖を階段の前まで抛り投げる心は、「達磨宗に負けてたまるか！ お前らの思い通りにはさせないぞ！」といった決意表明だったのでしょう。

上堂語一八五

懐鑑首座《えかんしゅそ》、先師覚晏道人《せんしかくあんどうにん》の為に上堂を請《しょう》する。拈香罷《ねんこうは》、座《ざ》に就《つ》き払子《ほっす》を取って云く、前来《ぜんらい》の孝順《こうじゅん》、誰人《たれびと》、斉肩《せいけん》ならん。今日《きょう》の廻向《えこう》、聖霊炳鑑《しょうれいへいかん》すべし。弟子が先師《せんし》を仰《あお》ぐの深き志《こころざし》、先師独《ひと》り知る。先師、弟子を憐《あわれ》むの滋悲《じひ》、弟子一人識《し》る。余人《よにん》、焉《いずくん》ぞ知らん、外人《げにん》、未だ及ばず。所以《ゆえ》に道《い》う「有心《うしん》以って知るべからず、無心《むしん》以って得《う》るべからず、修証《しゅしょう》以って到《いた》るべからず。神通《じんずう》以って測るべからず」と。這田地《しゃでんち》に到って、如何《いかん》が商量《しょうりょう》せん。卓《たく》、拄杖《しゅじょう》して云く、唯《ただ》、拄杖有って了々《りょうりょう》に常に知る。拄杖甚《なん》と為《し》てか了々常知《じょうち》する。職《もと》として、過去の諸仏も也《また》、恁麼《いんも》、現在の諸仏も也、恁麼、未来の諸仏も也、恁麼なるに由ってなり。然《しか》も是の如《ごと》くなりと雖《いえど》も、這箇《しゃこ》は是、仏祖辺《ぶっそへん》の事、作麼生《そもさん》か是《これ》、知恩《ちおん》・報恩底《ほうおんてい》の道理。良久して云く、哀《あわ》れなる哉《かな》、昔日《むかし》一団の空《くう》。眼花《がんか》を悩乱《のうらん》して、大地紅《だいちくれない》なり。血涙《けつるい》、胸に満《み》つ、誰《たれ》に向《むか》ってか説《と》かん。只《ただ》、憑《たの》む拄杖善《よ》く流通《りゅうずう》せんことを。這箇《しゃこ》は是《これ》、知恩《ちおん》・報恩底《ほうおんてい》の句。作麼生《そもさん》か是《これ》、仏祖向上《ぶっそこうじょう》の事《じ》、と。拄杖を階前《かいぜん》に擲下《てきげ》して下座《げざ》。

現代語訳：懐鑑首座が先師覚晏道人のために道元の上堂を請うた。拈香が終わり、法座に上がって、払子をとって言われた。これまでの師への孝順は、誰も並ぶ者がいない。今日の廻向も、先師の霊が明らかに見るだろう。弟子が先師を仰ぐ気持ちは、先師だけが理解できる。先師が弟子を憐れむ慈悲の心は、弟子だけが知る。他の者がどうして知ろう。他の者が及ぶことではない。だから、「知ろうとして知れることではなく、やろうと思わないと手に入れることはできない。覚りを得たからといってそこに行けるわけではなく、超人的認識力をもってしても測りようがない」。このような境地についてどう議論すればよいだろう。拄杖を立てて言われるには、ただ拄杖だけがはっきりと常に知っている。どうして拄杖ははっきりと常に知っているのか。それは過去の諸仏も、現在の諸仏も、未来の諸仏も、皆そうであるからだ。そうだからといって、それは仏祖の側の話である。先師の恩を知り、恩に報いる弟子の境地はどうだろう。しばらくして言われた。「ああ、かつて一団となってともに叢林で学んだ君たちのことでは、悲しみに心が乱れ血涙で大地が赤くなった。今、追悼するに再び血涙で胸がいっぱいになったが、話す相手がいない。ただこの拄杖が仏法を後世に伝えることが君たちへの供養となる」。これは恩を知り、恩に報いる句である。では、仏祖向上の事としてはどんなことがあるだろうか。こう言うと拄杖を法堂の階段の前まで放り投げて、座から下りた。

上堂語一八七は、達磨宗の教義の批判あるいは論戦です。君たちは達磨の教えで人を騙している。坐禅はただ坐っていればよいというものではない。身心脱落して、不可視の現象や大宇宙を考えるのが坐禅なのだ。良久云以降は、宏智廣録からの引用です。

上堂語一八七

上堂に、云く。達磨《だるま》九年《きゆうねん》、一則《いつそく》の語《ご》を垂《た》る。直《じき》に如今《によこん》に至《いた》って、諸方《しよほう》、賺挙《たんこ》す。賺挙せずと欲《おも》うや。永平、汝《なんじ》諸人《しよにん》の為《ため》に再《ふたた》び挙《こ》せん。鉄囲《てつい》、外《そと》に遶《めぐ》り、須弥《しゆみ》、中に処す。恰好《こうこう》、相宜《そうぎ》なり。恁麼《いんも》に挙《こ》し了《おわ》んぬ。還《また》、不嫌挙《ふたんこ》を得《え》んや。良久して云く。玉女喚廻《ぎょくじょかんかい》す、三界《さんがい》の夢。木人坐断《ぼくじんざだん》す、六門《ろくもん》の機、と。下座。

現代語訳：九年面壁坐禅して、達磨大師は一則の言葉を教示された。それが今日まで、諸方で間違って伝えられている。間違ってないと思うか。私は皆のためにもう一回その話をする。鉄囲山は四州の外海を囲み、須弥山はその中にある。おのおのその所を得ている。これが達磨の教えだ。これでもう間違えないか。（しばらくして言われた。）玉女になって過去現在未来の可視不可視の世界を頭に描き、木人となって六根のはたらきを坐断する。下座された。

弟子たちへの甘い指導と他人行儀な態度

廣録を通読して、道元の時系列変化を論じた先行研究はほとんどありません。唯一、寺田透が、上堂語一九一、二二〇、二三一に登場する『健かならんには坐し、困ずれば眠る』（健即坐禅、困即眠）という提唱と、上堂語一九六、二〇六、二一八、二五〇で中国語の『御僧ら御機嫌よろしくて何より』（和尚法候、動止万福）とかいう挨拶語が、廣録第三に入って突然現われ、その後出なくなることを指摘していますが、それ以上の考察は行っていません。（『日本の禅語録　2　道元』、講談社、一九八一年、八頁）

「体が元気だったら坐禅して、くたびれたらさっさと寝る」という教えは無理のない自然体の坐禅をせよという教えです。しかし道元は、それまでずっと、坐禅の最中に眠ってはいけない、師より早く寝てはいけないと教えてきました。道元が覚りをひらいたのも、天童山での坐禅中に、居眠りしていた僧への如浄の大喝によってでした。

「健かならんには坐し、困ずれば眠る」というのは、真字正法眼蔵一〇三にある仰山の言葉です。やや穿った見方ですが、あまりに多くの弟子たちが坐禅中に居眠りをしていたので、道元は喝を入れることも諦め、「健かならんには坐し、困ずれば眠るのが君たちの坐禅だろ」と、達磨宗の弟子たちを突き放して、皮肉を言ったのではないでしょうか。だらしなく何も考えずに居眠りしながら坐禅する弟子を見ていて、仰山の言葉が浮かんできたものと思われます。道元の禅は、身心脱落して意識を透明にし、宇宙の現象を意識の時間軸と空間軸に写し取るものです。

「御僧ら御機嫌よろしくて何より」という他人行儀で弟子を突き放したような挨拶も、達磨宗で固められた弟子集団への心理的距離感の表れであり、もう指導しても無駄だから君たちに仏法を伝えるつもりはない、あなた方は別の宗派であり、もう弟子とは思わない、どうぞご勝手にという気持ちの表れでしょう。上堂語二五〇では、この挨拶を最後に道元は鎌倉に向います。サバサバしていて、永平寺には戻らない覚悟が半分くらいあったのではないかと思います。

この皮肉めいた言葉と突き放した挨拶は、廣録第四以降には登場しません。鎌倉で、越前に戻って、仏法が未来に伝わるよう言語情報にすると決断して、もう眼前にいる怠け者の弟子たちのことは目に入らなくなったのです。

・野狐禅の批判

上堂語二〇五は上堂語としては三度目の百丈野狐の話です。「叵耐《はたい》、野狐変怪、揺頭擺尾《はび》、休《やみ》ね、休ね。」という言葉は、コックリコックリ居眠りしながら坐禅している弟子たちに、そんないい加減な坐禅ならしないほうがいい、やめたらどうだねと言っているのだと思われます。

上堂語二〇五

上堂に、云く、百丈野狐《ひやくじようやこ》の話因縁《わいんねん》を挙《こ》して、大衆《だいしゅ》に問う、前百丈《ぜんひやくじよう》の不落因果《ふらくいんが》、甚麼《なに》に因《よ》ってか野狐身《やこしん》に堕《お》つる、後百丈《ごひやくじよう》の不昧因果《ふまいいんが》、甚麼《なに》によってか野狐身《やこしん》を脱《だつ》する、と。師自ら云く、叵耐《はたい》、野狐変怪《やこへんかい》、揺頭《ようとう》擺尾《はび》、休《やみ》ね、休《やみ》ね、と。

現代語訳：上堂して言われた。百丈野狐の公案をとり挙げて大衆に尋ねた。前百丈は不落因果と答えて、どうして野狐身に堕ち、後百丈は不昧因果と答えて、どうして野狐身を脱したのか。ひどいもんだ。野狐妖怪は頭が揺れて尻尾も揺れる。君たち坐禅をやめて休んだらどうか。

・禅宗の否定

上堂語二〇七では、インドでも中国でも仏教が五つの宗派に分かれたのは誤りであり、また、仏法を禅宗と呼んではいけないと言います。これはすでに吉峰寺で示衆した正法眼蔵・仏教にあることですが、あらためて上堂でも語ったものです。「今禅宗と称する、実に仏法にあらず。仏法豈禅宗と称する者ならんや」。「禅宗の学人と号するは、釈尊の遺弟にあらざる」。強い語気を感じます。日本達磨宗の教義内容を真向から批判しています。

上堂語二〇七

上堂に、云く、参学《さんがく》の人、須《すべから》く邪正《じやせい》を知るべし。所謂《いわゆる》、優波麹多《うばきくた》より已後《のち》、五部の仏法と称する、乃ち西天《さいてん》の凌替《りようたい》なり。青原《せいげん》・南嶽《なんがく》より巳後《のち》、吾家《ごけ》の宗風《しゆうふう》を擅《ほしいまま》にする、乃ち東地《とうち》の訛謬《けびよう》なり。況《いわん》や、仏法を呼びて以って禅宗と称する、古仏嚢祖《こぶつのうそ》の代《よ》に未だ曽《かつ》て見聞《けんもん》することを得ず。未だ曽て有在《ゆうざい》することを得ず。今、禅宗と称する、実に仏法に非ず。仏法、豈《あに》、禅宗と称せんものや。若《もし》、仏法を称して禅宗と為《な》せん者、舌《した》、盍《なん》ぞ脱落せざらん。初心晩学《しよしんばんがく》、知らざるべからず。測り知りぬ、禅宗と号する学人は、釈尊の遺弟《ゆいてい》に非《あら》ざることを。記得《きとく》す。僧、雲門に問う「承《うけたまわ》るに、古《いにしえ》、言《げん》有り『牛頭《ごず》、横説竪説《おうせつじゆせつ》、未だ向上の関捩子《かんれいす》有ることを知らず』と。如何なるか是、向上の関捩子、と。門云く『東山西嶺青《とうざんさいれいあお》し』と」と。或、永平に問うこと有らん。如何なるか是、向上の関捩子、と。祇《ただ》、他《かれ》に対して道うべし、帝釈《たいしやく》鼻孔《びくう》、長きこと三尺《さんじやく》、と。

現代語訳：上堂して言われた。仏法を参学するものは、まずもって邪と正を弁別しなければならない。世に言う、優波麹多より後、五部の仏法に分かれたというのは、インドにおける仏法の衰退である。青原・南嶽より後、五家の宗風を唱えたのは中国における仏法の誤謬である。ましてや、仏法を呼んで禅宗と称するのは、古仏や歴代の祖師の世にはいまだかつて見聞したこともなく、いまだかつてあり得ざることである。今の世に禅宗と称するのは、実に仏法ではない。仏法がどうして禅宗と称することがあろう。もし仏法を称して禅宗とするものがあれば、舌がどうして落ちないことがあろう。仏法を学ぶ初心者、晩学者はよくこれを知らなければならない。これによっても禅宗と称する修行者は、断じて釈尊の遺弟ではないことを知らなければならない。覚えていることであるが、ある僧が雲門に質問した。「昔言われたことですが、牛頭法融は仏法について縦横無尽に説いたが、まだ向上の関捩子を知らなかった」と。この向上の関捩子とは何のことでしょうか。雲門が言うには「東の山も西の嶺も青いということさ。」もし私が同じ質問を受けたなら、ただこう答えよう。帝釈天の鼻は長さが三尺もある。（我々の想像力の限界を超えることだ。）

身体を動かした認知科学の実験

Ⅰ．３でご紹介した上堂語二二一は、屋敷（寺の敷地）の内外を使った修行、意識の慣性を崩す話が登場します。実際に弟子たちとこのようなゲームを行ったのかどうか確かめるすべはありませんが、少年時代の松殿山荘の記憶や永平寺の周囲の山中を一人で彷徨うことで、外では人々がせわしく走り回り、中ではじっと立ち止まった状態のままでいる様子を、イメージしていたのかもしれません。

もしかすると道元は、示衆も上堂も行わなかった一年間、永平寺の敷地の内外を彷徨い歩き、ところどころに何か特別な仕掛けを作っていたのかもしれません。永平寺は山の斜面に建てられたお寺ですから、うまく地形を利用すれば意想外の出会いや発見が生まれるように建物や廊下を配置することもできたはずです。松殿山荘で遊んだ経験を生かし、中国で訪れた寺の設計や配置の知識も生かして、道元は身体と空間の相互作用についても何か考えを得ていたような気がします。荒川修作が道元について「天命までも行かなかったけれどそちらの方へ行く気骨はあった」と評していました。（五六頁）

二二一の上堂から一年ほど後、鎌倉から戻った後の上堂語二六六では、「永平、有《あ》る時、門庭施設《もんていせせつ》す、只《ただ》要《よう》すらくは、諸人《しょにん》の神通遊戯《じんずうゆげ》せんことを」（現代語訳：時として、寺内に何かを建てたり置いたりの設備をするが、それにつけても、諸人が超人的な力量を身につけ、はからいなしにそれで遊ぶことが必要だ。）とも言っています。

宏智古仏とともに

上堂二〇三や上堂二〇六で道元は、宏智古仏の名前と宏智廣録の言葉とともに上堂します。宏智正覚（一〇九一—一一五七）は、道元が正法眼蔵坐禅第十二のなかで、坐禅箴は「宏智禅師正覚和尚の撰せるのみ仏祖なり、坐禅箴なり。道得《だうて》是《し》なり。ひとり法界の表裏に光明なり。古今の仏祖に仏祖なり」と絶賛している古仏です。これまでも宏智正覚の名前は出ていましたし、宏智の頌や言葉は引用されていましたが、第三になっていっそう宏智に近づこうとしているようです。

上堂語二〇三

雪《ゆき》に因《ちな》む上堂に、云く、宏智古仏《わんしこぶつ》、天童に住《じゅう》せし上堂に「僧有り問う『雪、千峰《せんぽう》に覆《おお》う時、如何《いかん》』と。宏智の云く『滴水滴凍《てきすいてきとう》』と。僧云く『清光寒《せいこうさむく》して眼《まなこ》を照《てら》し、野《や》色《しょく》皓《あきらか》にして家に迷う』と。宏智の云く『露地《ろじ》の白牛《びゃくぎゅう》、甚麼《いずれ》の処《ところ》に向ってか去る』と。僧云く『在《あ》り』と。宏智云く『又、是《これ》、頭角生《ずかくしょう》ぜり』と。僧云く『畢竟《ひっきょう》して甚麼《いずれ》の処に向ってか去る』と。宏智云く『底処《ていじょ》に転身《てんしん》する時、孤峰元《こほうもと》より白《はく》ならず』」と。

師云く、若《もし》、永平に、問うこと有らん、雪、千峰に覆う時如何と、他《かれ》に対して道《い》うべし、此《こ》の色《しき》に過《す》ぎず、と。露地の白牛、甚麼の処に向ってか去るには、他に対して道うべし、鼻孔両辺穿《びくうりょうへんうが》つ、と。畢竟して甚麼の処に向ってか去るには、他に対して道うべし、昼夜和同《ちゆうやわどう》して日月明《にちげつあきらか》なり、虚空年老《こくうとしお》いて眉毛白《びもうしろ》し、と。

現代語訳：雪が降った日に上堂して言われた。宏智古仏が天童山に住持して上堂したとき、ある僧が訪ねた。「雪がすべての山を覆って白一色のときはどうでしょう」、宏智が言うには「水が滴ると、そのまま氷になる」。僧が言うには「清らかな光が寒々と辺りを照らし、原野は白一色に輝いて家路につく道に迷うでしょう」、宏智が言うには「お前の白い牛はどこに行ったのじゃ」、僧が言うには「ちゃんといます」、宏智「角が生えたな」、僧「結局、どこに行ったというのですか」、宏智「どこに身を向けたら、ひと峰だけ白くないところに出られるか」。これについて師は言われた。もし私に雪がすべての山々を覆うて白一色のときはどうでしょうと尋ねられたら、「その通りの色だ」、と。お前の白い牛はどこにいったのじゃには、「鼻の孔が両方に通り抜けている（牽いていけばいい）」、結局どこに行ったらよいでしょうには「昼と夜の仲がよいので日と月は大空で輝き、虚空を追い求めた人生も年老いて眉毛が白い」と。

上堂語二〇六

冬至《とうじ》の上堂に、云く、宏智古仏《わんしこぶつ》、天童に住せし冬至の上堂に云く「陰極《いんきわ》まって陽生《ようしょう》ず、力窮《つとめきわ》まって位転《いてん》ず。蒼竜《そうりゅう》、骨《ほね》を退《ひ》いて驟《はし》り、玄豹《げんぴょう》、霧《きり》を披《き》て変《へん》ず。要《よう》すらくは、三世《さんぜ》の仏《ぶつ》の髑髏《どくろ》を将《も》って、穿《つらぬ》いて数珠《じゅず》子一穿《すいっせん》と作《な》すを。明頭暗頭《めいとうあんとう》と道《い》うこと莫《なか》れ、真箇《しんこ》、日面月面《にちめんげつめん》。直饒《たとえ》、你《なんじ》、斗満《とまん》し、秤平《はかりたいら》なりとも、也《また》、我《わ》が売貴買賤《ばいきまいせん》に輸《こ》えんや。諸禅徳《しょぜんとく》、還《また》、会《え》すや。盤裏《ばんり》の明珠《めいじゅ》、撥《はつ》せざるに自《みずか》ら転《てん》ず。挙《こ》す。雪峰《せっぽう》、僧に問う『甚麼《いずれ》に去る』と。僧云く『普請《ふしん》に去る』と。峰云く『去れ』と。雲門云く『雪峰、語に因《よ》って人を識《し》る』と。宏智云く『動著《どうじゃく》すること莫《なか》れ。動著せば三十棒《さんじゅうぼう》』と。甚《なん》と為《し》てか此《かく》の如《ごと》くなる。皓玉瑕無《こうぎょくきずな》し、文《もん》を彫《ほ》れば徳《とく》を喪《そう》す」と。師云く、且《しばら》く大衆《だいしゅ》に問う、這箇《しゃこ》は宏智古仏の道《どう》、永平老漢の道なり。若《もし》、宏智古仏の道《い》うと道《いわ》ば、一陽長至《いちようちょうじ》、応時慶祐《おうじけいゆう》。若《もし》、永平老漢《えいへいろうかん》の道《い》うと道《いわ》ば、未《いま》だ、永平老僧《えいへいろうそう》と同参《どうさん》することを免《まぬが》れず。既《すで》に恁《これ》、此《かく》の如《ごと》し。大衆《だいしゅ》、一陽長至を見《み》んと要《よう》すや。拄杖《しゅじょう》を擲下《てきげ》して云《いわ》く、一陽《いちよう》の佳節《けいせつ》、伏《ふ》して惟《おもんみ》れば、大衆《だいしゅ》、居起万福《きょきばんぷく》、と。

現代語訳：冬至の上堂に言われた。宏智古仏が天童山に住していたとき、冬至に上堂してつぎのように言われた。「陰が極に達すると陽が生ずる。力が窮まって限界にいくと、位相が変わるのだ。それゆえに、冬至に出会うと、青龍は地中から出てきて雲に乗り骨を換えて奔るのであり、黒豹は穴から出てきて霧を披るとその毛色を変えるのである。そのように、三世諸仏のどくろでもって、それを穿って一連の数珠を作るのだ。そのとき、三世諸仏は明、自分は暗と言ってはならない。日面仏と月面仏の違いだが、ともに仏である。たとえ諸君の枡は中味がいっぱいで秤は平らであっても、私が安く仕入れて高く売るのにかなわない。坐禅にはげむ諸君、わかるか。円盤の中の明珠は、はじかなくても自然と転がる。公案を挙げよう。雪峰義存が僧に尋ねた。『どこに行くのか』、僧『普請に行きます』、雪峰『行くがよい』と。弟子の雲門が言うには『雪峰は言葉によってその人を知る』。宏智（私）は言おう。『言葉に惑わされるな。惑わされたら三十棒をくらわすぞ』。どうしてかというと、白い宝玉はもともと何の瑕もないので、そこに模様を彫ると輝きを失うからだ」と。師は言われた。ちょっと質問するが、これは宏智古仏の言葉なのか、永平老漢（私）の言葉なのか。もし宏智古仏の言葉と言えば、一陽長至の冬至を祝ったものだ。もし私の言葉と言えば、私が宏智古仏と一緒に修行しているということだ。すでにこうなっている。諸君、一陽長至を見たいか。拄杖を放り投げて言うには、一陽の冬至の佳節、拝見したところ、みなさんご機嫌よろしく、結構なことで。

二〇六で拄杖を投げたのは、もう私はここにはいない、宏智古仏のもとにいるのだという宣言のように受け取れます。「大衆、居起万福」は、みなさんはどうぞご勝手にととれます。

弟子たちから孤立した道元は、宏智と自分をますます同一視するようになったようです。語録の名が廣録であるのも、宏智廣録にならったからでしょう。

上堂二二七には、五五、五五、六六、七七とちょっと破調の詩があります。鏡島によればこの詩の第二句、第四句も宏智廣録から取られています。

上堂語二二七

上堂。千の花、五葉を開き、万の鳥、三春を啼く。此は是、第一句。仏《ぶつ》は是、己躬《コキウ》の做《な》すもの、法も別人の付するにあらず。此は是、第二句。唖子《オシ》の喫麹《キハウ》、もとも苦しく、張公、酒を喫ひて酩酊《メイテイ》。此は是、第三句。三句に渉らざる、又作麼生。拍《ハク》を拍つには元来、渾是令《ウシレイ》、哩嗚囉了邏嗚稜《リウラレウラウリン》。

寺田現代語訳：千輪もの花がそれぞれ五輪に開く。万羽の鳥が早春中春晩春と囀り通す。これが第一句。仏なんぞも個我のはからいに出たもので、その法もほかの誰かが授けたものではない。これが第二句。饅頭を食う唖はいかにも苦しげなのに、酒を飲んでよっぱらう男には事欠かない。これが第三句。こんな三句とかかわりのないどんなものがあるか。拍子をとるのさ。それにはもともときまりがあり、リウラリョウ、ラウリンとやるのさ。

鎌倉行化

上堂二四三では、珍しく弟子から「如何なるか是仏」（仏とはどういうものですか）という問いが発せられます。道元の答えは「畢竟、当生を礙《さ》えて、別に非択滅《ひちゃくめつ》を得《う》」（結局のところ次の世に生れる定めを阻んでくれるもののことだ。そのおかげで、別に寂滅を択ばなくてすむ。）　本廣録中で唯一弟子が道元に質問した例です。弟子はなぜこの質問を投げかけたのでしょうか。

「如何なるかこれ仏」という問いは、大梅山法常が馬祖に問うたものです（真字正法眼蔵二七八）。それに対して馬祖は「即心是仏」と答えています。おそらく達磨宗の弟子たちは、道元が「即心是仏」と答えることを期待したのだと思います。道元はそれにひっかかるまいとして、仏とは寂滅せず、この世に存在しつづける者と答え、さらにそれは心とは無縁なものだと語ったのでしょう。たとえ誘導尋問であったとしても、弟子の問いに道元が緊張しつつ言葉を選び、アドリブの問答の面白さを生んでいる気がします。この後鎌倉に行って帰ったあとで、即心是仏の概念を検討し精緻化しますが、その行き着く先を示しています。

上堂語二四三

上堂に、有《ある》が問う「如何《いか》なるか是《これ》、仏《ほとけ》」と。師云く、畢竟《ひつきよう》、当生《とうしよう》を礙《さ》えて、別に非択滅《ひちやくめつ》を得《う》、と。云く「和尚、小乗の法を以って人に示すこと莫れ」と。師云く、吾、小乗の法を以って人に示さず、と。云く「如何なるか是、仏」と。師云く、畢竟当生を礙えて、別に非択滅を得、と。師乃ち云く、天未だ高しと為《せ》ず、地未だ厚しと為《せ》ず。山河日月《せんがにちげつ》、隔礙無《かくげな》し。処々光明、処々透る。波斯《はし》、白象に騎《の》って仏殿に入り、邯鄲《かんたん》、赤脚《しやつきやく》を帯《たい》して僧堂を巡る。甚《なん》の道理に因ってか、還《また》、斯《かく》の如きを得る。良久して云く、明月、人に随って以有《ゆえあ》るが如し。白雲行雨《はくうんぎようう》、本《もと》より無心なり、と。

現代語訳：ある者が「仏とは何か」と問うた。師は言われた。「結局のところ、次の世に生まれる定めを阻んでくれるもので、寂滅を択ばなくてすむ」。すると、「和尚、小乗の教えを示さないでください」。師は

「私は別に小乗の教えを示してはいない。」、また「仏とは何か」と問われると、師は「結局のところ、次の世に生まれる定めを阻んでくれるもので、寂滅を択ばなくてすむ」。師はすぐに続けて「天を高いとせず、地を厚いとせず、山河や日月のために隔てられず、到るところに光明が射している。ペルシャでは白象に乗って仏殿に入るし、中国では素足のまま僧堂のまわりを歩く。どうしてこのようなことがありうるのか。しばらくして言われた。明月は人の後をついてくるので何か理由があるようだが、白い雲が雨を降らすのはもともと無心である。」

上堂二四四で、道元は珍しく愚痴を言います。

上堂二四四

上堂に、夫《それ》、説法《せっぽう》は直《じき》に須《すべか》らく応時応節《おうじおうせつ》なるべし。若《もし》、応時せずば総《すべ》て是《これ》、非時閑語なり。還《また》、応時応《おうじおう》節底有《せっていあ》りや、也《また》、無《な》しや。良久《りようきゆう》して云《いわ》く、日本国裏《にほんこくり》、禅《ぜん》を説く、必定《ひつじよう》して是、威音已前《いおんいぜん》、空王那畔《くうおうなはん》。黄《おう》梅《ばい》と斉肩《せいけん》せず。青原《せいげん》と前後せず。然《しか》も恁麼《いんも》なりと雖ども、未《いま》だ傍観、永平の道《い》うを罵ることを免れず。咄哉《とつさい》。這箇《しゃこ》の山蛮子、祇管野狐禅《ただやこぜん》を説くことを会せり、と。

現代語訳：上堂して言われた。説法は時節に適応したものでなければならない。時節に合わないものは時分外れの無駄話だ。さて時節に応じるとはどういうものか。しばらくして言われた。この日本の国に禅を説くのは、かならずやはるか昔の威音王仏出世以前、空劫以前の消息でなければならぬ。黄梅弘忍や青原行思と同時か前後かが問題となる新規のことではない。にもかかわらず、第三者は私の説法を罵って言う。おいどうしたんだ。この山男め。野狐禅を説くだけが能だ、などと。

野狐禅を第三者から罵られているといいますが、その心は、自分は野狐禅を教えるつもりはないのに、君たちが野狐禅をしているから自分の評判が落ちたという弟子批判と受け取れます。寺の名前は代わっても、道元は達磨宗の弟子たちのことで頭を悩ませ続けていました。

このような状況下で、道元は鎌倉に行きます。宝治元年（一二四七）八月のことです。同年六月に宝治合戦があり、鎌倉御家人の三浦一族が滅ぼされます。滅ぼされた者たちの怨霊に取りつかれた北条時頼の心を救うために、波多野義重が道元を鎌倉に招いたということになっています。当時鎌倉には、浄土宗で法然門下でありながら道元会下に参禅した然阿《ねんな》良忠《りょうちゅう》（一一九九―一二八七）が、光明寺の開山でいて、道元の鎌倉下向を強く懇請しました。もう一人、重要人物がいました。栄西が開山した寿福寺の第三代住持で鎌倉仏教界の中心人物、大歇了心《だいかつりょうしん》です。

佐藤秀孝「道元禅師の鎌倉行化とその周辺」（駒澤大学佛教学部論集二一、一九九〇年）によれば、道元は「生涯にわたり明庵栄西の門流としての自覚を持ち続けていた」ほか、「明全―道元の系統と行勇―了心の系統は古くから相互に深く関わってい」て、「同族意識」を持っていました。了心は建保三年（一二一五）に宋から帰朝した入宋の大先輩ですが、道元に一目おいていただけでなく、宋で客死した明全に代わって道元を守ろうとしていた気がします。了心は、道元が正法眼蔵として説くべきことは既に説き終わったことも、達磨宗の弟子たちとの冷たい関係も知っていたので、鎌倉幕府に要請を出させ、鎌倉に招いたのではないでしょうか。道元がこれから何をするかをともに考え、場合によっては建長寺の開山も選択肢として用意していたものと思われます。

鎌倉行き二日前の上堂語二五〇は、二日後に寺を離れることについて一言も触れていませんが、なんの不安も懸念もなく、明るくウキウキとしています。趙州録の「道人、相見の時如何」を引用して、特になんの説明もしないまま「大衆、尊候、居起万福」とあっさりと、他人行儀な別れの挨拶をします。まるで別れがうれしいみたいです。長く寺を留守にする住職の言葉らしくありません。いくら修行と学習を勧めても無駄な諸君、君たちとの関係もこれまでだ、どうぞご勝手にという気持ちすら感じます。

上堂語二五〇

八月一日の上堂に、記得《きとく》す。趙州《じょうしゅう》因《ちな》みに僧問う。「道人《どうにん》、相見《しょうけん》の時如何《いかん》」と。州云《いわ》く「呈漆器《ていしっき》」と。師云《いわ》く。趙州古仏《じょうしゅうこぶつ》、逸群《いつぐん》の勢有《せいあ》りと雖《いえど》も、且《しばら》く同参《どうさん》の儀無《ぎな》し。或《もし》、人有《ひとあ》って永平《えいへい》に問わん、道人相見《どうにんしょうけん》の時如何《ときいかん》、と。祇《ただ》、他《かれ》に対《たい》して道《い》うべし、即辰仲秋《そくしんちゅうしゅう》、漸涼《ぜんりょう》、伏《ふ》して惟《おもん》みれば、大衆《だいしゅ》、尊候《そんこう》、居起万福《きょきばんぷく》、と。

現代語訳：（八月一日の上堂語）覚えていることだが、趙州にある僧が尋ねるには「菩提を得ようとして一途なひとが会いに来られたらどうされますか」。趙州は言った。「漆の塗り物を差し上げるよ」。師は言った。古仏趙州は人並はずれて気力さかんなひとだったが、皆で一緒に修行功夫するというやり方はしなかった。もし私が訊かれたのなら、こう答える。けさはもう仲秋だ。どうやら涼しくなった。皆さん、ご機嫌よくあられんことを。

道元が鎌倉で何をしたかの記録はほとんどありませんが、寿福寺はその年の火事で全焼していて、道元の滞在した白衣舎《びゃくえしゃ》のある名越《なごえ》が光明寺に近いから、了心・良忠と交流したことは間違いないでしょう。

廣録巻十の偈頌七十七には、鎌倉を去るにあたって詠んだ漢詩が残されています。これは天童如浄の頌を踏まえています。元の如浄の頌は、台州にある瑞岩寺を去って臨安府の浄慈寺に赴く時に詠んだ別れの頌で、一声の轟が霹靂するというのは、浄慈寺への勅詔のことでした。道元にとって一雷轟の霹靂とは何だったのでしょうか。建長寺開山となって鎌倉に残るか、永平寺に戻って眼蔵と廣録を完成させるかについて、了心や良忠と検討した結果、永平寺に戻る決断が下されたのだと私は想像します。

半年喫飯《はんねんきっぱん》す白衣舎《びやくえしや》
老樹梅花《ろうじゆばいか》霜雪《そうせつ》の中《うち》
蟄《ちつ》を驚《おどろ》かす一雷轟霹靂《いちらいごうへきれき》たり
帝郷《ていきよう》の春《はる》の色桃花《いろとうか》紅《くれない》なり

現代語訳：半年、名越の白衣舎で暮らしたが、老梅の花は雪の中にあった。今、雷が鳴り響いて春の訪れを告げた、我が故郷は桃の花が紅に咲いているだろう。

鎌倉に行っていた半年間は上堂語が途絶え、翌宝治二年（一二四八）三月一四日、道元は鎌倉から永平寺に戻った翌日に上堂します。脱出も考えて永平寺を離れたためか、口調がやや弁解がましく感じられます。

上堂語二五一

宝治《ほうじ》二年戊申《ぼしん》三月十四日の上堂に、云く、山僧、昨年八月初《しょ》三日、山を出《い》で、相州《そうしゅう》の鎌倉郡に赴《おもむ》き、檀《だん》那俗弟子《なぞくでし》の為《ため》に説法《せっぽう》す。今年今月昨日、帰寺《きじ》、今朝陞座《こんちょうしんぞ》す。這一段《しゃいちだん》の事《じ》、或《あるい》は人有って疑着《ぎじゃく》す。幾許《いくばく》の山川《さんせん》を渉《わた》って俗弟子《ぞくでし》の為に説法する、俗を重くし僧を軽《かるく》するに似たり、と。又、疑わん。未曾説底《みぞうせってい》の法、未曾聞底《みぞうもんてい》の法有りや、と。然《しか》れども、都《すべ》て、未曾説底の法、未曾聞底の法無し。只、他《かれ》の為に説く、修善《しゅぜん》の者は昇り、造悪《ぞうあく》の者は堕《お》つ、修因感果《しゅいんかんか》、抛塼引玉而已《ほうせんいんぎょくのみ》なり、と。然《しか》も是《かく》の如《ごと》くなりと雖《いえど》も、這一段《しゃいちだん》の事《じ》、永平老漢《えいへいろうかん》の明得《めいとく》・説得《せっとく》・信得《しんとく》・行得《ぎょうとく》なり。大衆《だいしゅ》、這箇《しゃこ》の道理を会《え》せんと要《よう》すや。良久して云く、叵《は》耐《たい》、永平が舌頭《ぜっとう》、説因《せついん》・説果《せっか》・無由《むゆう》。功夫耕道《くふうこうどう》、多少の錯《あやま》りぞ。今日《きょう》、憐《あわ》れむべし、水牛《すいぎゅう》となることを。這箇《しゃこ》は是《これ》、説法底《せっぽうてい》の句、帰山底《きざんてい》の句、作麼生《そもさん》か道《いわ》ん。山僧《さんぞう》、出去半年餘《しゅっきょはんとしよ》。猶《なお》、孤輪《こりん》の太虚《たいきょ》に処《しょ》するが若《ごと》し。今日《きょう》、帰山《きざん》、雲喜《くもよろこ》ぶ氣《き》。山を愛するの愛、初めより甚《はなはだ》し、と。

現代語訳：宝治《ほうじ》二年三月十四日の上堂に言われた。私は昨年八月三日、当山を出て相州鎌倉郡に行き、檀那俗弟子の為に説法し、今年今月昨日帰山し、今朝上堂する次第である。この一事について疑う人があるかもしれない。どれほど遠いところに出向いて俗弟子のために法を説いたものかと。それは俗人を重視し、僧を軽んずるのではないか、と。また、こんなふうに疑う。いまだかつて説かなかった、いまだかつて聞かなかった法ではないかと。しかしそういう法はない。いまだかつて説かない、いまだかつて聞かない法は一切ない。私が説いたのは、善を修める者は昇り、悪を為す者は堕ちる。自分のやったことが、結果として現われる。塼《かわら》を投げて、玉を引くだけだ、と。これは修行してきた私が、明らかにし、説き、信じ、行ってきたことだ。諸君、このことの道理を理解したいか。しばらくして言われた。どうしようもなかった。私が言葉で因と果を説明しても無駄だった。私の弁道工夫に誤りがあったのだろうか。私は憐れな水牛となったのだった。これが鎌倉での説法を顧みての言葉である。帰山の一句としては、どう言うべきか。私は山を出て半年余りだった。その間は一輪の月が空にあるようだった。今日、山に帰ると、雲が喜ぶ気配がある。私が山を愛する気持ちは、当初にまさる。

この上堂語二五一を読むかぎり、道元は鎌倉では誰とも交わらず、孤独だったし、特記事項はなく、何も得るものがなかったかのようです。そして、山と雲に包まれた永平寺の清浄な環境が一番であることを確認したと言っています。

私は『廣録』だけ読んだときには、鎌倉の僧侶や知識人に期待したほどの人物がおらず、幕府のある鎌倉は落ち着いて学問や修行する場ではなかったのだと考えていました。鎌倉は期待外れで終わり、永平寺で未来の読者のために『廣録』を書き残そうとしたのだと思っていました。鎌倉から戻った後、二百八十もの上堂語が残されています。『廣録』を漢文白文で書き残せば、日本だけではなく、東アジア漢文文化圏のすべての人に自分の仏法を伝えることができる。道元はそのように考えて、『廣録』に没頭したのではないかと早計に考えたのです。

しかし、『眼蔵』七十五巻本に書かれている内容と、鎌倉から戻った後の『廣録』上堂語を比較したところ、道元は鎌倉から戻った後、「仏性」や「即心是仏」や「虚空」といった重要概念を上堂語で繰り返し検討していて、その検討結果が『眼蔵』七十五巻本に反映されていることがわかりました。道元は同時代の名声に通ずる鎌倉を捨てて、未来の読者に仏法を伝えるため永平寺の超低雑音環境に戻ってきたのです。鎌倉を去るときに詠んだ「一雷轟霹靂」は、『廣録』上堂を通じて『眼蔵』をより完璧な形にしなさいという天の声だったのではないでしょうか。

上堂語二五二では、寺の看板である竿を倒してくれといいます。同時代の眼前の弟子のことは考えず、未来の読者のために『眼蔵』と『廣録』を完成させることが自分の任務であると思ったからでしょう。

上堂語二五六と二五七は、再び宏智廣録から引用しますが、二五七では「永平、今日、宏智と和合し、如来と同参す」と宣言します。宏智正覚に匹敵するだけの言語情報を残すことに全精力を注ぐという決意表明です。

6　鎌倉行化以後の上堂語にかける日々　廣録第四・五

馬祖の即心是仏を考える

廣録・巻四は宝治二年（一二四八）から建長元年（一二四九）にかけてです。弟子に問うこともなく弟子を批判もせず、他人行儀な挨拶もなくなりました。今まで以上に高度で独自な禅問答を目指すことを宣言するかのような、巻四の冒頭の上堂語二五八は、「釈迦牟尼仏の述べた経も律もそれらについての論もうっちゃって、気随気儘に鉄笛を吹き鳴らし、梅花引を奏するのだ」と、まるでパンクロックのような過激な挑発です。これも宏智廣録にある言葉で始まります。

上堂語二五八

上堂に、夜半《やはん》に靴を穿《は》いて去《さ》る、達磨《だるま》の眼睛《がんぜい》を偸《ぬす》み得《え》たり。天明《てんめい》に戴帽《たいぼう》して来《きた》る、西堂《せいどう》の鼻孔《びくう》を拽《ひ》き得《え》たり。一去一来《いっきょいちらい》、譬《たと》えば、秋の声春の声の如し。半開半合《はんかいはんごう》、宛《あたか》も日面月面《にちめんがちめん》の如し。背手《はいしゅ》、枕子《ちんす》を摸得《もとく》す。分明《ぶんみょう》なる手眼通身《しゅがんつうしん》なり。断臂《だんぴ》して初祖《しょそ》に拝呈《はいてい》す。唯、独《ひと》り伝法得髄《でんぽうとくずい》す。然《しか》も是《かく》の如《ごと》くなりと雖《いえど》も、直《じき》に須《すべか》らく上頭《じょうとう》の関捩子《かんれいす》を打開《だかい》すべし、始《はじ》めて得《う》べし。作麼生《そもさん》か是《これ》、上頭の関捩子。良久して云く、瞿曇《くどん》の経律《きょうりつ》論《ろん》を抛却《ほうきゃく》して、横《ほしいまま》に鉄笛《てってき》を吹《ふ》いて梅引《ばいいん》を奏《そう》す、と。

現代語訳：夜中に靴を穿いて出ていき、達磨の目玉を盗む。夜明けに帽子をかぶってやってきて、西堂智蔵の鼻を引っ張る。行くと来ると、たとえれば春や秋を告げる物音のようなもの。半分開き半分閉じて、まるで日と月のようだ。後ろ手に枕を探れるのは、全身が鋭い手眼となっているからだ。その大切な臂を断ち、初祖に拝呈して、唯一人法を授かった。ではあるが、それは錠前を壊してはじめて出来ることだ。それはどうすればよいのか。しばらくして言われた。釈尊の経も律もそれらに関する論も投げ捨てて、気ままに鉄笛を吹いて梅引を奏するのだ。

正法眼蔵の眼睛、虚空、観音、仏向上の巻と関連する語句が続いた後、どうやって鍵を壊すかという問題を示し、そのためには釈尊の経も律も投げ捨てると言い切る。自分は釈尊の法を嗣いでいて、その最前衛にいるという自負を感じます。

また、釈迦牟尼と達磨の基本に立ち返って、語録や経文を徹底的に読むことによって、過去のすべての仏祖を乗り越えて前に進むのだという意気込みが、上堂語二六八から伝わってきます。

上堂語二六八

上堂に、山に登っては、須らく頂《いただき》に到るべし。海に入っては、須らく底に到るべし。登山して頂に到らざるは、宇宙の寛広《かんこう》なることを知らず。海に入って底に到らざれば、滄溟《そうめい》の浅深《せんしん》を知らず。既に寛広を知り、又浅深を知る。一蹋《いっとう》に蹋翻《とうはん》す四大海《だいかい》、一推《いっすい》に推倒《すいとう》す須弥山《しゅみせん》。恁麼《いんも》、撒手到家人《さつしゅとうけにん》、甚麼《なん》と為《し》てか不識《ふしき》なる、雀噪鴉鳴《じゃくそうあめい》す栢樹《はくじゅ》の間《あいだ》。諸人《しょにん》、委悉《いしつ》せんと要《よう》すや。良久《りょうきゅう》して云《いわ》く、観樹経行《かんじゅきんひん》三七日《にち》、明星出現《みょうじょうしゅつげん》して雲《うん》漢《かん》を照《てら》す。等閑《なをざり》に坐破《ざは》す金剛座《こんごうざ》。誰《たれ》か測《し》る吾が家に壁観《へきかん》有《あ》ることを、と。

現代語訳：山に登るならかならず頂上まで行け。海に入るなら必ず底まで行け。山に登って頂上に行かないと、宇宙の広さがわからない。海に入って底に行かないと海の水の浅い深いがわからない。宇宙の広さと海の深さがわかれば、一蹴りに四大海を蹴飛ばし、一押しに須弥山を押し倒せる。このように一切を放下して悟りを究めた人は、栢樹の間に雀がさえずり鴉が鳴くことが仏法であることを知らないわけがない。これはどういうことか。（しばらくして言われた。）釈迦牟尼は菩提樹のものに坐し経行されること二十一日。明けの明星が出現して大空を照らした。このとき釈迦牟尼は金剛座を坐破して悟られた。それがわが家に壁観の坐禅として伝わっていることを誰が知ろうか。

二七〇の上堂で道元は珍しく弟子たちに、「自分と昔の馬祖と同じかどうか言って御覧」と問答を仕掛けます。鎌倉行化の直前に上堂語二四三で「如何なるか是仏」と問いかけられたことへのお返しでしょう。馬祖道一（七〇九―七八八）は、南岳懐譲の法を嗣ぎ、湖南の石頭と並んで禅界の双璧と称せられます。百三十人もの弟子を育て、多くの語録を残し、「即心是仏」を標榜したことでも知られています。その馬祖と自分を比べて、何か一言を求めたのですが、弟子からの反応はなく、質問は不発に終わりました。払子の柄で禅床を叩いたのは、「君たち、馬祖も知らないで、即心是仏と口にしているのか。やはりその程度だったか。鎌倉に行って留守にしている間もきっと修行も学習もしていなかったのだろうね」という気持ちの表れではなかったでしょうか。

上堂語二七〇

上堂に、磨塼作鏡《ませんさきょう》、是《これ》、功夫《くふう》。兀兀思量《ごつごつしりょう》、道《どう》、豈《あに》、疎《おろそ》かならんや。那辺《なへん》に向って瞥地《べっち》を尋《たず》ねんと欲《ほっ》さば、又、這裏《しゃこ》に来《きた》って鶻盧都《しろと》。且《しばら》く道《い》え、大衆《だいしゅ》、永平《えいへい》と古人《こじん》と、是《これ》、同《どう》なりや、是《これ》、別《べつ》なりや。試《こころ》みに請《こ》う、道《い》え、看《み》ん。儻或《もし》、未《いま》だ道《いわ》ずんば、永平、諸人《しょにん》の与《ため》に道《い》はん。良久して、払柄《ほっぺい》を以って禅床《ぜんしょう》を打って下座。

現代語訳：瓦を磨いて鏡にする。それが功夫というものだ。背筋をぴんとのばし、坐禅しつつ考える。把握した仏智はいい加減なものであるわけがない。南岳懐譲にたしなめられたが、馬祖道一の坐禅は立派なものだったのだ。それに対して、入宋沙門の私は、あちらへ行ってちらっと目をくれ探しもの、今度はこちらで、口をつぐんで考えこむ。皆のもの、考えてみよ。こういう求道者の私と昔の馬祖とは同じか、違うか。まあためしだ、言って御覧。聞いて上げる。もし言わないようだったら、私が皆に向って言う。（たいそう長いあいだ黙っていたあとで、和尚は払子の柄で禅床を叩き、説法の座を下りた。）

なぜ道元は馬祖と自分を比べてみよと言ったのでしょうか。これから馬祖が説いた「即心是仏」について集中的な議論を始めるためでした。興聖寺時代の初期の上堂語八で道元は「即心是仏はもつとも親切」といい、上堂語四六では、即心是仏は達磨の皮肉骨髄の肉にあたると言いました。それ以来上堂で即心是仏を論じていません。

鎌倉から戻るやいなや、道元は馬祖を持ち出し、この概念について何度も検討を重ねます。おそらく鎌倉で良忠や了心らと、即心是仏について論じあったのでしょう。また、松谷寺の松谷文庫なども利用して、日本達磨宗の教義である破相論も読んだことでしょう。即心是仏は、日本達磨宗の教義です。しかし即心是仏は本当に、経典を読まず、思索も深めず、自分の心だけを見つめていればよいという怠惰な教えだったのか。それを最初にその教えを垂れた馬祖に立ち戻って徹底的に検討してみよう。インドではどのように論じているのかも調べてみよう。語録と経文を隅から隅まで読めば、何かわかることもあるだろう。道元は『眼蔵』を完成させるための具体的手法を思いついたからこそ、永平寺に戻ってきたのです。

上堂語二八三は、この後道元が挑戦する即心是仏、即心即仏批判の嚆矢といえるものです。即心是仏概念をどのように発展させたかについての詳しいことはⅥ．4をお読みください。

心という臓器や器官は存在しません。心が鳴るなどと言うけれども、それは現象なのである。あるいは鈴が鳴るのだ。Ⅳ章で書いたように、「空」を「実躰がない」と訳すのは誤りであり、「空」のまま扱うか、現代科学の用語である「(不可視の) 現象」と現代訳するのがよいでしょう。

上堂語二八三
上堂に、心鳴《しんめい》は即《すなわ》ち、是《これ》、空鳴《くうめい》なるべし。若《も》し、心鳴と道《いわ》ば、実《じつ》に鈴鳴《れいめい》なり。風鈴《ふうれい》不鳴《ふめい》、心不鳴《しんふめい》、如何《いかん》が喚《よ》んで、是《これ》、心鳴《しんめい》と作《な》さん。

現代語訳：鈴の音を聞いて心が鳴るというのは、現象として鳴っているということだ。あるいは、心が鳴るというのは、実際は鈴が鳴るということだ。風が吹き鈴が鳴るのでなければ、心は鳴らない。どうして心が鳴るなどということが言えよう。

心は存在しない。我々が何かを認識するのも、心があるからではなく、「現象（風火の因縁和合）」にすぎない。上堂語三〇四は、「大衆よ、夫道を学ぶは大容易ならず」と、弟子たちに仏道修行には三十年くらいの坐禅と弁道が必要であると説きます。その後で達磨大師の「識らず（不識）」を取り上げます。達磨の「不識」を誰も理解していないと道元は言います。これは、五官で感じられない、我々の認識能力を超えているという意味ではないかとこの上堂語を読んで思いましたが、いかがでしょうか。「当山の兄弟」と呼びかけてはいますが、眼の前の弟子より未来の読者に向けて語っているようです。

上堂語三〇四

上堂に、大衆《だいしゅ》、夫《それ》、学道《がくどう》は大《はなは》だ容易ならず。所以《ゆえ》に、古聖先徳《こしょうせんとく》、善知識《ぜんちしき》の会下《かいか》に参学し、粗《ほぼ》、二三十年を経て究弁《きゅうべん》す。雲巌《うんがん》・道吾《どうご》、四十年弁道《べんどう》し、船子和尚《せんすおしょう》、薬山《やくさん》に在ること三十年、只、箇此事《こしじ》を明得《めいとく》せり。南嶽大慧《なんがくたいえ》、曹谿《そうけい》に参学して一十五年。臨済、黄檗山《おうばくさん》に在《あ》って松杉《しょうさん》を栽《うえ》ること三十年にして此の事《こと》を弁《べん》ず。然《しか》れば則《すなわ》ち、当山《とうざん》の兄弟《ひんでい》、須《すべか》らく光陰《こういん》を惜《お》しんで坐禅弁道《ざぜんべんどう》すべき者《もの》なり。諸縁《しょえん》に牽《ひ》かさるること莫《なか》れ。諸縁《しょえん》に、若《も》し、牽《ひ》かるれば、塵中俗家《じんちゅうぞくけ》に在《あ》って、空《むな》しく寸分《すんぶん》の時光《じこう》を過《すご》す者《もの》なり。挙頭弾指《きょとうだんし》、嘆息《たんそく》して、須《すべか》らく寸陰分陰《すんいんぶんいん》の空《むな》しく過ぐるを惜《おし》むべきなり。是《これ》、則ち法身《ほっしん》を惜しむが為なり。

初祖西来《しょそせいらい》して、諸行《しょぎょう》を務《いとな》まず、経論《きょうろん》を講《こう》ぜず、少林《しょうりん》に在《あ》って九年、但《ただ》、面壁《めんぺき》坐禅する而已《のみ》なり。打坐《たざ》は、則《すなわ》ち、正法眼蔵涅槃妙心《しょうぼうげんぞうねはんみょうしん》なり。嫡々面授《てきてきめんじゅ》し、親《した》しく密印《みついん》を承《う》けて、師資《しし》の骨髄《こつずい》、見伝《げんでん》。唯《ただ》、此《こ》の一事実《じじつ》、余事《よじ》は即《すなわ》ち不是《ふぜ》なり。所以《ゆえ》に梁《りょう》の武帝《ぶてい》、初祖に問う。「如何なるか、是、聖諦第一義《しょうたいだいいちぎ》」と。祖、云く「廓然無聖《かくねんむしょう》」と。帝、曰く「朕《ちん》に対する者は誰《た》そ」と。祖、云く「不識《ふしき》」と。只、遮《しゃ》の不識《ふしき》、人の知得《ちとく》すること無くして、已《すで》に数代《すうだい》を経《へ》たり。如今《にょこん》、大宋《だいそう》、現在の諸山、猊座《げいざ》に坐《ざ》する人天《にんてん》の師と称する者、未だ嘗て得会《とくえ》せず。苦《く》なる哉《かな》。苦なる哉。何《いか》に況《いわ》んや、我が日本国裏《にほんこくり》の人、得箇会人《とくこえにん》。

汝等《なんじら》、諸人《しょにん》、初祖の不識を会《え》せんと要すや。也《また》、無《いな》や。夫《それ》、仏祖《ぶっそ》の家裏《かり》には、本《もと》、心性《しんしょう》・仏性《ぶっしょう》・識性《しきしょう》底《てい》の道理無し。只、風火《ふうか》の因縁和合《いんねんわごう》に依《よ》って、動転施為《どうてんせいあ》有り。而《しか》るに、愚人《ぐにん》、動転施為を認じて、識神《しきしん》と以為《おもえ》り。大衆、這箇の道理を会せんと要すや。良久して云く、廓然無聖にして不識なり、汝、皮肉骨髄《ひにくこつずい》を得《う》。人、有って、更に問う、如何、と。伊《かれ》をして三拝依位《さんぱいいい》せしむ、と。

現代語訳：大衆諸君、仏道を学ぶのは決して容易ではない。だから古聖先徳は、優れた師のもとに参学し、ざっと二十年、三十年弁道修行したのだ。雲厳・道吾は四十年弁道し、船子和尚は薬山にあること三十年、ただこのことを明らめたのだ。南嶽懐讓は六祖慧能に就いて学ぶこと十五年、臨済は黄檗山にあって松杉を栽えて弁道すること三十年でこれを明らかにした。だから当山の諸君も、光陰を惜しんで坐禅弁道すべきである。世俗の因縁にひかれてはならない。世俗の因縁にひかれれば、物質的な俗世間に住んでわずかしかない時間を無駄に過ごすようなものだ。頭を挙げ、爪弾きし、ため息ついて、わずかな時間でも空しく過ぎるのを惜しむべきである。これが法身と坐禅を大切にすることだ。

初祖達磨大師は西来して、他の諸行を営まず、経論の講釈もせず、少林寺に九年いて、ただ面壁坐禅するだけだった。打坐こそが仏法の精髄であり、無上の悟りである。それは代々、師から弟子へ面授し、弟子は師から証悟を認可する秘密の印を受け、師と資の骨髄として現実に伝えられる。ただこの一事が真実であり、その余のことは正しくない。梁の武帝が達磨大師に「聖者の把握した真理とは何か」と聞いたとき、大師は「からりとして広大なだけで、聖者などいません」と答えた。武帝が「私に答えている人は誰か」と聞くと、大師は「識らぬ」と答えた。この「識らぬ」という言葉の意味を誰も理解できずに数代過ぎてしまった。いま、大宋国の諸山の住持職をつとめ、人間天部の師と称する者も、今に至るまでこれがわかったものはいない。まったくひどい話だ。ましてこの日本でこれを会得した者がいるだろうか。

諸君、初祖の「識らぬ」を会得したいか。そもそも仏祖の教えには、心とか、仏とか、認識とかはない。ただ風火の因縁が和合して動き回っているだけだ。だが愚かな者は、この運動するはたらきによって心が存在すると思っている。諸君、この道理を会得したいか。しばらくして言われた。からりとして広大、聖者はいない。「識らぬ」というのが初祖の教えだ。その教えは四人の弟子に伝えられた。そこで、それはどういうことかと聞かれたら、慧可《えか》のように三度礼拝をさせて、元の場所に戻らせる。

書記が義演に代わる　廣録第五

廣録第四の上堂三三六は、書記を請ずる上堂です。書記の任務の大切さが表現されています。

上堂語三三六

書記を請《しょう》する上堂に、仏々授手《ぶつぶつじゅしゅ》し、祖々瀉瓶《そそしゃびょう》す。雲水に結縁《けちえん》し、叢林《そうりん》に下種《げしゅ》す。正当恁麼《しょうとういんも》の時、須弥《しゅみ》山《せん》を筆《ふで》と為《な》し、大海水《だいかいすい》を墨《すみ》と為《な》す。既に遮箇《しゃこ》を用いて、箇《こ》の什麼《なに》をか写《うつ》す、箇の什麼をか書く。大衆《だいしゅ》、委悉《いしつ》せんと要《よう》すや。箇《こ》の如法応修行《にょほうおうしゅぎょう》、非法不応行《ひほうふおうぎょう》、今世若後世《こんせにゃくこうせ》、行法者安穏《ぎょうほうしゃあんのん》を写《しゃ》す。恁麼《いんも》に写《しゃ》し了《おわ》って、作《そ》麼生《もさん》か。箇《こ》の消息《しょうそく》を通《つう》ず。良久して云く、三拝依位《さんぱいいい》して立つ、と。

現代語訳：新任の書記を迎えての上堂。仏は仏に手を預けて法を伝え、祖師は祖師に瓶から瓶に水をあけるように洩れなく法を伝えた。書記は法縁を雲水と結び、仏の種を叢林に植え付ける。まさにこのとき、書記は須弥山を筆とし、大海の水を墨として任に当たる。この筆墨を用いて、何を写し、何を書くか。諸君、くわしく知りたいか。「法の如くに修行し、非法は行じてはならぬ。今世および後世を通じて、このように如法に行ずるものは安穏である」と写すのだ。こう写し終って、さてどうやってこの知らせを人々に伝えるか。しばらくして言われた。三拝してもとの席に戻るだけだ。

ここで新たに任命された書記は廣録第五以降の侍者である義演であり、人事関係の上堂語としては長く、道元が義演に大きな期待をしていたことがわかります。おそらく書記に任命される前から、義演は懐奘配下で裏方の清書や文献調査の仕事に携わっていて、その仕事ぶりを道元が評価していたのでしょう。廣録第四になって、上堂語に長くて複雑なものも増え、過去の語録や経典などの参照文献も増えて、懐奘の手に負えなくなり義演が表舞台に出てきたのではないかと推測します。懐奘は藤原一族であり、義介は地方の名家出身で生年が明らかになっていますが、義演や義準は貴族でなかったためか、生年不肖です。

主として建長二年（一二五〇）の上堂語である廣録第五では、書記が若い義演に替わり、道元の上堂がますますノッてきている様子が読み取れます。また、三八一、三八三、四〇二、四一二のように、本当に上堂してしゃべったのかと思うほど長い論文調のものが登場します。長い上堂語が本当に上堂で話されかを確かめる方法は思いつきません。道元が上堂語だと主張する以上、上堂語として受け止めるべきでしょう。

第五の冒頭の上堂語三四六は、時雨に濡れた山の秋景色のなかで、私は世間と隔絶して大岩のように生きるという宣言のようです。鎌倉から戻って、広く経文や語録を読みながら、ダイナミックな思索を続けている様子がこの上堂語と、その後の三四七、さらに三五〇から、伝わってきます。

上堂語三四六

上堂に、一世《せ》の年光《ねんこう》、夕電《ゆうでん》の中《うち》、万縁誰《ばんえんたれ》か繋《つな》がん、始終空《しじゅうくう》。縦《たと》え、鼻孔面前《びくうめんぜん》に掛《かか》ることを怜《あわ》れむとも、猶《なお》、惜《お》しむ片時弁道《へんじべんどう》の功《こう》。這箇《しゃこ》は、他《かれ》の勧誡《かんかい》、衲僧《のっそう》の為《ため》にする底《てい》の句《く》、山頭老漢《さんとうろうかん》の為にする底の句。又、且《しばら》く如何《いかん》。良久して云く、千峰《せんぽう》の秋の色、時雨《しぐれ》に染《そ》む、頑石住山《がんせきじゅうざん》、豈《あに》、風《かぜ》を逐《お》わんや、と。

現代語訳：一生の歳月は夕方の稲妻のように瞬時であり、もろもろの因縁はつなぎとめるべくもなく始終空である。自分の肉身がかわゆいにしても、寸時を惜しんで弁道に努めなければならない。これは一般の修行僧を戒めるための言葉か、私を戒めるための言葉か。どうだろう。（しばらくして言われた。）山々の秋景色が時雨に濡れている。この山に住む頑石のようなわが身は、どうして世間の風を追うことがあろう。

続く上堂語三四七は手無しが拳骨を揮うように、といいます。これは伝燈録にある龍牙居遁《りょうがことん》（八三五―九二三）の言葉です。外見上は静かなたたずまいで坐禅しているが、ボクサーのように激しく拳を振り回しつづけて思考し続けるというのです。道元は、釈迦牟尼以来南宋の宏智正覚や天童如浄にいたる仏祖たちの言葉を経文や語録で片っ端から読みながら、それぞれの仏祖と一対一でボクシングのスパーリングをしている気分だったのでしょうか。

上堂三四七
九月初《しょ》一の上堂に、今朝《こんちょう》、九月初一、三打板鳴《さんだばんめい》、坐禅。脱落身心、兀々《ごつごつ》たり。猶《なお》、無手《むしゅ》にして拳《けん》を行《ぎょう》ずるが如《ごと》し、と。
現代語訳：今朝は九月一日だ。板が三度鳴った。坐禅を始めよう。一切の繋縛を脱した身と心で、正しい姿勢で坐禅する。手のない拳闘のようにやる。

上堂語三五〇「知音は知って後、更に知音」は、「音楽を聞く耳は肥えればさらに肥え、行きどまりはない」ということですが、知音に達した後もさらに求めて研鑽しなさいという道元の教えであり、鎌倉から戻ってきた後に、永平寺に籠りきりとなって、あるかぎりの語録と経文を読み深めながら、道元自身が実感していたことなのでしょう。意識上でものすごい発見、ひらめき、理論化・概念整理が起きていて、日々感動しているのだけど、おそらく外部から見れば何もしないで坐っているだけのように見えるだろうという思いから生まれた上堂語と思われます。
これまでの道元研究が、鎌倉行化以降の道元の姿や活動をとらえられなかったのは、外見上不動でまるで何もしないでいたかのように、年月を過していたからです。達磨の面壁九年も、外から見ると何の変化もありませんが、ものすごい意識の深化や発展が起きていたのだよと、教えています。なお知音という言葉は、上堂語三二九で「不是知音与に聴くこと莫れ（本当に音楽を理解できる者以外は聴いてはならない）」、法語一で「惜しむらくは知音少なし（残念なことに音楽を理解できる者が少ない）」と登場します。道元は話し相手がおらず、孤独だったのです。

上堂語三五〇

上堂に、惜《お》しむ可《べ》きかな、皮肉骨髄《ひにくこつずい》、知音《ちいん》、知《し》って後《のち》、更《さら》に知音。時の人、西来意《せいらいい》を問わん欲《ほっ》するに、面《めん》壁《ぺき》九年《きゅうねん》、少林《しょうりん》に在《あ》り、と。

現代語訳：達磨大師が四人の弟子に皮肉骨髄を与えたという話には、惜しむべきことがある。知音は、知音となった後にさらに成長するのだ。達磨大師の場合、武帝から西来意を問われた後で壁に向って九年坐禅してさらに悟りの世界を広げた。（私もただ坐っているだけで何もしていないように見えるが、意識の深化を体験している。）

波多野義重の大蔵経書写の寄進

上堂語三六一と三六二に、雲州太守波多野義重が永平寺に大蔵経を寄進をした話が登場します。鏡島は三六一は「波多野義重が大蔵経を書写し献納したい意向を道元に伝えたものであり、上堂語三六二は、その応諾を得て、悦びの書を再度呈した因みの上堂で」、大蔵経の献納は上堂語三六六にある「法輪の直に当山に到る」と読み解きます。なぜ、この時点で、大蔵経が寄進されたかについては、一言も書いてありません。

鏡島は、上堂語の結びの現代訳を「雲州太守にもよい果報があるにちがいない」と結んでおり、義重が自身のために寄進したと読み取れる解釈をしています。義重は自分のために寄進したのでしょうか。

私は、義重が大蔵経を寄進したのは、懐鑑首座が病気になったため、その快癒を祈った可能性を考えます。この上堂は建長元年（一二四九）十二月のものと思われ、その十か月後、建長二年十月の上堂語三九八で新しい首座を請する上堂があります。懐鑑が首座を辞めたときの上堂がないので、はっきりしたタイミングはわかりませんが、少なくとも建長二年十月までには辞めているわけです。また、建長四年の上堂語五〇七は義準が懐鑑の一周忌の上堂を要請したとあります。おそらく懐鑑は、建長二年の秋に首座を辞め、翌年亡くなったことになります。

もし義重の大蔵経寄進が懐鑑快癒のためだとすると、義重と達磨宗の特別な関係を示唆します。道元を越前に招いたとき既に義重は懐鑑の弟子であり、日本達磨宗のために道元を越前に招いたことになります。義重の「義」の字が、達磨宗第四世代の義介、義尹、義演たちと一致するのは、偶然ではなかったということになります。大蔵経の寄進という大きな出来事に対する道元の態度がそっけないのはそのためではないでしょうか。上堂語三六一に続いて三六二で悦びの書が届いたということは、義重は鎌倉ではなく所領の越前志比庄にいたにもかかわらず、道元に面会せずに書状で対応した可能性を示唆しますが、この意味不明な距離感が気にかかります。

上堂語一四七や三七八で道元は、もし奇特のことを問われたら、自分が上堂することだと言っています。ところが三六一では、大蔵経を寄進すると奇特なことがあるかと問われて、大蔵経を説いて示すという功徳があるという、奇特なことがあるのかないのかわからない投子の言葉を紹介するのみで冷ややかです。また、良久云の後に、「世間、必ず阿羅漢有り、善悪、豈、因果の途無からや」（世間には阿羅漢の聖者がいる。善悪には必ず因果の道理がある）は、大蔵経を寄進しても因果応報は変わらないというメッセージにも受け取れます。僧海と慧顗の死に責任をもつ懐鑑の罪は、大蔵経くらいでは消えないと思っていたのかもしれません。

上堂三六一

雲州《うんしゆう》太守《たいしゆ》、応《まさ》に大蔵経《だいぞうきよう》を書写《しよしや》して当山《とうざん》に安置《あんち》すべしの書到《しよいた》る上堂に、挙《こ》す。僧、投子《とうす》に問う「一大蔵経に、還《また》、奇特《きとく》の事《じ》有りや、也《また》、無《いな》や」と。投子云く「演出《えんしゆつ》、大蔵経」と。投子古仏《とうすこぶつ》、既《すで》に恁麼《いんも》に道《い》う。山《さん》門《もん》多幸《たこう》。因《ちな》みに一偈《いちげ》有り。雲水の為《ため》に道《い》わん。乃《すなわ》ち云《いわ》く、演出、大蔵経、須《すべか》らく知るべし、大丈夫《だいじようぶ》・天《てん》人《にん》・賢聖類《けんしようるい》、幸《さいわ》いに護身符《ごしんふ》を得たり。正当恁麼《しようとういんも》の時、如何《いかん》。良久して云く、世間《せけん》、必ず阿羅漢《あらかん》有り、善《ぜん》悪《なく》、豈《あに》、因果《いんが》の途《みち》無《な》からや、と。

現代語訳：雲州太守波多野義重から、大蔵経を書写して当山に安置したい旨の書面が来た、その折の上堂。公案を挙げよう。ある僧が投子大同に尋ねた。「一大蔵経には、何か功徳はありますか」、投子が言うには「大蔵経を演べて世に示した功徳があるさ」。古仏投子がすでにこう言っている。幸い私は一偈できたので、修行僧の諸君に聞いてもらおう。「大蔵経が世に示された以上、覚えておくがよい。人間界、天上界、賢聖はお守りを授かった」だとするとどういうことになるか。しばらくして言われた。世間には聖者が必ずいて、善悪の業には因果の報いがある。

上堂語三七八では、「或いは人の老僧に、如何なるか是、奇特の事と問ふこと有らんに、他に向ひて道はん。今日、永平、堂に陞る、と」（私が今日上堂することが特別のことだ）と高らかにいいます。同じ「奇特の事」を論じているのに、こちらの方がのびやかでポジティブです。

上堂語三七八

上堂に、挙《こ》す。僧、百丈《ひゃくじょう》に問う「如何《いか》なるか是《これ》、奇特《きとく》の事《じ》」と。百丈云《いわ》く「独坐大雄峯《どくざだいゆうほう》」と。或《もし》、人有《あ》って老僧に問わん、如何なるか是、奇特の事、と。他《かれ》に向って道《い》うべし、今日《きょう》、永平、陞堂《しんどう》、と。

現代語訳：公案を取上げる。百丈懐海に「特別変った貴重なこととはどういうことでしょう」と訊ねた僧に、百丈は「私がここでこうして独り坐っていることさ」と答えた。もし私に同じことを訊くものがあったら言ってやろう。私が今日上堂することだ。

略録七〇は「永平」を「鳴鼓」に入れ替えて「今日、鼓を鳴らして、堂に陞る、と」としています。略録には道元の自負を打ち消そうとする編集方針がうかがえます。因みに卍山本は、略録七〇ではなく、祖山本三七八を採用しています。

7　廣録と正法眼蔵の清書作業　廣録第六・第七

廣録・第六　書記と蔵主の増員人事

廣録第六は、建長三年（一二五一）です。第六でも過去の語録をもとに理論を検討し発展させる作業が続きます。第六のひとつの特徴は、冒頭の上堂語四一四（Ⅵ．5参照）と、最後の上堂語四七〇、途中の上堂語四二〇で、栄西と明全が法を嗣いだ臨済宗黄竜派の慧南普覚（一〇〇二―一〇六九）の言葉が紹介されていることです。佐藤秀孝（前出）がいうように、道元が「生涯にわたり明庵栄西の門流としての自覚を持ちつづけていた」ことの証拠といえます。しかし鎌倉行化の少し前にも上堂語二三三で慧南普覚を取り上げていることを考えると、栄西門流と何か関係が生まれたのかと思ってしまいます。具体的には、これから始まる『廣録』と『眼蔵』の清書作業への、建仁寺や寿福寺にいた僧たちの協力です。

上堂語四二六は、長い沈黙の後で、やや唐突に「夜行くを許さず。明に投じて須からく到れ」（夜行ってはいかん。必ず明るくなるのを待って向うに着くようにすること）という言葉が発せられます。この言葉は趙州と投子の問答（真字正法眼蔵一三六）ですが、その問答と上堂語前半との関係が読み取れません。道元は『廣録』と『眼蔵』の清書作業をどう進めようかと考えていて、ふと永平寺の弟子たちの素行に目をやると、夜間堂々と寺を抜け出して裏の波著寺に出かける姿が目についたので前後の脈絡を無視して「夜行くを許さず」と言ったのかもしれません。そして、おそらく永平寺の僧は使いものにならないと判断したのです。

上堂語四二六

上堂に、万機休罷《ばんききゅうは》、千聖不携《せんしょうふけい》。父母《ぶも》は我が親に非ず、諸仏は我が道に非ず。親道《しんどう》は且《しばら》く致《お》く、汝《なんじ》、什《な》麼《に》を喚《よ》んでか我《われ》と作《な》する。本色《ほんじき》の衲僧《のつそう》、一条《いちじょう》の活路《かつろ》に到ることを得て以って逍遥《しょうよう》す。所謂《いわゆる》、生滅《しょうめつ》有りと雖《いえど》も、去来《きょらい》に非《あら》ず。階級《かいきゅう》有りと雖も、差別を免《まぬか》る。修証《しゅうしょう》は即《すなわ》ち無きに不ず、汚染《おせん》すること、即ち得ず。背塵合覚《はいじんごうかく》、開華結果《かいかけつか》、諸仏衆生《しょぶつしゅじょう》、究尽《ぐうじん》し来《きた》るは、乃《すなわ》ち実相《じっそう》なり。既に、是、実相、甚《なん》と為《し》てか諸仏、無《む》量《りょう》無辺《むへん》、衆生《しゅじょう》、無際無窮《むさいむきゅう》なる。大衆《だいしゅ》、還《また》、這箇《しゃこ》の道理を委悉せんと要すや。良久して云く、夜行《やこう》を許さず、明《あ》くるに投《いた》って須《すべか》らく到《いた》るべし、と。

現代語訳：いくら考えても考え及ばない、千聖が出てもその道を伝えられない世界がある。父も母も親ではなく、諸仏も私がついていく道ではない。親と道はともかくとして、諸君、我とは何をいうのか。本物の修行僧はこの一筋の大道に到ることができて、自由に振舞うことができる。諸法に生滅があっても去来の跡をとどめないのであり、修行に階級があっても差別の見を免れるのである。修証はないのではないが、これを分け隔てて汚染してはならない。六塵に背くことが悟りに合うのは、花を開くことが実を結ぶというのと同じことだ。諸仏も衆生も究め尽くせば真実の姿である。もしそれが真実の姿であるのなら、どうして際限もなく大きな仏がいて、それと別に辺際もなく窮まりもなく衆生がいるのか。諸君もこのわけを知りたいか。しばらくして言われた。夜行ってはいかん、必ず明るくなるのを待って向こうに着くようにすること。

懐鑑が亡くなったのは、建長三年八月十三日と思われます。興聖寺で二人の弟子の命を奪い、永平寺と波著寺を行き来しつつ首座として弟子集団を取り仕切っていた懐鑑の示寂によって、道元は晴れて行動の自由を得ます。上堂語四四八は、二日後の仲秋に読まれた頌（Ⅲ・6参照）です。ここでは寺田の読み下しを紹介します。

雲門の糊餅《ウヒン》、天辺に掛り、
喚びて中秋の月一円なりと作す。
天主青衣にして今正坐し、
清光潔《いさぎよ》きも、斯の筵に若かず。

現代語訳：雲門が饅頭にたとえた月は空の真ん中にあり、仲秋の月だと宣言するかのように輝いている。私は天子の青い着物を着て正坐する。月の光は澄んで清らかだが、この私の姿にはかなわない。

鎌倉から戻ってきてからずっと『眼蔵』と『廣録』の完成に心血を注いできたが、いよいよ最後の仕事、『眼蔵』と『廣録』の清書作業にとりかかる、という決意宣言です。道元は自分の寿命があと二年であることを予感していたのでしょう。

道元は、自分の示寂の前に、自分の責任で眼蔵と語録を完成させる覚悟を決めていました。自分が死んだ後に、何年もかけてそれをできる弟子はいないと思っていました。道元は建長四年から示寂の年建長五年にかけて、まだ生きているうちに正法眼蔵と道元和尚廣録の両方を完成させたと考えます。

そう考える根拠のひとつが、上堂語四六〇にみられる書記の着任、上堂語四六七の蔵主の着任です。これは正法眼蔵と道元和尚廣録の清書体制だと考えます。蔵主は寺院に蔵する一切の経論を管理する役僧ですが、清書作業において、中国の経や語録を参照し、校正する必要があるからです。どちらも新任を請するだけで、前任者に謝していないので、増員人事だったと思われます。この時期の蔵主と書記の増員は、正法眼蔵と廣録の完成・清書作業が道元の指導のもと、道元の生きている間に行われたことの証拠といえます。

上堂語四六〇は書記の増員人事ですが、それまで興聖寺で留守居役をつとめていた義準が永平寺に呼ばれたのでしょう。廣録巻十の頌九八は、義準の七言絶句に感動して、道元が読んだものです。残念なことに義準の頌は残っていません。義演や義準のように、道元のテキストの編集や清書に関わって、道元の教えを広めようと考えた弟子たちは、曹洞宗内部の三代相論という対立に巻き込まれて、存在の痕跡が消されています。

雪の夜、準記室の二八文字に感じて、病中に右筆す
訪道《ほうどう》登《と》高《こう》す深雪《しんせつ》の夜《よ》、
覆身没腰《ふくしんもつよう》憐《あわれ》むべき時《とき》なり、
頭《こうべ》を刎《き》り臂《ひじ》を断《た》つ邪法《じゃほう》なりと雖《いえど》も、
藤蛇《とうだ》を透脱《とうだつ》する乃《すなわ》ち正師《しょうし》なり。

現代語訳：雪の夜、義準の七言絶句に感動して、代筆を頼んで、

昔達磨を訪ねて雪の中を上った慧可のように、腰まで雪に埋もれて大変なことだった。剃髪し、臂を切り落とすのは邪道だが、藤蛇のごとき妄想を断ち切るのが真の正師だ。

なぜ書記と蔵主の赴任時期がずれたのか

さて、上堂語四六二が建長三年十月一日の開炉の上堂ですので、もし上堂が五日おきに行われていたとすれば、書記を請ずる上堂は九月二十日前後に行われ、蔵主を請ずる上堂は十月下旬に行われたことになります。なぜ蔵主は書記よりもひと月あまり遅れて永平寺に到着したのでしょう。私は、書記は京都から馳せ参じ、蔵主は鎌倉から馳せ参じたと考えます。

またどちらの上堂語においても、書記と蔵主の人数は記されていません。これまでの人事関連上堂語でも監寺や典座の人数は示されていませんが、一名の着任または離任と思えるものばかりでした。この建長三年秋の書記と蔵主の人数もはじめは一名かと思っていました。しかし、『眼蔵』と『廣録』を何部か何十部か清書する作業であれば仕事の分量が非常に多いし、京都と鎌倉の両方から呼び寄せたとなると、どちらも複数名であった可能性があります。

宝治元年から二年にかけて道元が鎌倉を訪れたとき、かつて道元門下で参禅したこともある然阿良忠が浄土宗第三祖として光明寺で住持をしており、入宋して黄竜派の禅を学んで建保三年（一二一五）に帰朝した大歇了心（生没年不詳、出身地不詳、のちに建仁寺の第九世住持となる）が寿福寺住持をしていました。おそらく了心も良忠も道元のことを別の宗派の人間とは思っておらず、天才に恵まれた後輩であり師であると考えていたでしょう。道元が鎌倉で滞在していた名越《なごえ》は、光明寺のある材木座にすぐに歩いていけるところです。了心は、扇ケ谷にある寿福寺は宝治元年に全焼していたので、どこかで仮寓していたはずです。名越に滞在したのは、了心や良忠と頻繁に会うためだったと思われます。

二人は今後も道元を最大限支援することを申し出、いざという時に永平寺から鎌倉まで使者として旅をする修行僧をお供につけて道元を見送った可能性があります。当時の情報伝達は手紙よりも、使者が口頭伝達する方式でした。（渡辺滋「古代・中世の情報伝達」八木書店、二〇一〇年）

ちなみに了心は黄竜派に学び、首楞厳経にとくに通じていて、嘉禄二年（一二二六）二月に寿福寺でその講義をしていて（中尾良信「退耕行勇の行実」曹洞宗研究員研究紀要、第一九号）、「楞厳経心書」（十巻）という著作があるそうです。道元は「空」や「虚空」の概念を精緻化するにあたって、首楞厳経の言葉に大きく影響されています（上堂語四〇八）。現成公案第一の「たき木はいとなる、さらにかへりてたき木となるべきにあらず」も首楞厳経の言葉です。道元が如浄と交わした筆談を中心にした「宝慶記」によれば、首楞厳経は偽書であるのであまり読まないようにと指導されたことになっていますが、道元は大歇了心の影響で首楞厳経をみなおしたのでしょうか。

寿福寺、建仁寺と臨済宗最高位の寺の住持をつとめた了心は、入宋経験もあり、家柄もよかったと思われるのですが、生没年不詳で異常にプロフィールが見えない人物です。『眼蔵』と『廣録』の完成作業が臨済宗の僧の手で行われたことが知られないほうがよいと判断して、意図的に黒子役に徹したのかもしれません。

建長三年の仲秋の上堂語四四八は、いよいよ言語情報によって仏法を嗣ぐための『眼蔵』と『廣録』の清書作業に取りかかるという意気込みを感じます。おそらくこの詩を持たせて、道元は京都と鎌倉に『廣録』

と『眼蔵』の清書作業のための人員派遣を要請する使いを送り出したのでしょう。書記と蔵主の着任時期がずれるのは、かたや京都からかけつけ、かたや鎌倉からかけつけたためではないでしょうか。当時の東海道を京都から鎌倉まで「普通に旅をすると、十五日前後の日数を要した」(星名定雄『情報と通信の文化史』法政大学出版局、二〇〇六年)ということですので、往復だと三十日。赴任時期の差とぴったり合います。またⅢ．5で紹介した上堂語四五三からは、応援部隊が到着するのを待っている間に、永平寺をあげて応援部隊の受け入れと清書作業の準備にとりかかっている気配を感じます。道元は「一車打たれて諸車快《はや》し。一夜花開けて世界香《こう》ばし」と、いかにも満足そうです。

この浪漫的仮説を夢物語から少し現実に近づけるのが、十三世紀の鎌倉の称名寺の小経蔵目録に記載のある「正法眼蔵三帖」です。その一部とみられる正法眼蔵中巻が金沢文庫に保管されていています。これは真字正法眼蔵あるいは正法眼蔵三百則と呼ばれているもので、道元が興聖寺時代に中国の語録から主だった公案を集めた抜き書き抄です。正法眼蔵を清書するにあたっていちいち原典を紐解くことなく引用をするために利用したと考えられます。実際に正法眼蔵と廣録にこの三百則からもいくつか採用されています。

金沢文庫によれば、所蔵している正法眼蔵の来歴は不詳です。この謎への仮説は、「一つは、興聖寺ゆかりの僧侶が、真字『正法眼蔵』の原本もしくはその写本を携えて鎌倉に下向してきた場合と、いま一つは、道元禅師自身が、真字『正法眼蔵』を携えて鎌倉に下向してきた場合」の二つということです(高橋秀榮「称名寺伝来の真字『正法眼蔵』について」、『道元禅師研究論集』平成十八年八月)。建長三年晩秋から建長五年にかけて、『眼蔵』と『廣録』の清書作業を手伝うために鎌倉から永平寺に派遣された僧侶たちが、道元からご褒美としてもらって持ち帰ったという第三の仮説を筆者は提案します。あれだけ大量の言語情報を、少なくとも数セット、もしかすると数十セット、正確に書き残すためには、一定以上の仏典や中国の仏祖について知識と書写能力をもつ、かなりの人数の僧が必要になります。道元は京都や鎌倉から駆けつけてくれた友人たちを心底ありがたいと思ったことでしょう。

お願いだから質問をしてくれ　廣録・第七

さて、自分の死期を悟って新たな巻として始められた廣録第七は、建長三年（一二五一）暮れから建長四年（一二五二）にかけて上堂されたものです。第七で語られた上堂語は、これまでの正法眼蔵、道元和尚廣録、その他祖師たちの語録を読み返して、新たに気づいたことや、まとめを語っていて、さらに味わい深いものです。第七の上堂語からも弟子集団の気配はまったく感じられません。道元は、示寂後に自分を知り、正法眼蔵と道元和尚廣録を読むことによって自分の成果を継承し発展してくれる人だけを弟子と考えていたのではないでしょうか。将来自分を発見してくれる弟子たちのために、義演と義準を監督指揮して清書作業をしていたと私は考えます。示寂まであとおよそ一年半。これだけ膨大な文書の清書と校正作業をきちんと監督できるのは自分しかいないとわかっていました。

廣録第七の冒頭の上堂語四七一は「問ひありて答あり、屎尿狼藉。問ひなければ答なし。雷霆霹靂。」と語り始めます。

死期を悟った道元は、廣録の第一から第六までをあらためて読み返し、自分の語録に弟子との問答がほとんどないことに気づきました。如浄語録にある「有問有答屎尿狼藉、無問無答雷霆霹靂」の個所を読んで、質問されたいという思いが沸き上がってきたのです。どんな問いであっても質問されたらいろいろなアイデアがわくのに、思いもよらない質問がくれば思いもよらない答えが生まれるかもしれないのにと思ったのでしょう。問答のない禅語録には、大切なものが欠けていると感じたのではないでしょうか。

真字正法眼蔵として道元が書き写した三百の公案はすべて問答です。それと比べると廣録には弟子との問答が皆無といってもいいほどありません。道元はそれを仮想現実的に解決してきました。中国の語録の問答を紹介したあとで、「もし私にそれを問うものがいたら」、「もし私だったら」といってから、自分の答を示しています。でもそれでは物足りないとおもったのでしょう。

上堂語四七一

上堂に、云く、問《と》い有《あ》りて答《こたえ》あり、屎尿狼藉《しにようろうぜき》。問《と》い無《な》ければ答無《こたえな》し、雷霆霹靂《らいていへきれき》す。十方大地平沈《じつぽうだいちへいちん》し、一切虚空迸裂《いつさいこくうほうれつ》す。外《ほか》、放入《ほうにゆう》せず、内《うち》、放出《ほうしゆつ》せず、一槌痛下《いつついつうか》に万事了畢《ばんじりようひつ》す。且《しばら》く恁麼《いんも》の時《とき》、又《また》、作麼生《そもさん》。良久して云く。再三総《さいさんすべ》て画図《がず》の中《なか》に在《あ》り。猛劈《もうへき》は従教《さもあら》ばあれ、深夜《しんや》の雪《ゆき》、と。

現代語訳：問いがあるから答が生まれる。糞小便が散らばり放題。問いがなければ答もない。凄まじい雷が鳴りわたる。どっちを向いても大地は平たく沈み、一切の虚空が裂けて飛び散る。外のものは中に入れず、中のものは外に出さない。こうしておいて槌を一発くらわすと万事終了。こういうとき、どうするか。（しばらくして言われた。）よく絵にかいてある景色だが、猛烈なものだった、降るにまかせておくしかなかった、ゆうべ、夜更けの雪は。

冒頭の言葉は、「どんな愚かな問いでもいいから問いを投げかけてくれ。答えを出してあげるから。くだらないと思うことでも、問答に意義はある。問いをもらわないことには、新たな発想は生まれない。予想もしなかった問いをもらえば、誰も考えつかなかった新しい発見が生まれるかもしれない。」と読み取れます。そして長い間黙っていた後の雪景色は、自分が精いっぱい学び考え書き残したことは、深夜の雪のように積もった。いつかきっと誰かが読み解いてくれるだろうという期待と受け取れます。

続く上堂語四七二は、「道に至る難きことなし。唯揀択《レンチャク》を嫌ふ」という言葉を引用したあとで、えり好みしない（揀択を嫌ふ）とは、「金翅鳥王は生ける竜にあらざれば食らわず」と説明します。

過去の中国僧の問答に、「自分だったらこう言う」と前置きして参加する仮想問答は面白くない、現代を生きる僧の生々しくて鋭い問いを受けたいと願ったから、「生ける竜にあらざれば食らわず」と語ったのでしょう。上堂語三七一にも同じ「道に至る難きことなし。唯、揀択を嫌ふとは、金翅鳥王の竜にあらざれば食わざるが如きなり」とありますが、四七二では「生ける竜」といっているところに注目です。残念なことに、これらの上堂語の後でも、道元の弟子たちは問いを発しませんし、道元が弟子に問いかけた記録もありません。

上堂語四七三も死を意識しています。道元は『眼蔵』と『廣録』を、未来の弟子に一言一句誤りなく伝えたいのです。自分のテキストを改ざんや偽書から護るための「白毫一相の功徳」とはどのようなものかと悩み考え模索し続けていたのだと思います。その結果として、雪の上に加える霜として奥書と識語を思いついたのでしょう。『眼蔵』七十五巻の巻番を決めたのも建長四年のことだったと思います。

上堂語四七三

上堂に云く。嵩岳《すうがく》の高祖《こうそ》云《いわ》く「我が滅後八千年《めつごはっせんねん》、我が法、糸髪《しはつ》の如《ごと》く許《ばか》りも移《うつ》らず、我が在世《ざいせ》の如《ごと》くならん」と。我仏如来道《がぶつにょらいいわ》く「滅後遺法《めつごゆいほう》の弟子を蔭《おお》わんが為《ため》の故《ゆえ》に、白毫一相《びゃくごういっそう》の功徳《くどく》を留在《るざい》す」と。又云《またいわ》く「遺法《ゆいほう》の弟子《でし》を利益《りえき》せんが為《ため》の故《ゆえ》に、二十年《にじゅうねん》の仏寿《ぶつじゅ》を留《とど》め与《あた》えて弟子を蔭覆《いんぷく》す」と。今日、永平、偶一頌《たまたまいちじゅ》あり。良久して云く、臘月《ろうげつ》の寒梅月光《かんばいげっこう》を含む。雪山《せつざん》の雪の上に更に霜《しも》を加《くわ》う。如来の毫相《ごうそう》、猶《なお》、今在り。遠《えん》孫《そん》を利益する、豈《あに》、度量《たくりょう》せんや、と。

現代語訳：嵩山におられた遠い先祖の達磨大師は、自分の死後八千年たっても、自分の会得し伝授する理法は絹糸や髪の毛ほどの変容もなく、私の生きている今と同じであるだろうと言われた。私の本師仏如来は、言われた。死後、私の残して行く理法を信じ、そのために精進努力する弟子たちをかばいたいので、そのために、私は私の三十二相のうち白光を放つ眉間の毛を留めておこうと。またこうも言われた。その弟子たちの為になり、かれらに役立つことあれかしと願って、そのために、二十年だけ、私の寿命をおまけとしてこの世に遺して、かれらをかばい、守ってやろうと。今日、私は、どういう巡合せか、讃め歌を一首ここに持っている。（しばらくしてから言われた。）今は十二月だ。寒さの中に咲き匂う梅の花に、月の光がこもっている。雪積む山の雪、その上に霜が加わる。なんという浄く、冷く、微妙な光景か。釈迦如来の三十二相の一つのその眉間の毛は今なお現世にとどまり、はるかのちの子孫の為に役立っている。その利益の程は到底量り知れるものではない。

懐鑑の一周忌上堂

道元はそれまでも亡き母や明全、如浄らへの忌日の上堂を何度か行っていますが、第七では特に心をこめて行っています。四七八で亡き母、四八六は釈迦涅槃会、五〇四で明全、五一二で栄西、五一五で天童如浄、五二四で育ての親源通具。自分を育ててくれた人々への深い感謝にあふれた上堂語です。

道元自身がお世話になった人びとのための忌日上堂とは別に、日本達磨宗の第三世懐鑑のための上堂語五〇七があります。「準書状、懐鑑上人の忌辰のために上堂を請す」。書記の義準が、一年前に亡くなった懐鑑の忌日上堂を要請したのです。

道元は、懐鑑が首座になったときも、首座を辞したときも、歓迎や感謝の上堂をしていません。懐鑑が亡くなったことすら上堂でまったく触れていません。この上堂も自分から進んではなく、義準の要請があったから行ったと明記しています。そして、最後のひと言は、「言ふを休めよ、彼岸は目前の外と。拄杖一本、これ橋梁」（彼岸など目の前にない、遠くのものだなどと言ってはならぬ。私の持つこの一本の杖が、ひとをそこに渡す橋なのだ。）です。達磨宗の教義を批判しているように受け取れます。

廣録巻三冒頭の上堂語一八五では、達磨宗三世の懐鑑が二世の覚晏のために上堂を要請したのですが、五〇七は達磨宗四世の義介（義鑑）ではなく、義準が要請したのはどうしてでしょう。この時点ではまだ道元は、自分の後継者と見込んでいる義介が懐鑑を嗣いで達磨宗四世になったことを知らなかったからだと思います。達磨宗は道元に対してそれを隠していたので、義準に上堂の要請をさせたのではないでしょうか。おそらく達磨宗としては、道元がお気に入りの義介が永平寺二世を嗣いで、達磨宗が道元開祖の曹洞宗をそのまま受け継ぐ予定だったのです。

8　達磨宗の弟子は大きな仕事をするための天からの贈り物

祖山本道元和尚廣録と正法眼蔵七十五巻本を、繰り返し読んだところ、道元と弟子集団の間の様々なドラマが読み取れてきました。道元は、仁治二年に達磨宗の集団入信を許した結果、古くからいた弟子たちを失って、達磨宗の本拠地である越前に移ることになりました。そこで道元は『廣録』と『眼蔵』を残すのですが、残念ながらいまだにそれらはきちんと読まれていません。そのひとつの理由として、道元が本来伝えようとした『正法眼蔵七十五巻本』と『祖山本道元和尚廣録』が、さまざまな雑音によって隠蔽されてきたことがあります。

そばで仕えた懐奘と義介の遺偈と自賛の頌をみると、罪の意識や自己欺瞞を感じます。道元の信頼を裏切ったことを後ろめたく思っていたのでしょうか。道元から永平寺二世を嗣いだ懐奘は、弘安三年（一二八〇）八月二十四日に寂しました。辞世の偈は、「八十三年夢幻《むげん》の如し。一生の罪犯《ざいほん》、彌天《みてん》を覆《おほ》ふ。而今足下《じこんそくか》無絲《むし》に去る。虚空《こくう》に蹈翻《とうほん》して地泉《ちせん》に没す。」です。四句目が僧海の遺偈と相通ずるのは偶然と思えません。また懐奘が自己の肖像にしたためた自賛の偈頌は、「罪業《ざいがう》感ずる所醜陋《しうろう》の質。人中第一極非人。従来赤脚《せききやく》にして唐歩を学ぶ。未だ草鞋《さうあい》を破らず本身を見る。」です。

懐奘は懐鑑らの集団入信を偽装と知りつつ内部から手引きしたこと、道元の意向に反して日本達磨宗四世である義介を永平寺三世にしたこと、僧海と慧顗が亡くなったことに関与したと考えられます。道元が渾身の力を込めて完成させた『廣録』と『眼蔵』を永平寺内部で封印・隠蔽したことに対しても、罪の意識を感じていたことでしょう。
一方、若いときから道元のお側につきしたがっていて、達磨宗の法を嗣いでいなかったら、おそらく永平寺二世となっていたであろう義介も、「七転八倒《しちてんばっとう》　九十一年　蘆花《ろか》雪を帯び　午夜の月円かなり」という遺偈を残しています。義介が寂したのは、延慶二年（一三〇九）九月十四日で、愛弟子瑩山紹瑾《けいざんじょうきん》が遺偈を口述しました。嘉元四年（一三〇六）、義介八十八歳のときの頂相（画像）に添えられた自賛の絶句は、「いったいこの私は誰なのだ」と自己喪失をうたっています。

古業受生雖各別　（古業、生を受けて、おのおの別たりといえども）
即身是仏有何疑　（即身是仏、なんの疑いかあらん）
従来倶住未知面　（従来、ともに住して、いまだ面を知らず）
今日相看非我誰　（今日、あい看るに非ず。我は誰そ）

ちなみに興聖寺時代に亡くなった僧海は遺偈が廣録に記録されていますが、書記を担当し、三代相論では道元の教えを忠実に守ろうとする立場にいた義演や義準には、遺偈も頂相自賛も何ひとつとして残っていません。

道元や懐奘が生きた時代から八百年近く経過して、マクロな人類史・文明史としてとらえてみると、釈迦牟尼が伝えた仏法は、インドから中国に伝わり、中国から日本に伝わることで、命脈を保ったといってもよいと思います。インドではヒンドゥー教に吸収され、中国では元によってつぶされたので、道元によって日本に伝えられなければ教えが生き残ることはなかったでしょう。

日本でもし道元がずっと京都にいたら、永平寺で得た思想的深まりを得ることはできなかったでしょう。また、もし僧海が生きて道元の法を嗣いでいたなら、道元が言語情報によって法を伝える必要に迫られることもなく、今七十五巻本として残されている正法眼蔵の完成度は得られなかったでしょう。もし達磨宗の弟子たちが怠惰で不勉強でなかったら、道元が奥書と識語によって自分の著作を保護する必要性を感じることはなく、両著作は時間の中で徐々に雑音にまみれて復元不能な状態になってしまっていたことでしょう。

孟子・尽心篇に「天の将《まさ》に大任《たいにん》を是《こ》の人に降《お》ろさんとするや、必ず先ず其の心志《しんし》を苦しめ、其の筋骨《きんこつ》を労し、其の体膚《たいふ》を餓《う》やし、其の身を空乏《くうぼう》し、行い其の為す所に払乱《ふつらん》せしむ。心を動かし、性を忍び、其の能わざる所を曽益《ぞうえき》せしむる所以《ゆえん》なり。人恒《つね》に過《あやま》ちて然る後に能く改め、心に困しみ、慮《おもんぱかり》を衡《こう》し、然る後に作《おこ》る。色に徴《あら》われ、声に発して、然る後に喩《さと》る。」（天がある重要な任務をその人の身に降そうとする時は、必ず先ずその心志を苦しめ、筋骨を労働させ、口腹を飢えさせ、身体を困窮させ、彼の行為を意のままにならぬようにさせる。このようにして、彼の心を震動させ、その本性を堅固にし、その能力を増大させるのである。通例、人は過失を犯して始めて改め、心に苦しみ、思い余って、始めて感興奮起する。顔色に現われ、言葉に発して、始めて他人に了解される。）という章句があります。天が、大きな仕事を与えるときには、徹底的に苦しい思いをさせて、力をつけさせるというのです。日本達磨宗の弟子たちは、道元にとってかなりのストレスであり、道元を不安にし、孤独な思いをさせました。でもそれらは結果的に、道元が言語情報によって仏法を伝える試みを成し遂げるために天が用意した障害であり、道元の能力を増大させたのです。その結果として、いま私たちが正法眼蔵七十五巻本と祖山本道元和尚廣録を読むことができるという事実の前に懐奘の罪も義介もすべては許されます。できるだけ多くの人々が、道元の伝えようとした言語情報を正しく読み、正しく仏法を受け嗣ぐことが、懐奘や義介や義演や義準や僧海や慧顗、そして波多野義重も覚念も義尹も瑩山紹瑾も卍山道白も面山瑞方も含めた、すべての道元の弟子たちに対する供養になることでしょう。現代の永平寺、総持寺、全国にある駒澤大学系の教育・研究機関とそこで学習し修行するすべての学侶たちのおかげで『祖山本永平廣録校注集成』が生まれ、寺田透の『道元和尚廣録』も生まれました。『眼蔵』七十五巻本と祖山本『廣録』を読み解き、道元の法を受けつぐことが、『廣録』最後の上堂語五三一にこめられた道元の願いです。

上堂語五三一は、三世紀頃、南印度の迦那提婆が、仏道を極めんが為に、龍樹の下へやってきた時に、龍樹は鉢に水を満たして弟子に持参せしめると、提婆は黙って鉢の水の中に針を投じた故事にもとづいています（大谷校注集成の注）。鉢の水が澄んでいるのは竜樹の知徳を、師の鉢に水が満ちているのは知徳の円満さを示し、提婆が針を投じて底につけしめたのは、提婆が龍樹の奥底を極めんとする意旨の現れだそうです。私は君たちに『廣録』と『眼蔵』を示す。君たちはその奥底まで極めないかと、道元は読者を誘っているのです。

上堂語五三一

上堂に、青原白家《せいいげんびやくけ》、三盞《さんさん》の酒《さけ》。石頭紅炉《せきとうこうろ》、一点の雪。拄杖開花《しゆじようかいか》して、功《こう》あり。蒲団笑うべし、欠《かけ》たること無し。正当恁麼《しようとういんも》の時、永平門下、作麼生《そもさん》か道《いわ》ん。良久して云く、其の業を喚《よ》んで三界《さんがい》と作《な》す。話頭を得て一心と為す。龍樹、人を接するに、鉢水をもってす。提婆進道《だいばしんどう》して、針を拈《ねん》ず、と。

現代語訳：酒の名産地である青原の飲み屋に、並々酒を注いだ大きな盃が三つ。石頭の赤く燃える炉に、ひとつまみの雪を投げ入れる。私の拄杖は花を咲かせた。私の座蒲は、おかしなことに無傷で端座している。このとき、私の下で修行する諸君、どう言ったらいいか。（しばらくして言われた。）可視不可視、過去現在未来の世界を、一顆明珠として意識の上に構築する。それを言葉にして君たちに示そう、龍樹菩薩が鉢に入れた水をすすめるように。諸君は提婆のようにすすんできて、鉢の底に針を投じるのだ。

Ⅵ．廣録と併せ読み解く正法眼蔵

1　示衆日にもとづく『眼蔵』の解析

これまでの道元研究において空白だったのが、宝治元年から二年にかけての鎌倉行化と、宝治二年（一二四八）三月鎌倉から帰ってから示寂までの五年間です。正法眼蔵の示衆はひとつもありません。道元がどこかに出かけた形跡はないし、誰かが道元に会いに来たという記録もない。何も記録がない以上、年譜上は空白にならざるをえません。「正法眼蔵七十五巻本の巻番と示衆月対照表」でも、真っ白になっています。

しかし廣録上堂語五百三十一のうち、半数以上の二百八十一が鎌倉から戻った後の五年間で上堂されています。道元がひたすら机について頭の中で活発な学習と思考活動をしていたことは、Ⅴ．６で取り上げた上堂語二五八、二六八、三四六、三四七、三五〇からもわかります。つまり、廣録を無視する研究者は、鎌倉以後を無為に過ごした時期としますが、廣録の年別上堂回数だけ見ても、この時期の道元が充実した活動をしていることは一目瞭然で、空白という扱いが間違いだったということになります。

『正法眼蔵』示衆時期を『廣録』で照らし合わせる

これまでの正法眼蔵研究で、廣録の記述との相互参照を行った例はありません。そもそも研究者ですら、廣録を読んでいないのですから、相互参照するという発想がなかったのです。喩えてみれば、富士山の山頂が雲の中にあるために、みんな五合目の駐車場あたりで富士山を議論しているようなものです。雲の切れ間に山頂が見えても、どうやって登るかを考えるのではなく、大変そうだから五合目に留まっていようという感じです。まだ誰もその手法を考えていないので、手法から考えなくてはなりません。

道元の活動時期（Ⅱ．3参照）を眼蔵示衆と上堂に注目して時代区分すると、眼蔵示衆と上堂が同時に行われていた深草興聖寺時代（Ⅰ前期・Ⅱ後期）と、示衆だけ行われていて上堂が行われていなかったⅢ越前仮寓期、わずかな示衆が行われ、怠け者の弟子たちに発破をかけるかのように盛んに上堂したⅤ大仏寺・Ⅵ永平寺前期、示衆はなく、弟子のことなどお構いなく盛んに上堂したⅧ永平寺後期に分かれます。

このなかで、深草興聖寺時代には、同じテーマで同じ頃に眼蔵示衆と上堂が行われているものがいくつかあります。上堂に表された道元の考えと示衆内容は関連していたと推定してよいかと思います。眼蔵示衆当時の道元の考えが、その後どのように発展して眼蔵に結実したのかを考える際の参考になります。示衆と上堂が近い時期に行われたものとしては、即心是仏と上堂語八、山水経と上堂語二三、仏性と上堂語七一、神通と上堂語八五、仏向上事と上堂語九六、一〇〇、行持と上堂語九一、栢樹子と八一、光明と上堂語九七、全機と上堂語一一三などがあります。しかし、眼蔵示衆と上堂が同時期に行われた数に限りがあるほか、上堂語は短いためあまり有効な分析はできそうにありません。

そこで、眼蔵で示衆されていて、上堂でも何度も取り上げられている概念（仏向上事、仏性、即心是仏、虚空）を、それぞれ検討してみることにしました。たとえば、上堂を通じて概念が深化・発展・修正していく過程を、眼蔵の概念と比較するのです。眼蔵の記述が、鎌倉行化以降の道元の学習と思考の成果を反映していれば、百巻構想の嘘を証明できます。一方、十二巻本にはこれらの重要概念は一度として登場しません。

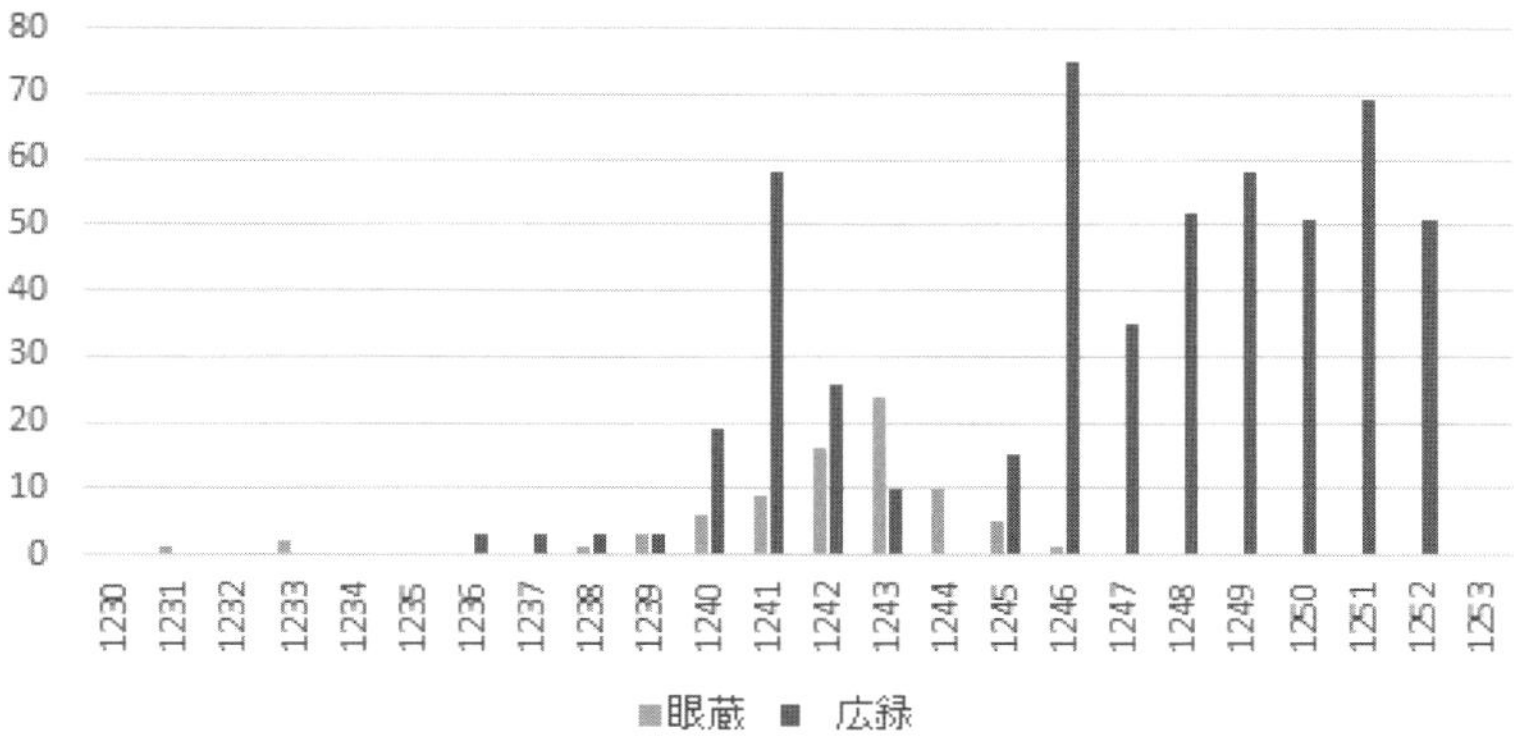

上堂・示衆の年別回数

時代	年月	年月	西暦	期間	時代の概要	正法眼蔵示衆数	示衆/年	上堂連番	上堂数	上堂/年	廣録巻数
Ⅰ深草興聖寺前期	寛喜３年８月（辨道話）	仁治２年３月	1231-1241	10年間	達磨宗入門以前の深草・興聖寺時代	14	1.4	1-36	36	3.6	1
Ⅱ深草興聖寺後期	仁治２年３月	寛元元年７月	1241-1243	２年間	達磨宗入門後の深草・興聖寺時代	28	14	37-126	90	45	1
Ⅲ越前仮寓期	寛元元年７月	寛元２年３月	1243-1244	10か月	越前・吉峰寺、禅師峰	28	33.6	上堂なし	0	0	—
Ⅳ長期休暇	寛元２年３月	寛元３年３月	1244-1245	１年	越前吉峰寺から大仏寺に入寺前後	示衆なし	0	上堂なし	0	0	—
Ⅴ大仏寺示衆上堂	寛元３年３月	寛元４年６月	1245-1246	１年３か月	越前・大仏寺での示衆・上堂	5	4	127-176	50	40	2
Ⅵ永平寺前期	寛元４年６月	宝治元年８月	1246-1247	１年２か月	越前・永平寺（鎌倉以前）	1	1	177-250	74	59.2	2，3
Ⅶ鎌倉	宝治元年８月	宝治２年３月	1247-1248	７か月	鎌倉行化	示衆なし	0	上堂なし	0	0	—
Ⅷ永平寺後期	宝治２年３月	建長４年11月（上堂語531）	1248-1252	４年９か月	越前・永平寺（鎌倉以後）	示衆なし（改稿）	0	251-531	281	59.2	3，4，5，6，7
			合計	21年間		76	3.62（通年平均）		531	25.3（通年平均）	

道元が結界で保護した時期を８つに分割する（96頁と同表）

やはり十二巻本は道元の文章とは思えません。

表（正法眼蔵七十五巻本の巻番と示衆月対照表、九三頁）は、辨道話と七十五巻を示衆（または起草）された月ごとに配置したものです。寛喜三年に辨道話が起草されてから、正法眼蔵出家第七十五が示衆される寛元四年までの十五年間の道元の活動が一目でわかります。道元は、示衆した巻に対しても推敲を重ねていたと言われていますし、正法眼蔵の清書作業は示寂の前年である建長四年に始まっていますので、示衆されてから短いもので六年、長いものでは二十年も経過しています。しかし、奥書にわざわざ示衆日が示されているということは、そのテキストがその日に示衆されたことには意味があるという著者の意思表示と受け止めます。以下ではまず八つの時期区分に照らして『眼蔵』の示衆を分析してみましょう。

第Ⅰ期　寛喜二年（一二三〇）から仁治二年（一二四一）一月

辨道話を書き著した前年、寛喜二年（一二三〇）春に道元は建仁寺から深草安養院に移ります。深草は道元が生まれ育った木幡の松殿山荘にも近く、道元にとってなじみ深い土地です。この年、七月から九月にかけて全国的に雹が降り、天変地異が翌年まで続いて、穀物は育たず、全国を大飢饉が襲いました。明けて寛喜三年、京は連日大風が吹き、新年早々に四条町あたりから火災が発生し商家がことごとく焼失しました。群盗の横行も甚だしく、疫病も流行し、さらに前年からの飢饉によって、春には餓死者の死骸が道路にあふれていました。その年の八月、道元は辨道話を著します。

天福元年（一二三三）の春、深草の極楽寺跡にあった仏殿と寺坊を修理改築して、興聖寺が落成します。道元が初めて開いた道場です。この道場の夏安居《げあんご》中に、道元は最初の正法眼蔵として摩訶般若波羅蜜多を示衆します。示衆とは、住持が修行僧（衆）のために仏法の真髄を説き示すことをいいますが、具体的な作法や形式はわかっていません。また示衆の後、示衆された内容を修行僧が自由にあるいは許可を受けて読むことができたかどうかもわかりません。

同じ天福元年仲秋八月十五日には、現成公案を書き著して、九州鎮西の俗人楊光秀に与えます。現成公案は、その一部が斉藤孝の「声に出して読みたい日本語」にも収録されているように、呪文のような魅力をもちます。道元は、現成公案を正法眼蔵の第一としますが、正法眼蔵の真髄がこの一巻に書き著されています。

水の中を魚が泳ぐように、光の中を鳥が飛ぶように、人は仏法の中を生きている。多くの人は気づいていないが、私たちのすべての知覚は現象であり、ものを見る、音を聞く、そのすべてが法則性をもって生まれている。このメカニズムに気づいて体得することが「自己をならう」ことである。自分の認識メカニズムから始めて、魚や鳥が大海や大空を究めるように、大宇宙の現象世界を一つ一つ自分のものとして究めなさい。一滴の水に月や弥天の姿が宿るように、自分の意識を世界とひとつにしなさい。これが道元思想の基本です。

さて、嘉禎二年（一二三六）には興聖寺の法堂が完成し、十月には僧堂が完成。十月十五日、道元は開堂宣言の上堂をします。上堂は、禅寺において、住持が法堂で正式に修行僧に説法することをいいます。眼蔵示衆と廣録上堂の関係は明らかではありませんが、最初の上堂語の結び「湘《しょう》の南《みなみ》、潭《たん》の北の黄金国、限り無く平らかにして、人、陸沈《りくちん》さる」と、現成公案の結び「仏家《ぶっけ》の風《ふう》は、大地《だいち》の黄金《おうごん》なるを現成《げんじょう》せしめ、長《ちょう》河《が》の蘇酪《そらく》を参熟《さんじゅく》せり」は雰囲気が似ています。

嘉禎四年四月に示衆された一顆明珠は、第七といういい数字を与えられて、表の中で正法眼蔵の選手代表のような特に目立つ位置にあります。玄沙師備の「尽十方世界是一顆明珠《じんじっぽうせかいぜいっかめいしゅ》」をめぐる議論ですが、十方や光明と密接な関係にあり、正法眼蔵の中核です。尽十方世界は三界であり、越前仮寓期の最初の示衆が、やはり玄沙師備の登場する三界唯心第四十一であり、廣録最後の上堂語五三一も三界唯心を論じています。

興聖寺では、上堂と正法眼蔵示衆とが同時並行的に行われていて、廣録巻一興聖寺での上堂語と興聖寺で示衆された正法眼蔵各巻は時期がダブります。たとえば正法眼蔵山水経第二十九は仁治元年十月十八日の示衆ですが、冒頭の太陽山楷和尚の言葉「青山常運歩　石女夜生児」は、同時期の上堂語二十三「潜に見る、青き山の常に歩を運ぶを。おのづから知る、白き石の夜、児を生むを。」に対応します。示衆した内容の一部を、上堂でとりあげたのでしょうか。山が歩くなんて現実的ではないと思う方もおられるかもしれませんが、Ａ・ウェゲナーの大陸移動説を先取りしていたと考えれば前衛です。（「大陸と海洋の起源　大陸移動説」岩波文庫、一九八一年）

この約十年間で示衆された正法眼蔵は、辧道話から第五十二仏祖まで十四巻です。なぜ第五十二が唐突にここで登場するのでしょうか。これは仏祖の巻を読めば、なるほどと理解できます。仏祖の巻は、釈迦牟尼仏より前の六人の大和尚と、釈迦牟尼仏以後の摩訶迦葉大和尚から天童如浄大和尚まで順番に名前を読み上げるものです。それによって師から弟子へと代々仏法が嗣がれてきたことを確かめます。道元は代々の仏祖の名前を読みあがることを「仏向上よりも向上なるべし」といいます。たとえ一人の名前を読み上げるだけでも、その仏祖が行ってきた修行、学び明らかにした法のすべてを思うことに通じる。代々の仏祖の名をすべて読み上げることは、仏祖たちの師資相承のおかげで仏法が今日に伝わったことへの感謝と畏敬も含むということを言っているのです。その仏祖の系譜のなかで、道元は釈迦牟尼仏から数えて第五十二代の法嗣にあたり、この巻を栄誉ある第五十二にしたのです。道元の遊び心です。ま、ご自由に。

なぜ仏祖は仁治二年一月に示衆されたかと考えると、おそらく暮れに日本達磨宗が宗派として合流することが決まり、道元は自分の教えが仏教を学んできた人々にも受け入れられたことがうれしく、ようやく第五十二代仏祖としての責任を果たした（果たしつつある）と考えたからでしょう。仏祖より二日前の、仁治二年元旦の上堂語三二は「興聖今日利また利」という珍しいくらい明るく景気のよい言葉で締めくくられます。これも達磨宗合流への期待の表れと思います。道元のその期待は残念ながら裏切られてしまいます。でも結果的に考えると、総持寺と永平寺が二十一世紀まで道元を守り続けたのであり、達磨宗の弟子たちのおかげで道元は眼蔵と廣録を符号化する必要に迫られて、七百年以上たった現代に真筆が蘇るわけです。達磨宗も天が道元のために与えた試練であり守護だったのです。

第Ⅱ期　仁治二年（一二四一）春から寛元元年（一二四三）七月までの二年間

仁治二年春、懐鑑をはじめとする日本達磨宗が合流します。仁治二年三月に第三十九嗣書が示衆され、越前下向の直前に第三十八葛藤が示衆されるまでの約二年間で二十八巻が示衆されます。生産性は急増しています。内容的にも、古鏡、仏性、大悟、坐禅箴、恁麼、仏向上事、行持、海印三昧、観音、夢中説夢、道得、画餅、空華、古仏心といった道元ならではの論理展開がみられる正法眼蔵の核となる巻が目立ちます。おそらく十名ほどの新たな弟子が集団で参集したことを契機として、道元があるだけの力を出して正法眼蔵を著したことがうかがえます。

この達磨宗を栄西は徹底的に批判します。「興禅護国論」の第三門で「みづから云《いわ》く、行《ぎょう》無く修《しゅう》無し。（略）事戒《じかい》を用いず、事行《じぎょう》を用いず、只だ応に偃臥《えんが》を用うべし」（修行も学習もしないことを自分で認めている。戒も守らず、行も行わず、寝て坐るだけ）と紹介し、「自恣《じし》に坐禅して、事理《じり》の行《ぎょう》を廃し、もつて邪《じゃ》網《もう》に繋《かか》るの人なり」（ただ勝手に坐禅し、事として理としての修行をすることがなかったために、邪見の網にひっかかった人である。）、「悪取空《あくしゅくう》の師、仏法中の死屍《しし》」（悪取空（大乗の空理にとらわれたもの。空思想の誤解）の邪師であり、死屍でしかなく、正法界にとどめるべきものではない）と酷評しています。（岩波書店　日本思想大系　中世禅家の思想、一九七二年）

戒律を守らず、修行もせず、「飢来れば飯を喫し、困じ来れば臥す」という、自分とは正反対の自堕落な禅風をもつ新しい弟子たちを、道元はなんとかして自分の弟子としてふさわしくなってもらいたい、自分の教えに興味をもって学習と修行に目覚めてもらいたいと願って、正法眼蔵の示衆をしたのでしょう。しかし同じ時期の上堂語からは、道元が新しい弟子たちの指導で頭を悩ませていたことが伺えます。（V．2参照）もとからいた弟子たちも同じように困っていたのでしょう。そして悲劇が起きます。仁治三年十月、慧顗上座と僧海首座が相次いで亡くなるのです。道得第三十三は、山奥で庵をむすび、髪もそらずに修行を続けている僧のもとを、雪峰が訪れて「道得ならばなんぢが頭をそらじ（言えることがあるならばお前の頭は剃るまい）」というと、庵主は頭を洗って雪峰の前にきて髪をそられたという話です。二人の間で言葉が行動と直結した例であり、本来であれば、言葉と行動の関係についてああも考えろこうも考えろと道元らしい揺さぶりや挑発があってしかるべきところ、この巻は寂しいくらいにあっさりしています。僧海と慧顗が死んだのは、道得の示衆の時期だったのではないでしょうか。道得はもっと前に置いてよいテーマであるのに、目立たない三十三番におかれています。三十三という数字には追悼の思いがこめられているのでしょうか。

深い悲しみから立ち直る契機として、十一月五日に画餅第二十四（I．3参照）を示衆します。絵に描いた餅こそが、真実の餅であり、仏法であり、餅を現成させるという逆説です。その二日後に示衆された仏教第三十四は、不立文字の否定です。僧海たちと達磨宗の論争を決着させるためだったかもしれません。年が明けて一月に示衆された都機第二十三、三月の空華第十四も、画餅同様に道元独自で深遠です。

正法眼蔵全機第二十二は、事件の後、仁治三年十二月に京都の六波羅にある波多野義重の家で示衆され、古仏心第九は、翌仁治四年四月にやはり京都の六波羅蜜寺で示衆されます。全機を示衆した際に、道元は波多野義重から越前下向をもちかけられ、四月に、宏智正覚や天童如浄ら古仏とともに越前に向うという気持ちを表して受諾したものと思われます。

第Ⅲ期　寛元元年（一二四三）七月から寛元二年（一二四四）三月まで　越前吉峰寺

寛元元年七月十七日、正師如浄の命日に、道元は十年余住み慣れた深草の地を数人の弟子とともに離れ、越前志比庄への旅の途につきます。一緒にいた弟子は、懐奘、中国から来た寂円、越前志比庄の出身で日本達磨宗の懐鑑に入門した義介。あと他に誰がいたのかわかっていませんが、数は限られていたと思われます。

道元は波多野義重の知行地にある安閑の古寺、吉峰寺に掛錫し、正法眼蔵を示衆します。山懐に抱かれた吉峰寺は、吉峰川の渓谷をさかのぼった山間にあり、寺の前には九頭竜川の蛇行が望めました。また、吉峰寺の東約六里には、泰澄という修験者が養老元年（七一七）に白山禅定道とともに開いた平泉寺があり、その禅師峰《ぜんしがみね》の寺でも示衆します。ここで道元はわずか九か月足らずの間に二十八巻の正法眼蔵を示衆し、静かな山の寺で道元が旺盛な著作活動をしていたことがわかります。雑用や来客もなく、ひたすら経巻や語録と向かい合えた至福の時間だったでしょう。おそらく片手で数えられるほどの弟子たちを目の前にしての示衆でした。
この時期に示衆された正法眼蔵の教えとして特筆すべきは、日本達磨宗が嗣法した臨済宗楊岐派の大慧宗杲、「近来大宋国杜撰のともがら」、禅宗や宗派仏教のあからさまな批判です。正法眼蔵のなかで個人攻撃が行われるのはきわめて珍しいことです。特に自証三昧では、大慧宗杲に関する文献「大慧、宗門武庫」と「大慧、禅師塔碑」をわざわざ手に入れて（取り寄せて？）研究して、そこに書かれていることを読み解いて、宗杲が仏法を理解していないと執拗に批判します。道元らしからぬ徹底的な個人批判の矛先となった大慧禅師宗杲は、その門下の拙庵徳光が日本達磨宗の大日能忍に文書で印可を与えているため、宗杲批判は日本達磨宗批判に通じます。どうしてここまで激しい個人攻撃をする必要があったのかと読んでいて疑問に思ったほどです。おそらく道元は日本達磨宗の弟子たちが信じ実践していることが誤っているとわかれば、自分についてくると期待していたのでしょう。（説心説性第四十二、諸法実相第四十三、仏道第四十四、仏経第四十七、自証三昧第六十九）
正法眼蔵として伝えるべき仏法の基本のほとんどはすでに語り終え、道元は伝えるべきもの、語るべきものを模索していました。そのなかで如浄語録の重要語とでもいうべき巻がいくつか生まれています。梅花第五十三は、如浄語録のなかで梅の花について詠んだ頌を紹介するものです。道元は自分を老梅樹にたとえる頌をのこしていますが、これも如浄にならったことのようです。また、眼睛第五十八と家常第五十九も如浄語録からの引用が中心です。見仏第五十六は、法華経のなかで見仏がどのように語られているのかについてまとめています。ここまで丁寧にお経を読む人がいたのかと驚く内容です。
寛元二年二月二十四日に示衆した三十七品菩提分法第六十は、四念処、四正断、四神足、五根、五力、七

等覚支、八正道支の三十七のそれぞれがさとりの行であると説く巻です。それぞれの説明にあたって公案名を持ち出し、三十七の行ひとつひとつを正法眼蔵各巻と結びつける眼蔵の総索引のようになっています。

たとえば、四神足では、「一者、欲神足。二者、心神足。三者、進神足。四者、思惟神足。」と神足には四つあると述べた後で、最初の「欲神足は図作仏の身心なり、図睡快なり、因果礼你なり。おほよそ欲神足、さらに身心の因縁にあらざるなり、莫涯空の鳥飛なり、徹底水の魚行なり。」と続くのですが、図作仏、莫涯空鳥飛、徹底水魚行は坐禅箴第十二にある言葉であり、図睡快、因果礼你は家常第五十九にある言葉です。

あるいは五力の三番目の念力では、「念力は、拽人鼻孔太殺人なり。このゆゑに、鼻孔拽人なり、抛玉引玉なり、抛塼引塼なり。さらに、未抛也三十棒なり、天下人用著未礴なり。」と語りますが、拽人鼻孔太殺人は虚空第七十、抛玉引玉は一顆明珠第七を読みなさいということになります。

これは偶然ではなく、道元は正法眼蔵を語りつくしてしまい、それぞれの巻で論じたことが三十七品のどれと関連するかをいったん表にして、その結果を第六十で示衆したのでしょう。索引と本文と別にすると紛失することを恐れ、あえて第六十と番号を振って本文扱いにしたものと思われます。

この三十七品菩提分法を示衆した翌日は菅原道真公の命日にあたり、道元は吉峰寺に近い天神宮に出向いて参篭します。このときに詠んだと思われる頌が、廣録第十に収録されています（V. 3で参照）。正法眼蔵三十七品菩提分法を手に持ち、「ここまでやりました、この後どうしましょう。」と道元は道真公にお尋ねになったのではないかと思います。

正法眼蔵竜吟第六十一、祖師西来意第六十二、発菩提心第六十三は、道元の心情を述べた巻です。それぞれ示衆日は寛元元年十二月二十五日と寛元二年二月四日、二月十四日となっています（しかし、三つとも懐奘による書写日が弘安二年（一二七九）になっています。これは道元のオリジナルから削除または書き換えが行われている可能性をもつテキストです）。これら三巻を示衆したとき、道元はすでに三十七品菩提分法という索引を作る作業に取りかかっていて、道元の意識のうえでは『眼蔵』はひとまず完成していました。

第六十一竜吟は、「枯木裏また竜吟有りや無や」という問いを巡っての問答であり、石霜の「猶、喜を帯すること在り」という言葉にあるように喜びを表しています。雪に埋もれた越前の山寺で、ひとつの大きな仕事を成し遂げたという道元の深い満足感を感じます。

第六十二巻の祖師西来意は、香厳智閑による公案です。人が千尺の懸崖で樹にのぼり、口に樹枝をくわえ、脚は樹を踏まず、手は枝を攀まない。樹下に突然人がいて問うた。『祖師西来意とはどういうことか』。まさにそのとき、口を開いて他に答えれば直ちに喪身失命するし、もし他に答えなければ他の問いにそむく。まさにそのとき、いいなさい。どうしたらよいか。

自分は日本に仏法を西来させるという使命は果たした。しかし期待のもてる弟子もおらず、孤立無援でここにいる。どうしたらよいのか。余計なことは考えまい。喪身失命だけが答えであり、そのときにはじめて翻身活命できる。この巻は道元が自分を励ますためであり、また自証三昧と大修行による達磨宗との理論闘争を開始する宣言だったと思います。

発菩提心第六十三は、「雪山を大涅槃に喩える」という釈迦牟尼仏の言葉で始まります。釈尊はガンジス河平原から屹立してそびえるヒマラヤ山脈の雪を見たのでしょうが、道元は自分自身が雪山の中にいて、大涅槃の清浄と静けさのなかで半年過ごしました。この地で百千万発の発菩提心を呼び起こすべく仏祖としての修行を続けていくぞという宣言と受け取れます。正法眼蔵各巻に登場するキーワードが文中各所に散りばめて、道元の余裕、遊び心が感じられます。

天神様に参篭した後、二月二十七日に転法輪第六十七を示衆します。これは「一人発真帰源、十方虚空、悉皆消殞」という釈尊の言葉を、過去の仏祖たちがどのように自分流に言い換えてきたかを紹介した後に、道元自身は、「一人発真帰源、十方虚空、発真帰源」といいます。釈尊から師資相承で法を嗣いで、現在自分ひとりが仏祖としてこの世界に現成していることの宣言です。

続いて二日後の二月二十九日に自証三昧六十九を示衆します。これから自分は仏祖として、自己を体達し、他己を体達する。他人が誤っていたら、それをはっきりと指摘すると宣言し、臨済宗楊岐派の大慧宗杲の徹底的な批判を行います。

三月九日に示衆された大修行第六十八は、百丈野孤と呼ばれる公案をめぐってです。ある僧が「大修行底の人は因果に落ちるか否か」という問いに対して、「因果に落ちず（不落因果）」と誤って答えたところ野孤の身に堕ちた。その野孤の身にやつした僧が百丈のもとにあらわれ、野孤の身を脱するために一転語を求めたところ、百丈の「因果に昧《くら》からず（不昧因果）」という言葉で大悟して野孤の身を脱した。その死んだ野孤を亡僧の例にならって火葬したという話です。

道元はこの公案自身を徹底的に分析します。「因果に落ちず」が誤りならば「因果に昧からず」も誤りである。野孤身を脱すればそれで本覚に戻るのだというのは、外道の考えであって仏法ではない。亡僧の例にしたがって野孤を火葬することも誤りだ。この公案の表面的な面白さを議論して悦に入るのではなく、もっと深いところで因果について考えなさい。

大修行は、弟子の間で浅薄な議論が横行していることを批判し、誤りを指摘するためです。これは達磨宗への理論的宣戦布告と考えられます。吉峰寺における正法眼蔵の示衆が自証三昧と大修行で終わったのは、達磨宗執行部が、もうこれ以上若手に道元の話を聞かせるべきではないと判断したからかもしれません。日本達磨宗が教団として道元に入門したのは、偽装入門だったのです。懐鑑ら達磨宗の人たちが「すっかり道元の説く仏教を理解し、道元という人物の器量にも惚れ込むようになっていた。そして、ついに、懐鑑とその弟子たちも集団で道元の門下に入ることを決心し」(「永平の風」)たというこれまでの見方は改めるべきかもしれません。

この後一年間、正法眼蔵の示衆は止まります。

第Ⅴ・Ⅵ期　寛元二年(一二四四)七月から寛元四年(一二四六)　正法眼蔵ひとまず完成

翌寛元三年三月に示衆された虚空は、一年間の知的生産活動の休暇中に、永平寺の周辺や白山修験道の霊場を歩いた成果でしょう。それまで道元自身、虚空という概念がいまひとつわかっていなかったために、示衆していなかったのです。示衆は落成して八か月ほどたった大仏寺で行われます。吉峰寺とは違った広い部屋で、大勢の弟子が集まったことでしょう。以後『眼蔵』の示衆は五巻だけです。正法眼蔵示衆日にもとづく時代区分はこれより先は空白です。道元の思想は、大仏寺と永平寺での四百回を超える上堂語のなかで展開されます。

しかし、もし上堂で検討した結果が、『眼蔵』に反映されているならば、ここから先も検討しておく必要があります。

第Ⅶ・Ⅷ期　宝治元年（一二四七）から建長四年（一二五二）　伝法の書正法眼蔵の誕生

宝治元年八月三日に道元は懐奘と玄明ほか数名を伴って、相州鎌倉へ向けて旅立ちます。入越して丸四年で、初めての遠出でした。旅に出るということは、体を動かすことであり、知らないものに出会うことです。「行脚とは何か」「知らず」「知らざるは是もっとも親切」という法眼の言葉（上堂語五九）もあります。凡人であっても自ずと意識は高揚します。ましてや道元は宋でさまざまな寺を回る行脚を経験して旅慣れていましたので、道中無理することなく疲れすぎることなく、見逃すことなく、ときどき寄り道もして、最大限の発見やひらめきを得たことでしょう。いつもと違う景色、各地の由緒ある神社仏閣、いつもと違う食事と宿。旅に出ると意識も身体も刺激を受けて活性化します。

道元は鎌倉で執権北条時頼に菩薩大戒を授け、時頼から建長寺の開山となって鎌倉に留まってほしいという申し出を受けたが断ったことになっています。当時鎌倉には、「栄西門下の黄竜派の禅宗が寿福寺を中心に最も栄えていた。その中心人物は、寿福寺の住持をつとめていた大歇了心であった。かれは栄西の孫弟子であり、入宋して大陸禅の新風を直接学んできた人である。大陸禅の新機軸などをさかんに取り入れ、鎌倉の宗教界で新指導者として活躍していた。黄竜派の始祖である栄西や明全に学んだ道元、しかも、明全とともに入宋して大陸の新しい禅を伝えて、今や天下の注目を集めていた道元に、当然大歇了心が特別な関心をもっていても不思議ではない。」（今枝愛真「道元　坐禅ひとすじの沙門」）

道元より十二年早く宋から帰朝し、鎌倉で栄西が開山し実朝や北条政子の菩提寺である寿福寺住持の了心は、明全、如浄亡きあと道元の保護者であり、頼りがいのあるよき相談相手だったでしょう。道元は、自分がこれまで示衆した『眼蔵』や『廣録』上堂語について説明し、永平寺の弟子集団の実態をすべて打ち明け、これから何をすべきかを一緒に考えたのではないでしょうか。半年考えた結論が、建長寺開山ではなく、言語情報による嗣法を可能とする『眼蔵』と『廣録』の完成でした。「続燈録」にある薦福寺の承古の記述（Ⅲ．4参照）に気づいたことが、「半年喫飯白衣舍」（Ⅴ．5参照）の頌の「一雷轟」だったかもしれません。道元は永平寺に戻ります。了心は著書「楞厳経心書」を道元に渡し、連絡係の学僧をお供につけて、この先もできるかぎりの協力を約束して永平寺に帰る道元を見送ったことでしょう。

鎌倉から戻った後の道元の行動が目に見えないのは、道元本人も認めていることです。上堂語三五〇で達磨大師の「面壁九年少林にあり」の話を持ち出したのは、自分が達磨大師のように不動のまま壁に向っていながら、悟りが深まっていることを伝えるためでしょう。『眼蔵』と『廣録』の完成に打ち込んでいた道元は建長三年仲秋を期に京都と鎌倉に使者を送ると、建長三年晩秋、永平寺に応援部隊が到着します。

この鎌倉行化以降の仮説は、上堂語四六〇と四六七で書記と蔵主の着任がひと月ズレたことに着目し、当時の鎌倉の仏教界や東海道の交通事情を調べ、自分の足で鎌倉の名越から寿福寺まで歩いた結果、思いついた仮説です。多くの研究者が述べているように、道元は鎌倉で大きな失望を味わい、その後仕事らしい仕事をせずに、正法眼蔵を未完のまま示寂したのか。それとも、『眼蔵』と『廣録』を完成させたのか。廣録の第四から第七と眼蔵を読み比べれば、真相がわかるでしょう。

2　仏向上事　科学すること

科学的思索を補助する露柱と燈籠

科学（英 science）と沈黙（英 silence）の音はよく似ています。ラテン語の知る（scire）と沈黙（silentium）が結合して、神の御業を明らかにしようとした修道士たちによって科学は修道院で生まれました。静かな学習と思索が科学を生んだのです。科学とは、日常生活から身心を解放して、言葉の論理性を積み上げることによって、五官で感知できない世界に思いを馳せ、仮説し、検証し、理解することです。釈迦牟尼仏以来、師資相承の法を嗣いできた仏道の目的も、祈りよりも科学であったと思います。

正法眼蔵神通第三五のなかで、仏と呼ぶのは、世間の人が理解できないからそう呼ぶだけのことであって、本当の仏は形を持たず、真の法には相がない。我々はそれを考えるのだとする、臨済義玄の言葉が紹介されています。

「古人云く、如来挙身の相は、世間の情に順ぜんが為なり。人の断見を生ぜんことを恐りて、権に且く虚名を立つ。仮に三十二と言ふ、八十も也た空しき声なり。有身は覚体にあらず、無相は乃ち真形なり。」

現代語訳：如来のお姿は、世間の人の心に合わせたものである。人がついていけないと困るので、仮に仏という名で呼ぶのだ。仏に三十二相あるとか、八十種あるというのも、形だけのことにすぎない。仏に姿があるのではない。姿を持たないのが真の仏の形である。

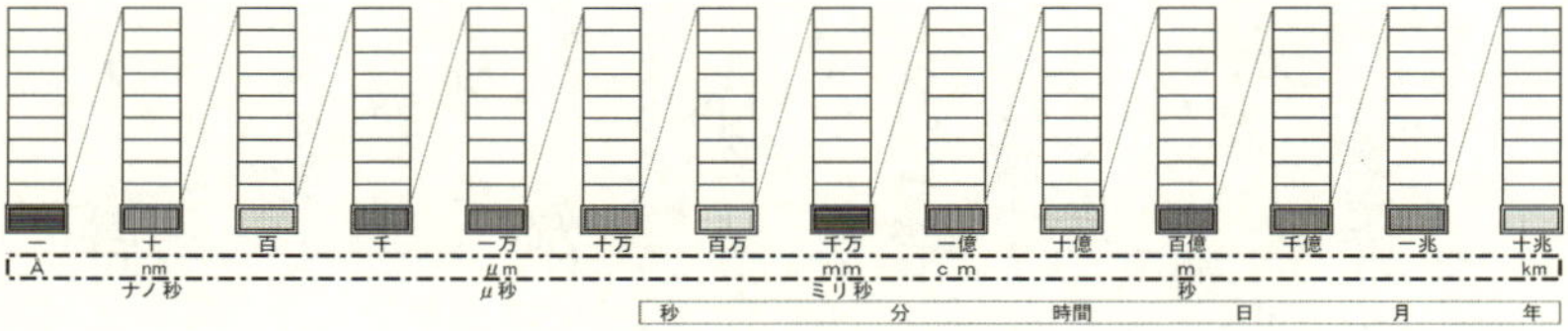

対数目盛で考えるための露柱燈籠

時間は十進法ではないので、１年は365日、8760時間、52万分、3153万秒として十進法になおした。

姿や形を認識できない不可視の現象を考えることが仏道だというわけです。

一方、正法眼蔵三昧王三昧第六六は、結跏趺坐して、まず時間的存在なのか空間的存在なのか（尽界それ堅なるか横なるか）と考えなさいと教えます。過去現在未来の時間の方向性とミリ秒から億年単位の時間、細胞内部の現象を考えるためのオングストロームといったものから地球と月の四十万キロなどの空間距離。どのあたりの時間と空間を考えているのかを明確にします。

道元がしばしば取り上げる露柱や燈籠は計算機の役目をして、一本が一桁に対応すると考えれば、秒から年までの時間の規模の違いも、億や兆といった膨大な数も、柱十本ほどで表現できます。すると、この世で起きているすべての現象、分子や細胞レベルの現象から、海と空と陸を水が移動する水大気循環、太陽系、あるいは地球や月の誕生から大陸移動や造山活動などの地質的年代、ミリ秒単位でおきる意識のネットワーク現象などが、どのあたりの柱の桁で起きているかを考えやすくなります。

・道元のテキストだけと対話すること

仏教は量子力学に通じていると言われることがありますが、道元が語ったことはまさに五官で感知できない微小な現象を考えるために有効です。仏向上事第二六は、それについて論じている巻です。

道元研究家の玉城康四郎は、自分で訳した「正法眼蔵」のなかで仏向上事を批判しています。「ところで、主題の仏向上事とは、どういうことか。道元は、洞山の話を挙げて説明するが、仏向上事とは、こういうことだということが、私にはさっぱり伝わってこない。なるほどそうだと知り得たときに、仏向上事は分る、というだけである。しかも、道元の説明には理屈が多い。それは私には無用の長物としか思えないばかりでなく、仏向上事の率直な理解をますます遠ざけてしまうようである。(略)この巻は『眼蔵』のなかで出来のいいものとはいえない」(玉城康四郎「現代語訳正法眼蔵②」大蔵出版、一九九四年)。大家の言葉だからといって鵜呑みにしてはいけません。

仏向上事を考えるにあたって、それがなんだかわからなくても、仏向上事として考えるようにしなければなりません。石井恭二は「仏向上事」を「(言語による)認識を超越する事態」と現代訳しています。これだと「仏向上事」がひとつの独立した概念であることを忘れてしまいます。それに仏向上事は石井の説明とは正反対で、「五官で認識できない対象や現象を言葉によって論理的に考察すること」です。

仏向上事を理解したければ、道元のテキストを読むほかありません。読者は、「仏向上事」とは何のことをいうのだろうかと悩みながら、アアデモナイ、コウデモナイ、アアカナ、コウカナと考え続けているうちに、いつしか意味を見つけ出すのです。五官の記憶を伴わない、純粋論理概念の意味は、意味を求めて真剣に思考しないことには獲得できない性質のものです。読者は、先入観を捨てて、虚心に概念の指し示すものを追い求めることが求められています。

仏向上事について道元は『廣録』上堂語ではとくに検討を加えることなく、使っています。上堂語二二と眼蔵は、景徳伝燈録から「道吾問う。如何なるか是仏法の大意。師曰く、知らざるを得ず。吾曰く、向上更に転ずる処有りや。師曰く、長空、白雲の飛ぶを礙げず。」を引用しています。向上とは、ひとつ上の次元といった意味合いで普通に使われています。（上堂語九六、一三二、一八五、二三一、二三九、三二五、三七七、四一八、四二八、四三〇、四五〇、五二一）

Ⅰ．2で紹介した上堂語三七七で道元は、「万法、一に帰す、一、何の処にか帰する」という問いに対して「向上に帰す」（現代語訳：常にひとつ上の次元で考えることだ）と答えています。眼蔵では、「いはゆる仏向上事といふは、仏にいたりて、す、みてさらに仏をみるなり。」（いわゆる仏向上事とは、仏に至ったときに、さらにその先の仏を見ることだ）といいます。何かがわかったとき、それで安心してはいけない。その先を探求するのだ。これは科学です。

もう少しこの概念に習熟するために、『眼蔵』が「仏祖の向上に仏祖なる」（仏向上事の先覚者である）として紹介する洞山良价の言葉を読んでみましょう。

大師、有る時示衆に云く、「仏向上の事を体得して、方に些子語話の分有り」
僧便ち問ふ、「如何ならんか是れ語話」
大師云く、「語話の時、闍梨不聞なり」
僧曰く、「和尚還た聞くや否や」
大師云く、「我が不語話の時を待つて即ち聞くべし」

・ヴィゴツキーの内言との一致

仏向上事は「語話の時、闍梨不聞なり」、「我が不語話の時を待つて即ち聞くべし」であるということですが、これはソ連邦時代の心理学者ヴィゴツキー（一八九六―一九三四）の内言を連想させます。

我々は考え事をするとき、心のなかで自分に語りかけます。それをヴィゴツキーは内言（inner speech）と名づけて、「思考と言語」（上・下、柴田義松訳、明治図書）の「第七章　思想とコトバ」のなかで先駆的な研究を遺しています。

「内言はその心理学的本性において独特な形成物であり、まったく独自な特質をもち、他の形態の言語活動とは複雑な関係のなかにある、特別な形態の言語活動である。（略）内言は、自分への言語である。外言は、他人への言語である。これらの言語機能におけるこのような根本的・基本的相違が、二つの言語機能の構造的本性に影響をおよぼさずにいると考えることはできない。」

たとえばヴィゴツキーが内言の特質の三番目として紹介する「意味の影響」は、仏向上事と重なり合わないでしょうか。意味の影響とは、「文学作品の題名を例にとれば、きわめて容易に説明される。文学では、題名は作品と、絵画や音楽のばあいとはちがった関係にある。それは、たとえば何かの絵の題名とははるかに異なる程度において、作品の全意味内容を表現し、それに桂冠を戴かせる。ドン・キホーテ、ハムレット、エフゲーニ・オネーギン、アンナ・カレーニナ、などというコトバは、この意味の影響の法則をもっとも純粋な形で表している。ここでは、一つの単語のなかに、実際、作品全体の意味内容がふくまれている。」

正法眼蔵仏祖第五二で、道元が釈迦牟尼仏の前六祖、後五十二祖の名前だけを唱えて、それを「仏向上よりも向上なるべし」といいます。その名は文学作品の題名と同様に、一つの名前のなかにその人が遺したす

べての言葉を含みます。内言は、仏向上事のための言語といえます。(I．3参照)

・ヒルベルト公理的思考との一致

私は仏向上事とは、公理的思考ではないかと思います。ドイツの数学者ヒルベルトは、科学は数学的に統合される、「およそ科学的思考の対象となりうるものは、すべて、一つの理論を形成できるほど成熟すると、公理的方法を介して間接的に数学に帰属する」といいます(ヒルベルト「公理的思考」世界の名著、現代科学Ⅱ、中央公論社、一九七〇年)。道元は様々な証明済の論理を組み合わせることによって、宇宙や生命の法則を理解していたのではないでしょうか。

ヒルベルトは今後の課題として証明そのものの概念を研究対象にすることを提唱していますが、道元はすでにそれを「自己をならう」こととして現成公案で論じています。

「ユークリッド空間幾何学の全領域は、平面の方程式の一次性と座標の直交変換にかんする命題に基づき、解析的な方法だけから得られる。さらに数論の建設には、整数についての四則と規約を与えれば十分である。同じ役割を果たすものは、静力学では力の平行四辺形であり、力学では……、電気力学では……、熱力学は……、気体論では……。これらの基本命題は、最初の出発点として学問領域の公理とみなすことができる。こうして個々の学問領域の進歩発展はもっぱら、すでにあげた概念体系を論理的に仕上げることになる。」

「学問体系の理論、すなわちこれを表現する概念体系がその目的にかない、位置づけと秩序づけに役立つためには、理論の諸命題の従属性と独立性を明確にし、理論のすべての命題の無矛盾性の保証を与えなければならない。」

「この分野をひらくには、数学特有の、証明そのものの概念を、研究の対象にすべきであると確信する。それはちょうど、天文学者が自分のいる地点の運動を考えに入れ、物理学者が観測器具の理論を考慮しなければならず、哲学者が理性そのものを批判するのと同様である。」

・仏向上事は絶対的真理を求める科学である

ここまで考えてきて一休みしたとき、真の仏は形を持たず真の法には相がないということは、仏向上事にもあてはまると思いました。仏向上事が求めているのは、目に見えない、五官で感じられない無相の次元、それは宗教を超えた科学の世界です。

西洋キリスト教社会で、科学は修道院の中で発達しました。世俗から離れた深山幽谷の静謐な環境と、沈黙を重んじる生活のなかで、宇宙を統べる神の意思を確認しようとして、修道士たちは聖書の誤りに気づきます。聖書のなかには、科学が生まれる前に言語化されたものが含まれていて、それらは科学によって誤り訂正を受ける必要があるのです。しかし、言語的人類は脊髄反射を言語処理に転用しているために、自分と違った意見を提示されると、自分が間違っているのではなく、相手が間違っていると自己中心的に勘違いするようにできています。ここに西洋キリスト教社会の科学者の悲劇があります。天動説は誤っていて、正しいのは地動説であると気づいたコペルニクスは自分が生きている間は地動説を発表しませんでした。コペルニクス説を擁護したブルーノは火あぶりにされ、ガリレオは自説を撤回しました。キリスト教社会において科学は神からの解放と聖書の誤り訂正を求めるため、科学と宗教は今も緊張関係にあります。「自己をならう」ことは西洋においても求められています。西洋はまだ「自己をならう」ことができていません。人類の道元がのぞまれています。

アジアの多神教文化はキリスト教ほど人間中心的ではありませんが、ヒトを他の動物よりも偉いと考え、我が物顔に自然を支配する誤ちは同じです。釈尊の弟子たちは、世間から隔絶された静謐な僧院のなかで身心脱落して、五官で感知できない宇宙と生命の絶対的真理を、言葉の論理性に依拠して求めました。それが仏向上事であり、宗教の先にある科学、「仏にいたりて、すゝみてさらに仏をみる」ことではないでしょうか。

3　仏性　眼に見えない現象を生みだすもの　―虚心に広く繰り返し読み意味を収束させる

正法眼蔵仏性第三は、七十五巻のなかでももっとも大切な位置に配されていて、野球でいうと三番バッターです。「人間には生まれながらにして豊かな仏性がそなわっている。しかし、その仏性は修行しないことには現成しない。」（『道元読み解き事典』四〇頁）と説明されます。しかし、そもそも仏性とは何かという話になると、仏の性質、仏の本性、仏陀になる可能性などと説明されるだけで、仏性とは何か理解できません。仏教的説明で終わらせず、仏向上して科学的に考えてみようと思います。先入観を捨て、道元の言葉を尊重し、虚心に仏性巻を読み解いてみましょう。

①　無有変易の読み下し

正法眼蔵第三の冒頭は大般涅槃経の言葉で「釈迦牟尼仏言、一切衆生、悉有仏性、如来常住、無有変易」です。「無有変易」を「普通、仏教教学で読む書き下し」文は、「変易あることなし」と読み下しています（唐子正定著「正法眼蔵『仏性』参究」、二〇一五年、春秋社）。意味としては、変易がない、常に変わらない（石井恭二）、変ることがない（中村宗一）ととっているので、不変、無変易として解釈しているわけですが、果たしてそれでよいのでしょうか。

水野弥穂子は「無であり、有であり、変易である」と読み下します。仏性をめぐる問答では、「無」、「有」、「無常」という言葉が出てきますので、こういう読み方もありえるのかもしれませんが、「無であって、有であって、変易である」というのは何が言いたいのかわかりません。素直に「無は有に変易す」と読み下してみてはどうでしょう。無だったものが有に変わるという魔法のような現象、それが何かはおいておいて、従来の読み下しとはまるで違ってきます。

この読み下しが適切かを知り合いの中国人夫妻に伺ったところ、「無有変易」は「変わらない」という意味になるということでした。念のため、大般涅槃経のサンスクリット経典または該当字句のサンスクリット語原文がないかと探してみましたが、現存しないようで見つかりません。サンスクリット語原文がないとなると、「無有変易」への漢訳が正しかったのかを確認できません。「無は有に変易する」という意味のサンスクリット語を、誤って「無有変易」と漢訳した可能性があるため、私の読み下しも間違いとは限りません。

② 時間の関数

「仏言、欲知仏性義、当観時節因縁。時節若至、仏性現前」を、「仏性の義を知らんと欲はば、まさに時節因縁を観ずべし。時節若し至れば、仏性現前す」と読み下すことには異論はありません。仏性が現われるにあたって、時間の要素が重要、時間とともに起きる現象ということです。

③ 成仏と同時に現われる

道元は続けます。「おほよそ仏性の道理、あきらむる先達《せんだち》すくなし。諸阿笈摩教《しよあぎふまけう》および経論師《きやうろんし》のしるべきにあらず。仏祖の児孫《じそん》のみ単伝するなり。仏性の道理は、仏性は成仏《じやうぶつ》よりさきに具足せるにあらず、成仏よりのちに具足するなり。仏性かならず成仏と同参するなり。」

仏性が現われるのは、成仏の前ではなく、成仏と同時です。成仏とは何でしょうか。

④ 仏性とは何かを問いなさい

六祖の「人有南北なりとも、仏性無南北なり。」という言葉を受けて、道元は「有無の無はしばらくおく、いかならんかこれ仏性」、「なにものかこれ仏性」と問いなさいといいます。これはけっこう斬新な教えではないでしょうか。

仏性とは「仏の本性」、「仏になる可能性」と漠然としか知らないのに、「犬に仏性はあるかないか」と大真面目に考え、議論するのは「倉卒《そうそつ》」です。いったん言葉として概念化されると、その意味を知らなくても、有無を議論できる。ＳＴＡＰ細胞が何かを論じないまま、あるのかないのか大騒ぎしたワイドショー番組と同レベルのお笑い草です。具象概念の経験で、言葉があればそれに対応する意味があるはずだと思い込んでいる。意味を知らなくても、概念操作はできるために不毛な議論をしているのです。。

いかならんかこれ仏性と問うてみても、すぐには意味は見つかりませんが、問わないことには意味は得られません。ひとつひとつの抽象概念について、いかならんかこれ○○と問い続け、得られた答えがネットワークして、意味は生まれます。

⑤ 仏性の特性

六祖は「無常は即ち仏性なり」といいます。仏性は「生滅変化し、常住でない」というのは、①での私の読み下しに近い。続いて竜樹の「仏性は大に非ず小に非ず、広に非ず狭に非ず、福無く報無く、不死不生なり」という言葉が紹介されます。仏性は大きさも広さも持たず、福も報もなく、死ぬことも生きることもない。これが仏性の特性というのなら、あとで仏性とは何かを思いついたとき、これらの条件にあてはまるか確かめる必要があります。

⑥ 趙州は有るといい無いという

趙州は「犬に仏性があるかないか」と聞かれて、ある時には「無」と答え「他に業識の在る有るがためなり」と説明し、ある時には「有」と答え「他、知りて故に犯すがためなり」と説明します。道元は、仏性で紹介した趙州の公案を、上堂語二二六で取上げ、趙州が有りと言い無いと言ったことには筋が通っていると説明を加えます。

上堂語二二六

上堂に、僧、趙州《じょうしゅう》に問う「狗子《くす》、還《また》、仏性有りや、也《また》、無《いな》や」と。州云く「有り」と。又、僧問う「狗子、還、仏性有りや、也、無や」と。州云く「無し」と。這《しゃ》一段の因縁《いんねん》、参学するに、箇《こ》の道理有り。且《しばら》く作麼生《そもさん》か是《これ》、道理。還、委悉《いしつ》せんと要すや。良久して云く、仏性《ぶっしょう》巴《は》鼻《び》有《あ》り、狗子《くす》一角《いっかく》無《な》し。未《いま》だ免《まぬか》れず、皮袋《ひたい》に入《い》る猫児《みょうに》、狸奴《りぬ》を生《しょう》ずるを、と。

現代語訳：僧が趙州に尋ねた。「犬に仏性はありますか」。趙州は「ある」と言った。また、僧が尋ねた。「犬に仏性はありますか」。趙州は「ない」と言った。このことについて考えてみると、ひとつ筋が通っている。仏性にはメリハリがあるが、犬には角が生えていない。革袋の中の猫が猫の子を産む不思議は仏性だ。

鎌倉から帰った後の上堂語三三〇でも再びこの公案を取り上げます。

「（略）趙州《じょうしゅう》は恁麼《いんも》為《い》人《じん》、最親切《さいしんせつ》なりと雖も、永平に、若《も》し、人有って問わん。狗子《くす》、還《また》、仏性有りや、也、無しや、と。他《かれ》に向って道うべし。有りと道い無しと道う、二ながら、倶《とも》に、是、謗《ぼう》、と。若し、他、更に問わん、如何、と。山僧《さんぞう》、声《こえ》に和《わ》して、便《すなわ》ち棒《ぼう》せん、と。」

現代語訳：（略）趙州の教えは鋭いところに触れているが、私がもし同じことを聞かれたら、有るというのも無いというのもどちらもズレているというだろう。その上にどうしてかと聞いてきたら喝を入れて棒で打ってやる。

棒で打ってくるのは、どこがどうズレているのか、さらに自分の頭で考えなさい、ということでしょうか。さらに上堂語四二九でもこの公案を取り上げます。こちらは頌で丁寧に教え諭します。日常的景色の中で時がくると無が有となる変化が生まれると成仏、変化を生むものが仏性でしょうか。

上堂語四二九

上堂に、趙州《じょうしゅう》の狗子《くす》無仏性《むぶっしょう》・狗子《くす》有仏性《うぶっしょう》を挙《こ》し了《おわ》って、師、乃《すなわ》ち云く、今日、永平、一つの山偈《さんげ》あり。亀毛《きもう》兎《と》角《かく》同類《どうるい》に非《あら》ず。春の日花明《あきら》かにして月の開《ひら》くが如し、業識性《ごっしきしょう》と諸仏性《しょぶっしょう》と趙州《じょうしゅう》の拄杖一条《しゅじょういちじょう》に来《きた》る、と。

現代語訳：上堂して趙州が犬の子には仏性がないと言ったりあると言ったりした昔の話を評唱し、それが終るや言った。今日、私は粗末な偈を作って持っている。亀の尻の毛や兎の耳に並んで生える角などという稀有なものとはたちが違う。春の日、花が皓皓と輝き、秋の月が爛漫と咲くように（ごくごく当たり前の光景の見方をちょっと替えてみるだけでよい）。自分が修行し学んではぐくんだ意識と諸々の仏性が、趙州の杖一本で結びついて成仏する。

⑦ 仏性は五官で認識できない

長沙景岑和尚のもとにいた竺尚書が「みみずが切られて二つになっていたら、両方の頭が動いていました。どちらに仏性があったのか、よくわかりません」と聞いたことに対して、師は「妄想するな」といい、尚書がさらに「なぜ動くのでしょう」と聞くと、師「息と体熱がまだなくならないだけだ」といいます。仏性巻はこの公案で終わります。この公案は上堂語三二八と上堂語五〇九でも取り上げています。

道元は「仏性は生《しやう》のときにのみありて、死のときはなかるべしとおもふ、もとも少聞薄解《せうもんはくげ》なり。生《しやう》のときも有仏性なり、無仏性なり。死のときも有仏性なり、無仏性なり。（略）たとひ散のときも仏性《ぶつしやう》有《う》なるべし、仏性《ぶつしやう》無《む》なるべし。たとひ未散のときも有仏性なるべし、無仏性なるべし。しかあるを、仏性は動不動によりて在不在し、識不識によりて神不神なり、知不知に性《しやう》不性《ふしやう》なるべきと邪執せるは外道《ぐゑだう》なり。無始劫《むしこふ》来《らい》は、癡人《ちにん》おほく識神を認じて仏性とせり、本来人とせる、笑殺人《せうしやじん》なり。（略）」と展開します。仏性は、生死とも動不動とも関係なく、認識できる対象ではない、ということを訴えます。

⑧　仏性は虚空に似ているか

鎌倉から戻ってすぐの上堂語二六三では、仏性は虚空に似ているかという問答が紹介されます。

上堂語二六三

上堂に、記得す。僧、石霜《せきそう》に問う「仏性、如虚空《によこくう》、如何《いかん》」と。石霜云く「臥《が》す時は有り、坐《ざ》する時は無し」と。今日《きよう》、永平、試みに諸人の与に註破《ちゆうは》せん。如何なるか、是、石霜道《い》うの臥時有《がじゆう》。玉輪《ぎよくりん》、機《き》、転じて笑呵々《しようかか》す。如何なるか、是、石霜道《い》うの坐時無《ざじむ》。直下《じきげ》、相逢《そうほう》、不相識《ふそうしき》、参《さん》、と。

現代語訳：僧が石霜に尋ねた。「仏性は虚空のようだといいますが、いかがでしょうか」。石霜は答えた。「寝ているとあり、坐っているとない」。私が諸君に説明しよう。寝ているとありというのは、月が出てきて呵々と笑うことだ。坐るときにないというのは、お互いに顔を合わせているのに知らずにいるということだ。よく考えてみよ。

⑨ 廣録上堂語での議論を総合する

他にも廣録上堂語ではいくつか気になる仏性についての記述があります。

上堂語四三〇では釈尊が、仏性は不二であると説く涅槃経が紹介されています。

「(略)善根に二つ有《あ》り。一には、常、二には、無常。仏性は常にあらず、無常にあらず。是《こ》の故に不断なり。之《これ》を不《ふ》二と名づく。蘊《おん》と界と、凡夫は二とみる。智者は其性《きしょう》無二《むに》なると了達す。無二の性《しょう》すなはちこれ実性《じっしょう》。故に知りぬ、仏性は乃ち不二の法なり。(略)」

現代語訳：善根に二つある。一は常であり、二は無常である。仏性は常でもなく無常でもない。それゆえに常・無常を超えた仏性を断ずることはできないので、不二だという。また蘊(内界)と界(外界)を通常人は二つのものとみるが、智者はそれが別々のものではないということを知っている。無二ということが真実の本性である。これによってみても、仏性は不二の法だとわかる。

上堂語四三九は七言絶句になっています。仏性というものがなくても同時に覚りに到達するのは、時が来るからだ。仏性は仏性の縁で生まれるのではないことを知りなさいといいます。

上堂語四三九

一切如来《いっさいにょらい》無仏性《むぶっしょう》、同時《どうじ》正覚《しょうがく》先時《せんじ》成《じょう》、当《まさ》に知るべし、学道の諸菩薩、仏性、何ぞ仏性を縁《えん》じて生《しょう》ぜん、と。

現代語訳：一切の如来には仏性はない。同時に悟りを開くのは、先に時が成る。学道を志す菩薩たちよ、知り給え。仏性は仏性の縁によって生まれるわけではない。（時間をかけるのだ。）

こうして道元が仏性についていろいろ論じたことを読んでくると、仏性とはどういうものか、おぼろげながら浮き彫りになってきましたか。

⑩　ミルクとチーズの喩え

上堂語三九五は涅槃経の「一切衆生悉有仏性、如乳中有酪」に触発されて道元が導きだした仏性論です。ミルクとチーズの喩えで悟りを論ずるのはとてもうまい喩えです。仏性とは発酵のことなのでしょうか。もちろん道元が生きていた時代に発酵という言葉はまだ存在しておらず、偶然や経験にたよった酒造りやチーズ造りが行われていました。

上堂語三九五

一切衆生《いっさいしゅじょう》有《う》仏性《ぶっしょう》、所以《ゆえ》に乳に酪の性《しょう》有り。一切衆生《いっさいしゅじょう》無《む》仏性《ぶっしょう》、所以に乳に酪の性無し。衆生《しゅじょう》に衆生の性無し、所以に乳に乳の性無し。仏性に仏性の性無し、所以に酪に酪の性無し。然も是の如くなりと雖も、忽《たちまち》に人有って永平に問わん、霊山《りょうぜん》の拈花《ねんげ》、少林《しょうりん》の三拝《さんぱい》、又、作麼生《そもさん》、と。良久《りょうきゅう》して云《いわ》く、酪に乳の性無し、と。

現代語訳：すべてのミルクはチーズに変わりうるように、すべての人は仏性をもっている。すべてのミルクがチーズにならないように、すべての人は仏性をもっていない。しかし、ミルクは自然にチーズになるわけではないように、人も自然のままで覚るわけではない。すべてのミルクにミルクの性質が備わっていないように、すべての人に人としての性が備わっているわけでない。チーズが自分でチーズにならないように、仏性には仏性の性はない。そうであっても、人が私に霊山での釈迦の嗣法や少林寺での達磨の嗣法はどういうことかと問うなら、チーズにはミルクの本性はない。（悟りを開けば人はそれまでとはちがう。）

さらに廣録第七の上堂語四七四は、同じミルクとチーズの例えを持ち出して、短いながらもまとめの一言です。

上堂語四七四
上堂に、時節因縁、仏性、刹那《せつな》に前後円成《ぜんごえんじょう》。功を積み徳を累《かさ》ぬる異《ことな》れど、乳と酪と、有無、名を得。
現代語訳：修行にかけた時間と因縁によって、ある瞬間に本覚を一瞬に悟る。修行のやり方や徳行を重ねるやり方は人それぞれであるが、ミルクとチーズの違いはその名のとおりにある。

上堂語三九五に加筆するかのような上堂語四七四は、誰でもきちんと修行すればいつかは必ず覚りに至ることをうたっています。

ミルクがチーズに変質する発酵において、微生物のおかげで分子構造の変化を伴う質的な変化がおきます。発酵において時間管理が重要ですし、一定の時間がたたないとおきません。発酵は何か具体的なものの存在を示す概念ではなく、あるものの性質が変わる現象を示す概念です。変易や無常という言葉としっくり合います。

道元が、二十年、三十年と時間をかけて、一生懸命に学習と修行すれば悟りが開けるというのは、ミルクがチーズに発酵するように、我々の脳内の意識構造が質的に変わるということなのでしょうか。ミルクが発酵してチーズになるように、あるとき突然に意識がまるで違ったものになることが悟りです。その状態で、人は言葉を正確に用いるようになり、言葉を通じて時空間を超えて他の人と意識を共有できるようになる。

意識の発酵過程において成熟を生みだすのは、概念装置でしょう。概念装置は大脳皮質にはありません。脳脊髄液のなかを浮遊してネットワークする移動可能な神経細胞（モバイルニューロン）で、一般には免疫細胞Bリンパ球と呼ばれています。脳内に雑音を持ち込まず、脳脊髄液を清浄な状態にたもち、たくさん思考を積み重ねると、微生物の自律的ネットワークのおかげで我々の意識はあるときに質的な転換をとげる。それが覚りではないでしょうか。

日本の味噌・醤油、日本酒、納豆、韓国のキムチ、フランスのワインとチーズ、発酵食品はその民族の文化を代表します。そこには文化の伝統が生きていて、目にみえない嫌気性微生物を利用して、厳密な工程管理・温度管理・時間管理が行われます。発酵の結果生まれる食品が、原料である米や麦や大豆やブドウの味に比べて豊かな味わいであることは、深淵なる仏の知恵、仏のおかげというほかありません。ヒトの意識も正しい修行と熱心な学習によって発酵するのです。

⑪ 神経免疫細胞の自律的ネットワークが、覚りを生む仏性

仏性は発酵と言い換えてよいかどうか。これまでの得てきた仏性についての法則や特性と合致するかどうか、確かめてみましょう。これまでにみてきた道元の文のなかで仏性とあるところを「発酵」に置き換えて意味が通れば、発酵は仏性といってかまわないでしょう。

発酵は「無から有を生みだすものか」と考えてみると、微生物のおかげでアルコールが生まれるところなどは、無から有といってもよいのではないでしょうか。発酵は、時間のかかるものであり、発酵によって性質が変わるので成仏と同時に起きるといえます。

発酵しすぎることもある微生物による変化は、無常でしょう。現象を五官で感知することもできません。また、発酵という現象は大きさや広さをもつ概念ではなく、(幸)福や(報)復とも無縁であり、生でも死でもありません。発酵は、寝かせているときにおきて、覚醒しているときはおきません。

長年かけて学んだ杜氏が身体感覚を駆使して行う酒造りは仏性の具現です。できた酒を神社に奉納するのは、仏性に感謝するためです。発酵という言葉の前から酒造りは行われてきました。発酵のメカニズムがわかっていなかったので、神や仏の御業として受け止められていました。発酵は仏性です。

しかし道元はミルクとチーズの喩えを、『眼蔵』の仏性巻では紹介していません。どうしてでしょうか。覚りを発酵で喩えるのはわかりやすいですが、それは発酵とはちがいます。発酵は仏性ですが、仏性は発酵に限りません。光合成、細胞内部でおきるタンパク質の代謝、生殖活動による子孫の再生、免疫、学習、記憶、反射などなど、実に多くの細胞内部や細胞単位の生命現象が無から有を生みだします。道元は、それらすべてが仏性であり、発酵に限定してはならないと考えたのかもしれません。

脳脊髄液の中を浮遊している概念装置はモバイルニューロン、Bリンパ球であり、それは肉眼ではみえない微生物です。個々の細胞の特性を理解し、その増やし方、正しい育て方、ネットワークを活性化する手順を講じて学習し思考し続けると、あるとき脳内に尽十方世界をそのまま写し取った意識が生まれます。それが覚りと呼ばれている状態であり、覚りは神経免疫細胞という体内の微生物が自律的にネットワークして生まれるから仏性です。

4　即心是仏　インドと中国の意味の対立を乗り越える

仏性は公案でもたくさん取り上げられ、多くの人の関心を呼んでいます。一方、即心是仏を正面から取り上げた公案はありません。道元が中国の語録から公案を集めた真字正法眼蔵三百則のうちこの巻で取り上げられるのはさほど有名ではない「作恁麼生か是れ妙浄明心、山河大地、日月星辰」(中六八)だけです。即心是仏は道元独自の議論です。

仏性という言葉は短くて一般性・普遍性をもつうえに、あるのかないのかという議論はとっつきやすいものです。いったいそれはなんだろうかという謎めいた部分も人を惹きつけます。これに対して即心是仏は「この心がそのまま仏であること」(『道元読み解き事典』)、あるいは「心こそが仏にほかならない」(即心即仏、『正法眼蔵』『永平広録』用語辞典」)と説明されていて、なるほどそうかと納得でき、それについてもっと知りたいという欲求がわいてきません。仏教概念にしては珍しいくらい説明が明快で、議論の余地がないのです。仏性を論じる道元研究者は多くても、即心是仏を論じた例は多くありません。即心是仏が正法眼蔵の五番にくるのは不思議だけどまあいいかと軽く読みとばされてきたのではないでしょうか。しかし、きちんと読むと、道元は、「この心はそのままでは仏ではない」と言っているのであり、心が仏であると思う間違いを訂正するためにに、五番に置いたのだとわかります。

① 即心是仏第五の教え

即心是仏第五の冒頭は、即心是仏は釈迦牟尼仏以来の仏祖が皆実践してきたことだが、インドでは概念化されておらず、中国でのみ使われている言葉である。そのためインドの仏祖たちが実践してきたことが意味に正しく取り込まれておらず、意味の間違った言葉を自分勝手に使って多くの人が外道に堕ちていると警鐘を鳴らします。

仏々祖々、いまだまぬかれず保任《ほうにん》しきたれるは、即心是仏《そくしんぜぶつ》のみなり。しかあるを、西天《さいてん》には即心是仏なし、震旦《しんたん》にはじめてきけり。学者おほくあやまるによりて、将錯就錯《しょうさくじゅさく》せず。将錯就錯せざるゆゑに、おほく外《げ》道《どう》に零落《りんらく》す。

現代語訳：仏祖たちがどうしても自分のものとして身につけないではいられなかったのは即心是仏だけである。ではあるがインドには即心是仏はなく、中国ではじめてこの言葉を聞くことになった。多くの修行者が間違えているので、この言葉を巡ってそれを正そうとしない。正そうとしないために、多くの修行者が外道に落ちぶれるのだ。

道元はこの巻で、インドの祖師たちが語り実践してきた「無心是仏」と中国の馬祖が言った「即心是仏」という一見すると相矛盾する語句を、即心是仏の一般的理解を全面的に否定することによって止揚します。道元の結論は、以下のようにまとめられます。

いはゆる即心の話《わ》をききて、癡人《ちにん》おもはくは、衆生の慮知念覚の未発菩提心《みほつぼだいしん》なるを、すなはち仏とすとおもへり。これはかつて正師《しやうし》にあはざるによりてなり。（略）

即心是仏とは、発心《ほつしん》・修行《しゆぎやう》・菩提《ぼだい》・涅槃《ねはん》の諸仏なり。いまだ発心・修行・菩提・涅槃せざるは、即心是仏にあらず。（略）

いはゆる諸仏とは、釈迦牟尼仏なり。釈迦牟尼仏、これ即心是仏なり。過去・現在・未来の諸仏、ともにほとけとなるときは、かならず釈迦牟尼仏となるなり。これ即心是仏なり。

現代語訳：いわゆる即心という話を聞いて、愚かな人は、一般人で心のはたらきがまだ発菩提心していない状態でいるのを、そのまま仏であると考えている。これは正師に会ったことがないからだ。（略）

即心是仏とは、発心、修行、菩提、涅槃の修行をしている諸仏である。まだ発心、修行、菩提、涅槃していなければ即心是仏ではない。（略）

いわゆる諸仏とは釈迦牟尼仏である。釈迦牟尼仏が即心是仏である。過去、現在、未来の諸仏がみな仏となる時は必ず釈迦牟尼仏になるのであり、これが即心是仏である。

つまり、即心是仏とは、釈迦牟尼仏の心になること、釈迦牟尼仏のように修行することだというのです。

即心是仏巻は、さとりをひらいていないうちから『この心がそのまま仏である』と思うことは誤りだというのです。発心・修行・菩提・涅槃の釈迦牟尼仏の心になることが即心是仏なのです。

仏性の意味は、道元が仏性という言葉を使った文脈や議論を並べ上げて、そのすべてを満足する概念を探す謎解き（なぞなぞ）遊び（あるいは連立方程式を解くこと）をやりました。本項では、廣録上堂語を読むことによって、道元が即心是仏について論じたことを時系列的に分析して、どのようにして即心是仏第五が生まれたのかを明らかにしてみようと思います。

② 延応元年五月二十五日　奥書上の示衆日

正法眼蔵第五の奥書によれば、示衆日は延応元年（一二三九）五月二十五日となっています。場所は宇治の興聖寺。書写は六年後の寛元三（一二四五）年七月十二日、大仏寺侍者寮で懐奘が行ったことになっています。正法眼蔵七十五巻のなかでは、寛喜三年（一二三一）の辨道話、天福元年（一二三三）の摩訶般若波羅蜜多と現成公案、嘉禎四年（一二三八）の一顆明珠に続く五番目の示衆であり、日本達磨宗が宗派として集団加入する仁治二年以前の、正法眼蔵の第一期に示衆されています。

即心是仏という巻の示衆日が延応元年であることは事実であるとして、書写日まで六年あるのは珍しく、道元がこの巻を何度も推敲したことを暗示します。読者にとって原稿の成立時期や推敲回数はあまり重要ではありませんが、道元がどのように考えを深め改めていったのかの軌跡を知ると、この巻を身近に感じて理解しやすくなるでしょう。延応元年の示衆と近い時期の廣録上堂語を読むと、示衆の内容が推定できないでしょうか。

③　延応元年（？）の上堂語八

深草の興聖寺での上堂は嘉禎二年十月に始まります。大谷「祖山本永平廣録校注集成」によれば、上堂語十三は仁治元年ですので、上堂語八が前年の延応元年だった可能性はあります。眼蔵示衆の前後に同じテーマで上堂された例はいくつもあります。この上堂語八が即心是仏示衆当時の道元の考え方を反映していると考えられます。

上堂語八

上堂に、挙《こ》す。馬祖《ばそ》云く「即心是仏」と。大梅《だいばい》、参学すること三十余年、頂《いただき》に居《こ》し、跡《あと》を渓声山色《けいせいさんしき》に絶《ぜつ》す。祖《そ》、遂《つい》に僧を遣《つかわ》して、去《い》きて、大梅に向って道《いわ》しむ「馬祖の仏法《ぶっぽう》、近日《きんじつ》、又、別なり」と。大梅云く「如何《いかん》が別なる」と。僧云く「非心非仏《ひしんひぶつ》」と。大梅云く「任他《さもあら》ばあれ、非心非仏。我は祇管《しかん》に即心是仏」と。僧、回《かえ》って祖に挙す。祖云く「梅子熟《ばいしじゅく》せり」と。師云く、即心是仏、最親切《さいしんせつ》、梅子年々《ばいしねんねん》、盛夏《せいか》に熟す、と。

現代語訳：昔の話を取り上げる。馬祖道一が「心そのままが仏である」と言った。大梅山の法常は馬祖のこの言葉を三十余年参学して、山頂に住み、谷川の音と山の姿の中に身を隠した。馬祖は後にひとりの僧をやり大梅に伝えさせた。「馬祖の仏法は近頃別である」。「どう別なのか」と大梅は聞いた。「心でもなく仏でもない、です」。すると大梅は「たとえ和尚が心でもなく仏でもないと教えたとしても、自分は心そのままが仏だ」と。僧は帰ってその旨を馬祖に伝えたところ、馬祖は「梅の実が熟れたわい」と言った。師（道元）は言った。心そのままが仏であるは、一番行き届いた言い方だ。これによって梅の実は毎年真夏に実が熟す。（大梅の仏法は年を経て栄える）

馬祖が大梅に即心是仏と示した問答は、真字正法眼蔵第二七八にあります。この真字正法眼蔵は、道元が中国の語録から重要な問答を集めて示衆や上堂の素材として使っていたものです。

二七八　明州大梅山法常禅師（馬祖に嗣ぐ）、馬祖に問うて云く「如何なるかこれ仏」。祖云く、「即心是仏」。

出典は「伝燈録」です。しかし、この真字正法眼蔵二七八の問答も、上堂語八も、正法眼蔵即心是仏第五には取り入れられていません。上堂語八は、「即心是仏は最も親切」と肯定しているのみで、それが間違って受け取られているとは言ってません。一方で、即心是仏とは釈迦牟尼仏の心になることだとも言ってません。延応元年の正法眼蔵即心是仏の示衆において、道元は馬祖と大梅の公案を肯定的に紹介していたのではないでしょうか。

④　拈花微笑と即心是仏　達磨にも様々な弟子がいた

さて、仁治二年春、日本達磨宗が集団入門します。この時期の廣録を読むと、入門早々戒律を守らず修行もしないばかりか、古くからいる弟子たちと対立姿勢を示す新しい弟子たちに、道元が困惑していた様子がうかがえます。彼らに自分の仏法を教えれば、きっと心を入れ替えてまじめに修行するようになると道元は期待して、正法眼蔵の示衆に全力を投入しました。しかし、達磨宗の弟子たちの態度は改まらず、古くからいた弟子たちとの関係がぎくしゃくし、暴力に及ぶ対立が生まれました。

その頃の上堂語四六は、初祖達磨大師の四人の弟子はそれぞれ違ったものを師から受け継いだことを論じます。道元は、達磨宗が前からいた弟子たちとあまりに違うことに戸惑いながらも、達磨の四人の弟子もそれぞれ違っていたことと同じだろうかと考えていたのかもしれません。達磨の四人の弟子の中で、尼総持《にそうじ》は達磨の肉を得たとされていますが、道元は「汝、吾が肉を得たり、即心是仏と道《い》うが如し」と評価しています。ここで「即心是仏」は否定的ではなく、むしろ一つの仏法受容のあり方として肯定的に扱われています。

上堂語四六

上堂に、挙す。初祖、門人に命じて曰く「時、将に至らんとす。汝等、盍《なん》ぞ各《おのおの》所得《しょとく》を言《いわ》ざるや」と。時に門人道副《どうふく》対《こた》えて曰く「我が所見の如くんば、不執文字《ふしゅうもんじ》、不離文字《ふりもんじ》、而《しか》して道用《どうゆう》と為す」と。祖曰く「汝、吾が皮を得たり」と。尼総持《にそうじ》曰く「我今所解《がこんしょげ》は、慶喜《けいき》が阿閦仏国《あしゅくぶっこく》を見しに、一見《けん》して再見《さいけん》せざるが如し」と。祖曰く「汝、吾が肉を得たり」と。道育《どういく》曰く、「四大本空《だいほんくう》なり、五陰《おん》、有《う》に非《あら》ず、而《しか》も我が見処《けんじょ》は無一法可得なり」と。祖曰く「汝、吾が骨を得たり」と。最後に慧可《えか》、礼拝《らいはい》して後《のち》、依位《えい》して立つ。祖曰く「汝、吾が髄を得たり」と。師云く、後人《こうじん》、認めて浅深《せんしん》有《あ》りと為す。祖意は不是《ふぜ》なり。汝、吾が皮を得たり、猶《なお》、灯籠露柱《とうろうろちゅう》と道《い》うが如し。汝、吾が肉を得たり、即心是仏と道うが如し。汝、吾が骨を得たり、山河大地《せんがだいち》と道うが如し。汝、吾が髄を得たり、拈花瞬目《ねんげしゅんもく》と道うが如し。是、浅有り、深有り、勝有り、劣有るに非ず。恁麼《いんも》の見得《けんとく》、便ち祖師を見るなり、便ち二祖を見るなり。衣盂《えう》を伝得《でんとく》するなり。是《これ》、一句なり。遂に頌有るに曰く、仏祖法輪、その力大なり、尽界を転じ、微塵を転ず。衣盂《えう》は縦《たと》え可に入《い》って手に伝《つた》うるとも、聴《しょう》法《ほう》は普《あまね》く男女人《なんにょにん》に通ず、と。

現代語訳：初祖達磨が門人に命じて言うには、「さあ時期到来だ。みんなそれぞれ会得したことを言いなさい」。門人の道副は「私は、文字に執われず、かといって文字を離れない。それが仏道のはたらきです」と答えた。達磨は「お前はわしの皮を会得した」と言った。尼総持が言うには「阿難尊者が阿閦仏国を見たときのように、一度見て、二度とは見ないことです」。達磨は「お前はわしの肉を会得した」と言った。道育は「宇宙を構成する地水火風の四大は不可視の現象であり、色受想行識の五蘊も実在しませんので、私は何も得ていません」。達磨は「お前はわしの骨を会得した」。最後に慧可は、礼拝して後、いつもの自分の位置に戻って立つだけだった。達磨は「お前はわしの髄を会得した」と言った。師（道元）は言った。後世の人は、この達磨と弟子のやりとりから四人の間に深浅があるとみるが、達磨の本意はそうでない。お前はわしの皮を得たというのは、灯籠露柱（言語表現のように論理的に考えるための装置）と言ったのだ。お前はわしの肉を得たというのは、即心是仏（直接体験の重要性）と言ったのだ。お前はわしの骨を得たというのは、山河大地（現象を生みだす場、大自然）と言ったのだ。お前はわしの髄を得たというのは、拈花瞬目（花をつまんで瞬きする、以心伝心）と言ったのだ。皮肉骨髄に浅深勝劣の別はない。このように見れば、達磨を理解でき、そのまま二祖を見ることになり、袈裟と応量器を伝えることができるのである。以上が論評で、次いで偈を唱えられた。達磨の伝えた法の力は大きなもので、世界的現象も微小な現象も対象とする。その跡継ぎは慧可だとしても、全人類がその教えを聴くことができる。

皮は論理的思考、肉は直接体験、骨は自然環境、髄は意識状態と考えると、それぞれが達磨の法を伝えていて、ここで語られた即心是仏は釈迦牟尼仏の心という意味ではありません。

⑤　如何なるか是仏という問いかけをかわす

仁治三年十月には道元がもっとも大切にしていた僧海首座と慧顗上座が相次いで命を落とすといういたましい事件がおきます。その二か月後、道元は波多野義重から活動拠点を越前に移すことを誘われ、翌寛元元年七月に越前に下向します。興聖寺ではその後、即心是仏は語られません。越前で仮住まいの吉峰寺で道元は上堂をしませんが、わずか九か月の間に正法眼蔵を二十八回も示衆し、実質的に正法眼蔵はこの段階で完成します。

寛元三年に大仏寺で上堂が復活し、大仏寺語録（廣録第二）として残され、寛元四年六月に永平寺に改称されると、永平寺語録（廣録巻三）が残されますが、この二巻でも即心是仏は語られません。つまり延応元年（一二三九）五月の示衆と上堂語八以来、宝治二年（一二四八）秋までの九年間、即心是仏についての示衆も上堂もありません。

鎌倉行化の直前の上堂語二四三で弟子にいきなり「如何なるか是仏」と問いかけられますが、これは大梅と馬祖の問答を踏まえたもので、道元に即心是仏と答えさせようとする誘導尋問でした。しかし道元は即心是仏とは答えず、「結局のところ、次の世に生まれる定めを阻んでくれるもの。そのおかげで寂滅を択ぶこともない」と答えます。自分が生きている間に、後世に残る言葉を残した者が仏であるというわけです。仏の定義としてはなかなか優れたものではないでしょうか（V．5参照）。

⑥ 鎌倉行化以降（廣録第四巻）の即心是仏批判、鎌倉で何を得たのか

翌宝治二年三月、道元は鎌倉から深山幽谷の永平寺に戻ってきます。もう上堂で弟子を叱咤激励することもなければ、皮肉ることもありません。鎌倉から戻った道元は、宏智廣録と名づけられた膨大な語録を遺した宏智正覚と気持ちの上で一体化して（「永平、今日、宏智と和合し、如来と同参す」上堂語二五七）、ひたすら仏法を極め言語化する作業を続けます。「良久して云く」や「挙す」という上堂スタイルは宏智廣録のものですし、宏智も、弟子との問答のないモノローグの上堂語をたくさん残しています。道元は、宝治二年三月から建長四年までの五年弱の間に、廣録第四から第七の四巻で二八〇もの上堂語を残しています。

この鎌倉行化以降の上堂語の中に、即心是仏を批判的に検討するものがたくさん現われます。おそらく道元は鎌倉で良忠や了心とも達磨宗のことを話題にし、達磨宗の教義を読んだと思われます。日本達磨宗の教義は「少室六門《しょうしつろくもん》」と呼ばれていて、一冊にまとめられたのは室町時代になったからということですが、「そのうちの破相論《はそうろん》、悟性論《ごせいろん》、血脈論《けちみゃくろん》の三本はすでに平安時代に叡山に伝えられて、達磨宗の拠りどころとされてい」ました（「原典日本仏教の思想10」興禅護国論《こうぜんごこくろん》、岩波書店、補注三九五頁）。破相論は、仏道を求めるにあたって「唯《た》だ観心《かんしん》の一法《いっぽう》」が重要であるといいます。「心は萬法《ばんぽう》の根本《こんぽん》。一切諸法唯だ心の生む所。若し能く心を了すれば、則ち萬法倶《ばんぽうとも》に備わる。猶、大樹の枝篠《しじょう》及び諸花果《しょかか》を所有する如し」「心の外に別に求めるは、終《つい》に是《こ》の處《ところ》無し」（大正新修大蔵経、第四十八巻三六六）

正法眼蔵の「即心是仏」は、日本達磨宗の心至上主義が誤っていることを指摘し、教義を正すために論じられたのではないでしょうか。「即心是仏とは、発心・修行・菩提・涅槃の諸仏なり。いまだ発心・修行・菩提・涅槃せざるは、即心是仏にあらず」と道元がいうとき、修行せず、学習せず、戒律を守らない達磨宗

の弟子が念頭にあり、「自分の心さえ見つめれば、修行も戒律も不要であるという君たちの教義は誤っている」と伝えたかったと思うのです。

⑦　廣録巻四　上堂語二八〇、二九二　宝治二年（一二四八）秋

さて、延応元年（一二三九）年五月の示衆から実に九年以上隔たった、宝治二年秋の上堂語二七〇（V. 6参照）で道元はめずらしく弟子たちに、自分と馬祖は同じかどうか言ってごらんと問いかけます。馬祖の語録にたちかえって、即心是仏についての検討作業を始めようとしていたのでしょう。上堂語二八〇と二九二で即心是仏（即心即仏）が取り上げられます。二八〇は非常に短いですが、道元は即心是仏を他の言葉と対比させることで、まず概念を習熟することを図ったのでしょう。即心是仏についての道元の考察の第一歩です。ぶっきらぼうに四字熟語と二字熟語を四組並べただけの上堂語を、ぶっきらぼうなまま現代語訳してみます。

二八〇　上堂に、直指人心《じきしにんしん》、拄杖《しゆじよう》。即心是仏《そくしんぜぶつ》、拳頭《けんとう》。老婆心切《ろうばしんせつ》、為汝《いによ》。無上菩提《むじようぼだい》、大休《だいきゆう》。

現代語訳：（達磨の）直指人心は杖。（馬祖の）即心是仏は拳骨。（臨済の）老婆心切は相手の為を考える。無上菩提、思考を止めて休むこと。

二九二は馬祖の即心是仏・非心非仏について馬祖の法嗣のひとりである南泉が語ったことをまとめて、道元なりに解釈してみたものです。最後のふくべの話は、まだ自分の考えが整理されつくしていないことを道

元が正直に言っていると理解します。

上堂語二九二

上堂に、挙《こ》す。南泉《なんせん》、衆《しゅ》に示して曰《いわ》く「江西和尚《こうぜいおしょう》道《いわ》く『即心即仏《そくしんそくぶつ》』と。又、道《いわ》く『非心非仏《ひしんひぶつ》』と。我《われ》、恁麼《いんも》に道《いわ》ず、不是心《ふぜしん》・不是仏《ふぜぶつ》・不是物《ふぜもつ》。又、道《い》う、心不是仏《しんふぜぶつ》、智不是道《ちふぜどう》。又、道《いわ》く、平常心是道《へいじょうしんぜどう》」と。師云く、二員《にいん》の老漢《ろうかん》、既に恁麼に道う。永平長老、又、不恁麼道《ふいんもどう》。吾《われ》、且《しばら》く問《と》う、你《なんじ》に示《しめ》す、江西《こうぜい》・南泉《なんせん》、這裏《しゃり》、是《これ》、什麼《なん》の処在《しょざい》、と。説心説道《せつしんせつどう》、説物説仏《せつもつせつぶつ》、説非仏説非心《せつひぶつせつひしん》。須《すべか》らく知るべし、一片《いっぺん》、全く両箇《りょうこ》無《な》し、十方独露《じっぽうどくろ》、山川知覚《さんせんちかく》、と。是《これ》、道《いわ》ず、仏性《ぶっしょう》も亦《また》、因縁《いんねん》、と。甚《なん》と為《し》てか此《かく》の如《ごと》くなる。還来《かんらい》、飯銭《はんせん》を喫《きっ》す。畢竟《ひっきょう》、如何《いかん》。良久《りょうきゅう》して云《いわ》く、胡蘆藤種《ころとうしゅ》、胡蘆纏《ころてん》、と。

現代語訳：公案を挙げよう。南泉が衆に示して言うには、「馬祖は即心即仏と言った。また、非心非仏と言った。私はそうは言わない、心でもない、仏でもない、物でもない、という。又、心は仏でなく、智は仏道ではない、という。平常心が道である、という」。師は言われた。馬祖と南泉がすでにこう言っているが、永平長老である私はそうは言わない。馬祖と南泉の言葉にはどういうことが込められているか。心、道、物、仏、仏でないもの、心でないもの。これらは一つのものであって、別々のものではない。全存在が姿を現わすと、山川が知覚する。仏性もまた因縁だとはどうしてそうか。わからなければ飯代を返してもらおう。要するにどういうことか。しばらくして言われた。ふくべの蔓がふくべにまとわりついているようなものだ。（まだ考えが整理されつくされていない。）

⑧ 廣録巻四　上堂語三一九、三二一、三二三　建長元年（一二四九）春

年が明けて建長元年の春、道元は即心即仏をテーマとした上堂を続け様に三回行います。人前で話をすると、自分の考えを整理できるだけでなく、新たな発見が生まれます。道元がこの問題に真剣に取り組んでいたことがうかがえます。

上堂三一九は、天童如浄が大梅法常をどのように紹介したかという話です。大梅は馬祖の「即心即仏」の言葉に悟って、山の上で松の花を食べ蓮の葉を着て、一生日夜坐禅して過したが、その修行態度こそが即心即仏なのだといいます。即心即仏は理解がむずかしい考えで、大梅の悟りは、草木をたよりに生活して得られたと言います。

白文や読み下し文からはなかなか区別しづらいのですが、天童如浄の言葉は二か所に分かれていて、「汝等、大梅法常禅師の……乃ち、仏道の勝躅なり」までが前半部で、「後に僧有り……梅子、熟せり」までを後半部とする鏡島説に従います。ただし、鏡島も大谷もこの如浄の言葉の出典は未詳とし、寺田も「如浄語録には見えない」としています。もしかすると道元個人のメモにあったのでしょうか。

如浄の言葉の後にくる「測り知りぬ……学仏道の人の幸運なり」と、「然れば、則ち……即心即仏、什麼の処にか在る」が道元の言葉です。

上堂語三一九
上堂に、仏《ぶつ》々《ぶつ》祖《そ》々《そ》正伝《しょうでん》の正法《しょうぼう》は、唯《ただ》、打坐而已《たざのみ》なり。先師天童《せんしてんどう》、衆《しゅ》に示して云く「汝等《なんじら》、大梅法常禅《だいばいほうじょうぜん》

師《じ》の江西馬大師《こうぜいばたいし》に参《さん》ぜし因縁《いんねん》を知るや、也《また》、不《いな》や。他《かれ》、馬祖《ばそ》に問う『如何《いか》なるか是《これ》、仏《ほとけ》』と。祖《そ》云く『即《そく》心即仏《しんそくぶつ》』と。便《すなわ》ち、礼辞《らいじ》し、梅山絶頂《ばいさんぜっちょう》に入《い》って松花《しょうげ》を食《しょく》し荷葉《かよう》を衣《き》て、日夜坐禅《にちやざぜん》して一生《いっしょう》を過《すご》す。将《まさ》に三十年に将《なんな》んとして、王臣《おうしん》に知られず、檀那《だんな》の請《しょう》に赴《おもむ》かず。乃《すなわ》ち、仏道の勝躅《しょうしょく》なり」と。測《はか》り知りぬ。坐禅、是《これ》、悟来《ごらい》の儀《ぎ》なり。悟は只管《ただ》、坐禅而已《ざぜんのみ》なり。当山始《とうざんはじ》めて僧堂有《そうどうあ》り。是《これ》、日本国始《にほんこくはじ》めて之《これ》を聞《き》き、始めて之を見、始めて之に入り、始めて之に坐《ざ》す。学仏道《がくぶつどう》の人の幸運《こううん》なり。

「後《のち》に僧有り、大梅《だいばい》に向《むか》って道《いわ》く「和尚《おしょう》、馬大師《ばたいし》に見《み》えて、何《いか》なる道理《どうり》を得《え》て、便《すなわ》ち、此《こ》の山に住《じゅう》する」と。大梅道《だいばいいわ》く「馬祖、我に向って道《いわ》く『即心即仏』と」と。僧云く、「馬祖仏法《ばそぶっぽう》、近日《きんじつ》、又《また》、別《べつ》」と。大梅云く、「作麼生《そもさん》、別《べつ》」と。僧云く「近日道う『非心非仏』と」と。大梅道く「這《こ》の老漢《ろうかん》、人を惑乱《わくらん》すること、未《いま》だ了期有《りょうごあ》らざる在《あ》り。任他《さもあらば》あれ、非心非仏。我、祇管《しかん》、即心即仏」と。僧、帰って祖に挙似《こじ》す。祖云く「梅子《ばいし》、熟《じゅく》せり」」と。然《しか》れば、則《すなわ》ち、即心即仏を明得《めいとく》する底《たい》の人、人間《にんかん》を抛捨《ほうしゃ》して深く山谷《さんこく》に入り、昼夜《ちゅうや》、坐禅而已《ざぜんのみ》なり。当山《とうざん》の兄弟《ひんでい》、直《じき》に須《すべか》らく、専一《せんいつ》に坐禅すべし。虚《むな》しく光陰《こういん》を度《わた》ること莫《なか》れ。人《じん》命《めい》、無常《むじょう》なり、更《さら》に何《いず》れの時《とき》をか待《また》ん。祈祷祈祷《きとうきとう》。大衆《だいしゅ》、即心即仏底《そくしんそくぶってい》の道理を会《え》せんことを要すや、也《また》、無《いな》や。良久して云く、即心即仏、甚《はなは》だ難会《なんえ》。心は牆壁瓦礫《しょうへきがりゃく》、仏は泥団土塊《でいだんどかい》。江西《こうぜい》の道来《どうらい》、托泥帯水《たでいたいすい》。大《だい》梅《ばい》の悟来《ごらい》、依草附木《えそうふぼく》。即心即仏、什麼《なん》の処《ところ》にか在《あ》る、と。

現代語訳：仏祖から仏祖に正しく伝えられてきた正しい教えは、ただ坐るということだけだ。先師天童如浄は衆に示して言われた。「諸君は大梅山法常禅師が江西の馬祖大師について学んだ際のいきさつを知っているか。大梅は馬祖に尋ねた。『仏とは何でしょう』。馬祖が言うには『心こそとりもなおさず仏だ』。すぐに大梅は礼を捧げ、別れを告げて大梅山の人気ない山頂に登り、松の実を食べ、蓮の葉を着て、日夜坐禅して一生を過した。それが三十年になろうとしたが、この間、王臣に知られることなく、施主の招きにも応じなかった。これこそ仏道のすぐれたあとかたである」。これでわかるように、坐禅は悟りの姿そのものであり、悟りとは坐禅にほかならない。当山にはじめて僧堂が設けられたが、これは日本国ではじめて聞き、見、そこに入り、坐禅できるようになったわけだ。仏道を学ぶものにとって幸いである。

「後に一人の僧が大梅に言うには『和尚は馬大師にお会いしてどのような考え方を教わってこの山に住んでいるのですか』と尋ねた。大梅が言うには『馬祖は私に心こそ仏だと言われた』。僧が言うには『馬祖の仏法は最近別ですよ』。大梅が言うには『どのように違う』。僧が言うには『近頃は心でなければ仏でないといってます』。大梅が言うのは『この老漢、いつまで人を惑わし乱すつもりだ。心にあらざれば仏にあらずといおうと、私は心こそとりもなおさず仏の一筋だ』。僧は馬祖に帰ってこのことを報告した。すると馬祖は『梅の実が熟したわい』と言った」。ということはつまり、心こそ仏であるということがわかったら、世間を投げ捨てて、深く山谷に入って日夜坐禅するだけである。当山の大衆諸君、ただ専心に坐禅すべきである。空しく月日を過してはならない。人の命は無常である。今坐禅しないでいつできよう。切に願う、切に願う。諸君は心こそが仏であるという道理を会得したいと思うか。しばらくして言われた。即心即仏はじつにわかりにくい考えだ。心は垣根や壁であり、仏とは泥の団子、土の塊だ。馬祖は泥にまみれ水にまみれて即心即仏と言ったのであり、大梅が悟ったのは草木をたよりに生活したからだ。即心即仏は、どうでもいいことだ。

続く上堂語三二一は短い上堂です。鈍使利使とは煩悩のことです。道元は、心に煩悩があるとき、即心是仏というといったいどうなるのかという思考実験を試みたようです。

上堂語三二一

上堂に、鈍使利使《どんしりし》、即心即仏《そくしんそくぶつ》。通身遍身《つうしんへんしん》、何物無物《かもつむもつ》。為甚《なんとしてか》と問うこと有らば、劈面《へきめん》に一払《いちぽつ》せん、と。

現代語訳：断じ易い煩悩であれ断じ難い煩悩であれ、煩悩の心がとりもなおさず仏である。するとその全身は何物か、無なのか。どうしてそうなるのかと問うものがあれば、真正面から払子でひと払いしよう。

上堂語三二三では、即心即仏は馬祖の弟子たちの間でもほとんど理解されていなかったことを紹介します。そして数多い弟子のなかでただ一人理解していた東寺如会《とうじにょえ》禅師の「心は常に変わる。心は仏であるわけがない」という言葉を紹介して注意を促します。即心是仏について考えるための材料を、様々な文献の中に求め、見つけるたびに上堂していたのでしょう。どのような理論化においても、アアデモナイ、コウデモナイ、アアカナ、コウカナと、様々な方向から、繰り返し考えることが必要だと道元は考えて実践していたのでしょう。

上堂語三二三

上堂に、古人道《こじんいわ》く「即心即仏」と。而今《じこん》、会《え》する者、得《う》ること少《すく》なし。即心《そくしん》と道《い》うと雖《いえど》も、是《これ》、五識《しき》・六識・八識・九識、及び心数法等《しんすうほうとう》に不《あら》ざるなり。又《また》、是《これ》、悉多《しつた》・汗栗駄《かりだ》・矣栗陀等《いりだとう》に不《あら》ざるなり。此《これ》を除《のぞ》いて外《ほか》に、何《なん》の心《しん》か有《あ》って、即心《そくしん》と作《な》すことを得《え》ん。是《これ》、慮知念覚《ろちねんかく》・知見解会《ちけんかいえ》・霊々知《れいれいち》・昭々了等《しょうしょうりょうとう》に不《あら》ざるなり。恁麼《いんも》の田地《でんち》に到《いた》って、阿誰《たれ》か即心即仏を会得《えとく》せん。馬祖下《ばそか》、八十余員《よいん》の善知識《ぜんちしき》有《あ》り。只《ただ》、湖南《こなん》、東《とう》寺《じ》の如会《によえ》禅師《ぜんじ》のみ有《あ》って、即心即仏底《そくしんそくぶってい》の道理《どうり》を会得《えとく》せり。甚《なん》と為《し》てか斯《かく》の如《ごと》く道《い》う。大寂《だいじやく》、去世《きよせ》自《よ》り、師、常に患《うれ》う、門徒《もんと》の即心即仏の譚《はなし》を以《も》って、誦憶《じゆおく》して已《や》まざることを。且《しばら》く謂《いわ》く「仏《ぶつ》、何《いづく》に於《お》いて住《じゆう》する。而《しか》も曰《いわ》く『即心《そくしん》』と。心《しん》、画師《がし》の如し、而も云く『即仏《そくぶつ》なり』と。遂《つい》に衆《しゆ》に示《しめ》して曰《いわ》く『心不是仏《しんふぜぶつ》。智不是《ちふぜ》道《どう》。剣《けん》、去《さ》ること久《ひさ》し。爾《しか》るに方《まさ》に舟《ふね》を刻《きざ》む』と」と。時《とき》に、東寺《とうじ》を号《ごう》して禅窟《ぜんくつ》と為《な》す。即心即仏底の道理、其《そ》れ、斯《かく》の如し。錯乱《さくらん》することを得《え》ざれ。千万《せんまん》、千万《せんまん》、と。

現代語訳：古人は「即心即仏」と言ったが、いまこの言葉を会得する者は少ない。即心といっても、それは五官による知覚でも、それに意識作用を加えた六識でも、末那識と阿頼耶識を加えた八識でも、さらに阿摩羅識を加えた九識や、心の様々な作用ではない。また分別心、草木心、聚心ではない。これらの心を除いて、他にどういう心があって「即心」とすることができよう。また思慮や記憶ではなく、認識と理解でもなく、霊妙なる知覚、明快な悟達でもない。そのような境地に到っても、即心即仏は理解できない。馬祖の門下に八十数名の大先達がいたが、唯湖南の東寺如会だけが、その意味を理解していた。どうしてそう言えるか。馬祖の死後、東寺は、馬祖門下が即心即仏の話をひとつ覚えにしょっ中口にするのを心配して、こう考えた。「心はどこかに安定しているとして、心こそという。心は画家のようにいろいろなことを思い描くのに、それが仏だという」。そして弟子たちにこう教えた。「心は仏ではない。智は仏道ではない。剣を川に落としてから時間が経っているのに、船端にここで落としたと印をつけるような愚かなことはするな」と。当時、人は東寺が禅の洞窟と称されたのはこのためだ。即心即仏の道理はこのようである。考え違いをしないように。くれぐれも、くれぐれも、気をつけよ。

⑨　廣録巻五　上堂語三五四、三六五、三六八、三七〇　建長元年秋から建長二年（一二五〇）春

即心即仏の批判的検討は巻五になっても引き続き活発に行われます。巻四では南泉や如会の言葉の紹介にとどまっていたのですが、巻五になると自分自身の理解が深まって確固たるものになり、道元は自分の言葉ではっきりと表現するようになります。上堂語三五四は、開炉の上堂の次に配置されていますので、建長元年十月初旬と思われます。インドの諸祖がいう「無心是仏」と馬祖の「即心是仏」の矛盾を確認し、凡俗な心は除外しなければならないことを示します。心猿意馬という言葉は、少し前の上堂語三四八にも登場していて、「人間の意旨は馬のように馳せまわり、心は猿のようにせわしなく騒ぐということ。煩悩・妄念が発作し狂動するため心も散乱し収拾がつかないこと、心が先走って一処に定まらないことに譬えられる。」と大谷（校注集成）は説明します。上堂語二八〇で「即心是仏、拳頭」と概念整理したことが最後に登場します。

上堂語三五四

上堂に、西天《さいてん》の諸祖道《しょそいわ》く「無心是仏《むしんぜぶつ》」と。江西馬祖道《こうぜいばそいわ》く「即心是仏《そくしんぜぶつ》」と。即心是仏と道《い》うと雖《いえど》も、是《これ》、心猿意馬《しんえんいば》即《すなわ》ち仏《ほとけ》と道《いわ》ず。近代《きんだい》の学人《がくにん》、多少《そこばく》、錯会《しゃくえ》せり。或《ある》は道《いわ》く「一たび、即心是仏に帰《き》しぬれば、第《だい》二世無《にせな》し」と。恁麼会《いんもえ》は、即《すなわ》ち断見《だんけん》の外道《げどう》に同《どう》ず。良久《りょうきゅう》して云《いわ》く、即心即仏《そくしんそくぶつ》、何《なん》の宗旨《しゅうし》ぞ。児《こ》の啼《な》くを制《せい》せんと欲《ほっ》して、打《う》つこと一拳《いっけん》す、少人《しょうにん》を打殺《たさつ》する、と。

現代語訳：インドの祖師たちは、はからいのない心が正覚だと言った。馬祖は逆にあるがままの心こそ正覚だと言った。即心が仏であるといっても、煩悩と妄念に突き動かされた落ち着きのない心が仏というわけ

ではない。近頃の修行僧はどれほど間違って理解していることか。或る者は、心こそ正覚だとわかれば、来世に生まれることもないという。これは因果の理法を無視する外道と同じだ。しばらくして和尚は言った。即心即仏とはどういう立場の主張か。泣く子を黙らせようとして拳骨を一発くらわして、殴り殺すようなものだ。

二つあとの上堂語三六七が建長二年二月十五日ですので、おそらく建長二年一月末か二月初旬の上堂語三六五は、インドの祖師と馬祖の矛盾の解決（「止揚」というべきかもしれません）を試みます。即心是仏において心がけが大切ということに気づいたようです。ちなみに波多野義重が大蔵経を寄進したのはまさにこの頃であり、道元がそっけない態度だったのは大蔵経どころではない理論化作業の真っ最中だったということも考えられます。

上堂語三六五

上堂に、無心是仏の声、西天《さいてん》に起《おこ》り、即心是仏の道《みち》、東地《とうち》於《よ》り始まる。若《も》し、恁麼《いんも》に会《え》すれば天地懸隔《てんちけんかく》なり。不恁麼《ふいんも》に会《え》すれば、只《ただ》、是《これ》、常流《じょうる》なり。畢竟《ひっきょう》して如何《いかん》。三春果満《さんしゅんかまん》ず菩提樹《ぼだいじゅ》。一夜《いちや》、花開《はなひら》いて世界《せかい》香《かんば》し、と。

現代語訳：はからいのない心が正覚だという声はインドで起った。ありのままの心が正覚だという言葉は中国で始まった。この二つの言葉をそのままを受け取ると矛盾が生じる。言葉そのままに受け取らないのは凡夫である。どうしたらよいのか。菩提樹は三年がかりで実が熟する。しかし、花は一夜で開き世界中にいい匂いがみなぎる。（菩提樹の心でひたすら修行することを即心是仏とすれば、矛盾はなくなる。）

上堂語三六八は建長二年二月と思われます。即心是仏とは一途な修行と坐禅であるということを繰り返し説いても、達磨宗の弟子たちは修行態度を改めません。それを批判するための上堂語です。道元らしく七言絶句の頌になっています。結構きつい批判です。

上堂語三六八

上堂に、即心即仏《そくしんそくぶつ》、是《これ》、風顛《ふうてん》。直指人心《じきしにんしん》、更《さら》に天《てん》を隔《へだ》つ。三たび酌《く》んで、巨海《きょかい》の水《みず》を窮《きわ》めんと欲う。一時《いちじ》に勘破《かんぱ》す、野狐禅《やこぜん》、と。

現代語訳：即心即仏とは愚かなことだ。心を指さして仏にするなどと馬鹿も休み休み言え。盃三杯で海の水を汲みつくそうとするようなものだ。諸君の坐禅が間違っていることは一目でわかる。

上堂語三七〇は南泉と趙州という息の合った師資の話を紹介しますが、道元もようやく二人と同じレベルに到達したことを報告しているのでしょう。宝治二年の上堂語二九二では、まだ整理がついていなかったものが、二年がかりでようやく納得のいくところに到達したというわけです。

上堂語三七〇

上堂に、挙《こ》す。南泉《なんせん》、有る時、衆《しゅ》に示《しめ》して云《いわ》く「江西馬祖《こうぜいばそ》の道《いわ》く『即心即仏《そくしんそくぶつ》』。王老師《おうろうし》は不恁麼道《ふいんもどう》。『不是《ふぜ》心《しん》、不是物《ふぜもつ》、不是仏《ふぜぶつ》』と。恁麼《いんも》に道《い》うに、還《また》、過有《とがあ》りや、と。趙州《じょうしゅう》、礼拝《らいはい》して出《い》ず。時に僧有り、随《したが》って趙州に問うて云く『上座《じょうざ》、礼拝了《らいはいりよう》、便《すなわ》ち出《い》ず、意《い》、作麼生《そもさん》』と。趙州云く『汝《なんじ》、却《かえ》って和尚《おしょう》に問取《もんしゅ》すべし』と。僧上《そうのぼ》って問う『適来《せきらい》、諗上座《しんじょうざ》の意、作麼生《そもさん》』と。泉云《せんいわ》く『他《かれ》、却《また》、老僧が意旨《いし》を領得《りようとく》す』と」と。師云く、南泉《なんせん》、趙州父子《じょうしゅうふし》の命脈《めいみやく》、恁麼《いんも》に道《い》うと雖も、永平、而今《にこん》、少《すこ》し許《ばかり》、乱道《らんどう》す。大衆《だいしゅ》、還《また》、体悉《たいしつ》せんと要《よう》すや。良久して云く、他《かれ》、却《また》、老僧が意旨《いし》を領得《りようとく》し、亦《また》、乃《すなわ》ち、南泉の意旨を領得す、と。

現代語訳：上堂して言われた。公案を挙げる。南泉があるとき、衆に示して言った。「江西の馬祖は『心がそのまま仏である』と言ったが、私はそうは言わぬ。心もなく、物もなく、仏もない。このように言うとき誤りがあるか」と。このとき、弟子の趙州は南泉を礼拝して立ち去った。ある僧が趙州に尋ねて言うには「あなたが礼拝し終ってそのまま立ち去るのは、どういう意味ですか」。趙州が言うには「君はかえって和尚に聞くがよい」と。僧は方丈に上って尋ねるには「さきほどの従諗上座の意旨は何でしょう」。南泉が言うのは「彼はまた私の意旨をよくわかっている」。これについて師（道元）は言われた。南泉と趙州の師資には命の連なりがあってこのように言うが、私は少し自分なりに言おう。大衆諸君、くわしく知りたいか。しばらくして言われた。彼（趙州）は私の意旨をよくわかっており、また、南泉の意旨もよくわかっている、と。

⑩　巻六　上堂語四二四　建長三年（一二五一）春

上堂語四一八（二月十五日涅槃会）と上堂語四二七（四月八日浴仏）の間に配置された上堂語四二四（I.2で紹介済）は建長三年春と思われます。三七〇からおよそ一年後にあたり、即心即仏という言葉が出てくる最後の上堂です。即心即仏や非心非仏と言う必要はない。釈迦牟尼仏の心とは、月に住む鶴が寒くて夢から覚めた状態。寒くて透明で静謐で生き物がいない月面から、はるか四〇万キロ離れた地球を見下ろす心。その心になることが、即心是仏である。ようやく正法眼蔵即心是仏第五の結論に到達します。

廣録で即心是仏を論じた上堂語はこれで終わりです。私は、これら鎌倉行化以降行われた即心是仏についての様々な思考実験や理論的検討が反映されて、建長三年以降に正法眼蔵即心是仏が改稿されたと考えます。

読者のみなさんはどう考えますか。

5 虚空 くぼんだ地面と小高い土の山は、仏を生み出す虚空である

具象概念と抽象概念の同音同字意義語

仏性にしても、即心是仏にしても、五官で感じることのできないことを意味にもつ概念（一般に抽象概念と呼ぶ）の意味を正しく理解することはむずかしいことです。そもそも生まれてこのかた耳にしたことない言葉、たとえば「仏性」や「仏向上事」や「即心是仏」という言葉の場合、まずその言葉を操作するための概念装置を生み出す必要があります。概念装置なくして思考は生まれません。それからあれこれ、ああだこうだと正しく思考を積み重ねることによって、思考結果が徐々にネットワークされていき、言葉の意味が生まれるのです。

話がややこしくなるのは、すでにその抽象概念を具象概念としてもっているときです。私たちは、空っぽ

という意味の「空《クウ》」という言葉を知っていて、空室や空腹、空虚、空理空論という言葉のなかで使っています。また、何もない大空という意味で「虚空《コクウ》」という言葉を、「ロケットは虚空に消えた」というように使っています。あらかじめ空や虚空という概念装置をもっていてすでになんらかの五官の記憶と結びついているときに、仏道の「空」や「虚空」という概念に出会っても、なかなか「空っぽ」や「大空」という五官の記憶（具象概念の意味）と切り離して考えることができないのです。

「空っぽ」や「大空」というのは目で見える対象ですから具象概念です。具象概念と抽象概念の同音異義語をどう扱えばよいのかは、学校でも家庭でも教えてくれません。私が思うに、五官の記憶と結びつかない「（仏法の）空」、「（仏法の）虚空」という、まったく独立した新しい概念装置を生み出して、先入観を排除して五官の記憶を完全に忘れて、ゼロから思考を積み重ねていく必要があります。。五官の記憶と結びつく具象概念と、思考操作によって意味が生まれる抽象概念が、同音同字異義語として両立している事例なのだと割り切るのです。仮に「渡辺宏」という知己が同姓同名で二人いるとき、年齢や体格、親密度の違いや会社名を意識して問題なく使い分けるようなものです。

「虚空」の場合は、「虚しい空」という文字面から受け取るイメージが空《クウ》と似ているのみならず、実際に道元以前に書かれた経や語録の中でも、空《ソラ》や大空《オオゾラ》という意味で使われている事例もあります。そのため虚空という概念を現代語訳するにあたって、訳者たちもずいぶんと苦労しています。正法眼蔵摩訶般若波羅蜜多第二の中の「甚深般若波羅蜜多を学ばんと欲せば、まさに虚空の如く学すべし」という大般若経の言葉を、中村は「ものごとの一切は即ち『空』であることを学ぶことである」、石井は「甚深な彼方へ至る知慧を学ぼうとするなら、まさに虚空のように学ぶべきです。虚空とは実体のない知慧のことである。」と訳していま す。空《クウ》と虚空を同一視しているとしか考えられず、明らかな誤訳です。この部分は概念を現代語に置き換えないままあっさりと「虚空のように学びなさい」と訳すのがよいのです。意味としては、我を忘れて没頭しなさいとなります。

正法眼蔵行持第一六では「行持によりて大地虚空あり」、有時第二〇でも「有時大地虚空」、全機第二二においては「尽大地尽虚空」という具合に、大地と虚空が並んでいます。すると現代語訳者たちは、それまでの慣性にしたがって、「大地と大空」というように虚空を大空として現代語訳します。正法眼蔵七十五巻を通じて、「虚空」は「虚空」のまま現代訳している水野ですら、行持第一六では「虚空《おおぞら》」と振り仮名しています。しかしそれが道元の考えていたことかどうかの保証はありません。この場合むしろ「行持によりて大地虚空あり」は「行持によって虚空と化した大地がある」と読み解くほうが道元の意図に合うでしょう。

一方、道元和尚廣録を現代訳した寺田透は、登場する虚空のほとんどを「大空」と訳しています。たとえば上堂語一九で引用される「仏の真の法身は猶虚空の若し。物に応じて形を現ずること、水中の月に如たり。」の「虚空」も「大空」と訳しています。また、上堂語四〇八では「虚空」を「大空のような広大な空虚」と訳しています。

廣録には虚空を大空として理解すべき箇所も何か所かありますが、『廣録』第五以降は「没入」や「没入する契機」としてとらえるほうが妥当な用例ばかりですので、寺田の現代語への訳し方は乱暴であり、不適切です。基本的に「虚空」は「虚空」のまま現代語訳している鏡島も、上堂語二〇三の「虚空年老いて眉毛白し」を「大空に年老いて眉毛がすっかり白い」と、上堂語四〇〇の「虚空演説森羅聴く」を「大空が仏法

示衆年		正法眼蔵巻番		出典	大空	没入契機
1231	1	辨道話	尽虚空ことごとくさとりとなる			○
1233	2	第二	まさに虚空のごとく学すべし	大般若経		○
1233		第二	諸菩薩は虚空を守護せんと為欲（おも）ふに異なることなし	大般若経		○
1233		第二	渾身口に似て虚空に掛り （第七十にも登場）	如浄語録		○
1242	3	第四	生も全機現なり、死も全機現なり。太虚空に閩塞し、赤心常に片々なり。	圜悟語録		○
1238	4	第七	正当恁麼時、あるひは虚空にかゝり、衣裏《えり》にかゝる、あるひは頷下《がんか》におさめ、髻中《けいちゅう》におさむる、みな尽十方界一顆明珠なり。			○
1243	5	第十四	世尊道、「虚空華」なり。			○
1243		第十四	伝聞する凡愚おもはくは「翳眼」といふは、衆生の顛倒のまなこをいふ。病眼すでに顛倒なるゆゑに、浄虚空に空花を見聞するなりと消息す。			○
1242	6	第十六	行持によりて大地虚空あり			○
1240	7	第二十	有時大地虚空	伝燈録28		○
1242	8	第二十二	尽大地尽虚空ともに生にもあり死にもあり			○
1243	9	第二十三	仏真法身猶若虚空応物現形如水中月(仏の真法身はなお虚空のごとし。物に応じて形を現ずること水中の月の如し)	金光明経		○
		第二十三	仏真法身は虚空の猶若なり、この虚空は猶若の仏真法身なり。仏真法身なるがゆへに、尽地尽界、尽法尽現、みづから虚空なり。			○
1242	10	第二十四	おほよそ法界虚空いづれも画図にあらざるなし			○
1240	11	第二十八	虚空は虚空なり			○
1241	12	第三十	虚空の開講あり			○
	13	第三十一	仏真法身猶若虚空応物現形如水中月。応物の莫作なるゆへに現形の莫作あり。猶若虚空左拍右拍なり			
1243	14	第四十三	直下頓に不可得なること大虚空の如く、亦虚空の形段も無きこと	応庵語録		
1243			応庵いまだ虚空をしらざるなり虚空をみざるなり虚空をとらざるなり虚空をうたざるなり			○
1243	15	第四十七	菩提葉に経し虚空面に経す			○
1243	16	第五十七	虚空絶路なり清涼鼻孔裏に入来せり	如浄語録		○
1243	17	第五十九	一口呑虚空、虚空合掌受なり	如浄語録		○
	18	第六十	虚空という言葉は登場しないが、「拽人鼻孔大殺人」とある			
1244	19	第六十二	掛虚空なりと			○
1244	20	第六十三	虚空を撮得して造塔造仏すべし			○
1244	21	第六十四	いま瞿曇世尊はなのなかに身をいれ空のなかに身をかくせるによりて鼻孔をとるべし、虚空をとれり			○
1244	22	第六十五	而今の諸法実相は経巻なり、人間天上、海中虚空、此土他界、みなこれ実相なり、経巻なり、舎利なり。			
1244	22	第六十五	この三千世界は、赤心一片なり、虚空一隻なり、如来全身なり、捨未捨にかかわるべからず。			
1244	23	第六十七	一人発真帰源十方虚空悉皆消殞	首楞厳経		○
1244		第六十七	あるいは鼻孔をとりあるいは虚空をとるところに法輪自転なり			○
1245	24	第七十	虚空は二十空等の群にあらず			○
1245		第七十	汝また虚空を捉得せんことを解するや(以下の公案)	伝燈録6		○
1245		第七十	尽界には容虚空の間隙なしといへどもこの段の因縁ひさしく虚空の霹靂をなせり			○
1245		第七十	講経はかならず虚空なり、虚空にあらざれば一経をも講ずることをえざるなり			○
1245		第七十	虚空をもて思量を現成し不思量を現成せり			○
1245		第七十	心は虚空界に同じ、等虚空の法を示す、虚空を証得する時、是もなく非法もなし虚空界なり、示等虚空法なり、証得虚空時なり	伝燈録1		○
1245		第七十	かくのごとくの虚空しばらくこれ正法眼蔵涅槃妙心と参究するのみ			○
1245	25	第七十一	但虚空を以て合成鉢盂なり			○
1245	26	第七十二	虚空に窟籠を剜る	如浄小参		○
1245		第七十二	結夏のゆえにきたる虚空塞破せり			○
1245	27	第七十三	国師は有仏性にあらず無仏性にあらず虚空身にあらず			○

正法眼蔵における虚空の表現

上堂年			廣録上堂語	出典	大空	没入契機
1240	1	上堂19	仏の真の法身は猶虚空の若し。仏の真の法身は、猶是、仏身。物に応じて形を現ずること、水中の月に似たり。物に応じて形を現じ、僧堂たり、仏殿たり。	金光明経(の発展)		?
1242	2	上堂111	二十七年古債未転踏翻虚空投獄如箭(二十七年古債未だ転ぜず。虚空を踏翻して投獄すること箭の如し)	僧海終焉頌	○	
1243	3	上堂123	山僧、夜来、虚空を打って一頓す。拳頭痛せず、虚空痛を知る		○	
1245	4	上堂147	もし在処を知らば虚空中に横按竪卓《おうあんじゅたく》		○	
1246	5	上堂174	作麼生か虚空より寛き、虚空に生ずる者、是なり。		?	
1246	6	上堂177	一人発真帰源、十方虚空悉皆消殞(正法眼蔵第六十七転法輪と同じ)	首楞厳経		?
1246	7	上堂194	巌崩れ、石迸裂す。虚空闊聒々たり。	如浄語録		?
	7	上堂194	虚空、消殞、転消殞す、と。			
1246	8	上堂203	昼夜和同して日月明なり。虚空年老いて眉毛白し		?	
1247	9	上堂225	虚空を拈転して世界に横ふ		?	
1248	10	上堂263	仏性は虚空に似たり、如何。臥す時は有り、坐す時は無し	伝燈録15		?
1249	11	上堂334	青原の垂一足、大虚空を踏翻す		?	
1250	12	上堂381	誰か能く手を虚空の中に挙げて、而も定説を作さん	賢愚経	○	
1250	13	上堂400	虚空演説し森羅聴く	宏智録		○
1250	14	上堂403	仏の真法身はなお虚空のごとし。物に応じて形を現ずること水中の月の如し、作麼生がこの応ずる底の道理を説かん	宏智頌古		○
1250	15	上堂408	虚空が汝の心の内に生ずる猶片雲の大清の裏に点ずるに如たりと	首楞厳経		○
1250	16	上堂414	坑埳堆阜、仏を生む虚空　(巻六冒頭)	黄竜語録		○
1251	17	上堂446	必然太虚空を掃破すれば万別千差尽く豁通す	道元の頌		○
1251	18	上堂449	瞿曇の手脚を奪却し一挙に虚空を拳倒す	道元の頌		○
1251	19	上堂471	十方大地は平沈し、一切虚空迸裂す　(巻七冒頭)			○
1252	20	上堂502	巌崩れて石迸裂し虚空闊聒々たらんと	如浄語録		○
1252	21	上堂520	大千虚空に掛かるに似たり	道元の頌		○
1252	22	上堂521	月能く闇を照らして清涼なり。これ虚空中の大燈明なり	大智度論	○	○

廣録における虚空の表現

を述べると森羅万象がこれを聞く」として訳しています。鏡島はここも虚空のまま訳すべきではなかったでしょうか。

道元はどのように概念を使っているか

ざっと数えてみたところ、正法眼蔵では辨道話を含む二十七の巻で、道元和尚廣録では二十二の上堂語で、虚空という言葉が使われています。道元は自分で新しく概念をつくりだすことはなく、すでに存在している、誰かがつくり、使ってきた概念を、理解して自分のものにしてから使います。ただし、「すべてを理解してからでなければ、人に説いてはいけないと思ってはいけない」（いまだあきらめざれば人のためにとくべからずとおもふことなかれ、正法眼蔵自証三昧）という考えですので、ある特定の概念についての習熟度が不十分な段階でも示衆や上堂を行っています。先の表からも明らかなように、道元が眼蔵と廣録で紹介した虚空のおよそ半分は経や語録からの引用です。つまり仏祖たちがその概念を使ったそのままの状態で、できるだけ忠実に紹介しています。注目すべきは、正法眼蔵諸法実相第四三で引用している応庵語録の言葉に対して、鋭く疑問を投げかけ、まだ応庵は虚空を知っていないのであり、虚空をまだ見ていない。虚空をまだつかんでいないのであり、虚空を打っていないと結論づけています。そして、応庵はそれでも人を知ろうとする気力があり、未達ながら学問をしている。ところがここ二、三百年の宋の長老たちのなかには応庵に及ぶものは一人もいない、と言い切ります。逆にいうと、道元が正法眼蔵と廣録で紹介している経や語録は、道元の眼鏡にかなった文章に厳選されていることになります。

道元は廣録のなかで自ら概念を正す努力を示している

道元の文章と何十年もかけてなじんでいる研究者ですら、虚空という言葉をめぐってかなり混乱しているのは、道元以前の経典や語録に混乱があるからであり、道元自身も「虚空」概念を極めつくさないまま使っていた時期があるわけですから、ある意味やむをえないことです。

しかし眼蔵と時系列的な廣録上堂語を相互に参照しながら読み解くと、道元が自らの概念を精緻化する必要を感じ、努力した形跡が上堂語から認められます。それは巻五の終盤にある上堂語四〇八です。建長二年（一二五〇）十二月中旬の上堂です。

上堂語四〇八

上堂に、時に降雪《こうせつ》、山嶽《さんごく》に積《つ》む。学仏道《がくぶつどう》の漢《かん》、正見《しょうけん》得《え》難《がた》く、邪見《じゃけん》脱《のが》れ難《がた》し。正使《たとえ》、因縁《いんねん》・自然《じねん》・断見《だんけん》・常見《じょうけん》を遮却《しゃきゃく》し得《う》れども、若《も》し、色大我小《しきだいがしょう》、我大色小等《がだいしきしょうとう》に堕《だ》せば、乃《すなわ》ち是《これ》、六十二見《ろくじゅうにけん》なり。或《ある》が説《と》く「空《くう》の大覚《だいかく》の中に生ずることは、海《うみ》の一漚《いちおう》の発《ほっ》するが如《ごと》し」と。或《ある》が説《と》く「当《まさ》に知るべし、虚空の汝が心内《しんない》に生ずること、猶《なお》、片雲《へんうん》の大清裏《だいしょうり》に点《てん》ずるが如し」と。我仏《がぶつ》の所説《しょせつ》と雖《いえど》も、正《まさ》に是《これ》、我大色小《がだいしきしょう》なり。若《も》し、恁麽《いんも》の見得《けんとく》は、是《これ》、三世《さんぜ》の諸仏《しょぶつ》の弟子《でし》に不《あ》らず。亦《また》、歴代《れきだい》の祖師《そし》の雲孫《うんそん》に非《あ》らず。古来《こらい》、有徳有道《うとくうどう》、真《しん》の道心者《どうしんしゃ》、必《かなら》ず誠心《せいしん》を以《も》って明明《めいめい》に仏道《ぶつどう》と外道《げどう》と見処《けんしょ》の別《べつ》なることを暁了《ぎょうりょう》す。然《しか》して後《のち》、学仏《がくぶつ》す。所《ゆ》以《え》に見成《げんじょう》す。記得《きとく》す。雲居《うんご》、雪峰《せっぽう》に問う「門外《もんげ》の雪《ゆき》、消《き》ゆや、也《また》、未《いま》だしや」と。雪峰云《せっぽういわ》く「一片《いっぺん》も也《また》、無《な》し。箇《こ》の什麼《なに》をか消《け》さん」と。雲居云く「消《しょう》なり」と。今日《きょう》、永平、一一に注却《ちゅうきゃく》せん。雲居問う「門外の雪、消ゆや、也、未だしや」と。才《わずか》に過末《かみ》を論《ろん》ずれば、便《すなわ》ち彼此《かし》に堕《だつ》す。畢竟《ひっきょう》して如何《いかん》。是の如《ごと》し、是の如し。雪峰道《いわ》く「一片も也、無し。箇の什麼をか消さん」と。初祖《しょそ》、何《なん》ぞ達磨《だるま》と為《な》さん。一場《じょう》、只《ただ》、是《これ》、懡㦬《もら》。雲居道く「消なり」と。笑うべし、溝《みぞ》に塡《み》ちて壑《たに》に塞《ふさ》ぐ、眼睛髑髏《がんせいどくろ》、野《の》に遍《あまね》し、と。

現代語訳：(時に雪が降って山に積もっていた。) 仏道を学ぶものは、正しいものの見方を得ることはむずかしく、間違った見方を捨て去ることがむずかしい。たとえばものごとは因と縁によって生ずるとか、他力によらずひとりでに生ずるとか、滅び去りふたたび生ずることがないとか、常住不断であり、ひとは死んでも神我は死なないとかの見解を防ぎ、押しやることができても、もし外的現実は大きく我はその中で小さいとか、反対に我は大きくその我によって外的現実が存在するとかいう見解に陥ったら、異学の六十二派の哲学説にすぎない。あるものは、「空が大覚の中に生ずるのは、海に一つの泡が生ずるのと同じである」と言う。あるものは、「まさに知るべきである。虚空が君の心の内に生ずるのは、ちょうど一片の雲が清らかな大空に現われるようなものである」という。これらは楞厳経が仏の説かれたものと称するが、まさにこれは我が大で色が小の見解である。そのように理解することは、三世諸仏の弟子ではないし、歴代の祖師たちの遠孫でもない。古来、人格的に立派で踏むべき道を心得た真の求道者は、かならずまごころをもってはっきりと仏道と異学との見解の違いを明らかにして、それから後に仏道を学ぶのである。だから仏道が成就したのである。覚えていることがある。雲居が雪峰に訊ねた。「表の雪はもう融けたか」。雪峰は答えて言った。「まるきりありません。何を融かせばいいのでしょう」。雲居は「融けてるということだ」と言った。今日、私が逐一説き明かして聞かせよう。雲居は「表の雪はもう融けたか、まだか」と訊ねたが、ちょっとでももうとかまだにこだわったら、これは分別智の相対論だ。要するに、ズバリ、この通りと言えばよい。雪峰がそれに答えて「まるきりありません。何が融けたというのです」と言ったのは、初祖は達磨じゃないと言ったも同じで、恥ずかしいかぎりだ。それに雲居が「融けている」と言ったのは、雪が融けて溝や谷を埋めて、仏祖の眼睛と髑髏が世界を見ているということだ。

ここで道元は、正しい概念を獲得することはむずかしく、誤った概念を払拭することもむずかしいと語ります。それはその後で紹介する「空」と「虚空」を意識したうえでの発言でしょう。

表に示すように、道元は金光明経や首楞厳経、そして如浄語録にある虚空について興聖寺時代から上堂で取り上げていたほか、自分の言葉として、「虚空を打って一頓す。拳頭痛せず、虚空痛を知る」（一二三）、「作麼生か虚空より寛き、虚空に生ずる者」（一七四）、「一人発真帰源、十方虚空発真帰源」（一七七）、「虚空年老いて眉毛白し」（二〇三）、「虚空を拈転して世界に横ふ」（二二五）と語ってきました。

しかしながら、虚空とは何かを理解しきってはいないと感じていたのではないでしょうか。建長二年の冬がきて、道元は宏智正覚の宏智廣録を読みながら、そこに書かれている「虚空演説森羅聴く」や金光明経の「仏の真法身はなお虚空の如し」についてあらためて考える機会を得て、上堂語四〇〇や四〇三で取り上げました。そして首楞厳経にある言葉、「虚空が心の内に生ずるのは、ちょうど一片の雲が清らかな大空に現われるようなものである」に出会ったのでしょう。あるいは大歇了心の著書「楞厳経心書」を読んだのかもしれません。

雲ひとつない青空の片隅に生まれた、大雨をもたらすことになる一片の雲。それはまたたく間に空いっぱいに広がっていく。その雲にくぎ付けになってしまうと、もう他のことは考えられなくなる。没頭、没入、我を忘れたのめりこみ。これが虚空なのだろうか。この上堂で道元は、この考え方を我大色小として否定しますが、正法眼蔵虚空第七十は、鼻を強くつままれてひきずられて、全身でひとつのことだけを考えることを示していて、四〇八で否定した我大色小です。すると、寛元三年（一二四五）三月に示衆された『眼蔵』虚空は、建長二年（一二五〇）冬以降、大幅に改稿されたのでしょうか。

正法眼蔵「虚空」における虚空の意味

正法眼蔵の二十七巻、廣録の二十二の上堂語で取り上げられている虚空ですが、正法眼蔵虚空第七十は、とても短い巻です。この巻は道元が示寂した後の弘安二年（一二七九）に懐奘が書写しなおした形跡があり、その際に一部分が削除されて短くされたかもしれませんが、もともと短い巻だったと思われます。

この巻で述べられているのは、ともに馬祖の法嗣である石鞏《しゃくきょう》が西堂《せいどう》の鼻をつかんで引っ張った話、天童如浄の風鈴の頌の一部「渾身口に似て虚空に掛る」、馬祖と西山の般若心経講ずるに虚空をもって講ずるという話、そしてインドの婆修盤頭尊者の五言絶句の紹介。巻の半分以上を割いて論じられているのが石鞏と西堂の話です。

撫州《ぶしう》石鞏《しやくきよう》恵蔵《ゑぞう》禅師、西堂智蔵《せいだうちざう》禅師に問う。「汝また虚空を捉得《そくて》せんことを解《かい》する麼《や》」

西堂曰、「捉得せんことを解す」。

師曰、「你《なんぢ》、作麼生《そもさん》か捉する」。

西堂手を以って虚空を撮《さつ》す。

師曰、「你虚空を捉せんことを解せず」。

西堂曰、「師兄作麼生《すひんそもさん》か捉する」。

師西堂が鼻孔を把《と》りて拽《ひ》く。

西堂忍痛の声を作して曰く「太殺人《たいさあじん》、人の鼻孔《びくう》を拽《ひ》いて、直得脱去《じきてとつくゐ》す」。

師曰、「直《ぢき》に恁地《いんぢ》に捉《そく》することを得て、始得《して》ならん」。

現代語訳：

撫州石鞏恵蔵禅師が、西堂智蔵禅師に問うた。「お前は虚空をつかむことができるか」

西堂が言った。「つかまえられる」。

師が言った。「お前はどのようにつかまえるか」。

西堂は手で虚空をつまんだ。

師が言った。「お前は虚空をつかむことがわかっていない」。

西堂は言った。「あなたはどのようにつかむのか」。

師は西堂の鼻を把って拽いた。

西堂は痛さをこらえる声を出して言った。「ひどいよ、そんなに鼻をひいて。おかげで虚空を捉えることができた」。

師曰、「このようにしてはじめて虚空はつかまえられる」。


中村の現代語訳は、西堂の最後の言葉は「こんなにひどく鼻を撮まれたおかげで、虚空を捉えることができた。今まで私は、私と虚空と別々なもの、二つのものだったが、始めて虚空は私と一つのものであったことが解った。」と我大色小です。

いきなり鼻をつままれて引っ張られると、痛くて鼻以外のことは考えられなくなります。体のほかの部分は存在しない気になります。虚空は小手先を伸ばしてつまむもの、対象化できるものではない。自分の全身が痛みと一体化して、ほかに何も考えることができない状態に陥ること、これが虚空です。

道元は「従来は人にあふとおもへども、たちまちに自己にあふことをえたり。しかあれども、染汚自己即不得なり、修己すべし。」といいます。中村訳は「今までは虚空と相逢することを他人に逢うように考えていたが、今始めて忽然として直々に自分の虚空に相見し、相逢うことができたということである。しかしながら折角、自己と虚空と一如となったならば、その自分に執着してはならない。そのためには、なお一層に自他一如の自分なる虚空を修行すべきである。」です。

仏道の「虚空」とは、「全身の意識をそのことだけに集中すること」、「我を忘れてそのことと一体化すること」という意味になります。

道元はこの石鞏西堂の公案をしめくくるにあたって、「石鞏いささか捉虚空の威儀《ゐいぎ》をしれり。たとひ捉虚空の好手なりとも、虚空の内外《ないぐゑ》を参学すべし、虚空の殺活《しやつくわつ》を参学すべし、虚空の軽重《きやうぢゆう》をしるべし。仏仏祖祖の功夫辨道・発心修行《ほつしんしゆしよう》・道取問取《だうしゆもんしゆ》、すなはち捉虚空《そくこくう》なると保任《ほうにん》すべし」といいます。

虚空に内外があるとは、どういうことでしょう。内なる虚空とは、どんな小さなことでもいいから、なにか一つのことにこだわったら、それをとことん追いかける。ある特定個人の名前に出会ったら、その人の思想や行跡を図書館やネット検索して徹底的に追いかける。誰かの本や論文と出会ったら、そこに書いてあることをすべて理解するまで繰り返し読み、どうしてその本が生まれたのかまで含めて理解する。そして、追いかけた先で新たに出会った人や事象や本も続けて追いかける。自分は何者かを考えることなく、自分がいったいどこからスタートしたのかも忘れて、出会いと縁に導かれるままに、あんな人こんな人、あれこれの本、あちらこちらの学問領域を渡り歩く。これは、自分が内側から世界と一体化する、ミクロのアプローチ、内なる虚空と呼べないでしょうか。

外なる虚空とは、逆にマクロなアプローチを指します。地球、生命進化、人類、言語など、それぞれ繊細で巧妙なネットワークにもとづいていて、何十億年あるいは何万年、何千年の歴史をもつ複雑なシステムを、我を忘れて漠然と眺めてみる、おおまかに把握する。すると、期せずして、これまで気がつかなかったことがみえてくる。独立した別々の現象として理解していたことの間に、因果関係や同時性・経時性がみえてくる。システム相互のダイナミックな関係が実感できるようになる。これを外なる虚空と呼べないでしょうか。

虚空の活殺とは、内なる虚空や外なる虚空に没頭した頭を冷却して、まったく別の作業にとりかかること。自己と対象を一体化して行う思考作業への没頭を、自在にオンオフできること。また、虚空の軽重とは、一体化する対象の重要性や規模に応じて、忘我のレベルや傾注ぶりを自在に変化すること。道元はこのあたりは自分であれこれ考えてみなさいといっています。

大事なことは、功夫辨道・発心修行・道取問取、すべての学習や思索、修行、問答を行うにあたって、自分を忘れ、対象と一体化することです。そのような態度で学習し思索する人が増えると、言語的人類はこれまでとはまったく別の知的進化を遂げることになるでしょう。

虚空は、我々を忘我の状態に導き、不可視のミクロ世界や認識不能なマクロ世界へと導きます。それはルイス・キャロルの小説「不思議の国のアリス」に登場する、不思議の国につながるウサギ穴のようなものです。雲ひとつない青空に突如姿を現わした一片の雲。それが目に入ったら、無心な幼子のように、ものおじせずに、虚空と一体となって、全身全霊でその世界に飛び込んでしまいなさい。

虚空を見逃さないように、虚空をみかけたら、いったん立ち止まって、全身でそれを引き受けることが大切です。荒川の養老天命反転地使用法は虚空に出会ったときにとるべき行動が示されています。

思わぬことが起こったら、そこで立ち止まり、二〇秒ほどかけて（もっとゆっくりと考え尽くすためによりよい姿勢をとること。

・知覚の降り立つ場：あらゆる出来事を識別すること
・イメージの降り立つ場：知覚の降り立つ場と場のすき間を充たすところ
・建築の降り立つ場：ディメンジョンや位置を確かにすること

実際に通っている所と同じくらい目につき、興味を引かれるところ、あるいは降り立つ場があれば、すぐ、もうひとつの出来事が起こっている所として出来るかぎり見極めること。（養老天命反転地使用法）

正法眼蔵全巻を通じた虚空の意味の統一性と、廣録における時系列的な意味の発展

三九〇頁の表は、正法眼蔵と廣録のなかで虚空という言葉がどのように使われているのかを一覧表にしたものです。中村や石井や寺田の現代語訳では、虚空は空や大空として訳されている場合がありますが、はたして道元は空や大空という意味で虚空を使っているのかどうかを確かめたいと思って作成しました。

文中の虚空という言葉の代わりに、「大空」と入れたほうが意味が通るのか、それとも「忘我」や「没入」、あるいは「没入する契機」と代入するほうが意味が通るのかを、自分なりに判断した結果を右の空欄に〇印で示しました。はっきり判断できない場合は「？」とし、正法眼蔵諸法実相第四十三で紹介されている応庵の言葉のように、道元が「応庵いまだ虚空をしらざるなり」と否定している用例は×印を付けています。また道元が引用した章句については出典を明記しています。正法眼蔵についている四ケタの数字は各巻の奥書にある示衆年であり、廣録上堂語のそれは上堂が行われたことが推定される年です。

・正法眼蔵における虚空概念の統一

正法眼蔵では、虚空第七十のほか二十六の巻で虚空という言葉が使われていて、正法眼蔵が伝えようとしている仏法において、虚空がきわめて重要な概念であることがうかがえます。どのように重要であるかというと、虚空の忘我や没入こそが悟りへの導きであるということです。

第四十三の応庵語録と空華第十四の「浄虚空」以外のすべての巻で「忘我」や「没入」と置き換えて意味が伝わると判断しました。中村や石井が「空」と訳した摩訶般若波羅蜜多第二でも、「没入」や「忘我」を代入するほうが意味はすっきりします。水野がわざわざ「おおぞら」と振り仮名した行持第十六の「行持によりて大地虚空あり」も、「行持によって大地と大空がある」よりは、「行持によって大地が没入の契機となる」ととらえたほうが意味をもちます。有時第二十も「有る時には大地と大空」というよりは「有る時には大地は没入の契機となる」のほうがよさそうです。全機第二十二は「ことごとくの大地とことごとくの大空は、ともに生にも死にもある」というよりは、「ことごとく大地がことごとく没入の契機となることは、生にもあり死にもある」のほうがよいでしょう。

経や語録からの引用も、はっきりと忘我や没入の意味で使われています。こうして正法眼蔵における虚空概念は、きわめて安定した意味で用いられていることがわかります。道元は建長三年以降に『眼蔵』全編を通じて虚空概念の統一をはかったのではないでしょうか。

・廣録上堂語における虚空概念の意味の変遷と集中的検討時期

一方で、廣録上堂語における虚空概念の意味は、正法眼蔵ほどに安定していません。たとえば上堂語一九は一二四〇年の上堂で道元は最後に、「仏の真の法身は猶虚空の若し。仏の真の法身は猶是仏身。物に応じて形を現じ僧堂たり仏殿たり」といっています。正法眼蔵都機第二十三（一二四三年）の「仏真法身は虚空の猶若《いうにやく》なり、この虚空は猶若の仏真法身なり。仏真法身なるがゆへに、尽地尽界、尽法尽現、みづから虚空なり。」に比べると、未熟でたよりなく感じます。

都機と同じ年に上堂された上堂語一二三では、「山僧《さんぞう》、夜来《よごろ》、虚空を打って一頓《いつとん》す。拳頭痛《けんとうつう》せず、虚空痛《こくうつう》を知る」となっていて、没入の契機というよりは、対象である大空という使われ方をしています。（V・3参照）

大仏寺を永平寺と改称した後に上堂された上堂語二〇三（一二四六年）の「昼夜和同して日月明なり。虚空年老いて眉毛白し」でも、虚空を「忘我」や「没入（の契機）」として意味が通るとは思えません。鎌倉行化の少し前の上堂語二二五の「虚空を拈転して世界に横ふ」も、虚空は対象化されていて、忘我や没入を代入してもうまく意味が通りません。上堂語三三四の「青原の垂一足、大虚空を踏翻す」についても同じことがいえます。

道元が虚空概念について深く考えて、自らの概念を正規化・精緻化したのは、さきにみたとおり建長二年（一二五〇）に集中的に上堂された上堂語四〇〇、四〇三、四〇八、巻六冒頭の四一四の頃だったと考えられます。このときにようやく虚空は忘我や没入という意味で使用することが定まりました。上堂語五二一は、引用元の大智度論では「大空」という意味で用いられたと思うのですが、引用した道元は「没入契機」の意味で使っているように思えたので両方に〇をしました。

正法眼蔵七十五巻本において、忘我や没入という意味で虚空概念が統一されているのは、建長二年に意味が確定した後で、道元が正法眼蔵全体のテキストを見直し、不適切な表現の削除や改稿を行ったためではないかと考えられます。正法眼蔵の奥書に記された示衆日は、最初に弟子たちの前で示された日付であり、最終稿は道元の最終到達地点を取り入れ、それと整合させて、示寂の直前に出来上がったと考えるほうが妥当でしょう。これは新草百巻構想が事実でないことを裏付けるほか、正法眼蔵七十五巻本をきちんと読み込むことの重要性を示します。

『廣録』第六冒頭・上堂語四一四

さて、道元は建長二年の集中的検討の結果、虚空についてどのような結論に到達したのでしょうか。『廣録』において第一巻から第七巻までの巻頭におかれた上堂語は重要です。虚空の集中的検討の最後を飾る上堂語四一四は、巻六の冒頭に置かれています。

上堂語四一四

上堂に、挙《こ》す。大唐洪州黄竜山普覚禅師《だいとうこうしゅうおうりゅうざんふがくぜんじ》、曽《かつ》て上堂に云《いわ》く「十方仏土中《じっぽうぶつどちゅう》、唯有一乗法《ゆいういちじょうほう》。頭上《ずじょう》は是《これ》、天《てん》、脚下《きゃつか》は是《これ》、地《ち》。作麼生《そもさん》にか箇《こ》の一乗法《いちじょうほう》を説《と》かん、と。良久《りょうきゅう》して云《いわ》く、開単展鉢《かいたんてんぱつ》、豈《あに》、是《これ》、一乗法《いちじょうほう》に不《あら》ずや。拈匙《ねんき》し把筋《はきん》、豈、是、一乗法に不ずや、と。遂《つい》に挂杖《しゅじょう》を拈《ねん》じて云く、這箇《しゃこ》、是《これ》、什麼《そも》。若《も》し喚《よ》んで一乗法《いちじょうほう》と作《な》すれば、眉鬚脱落《びしゅだつらく》す、と。挂杖を以《も》って禅状《ぜんしょう》に卓《た》てて下座《げざ》す」と。師云く、黄竜《おうりゅう》、恁麼《いんも》に道《い》うと雖《いえど》も、永平、且《しばら》く道《い》え、如何《いかん》、と。遂《つい》に挂杖を拈《ねん》じて卓一卓《たくいったく》して云く、這裏《しゃり》、是《これ》、什麼処在《なんしょざい》、坑《こう》埳堆阜《かんたいふ》は、仏を生む虚空なり。究尽《ぐうじん》の時常《ときつね》に無性《むしょう》、趯倒《てきとう》の処《ところ》縁従《えんよ》り起《おこ》る。舌《した》を吐《は》いて遍《あまね》く覆《ふく》し、手に信《まか》せて我が仏を拈《ねん》じ来《きた》る。出《いず》る時、悪世《あくせ》に非《あら》ずと雖《いえど》も、本願を以っての故《ゆえ》に、三乗《さんじょう》の法を説き。本願を以っての故に一乗の法を説く。且《しばら》く、作麼生《そもさん》にか箇《こ》の一乗法《いちじょうほう》を説かん。良久して云く、困来《こんきた》れば眠《ねむ》り、健《けん》なれば坐禅《ざぜん》す。飯《はん》に飽《あ》きては筋《はし》を弄《ろう》し、菜後羹《さいのちかん》は先《さき》、豈《あに》、一条法《いちじょうほう》に不《あら》ずや。暮八百《ぼはっぴゃく》、朝三千《ちょうさんぜん》、生々世々《しょうじょうせせ》、眼皮綻《がんひほころ》ぶ。劫々年々《ごうごうねんねん》、鼻孔穿《びくううげ》たり。豈、是、一乗法に不ずや、と。遂に拄杖を拈《ねん》じて卓一卓して云く、這《しゃ》箇《こ》は是《これ》、什麼《そも》。若《も》し喚《よ》んで一乗法《いちじょうほう》と作《な》すれば、牛頭《ごず》に角無《つのな》し、喚んで一乗法と作《な》せ不《ざ》れば、馬頭《めず》に角有《つのあ》り、と。

現代語訳：上堂して言われた。公案を挙げよう。大唐国の洪州黄竜山の普覚禅師慧南が、かつて上堂して言った。「十方仏土のなかで、ただ一乗の法だけがある。頭の上は天、脚の下は地である。この一乗の法を何と説いたらよかろう。しばらくして言うには、鉢単を開き応量器を展べる、これがどうして一乗の法でないことがあろうか。匙を取り箸を取る、これがどうして一乗の法でないことがあろうか。ついに拄杖をとりあげて言うには、これは何か。もしこれを呼んで一乗の法としたら、眉や鬚が落ちるであろう、と言って、拄杖を禅床に立てて下座した。」と。

これについて師（道元）は言われた。黄竜はこのように言ったが、永平はさて何と言おうか。拄杖を取って高く掲げて言われた。ここは何のところか。くぼんだ地面と小高い土の山は、仏を生み出す虚空である。究めつくすとき、本来の性質を失って無性となり、跳び上がったり倒れたりとどまったりが、縁によって起きる。言葉によってこの世界を表現し、手を伸ばして自らの仏をとってくる。出てくる時は悪世ではないので、本願をもってまず三乗の法を説く。それから本願をもって一乗の法を説く。ではこの一乗の法を何と説けばよいのだろうか。しばらくして言われた。疲れたら眠り、健やかであれば坐禅し、十分食べたら箸をおいて、お菜は後、お汁は先にとること。これがどうして一乗の法でないことがあろうか。暮れに八百棒、朝に三千棒くらう。生々世々にわたって正法の眼を開き、年年無窮にわたって鼻にはいつも孔が開いている。これがどうして一乗の法でないことがあろうか。ついに拄杖をとって、ドンとひとつついて言われるには、これはいったい何か。これを呼んで一乗の法とすれば、牛でありながら頭に角がないようなものであり、これを呼んで一乗の法としなければ馬の頭に角があるようなもので、いずれも道理にかなわない。

鏡島や大谷や寺田は、「坑埳堆阜も、生仏虚空も、究尽する時、常に無性なり、趯倒の処、縁より起こる。吐舌遍覆、信手し拈来す。我が仏出でたまいし時、悪世に非ずと雖も、本願を以っての故に、三乗法を説く。」と読み下します。それをそのまま現代語訳すると、「くぼんだ地面も小高い丘も、衆生も仏も虚空もみな、究めつくすときは常に無性となり、跳び上がったり倒れたりが縁によって起きる。口をもって世界に説き、手をもって世界に示す。わが仏が世に出たときは悪世ではなかったが、本願をもっていたので、三乗の法を説いた」となります。これだと虚空が生きてきません。「生仏」を「衆生と仏」と現代語訳することにも議論の余地があるでしょう。

道元は廣録上堂語二二一で、寺の敷地の内外を区別して、外では人々がせわしく走り回り、中ではじっと立ち止まったままでいる様子を語っています。また上堂語二六六では、寺内に何かを建てたり置いたり設備して、弟子たちがそこで遊ぶことを進めています。窪地や丘を歩き回り、そこで跳んだり跳ねたり、転んだり倒れたり、またはじっとすることが、虚空への導きとなることに気づいていたのではないでしょうか。

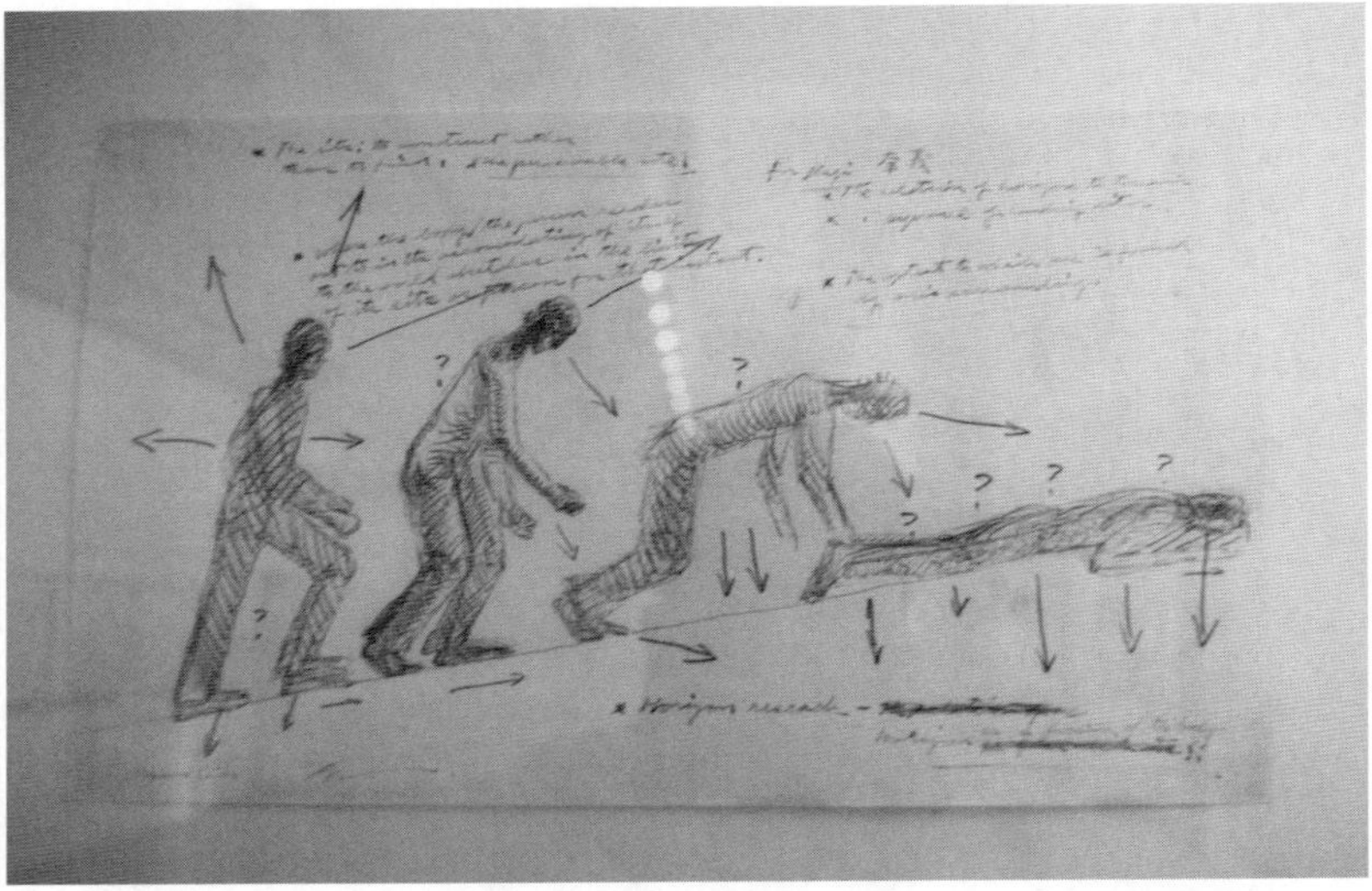

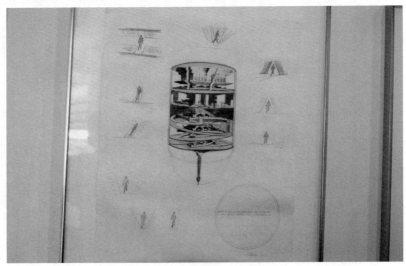

究尽時常無性、趯倒処従縁起（奈義町現代美術館「偏在の場　奈義の竜安寺　建築的身体」の展示より）

6　補論　バイオスクリーブハウスの虚空　人間は光子の生まれ変わりである

虚空の具体例として、荒川修作のバイオスクリーブハウス（二〇〇八年）で経験したことをお話しします。この作品は荒川最期の作品で、天井近くに窓を穿つことで、家の中に光を採り入れています。私は荒川修作の三回忌にあたる二〇一二年四月末から五月頭に、この家を訪問してきました。

現地滞在は、初回が四月三十日月曜日の午後一時から八時半、二回目は五月五日土曜日の午前四時から午後六時半、どちらも一人で滞在しました。初回は朝から好天に恵まれ、初夏らしいみずみずしい陽光と新緑が美しい一日でした。マンハッタンから長距離バスでおよそ三時間かけてイーストハンプトンに行き、案内人に導かれてバイオスクリーブハウスに入ると、養老や三鷹で見慣れた造形や色使いがまず目に入ります。でこぼこの床面、すり鉢の底のような家の真ん中で低く位置する台所と食卓、赤と青、緑とオレンジ、黄色と黒、レモンとピンクといった二色合わせを基調とした壁面、天井から吊るされて床に固定されている鉄の柱。まさしく天命反転の延長にある作品です。

部屋に入るなり案内人が「残念ですが、少し汚れています」といいました。実際、床は掃除された形跡がなくてホコリがたまっており、居室にはここに滞在した人が残したと思しきバッグや衣類、敷きっぱなしの布団、コーヒーをこぼしてそのまま乾いて床に大きなシミになったものがあり、無残に感じました。これではせっかくの作品が台無し。電球も何箇所か切れたままになっている。管理人はすぐに帰ってもらい、しばらく家の中と外、地下の倉庫を歩いてみました。家中探したけど雑巾もバケツも見つかりません。幸い箒が二本見つかりました。

まずは作務からと、各部屋に入って、窓を開け、箒でホコリを掃き集めて電気掃除機で吸い取る作業を繰り返していました。結局、この日帰るまでの時間、私はほぼ箒を握りっぱなしでした。使いすぎて耐用限界を超えてしまったのか、一本は掃いている最中に柄が折れました。残った時間で、余分なものを地下へと運び、雑巾がなかったので台拭きを使って床のシミを落としました。

掃除をしながら、ふと目がいった先におもしろい目を引くものが見つかると、写真に収めたり、近くまでいって、それが何であるかを確かめていました。無目的に歩きながら鑑賞を試みるよりもゆっくりと鑑賞でき、視線や体の高さも変化し位置が様々な地点に落ちるので、より効果的な鑑賞法だったと思います。

養老や三鷹と比べて何が新しく加わったかというと、各部屋の天井近くの横壁面に横一列に四つから五つ採光窓が並んでいることと、部屋と連接していないデコボコ床と外界を、プラスチック製のオフホワイトのパネルがまるで障子のように仕切っていること。このプラスチックパネルの仕切りは、より透明度の高い素材を使って部屋の中にも設置されています。日本の障子に近い、中と外は同じであるという思想表現でしょう。

これらの新しいパーツがどのような効果を生むのか、すぐにはわかりませんでした。窓があるなあ、白い壁は障子みたいだなと、目には入ってくるものの、とくに印象に残りませんでした。それらが強烈なインパクトをもって私にメッセージを送ってきたのは、夕方六時、太陽が西に傾きはじめてからでした。

それぞれの部屋の床を掃き終わって、中央のデコボコの床を箒で掃いているとき、反対側の黒い壁に、はがきサイズの強く輝くものをみつけたのです。その輝きがあまりに強いため、いったいそこで何が起きてい

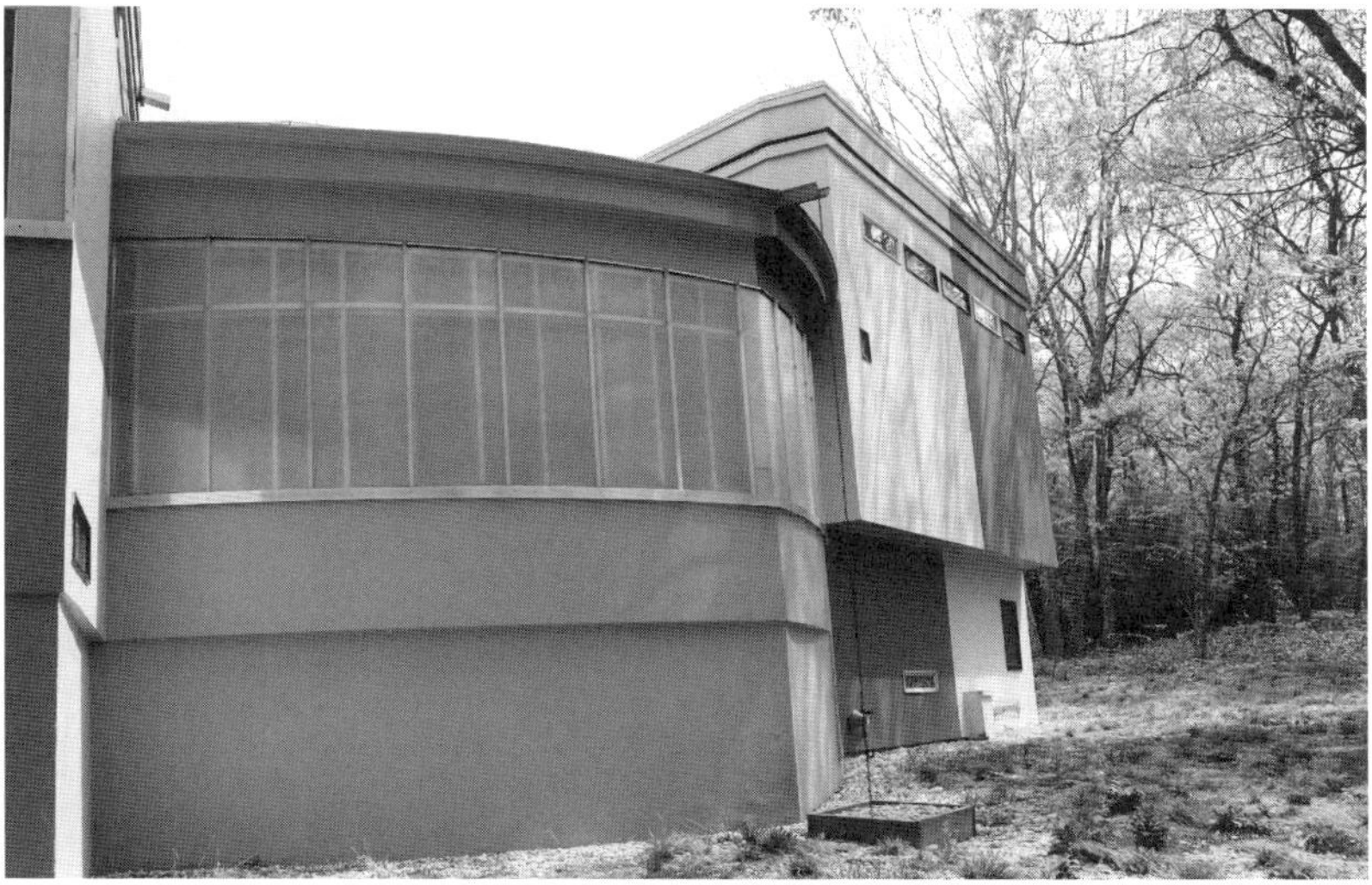

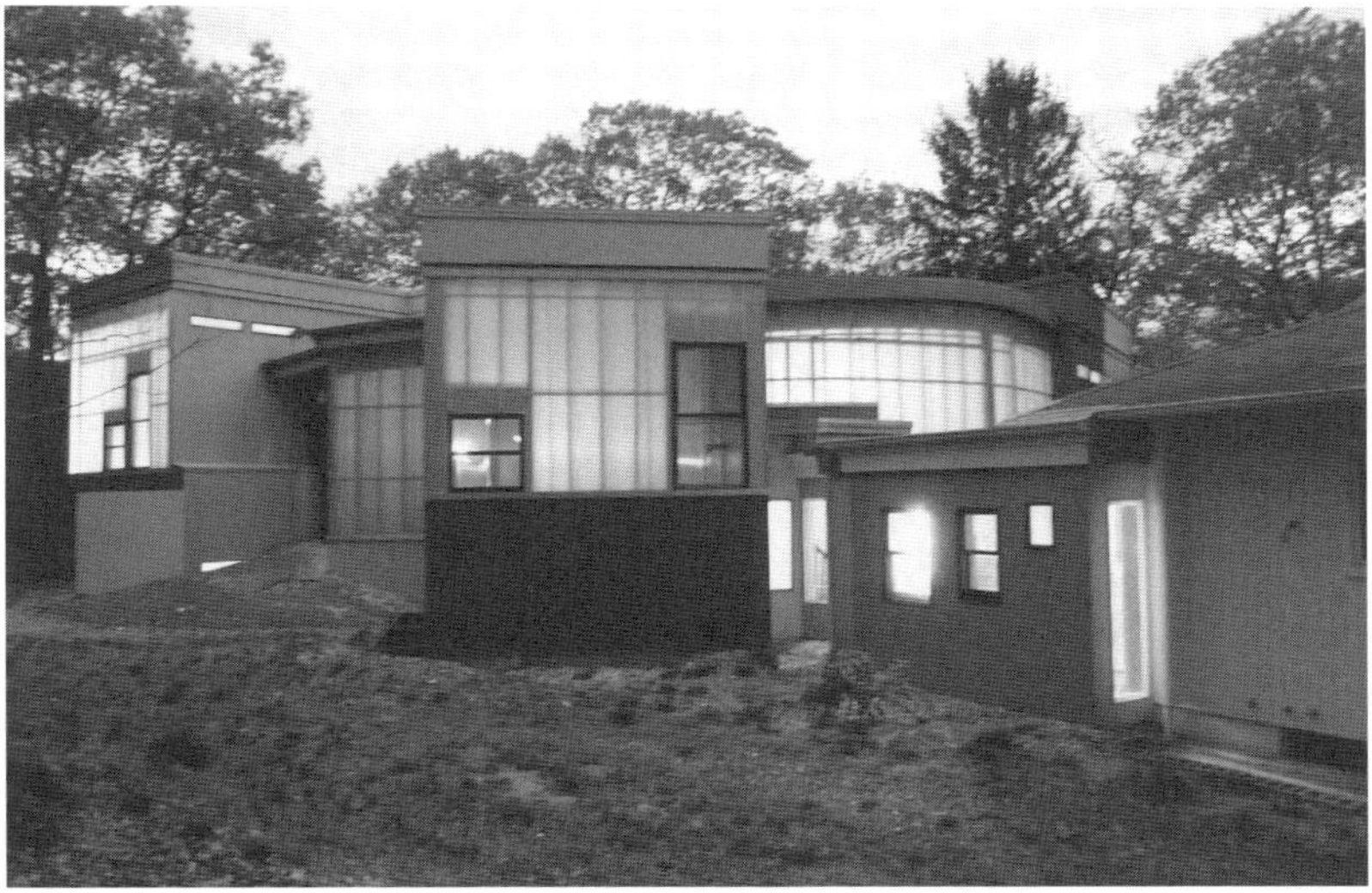

るのかすぐにはわかりませんでした。

　掃除を中断して黒い壁のところにいくと、それは太陽光の反射でした。光がきている方向をみやると、近くの部屋の横壁の右から二番目の採光窓に太陽がありました。ストロボを使わずに撮った写真は、太陽の光以外はすべて真っ黒に写っています。

　周りを見回すと、他の窓や壁にも太陽光線とその影がみえる。それまで五時間も滞在していながら、窓からの光が壁で反射することには気づいていなかったのです。気づかないというのはこういうことをいうのでしょうか。夕方までいたおかげで気づくことができたのは幸いでした。

　掃除を一時中断して、他の部屋の中で光がどのような挙動をしているのか観察してみることにしました。まだ照明は使っていなかったので、すべて太陽光起源の光ですが、入射光、壁面や天井での反射光、反射光のそのまた反射光、ガラス窓や透明度の高いプラスチックパネルの透過光が家中に満ち満ちていました。光は直進するはずなのに、パネル配置や壁面の描くカーブによって、光はさまざまな方向に向かいます。それらがお互いに交じり合って、どの光がどこからきたのか簡単にはわからない、室内でまるでオーロラのような光の大賑わい現象が起きていました。

　光あるところ影が生まれます。しばらくすると、オフホワイトのプラスチックパネルにところどころ薄ぼんやりと影が写っていることに気づきました。太陽が傾いて、家を取り囲んでいる木々の影が、家の壁に届くようになったのです。よく見ると、風が吹くためか影が揺らいでいます。まだ新緑で葉っぱも小さいが、夏にはもっと大きく濃い影となり、秋には落ち葉も舞うのでしょう。冬は雪に反射した陽光で照らすのでしょうか。

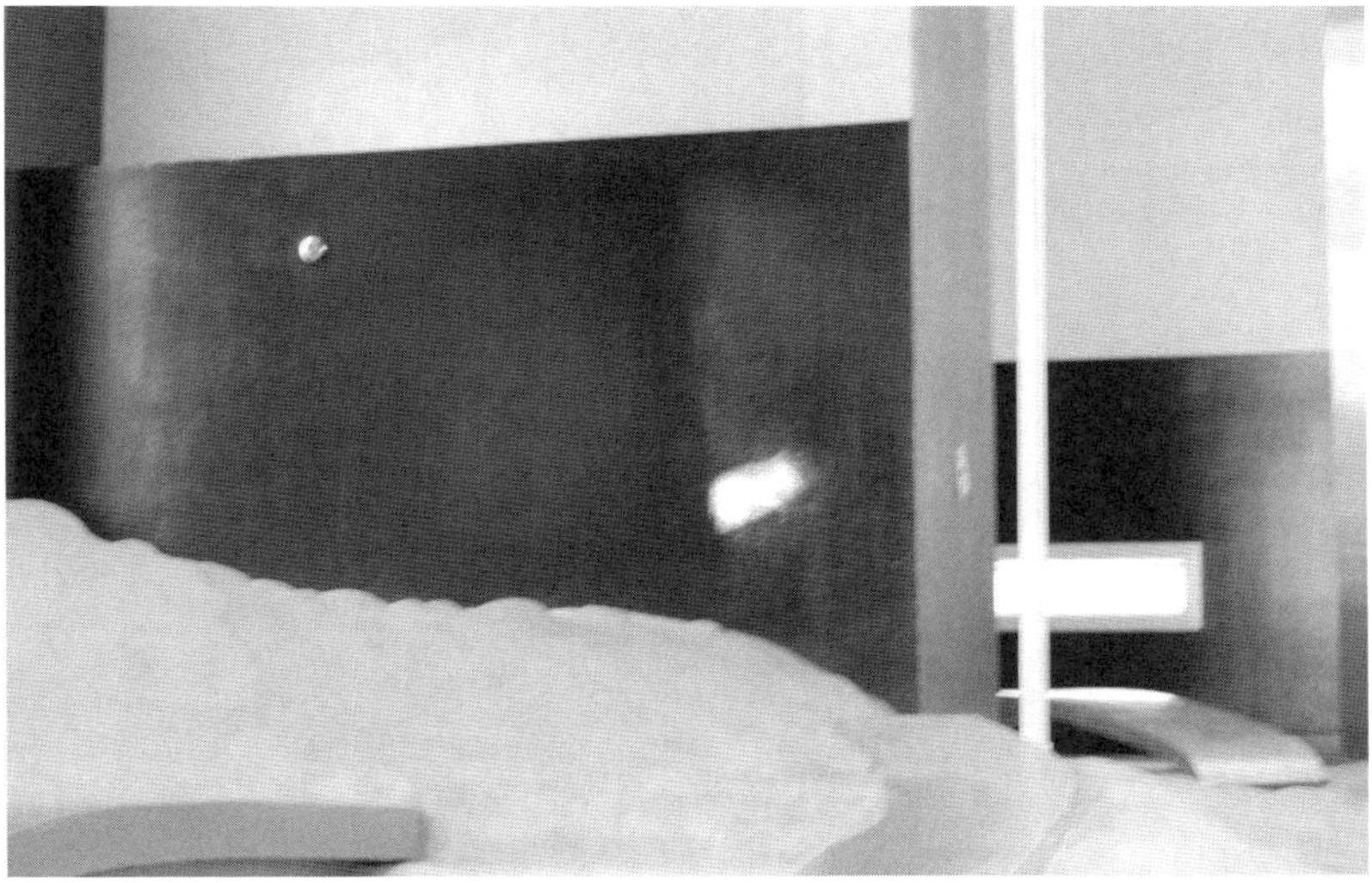

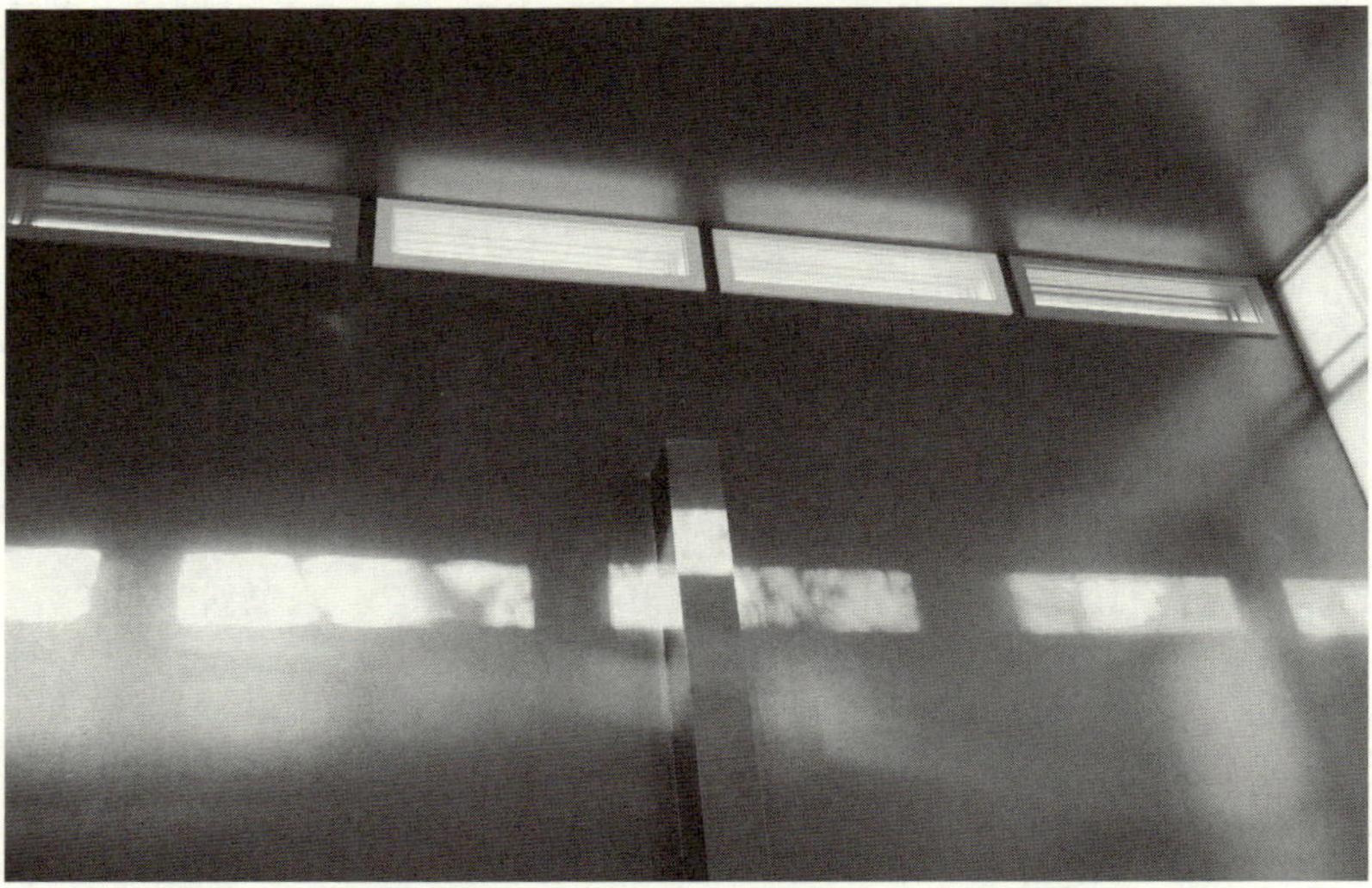

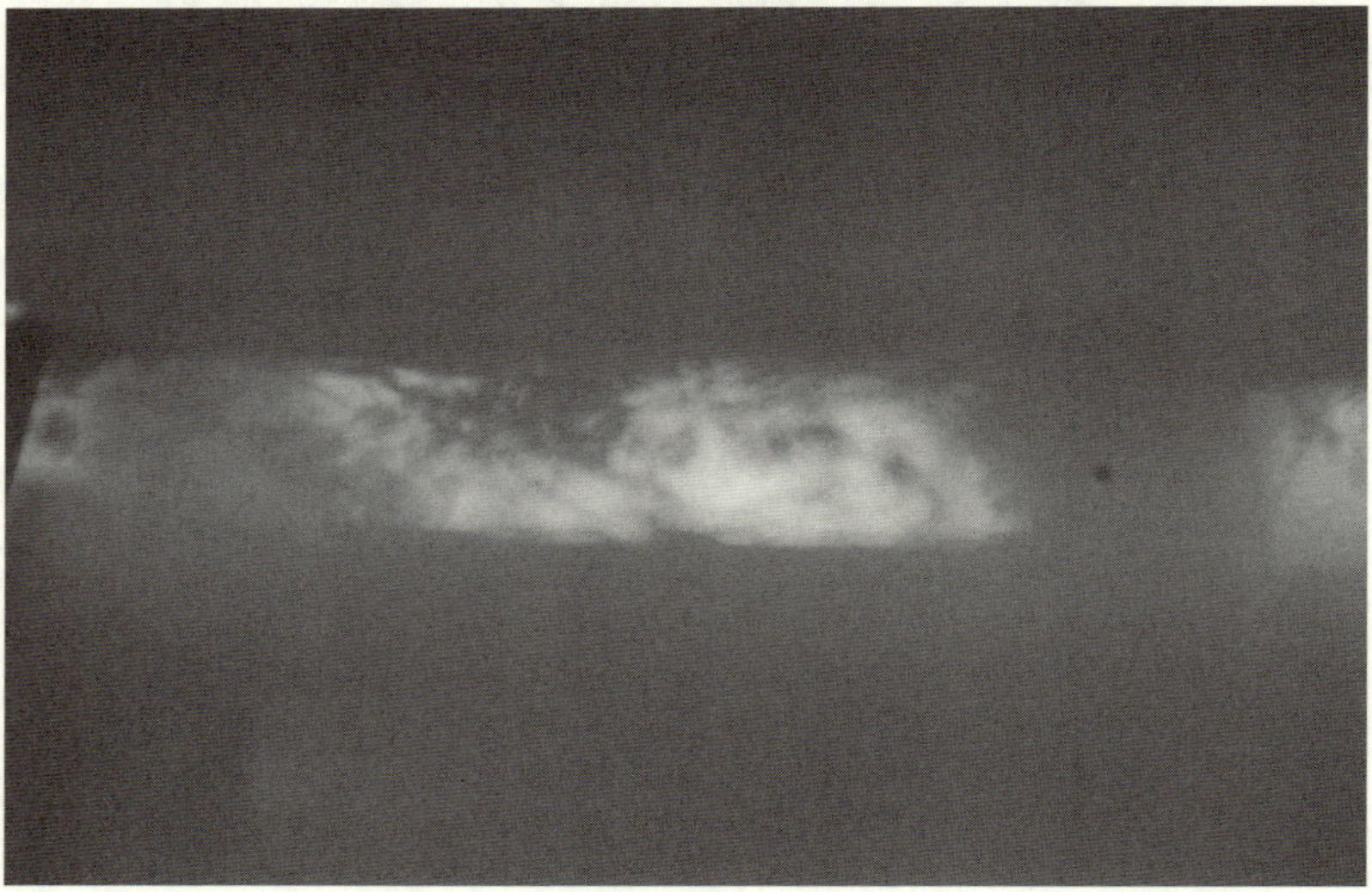

6　補論　バイオスクリーブハウスの虚空　人間は光子の生まれ変わりである　414

ガラス窓からは木々の姿が見えると同時に、横の壁面にその木々の影を映し出しています。上の採光窓から入射する太陽光は、反対側の壁に木々の影を映し出しています。何種類もの影が、窓や壁に映し出されていて、子供のころ幻燈をみたときのようにワクワクしてきました。光は地球の自転にともなって入射角度を変えるので動きが緩慢ですが、木が風で揺れるため、影の動きはリズミカルで多様であり、見ていて飽きません。

天井や壁には鏡像も映し出されていました。光同様、シルエットと鏡像がいろんなところからやってきて、見るものを楽しませてくれます。すべての写真の中に、撮影時には気づかなかったたくさんの光の経路と着地点が見えました。この家は、無限の光の経路が生まれる連滝《カスケード》として設計されたようです。

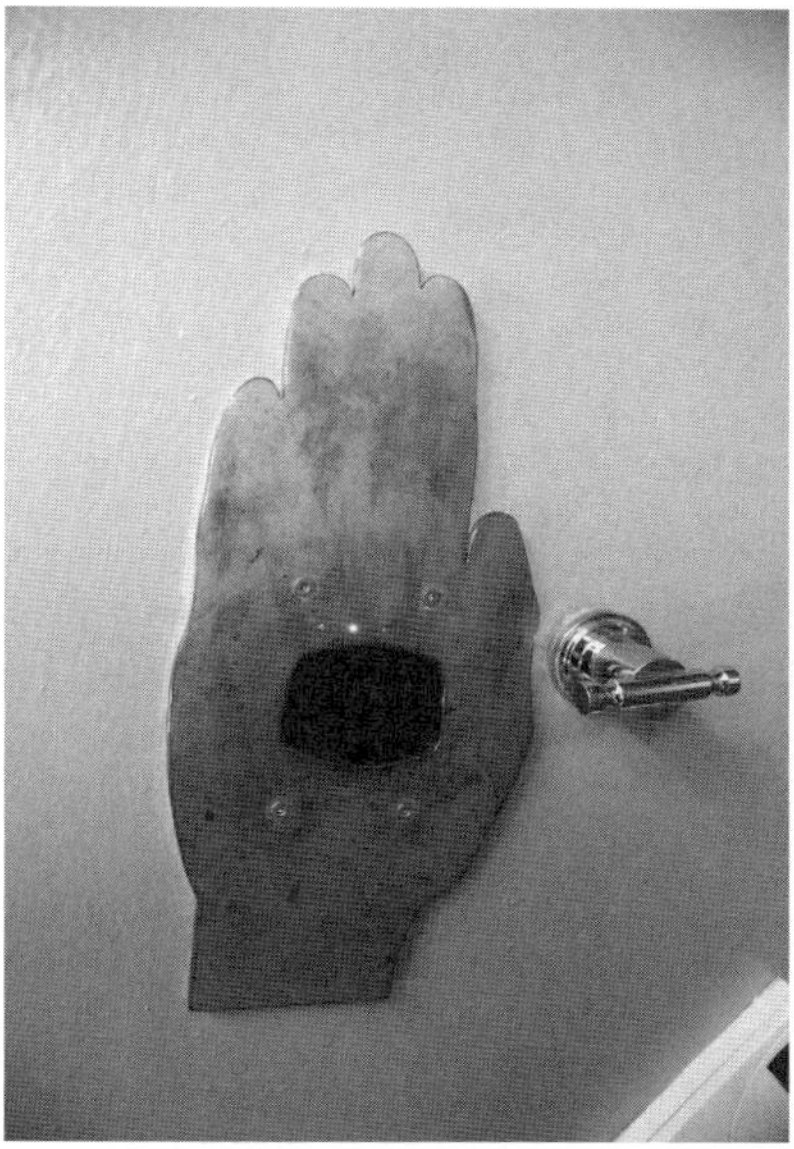

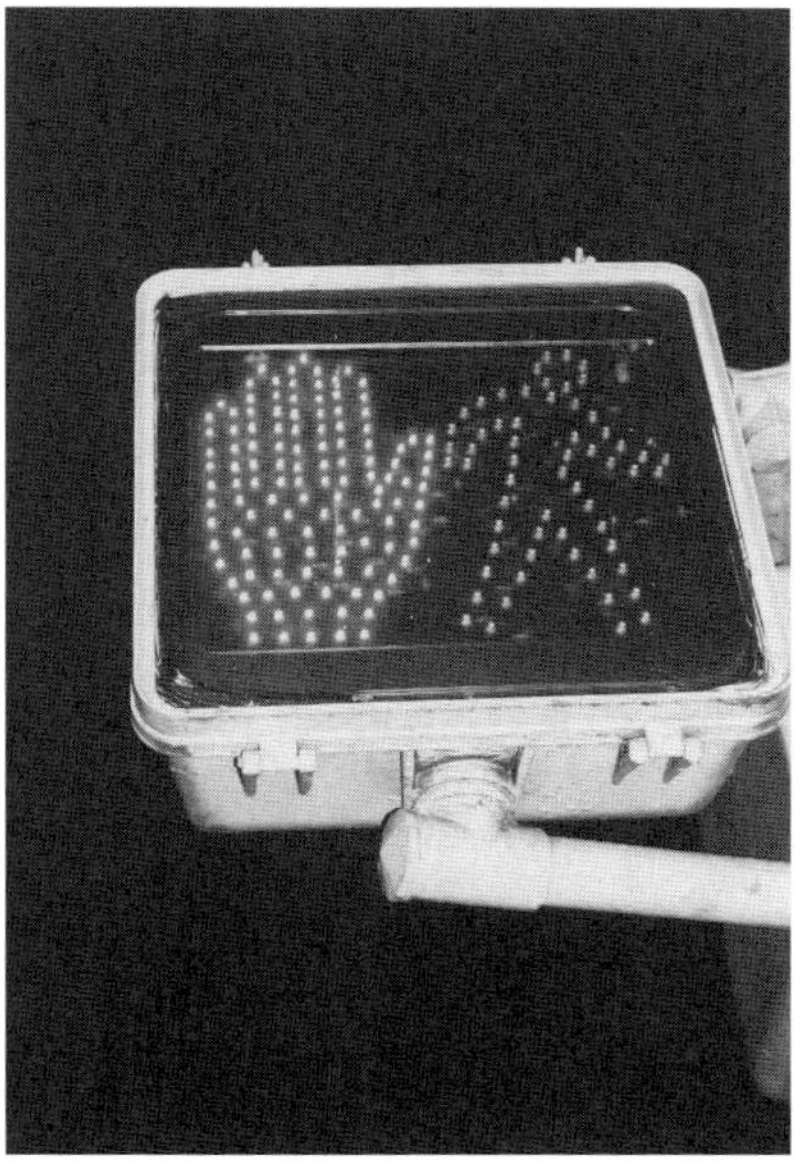

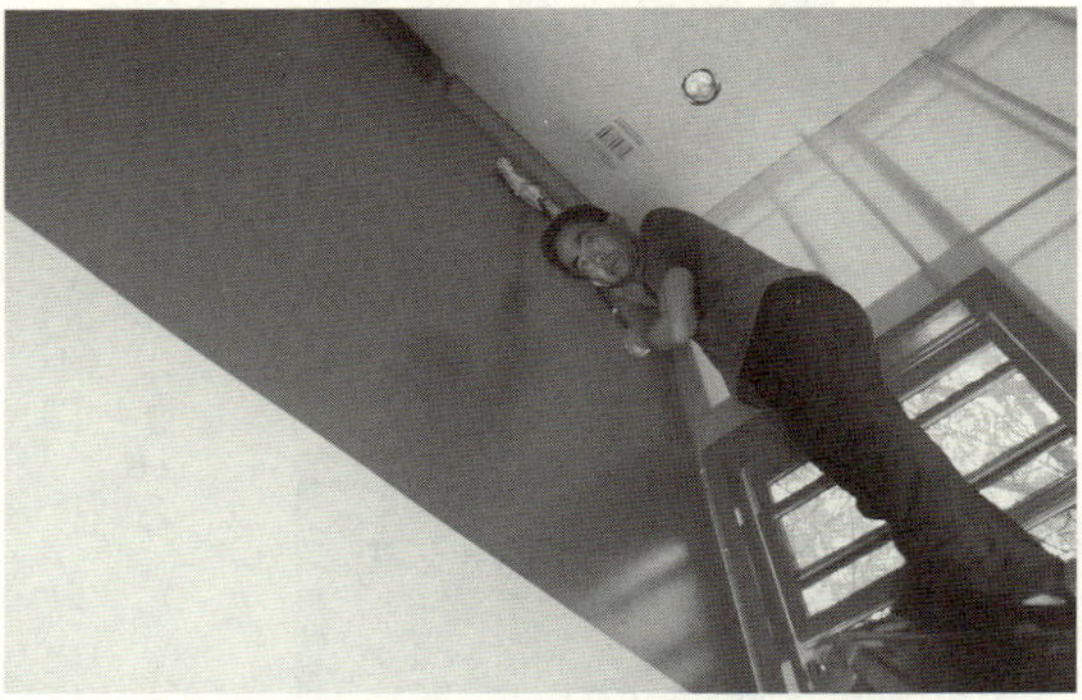

訪問を電話でマドリンに報告したところ、「昨日の自分と違った自分になって帰ってきた？」と聞かれました。実はその翌日さっそく不思議なことが起きたのです。水曜日の夜明け前に、八番街と西二十九丁目の交差点にいくと、親しい人に再会したという気がしたのです。その相手とは、なんと歩行者用信号の止まれのサインでした。豆電球でつくった片手を広げた形の輪郭は、バイオスクリーブハウスでは銅製のパネルとして、部屋の照明のスイッチとして使われていました。そのスイッチは掌のところを撫でて光量を調節する

ことになっていたので、何度も何度も触ったのですが、そのおかげで止まれの信号に妙な親しみを感じたようなのです。その日は交差点ごとに歩行者用信号を写真に収めました。また、帰りの飛行機内の常夜灯の灯り（右頁下の写真）をとても美しいと感じました。

この日以来、私の光に対する感受性は高まりました。虚空に導かれた覚りでしょうか。私の体のなかにある光明が呼びさまされたのでしょうか。

7　現成公案　我ら水と光の現象なり

言葉はどのように意味を生み出すのか

怒りや悲しみや驚きを表現する感嘆詞の意味は、聞けばすぐにわかります。感情が声の質にそのまま表され、感情の大きさは声の大きさに表れます。では、『眼蔵』や『廣録』に書かれた道元の言葉の意味は、どうすればわかるのでしょうか。

書物は、一見してもよくよく見ても、白い紙の上に文字が並んでいるだけです。それがタイ語やモンゴル語やロシア語の文字で書かれていたら、私は音にすることすらできません。仮にアルファベットで書かれていたとしても、フランス語かドイツ語か英語かポーランド語かによって、同じ文字列を音に変換するルールが異なります。書物の文字は、文字列を音に変える規則を知らないと読めません。幸いにして、正法眼蔵は漢字かな交じりで書かれているため、声に出して読むのは容易です。一方、廣録は漢文白文ですので、どのように読み下せばよいかを知らなければなりません。文字列はそれを音に変えないかぎり意味を生みません。

文字列を音に変換しても、意味は自動的には生まれません。読者がその言葉の意味をあらかじめ知っているときだけ、意味が生まれます。いわゆる大衆小説や娯楽小説は、誰もが知っている言葉だけ、日常生活の中で出会う言葉だけを使って書かれているために、読んで意味がわからないということがありません。娯楽小説が、仏性や即心是仏をテーマにすることはありません。

一般に何かを知っている人が言葉を紡いで本を書き、読者は本に書かれたことについての経験や知識を持っていません。正法眼蔵をはじめて読む人は、「現成」、「仏性」、「即心是仏」という言葉を自分では生まれてから一度も使ったことがなく、そのことについて考えたこともありません。それらの言葉にはじめて接する読者は、その言葉の記憶（概念装置）をもっていませんし、もちろん、意味（＝その言葉に対応する経験や知識や思考結果の記憶）も持ち合わせていません。

五官の記憶と結びつかない言葉の意味は、まずその言葉の記憶を持たないことにはうまれません。正法眼蔵は各巻の題名をまず記憶し、「現成」や「仏性」や「空華」や「仏向上事」について、ああでもないこうでもないと考えることで意味が読者の意識のうえに構築される仕組みになっています。一度や二度読んだだけでは意味は生まれません。読書百遍といわれるように、読む速さや丁寧さを変えながら、何度も繰り返し読むことが必要です。

もちろん、繰り返し読んで正しい意味を構築するためには、読む前にそのテキストが道元本人が書き残した、道元本人が伝えたかったものであることを確かめておくことが重要です。道元は、正法眼蔵に奥書、廣録に識語を付加することによって、後世の読者が真筆と贋作・改ざんを見分けられるよう符号化を行っています。これは達磨宗の弟子たちが信用できないために行ったことですが、おかげで書かれてから七百五十年以上経過した二十一世紀においても、真筆を確認できるのです。きっと道元は達磨宗の弟子たちに感謝していることでしょう。

「仏性」の意味は、道元がその言葉を使った文脈を順番に読んで、あたかも連立方程式の解を求めるように、すべての文脈に共通する意味を獲得しようと試みました。「即心是仏」の意味は、それに関する上堂語を時系列的に読むことで、道元が言葉の意味を模索しはじめ、徐々に意味を確定していく過程を追跡して、道元がその言葉に込めた意味の最終到達点を確認しました。

正法眼蔵七十五巻の冒頭に置かれた現成公案は、比較的短い巻で、仏性のように使用例が列挙されておらず、即心是仏のように繰り返し上堂して意味を吟味し厳選したわけでもありません。現成公案は正法眼蔵坐禅箴第十二で紹介されている宏智正覚の坐禅箴と似た部分をもちます。そこで道元が古仏として慕っていた宏智正覚や、二十世紀の科学者の言葉を読むことで、「現成」あるいは「現成公案」の意味を模索しようと思います。

① 呪文のような現成公案

斉藤孝の「声に出して読みたい日本語」は、現成公案の一部、「仏道をならふといふは自己をならふ也。自己をならふといふは、自己をわするるなり。」以下を紹介しています。この部分に限りません。現成公案は、意味がわからなくても人を惹きつける呪文のような文章、文体です。野球の一番バッターはとにかく塁に出ることが大事なように、この文章に一度でも触れた読者が正法眼蔵を忘れられなくなるようにと意識して、道元は正法眼蔵第一にはとくに心をこめて書いたのでしょう。

読者を蠱惑することが、論理性より優先されているためか、現成とは何かという議論はありません。経文の引用もありません。中国の語録は、真字正法眼蔵（中二十三）の麻浴山宝徹の公案を引用していますが、読み下し文そのままではなく、こなれた日本語に変換されているほか、麻浴の最後の言葉（「用処なき師僧、一千箇を著得して、什麼の益かあらん。」現代語訳：こんな役立たずの僧は、千人置いても、何のためにもなりやせん。）は削っています。しかし、この魅力的な文章の意味を獲得することは容易ではありません。

② 「自己をならふ」と「意味のメカニズム」

道元が留学先の宋に着いたとき、日常会話が聞きとれず、自分の言葉も相手に通じなかったと「永平の風」で読んだとき、「自己をならふ」が荒川修作の「意味のメカニズム」と結びつき、自分の意識上に認識が発生するメカニズムの研究ではないかと思いつきました。現成公案は、現代科学と通じます。自分の意識からはじまる全ての生命現象、海の底、宇宙の涯で起きる森羅万象を理解し解明するための入門書だと思えてきました。（I．3参照。）

③ 水と光は仏法の隠喩

坐禅箴第十二が示衆されたのは仁治三年（一二四二）三月十八日です。日本達磨宗の集団参加から一年が経過した時分です。廣録でいうと上堂語九四で、百丈野孤の話をした頃だと思われます。身心脱落に到達できず、コックリコックリ居眠りばかりしている日本達磨宗の弟子たちに、坐禅かくあるべしを教えるために示衆されたのでしょう。坐禅箴はいくつか坐禅にまつわる公案を紹介してから、数ある坐禅についての言葉のなかで唯一正しいと道元が断言する宏智正覚の坐禅箴を紹介します。ここで述べられたことが道元思想の中核であることは間違いありません。この宏智の坐禅箴の最後に水と魚、空と鳥のことが出てきます。

水清《す》んで底に徹《とほ》つて、魚の行くこと遅々《おそし》。
空闊《ひろ》くして涯《かぎ》りなし、鳥の飛ぶこと杳々《えうえう》なり。

道元は宏智にならって自分でも坐禅箴を著しますが、それもやはり水と魚、空と鳥で結びます。

水清《す》んで徹地なり、魚行くも魚に似たり。
空闊透天《くうくわつてうてん》なり、鳥飛ぶも鳥の如し。

魚が水中を泳ぐこと、鳥が空を飛ぶことは、人間が仏法の諸現象の中を生きることの比喩ではないでしょうか。現成公案の「うを水をゆくに」から「かくのごとくあるなり」までを現代語訳してみます。魚と水、鳥と空の関係は、人間と現象（仏法）の関係であると意識して訳してみました。

うを水をゆくに、ゆけども水のきはなく、鳥そらをとぶに、とぶといへどもそらのきはなし。しかあれども、うをとり、いまだむかしよりみづそらをはなれず。只用大のときは使大なり。要小のときは使小なり。

かくのごとくして、頭々に辺際をつくさずといふ事なく、処々に踏翻せずといふことなしといへども、鳥もしそらをいづればたちまちに死す。魚もし水をいづればたちまちに死す。以水為命しりぬべし。以空為命しりぬべし。以鳥為命あり、以魚為命あり。以命為鳥あり、以命為魚なるべし。このほかさらに進歩あるべし。修証あり、その寿者命者あること、かくのごとし。

しかあるを、水をきはめ、そらをきはめてのち、水そらをゆかんと擬する鳥魚あらんは、水にもそらにもみちをうべからず、このところをうれば、この行李にしたがひて現成公案す。このみち、このところ、大にあらず、小にあらず、自にあらず他にあらず、さきよりあるにあらず、いま現ずるにあらざるがゆえにかくのごとくあるなり。

現代語訳：魚が水を泳いでゆくとき、どこまでいっても水に終わりがなく、鳥が空を飛ぶとき、どこまで飛んでも空に終わりはない。そうではあるが、魚も鳥も昔から水や空から離れたことはなく、大きく泳ぎ大きく飛ぶ必要があるときは海や空を大きく使い、小さく泳ぎ小さく飛ぶときは、水や空を小さく使う。このようにそれぞれが自己の限りを尽くしていないということはなく、その処々で全力を尽くしていないということもないのであるが、鳥がもし空から出てしまうと即座に死ぬし、魚が水から出れば直ちに死ぬ。魚は水を使命とし、鳥は空を使命とする。鳥が空の使命であり、魚が水の使命である。宇宙の使命が鳥や魚の姿をとる。このように考えるほかに、さらにいろいろと考えられるはずである。すると修行し学習して現象を覚ることが人間の使命であり、寿命が続くかぎり使命を果たすべく修行し学習を続けていくのが人間の使命であろう。

そうであるときに、水のことをすべて知りつくし、空のことをすべて知りつくした後で、水や空を行こうと思う魚や鳥がいるとしたら、水にも空にもみちを得ることはできず、水にも空にも居場所がないだろう。今自分が居る場所で、日常生活から次々と現象が生まれている。この経路や居場所は、大小の問題ではなく、自他の問題でもなく、前からあるのでもなく、急に生まれる現象でもない、世界は現象に満ち満ちている。

④　清浄なり性空の水、光明あり法界の身

現成公案は、ほかでも水を論じます。ひとつは覚りの喩えとして、「人のさとりをうる、水に月のやどるがごとし。月ぬれず、水やぶれず。ひろくおほきなるひかりにてあれど、尺寸の水にやどり、全月も弥天も、くさの露にもやどり、一滴の水にもやどる。」というところです。これについてはⅠ．3で紹介しました。もうひとつは、そのすぐあとの段落で、さまざまな現象が生起する場として水が論じられます。法とは、それらの現象を生み出す論理、メカニズムといえるでしょう。

身心《しんじん》に法いまだ参飽《さんぱう》せざるには、法すでにたれりとおぼゆ。法もし身心に充足すれば、ひとかたはたらずとおぼゆるなり。たとへば、船にのりて山なき海中にいでて四方《よも》をみるに、ただまろにのみみゆ、さらにことなる相《さう》みゆることなし。しかあれど、この大海、まろなるにあらず、方《けた》なるにあらず、のこれる海徳つくすべからざるなり。宮殿《ぐうでん》のごとし、瓔珞《えうらく》のごとし。ただわがまなこのを《お》よぶところ、しばらくまろにみゆるのみなり。かれがごとく、万法もまたしかあり。塵中格外《ぢんちゆうかくぐわい》、おほく様子《やうす》を帯《たい》せりといへども、参学眼力《さんがくげんりき》のを《お》よぶばかりを見取会取《ういしゆ》するなり。万法の家風をきかんには、方円《はうえん》とみゆるよりほかに、のこりの海徳山徳おほくきはまりなく、よもの世界あることをしるべし。かたはらのみかくのごとくあるにあらず、直下《ちよくか》も

一滴《てい》もしかあるとしるべし。

現代語訳：身と心に法が十分にゆきわたらない間は、（愚かにも）法はもうこれで十分だと思ってしまう。逆に、法が身と心に十分足りてくると、どこか足りていないと思えてくるものである。たとえば、船に乗って、陸地の見えない大海に出て四方をみると、水平線がただ丸くみえるだけで、それ以上の海の姿は見えない。しかし、この大海の姿は丸いのではなく、四角いのでもなく、数え上げることもできないくらいたくさんの功徳があるのだ。龍や魚にとって海は宮殿であり、天人にとって海は玉飾りであるようなものだ。目に見えるものしか見ることのできない自分の眼でみると、とりあえず海は丸いとしか見えないのだ。このようなことが、すべてのことにおいてあてはまる。世俗的なことでも、世俗を超えた仏道の世界のことでも、それぞれいろいろな様相を示しているのに、自分が学んで獲得した眼力でわかる範囲のことだけを観察し、理解するのである。すべてのことが、それぞれの生きものにとってどのような意味をもっているのかということを理解するためには、丸いだの四角いだのといった見え方のほかにも、海や山が生命体にもたらしている功徳がかぎりなくあり、そこから四方に広がる世界があることを知らなければならない。自分の周囲だけそうあるのではなく、自分自身もそうであり、一滴の水もそうであることを知らなければならない。

道元は四月八日の浴仏に水について考えます。（火については十月一日の開炉です。）上堂語二三六は宝治元年（一二四七）四月八日、宏智正覚の上堂語を引用します。

上堂語二三六

浴仏《よくぶつ》の上堂に、挙《こ》す。宏智《わんし》禅師、天童《てんどう》に住《じゅう》せし時、今日《きょう》の上堂に云《いわ》く。「清浄《しょうじょう》なり、性空《せいくう》の水。光明《こうみょう》あり、法界《ほっかい》の身《み》。依俙《いき》たる弁白《べんびゃく》の処《ところ》、便《すなわ》ち是《これ》、誕生人《たんじょうにん》なり。体《たい》を洗《せん》せず、塵《ちり》を洗《せん》せず、妙触宣明《みょうそくせんみょう》、水因《すいいん》を悟《さと》る。当年向去《とうねんこうきょ》の事《じ》を借問《しゃもん》す。如何《いか》にして今日却来《きょうまたきた》りて、親《した》しきぞ。二千年前《にせんねんぜん》の此《こ》の時候《じこう》、天《てん》を指《さ》し地《ち》を指《さ》して獅子吼《ししく》より、雲門《うんもん》、乱《らん》に居《きょ》して太平《たいへい》を思い、打殺《たさつ》して妨《さまた》げず、将《も》つて狗《いぬ》に餧《かわ》んことを。東《ひがし》を指《さ》して西《にし》を話《い》う、無《む》を将って有《う》と作《な》す、悪水《あくすい》、君に潑《そそ》ぐ、瞋《いか》ること莫《なか》れ。而今《にこん》、你《なんじ》を看《み》るに如何《いか》にか受《う》くる。仏云《ほとけいわ》く『諸受《しょじゅ》を受けざる、是《これ》を正受《しょうじゅ》と名づく』と。若《も》し恁麼《いんも》ならば、也《また》、涓滴《けんてき》も別処《べつしょ》に落ちず」と。師云《いわ》く、宏智古仏《わんしこぶつ》、恁麼《いんも》に道《い》うと雖《いえど》も、永平、作麼生《そもさん》か道《いわ》ん。誕生底《たんじょうてい》の道理《どうり》、万象《ばんぞう》の中《うち》に脱体《だったい》する。自《おのずか》ら生縁有《しょうえんあ》り。一色《いっしき》の後《のち》に転身《てんしん》する、新《あらた》に活路を見る。作麼生《そもさん》か是《これ》、灌浴底《かんもくてい》の道理《どうり》。良久《りょうきゅう》して云《いわ》く、手に自《じ》家《け》の破木杓《はもくしゃく》を執《と》って、澆頭灌沐《ぎょうずかんもく》す、如来《にょらい》の身《しん》、と。

現代語訳：四月八日の灌沐会の上堂に公案を挙げて言われた。宏智正覚が天童山の住持だったとき、今日、上堂して言われた。「すべての現象そのものである水は清らかである。そこに光が加わって、現象が生まれる。水と光のなかから、仏が生まれた。体を洗うこともなく、汚れを洗い落とすこともなく、皮膚感覚は敏感的確で、水のいかなるものかを悟られた。ちょっと聞いてみたいが、そうして過ぎ去った昔のことなのに、どうして今日戻って来て、親しく身近にあるのか。二千年前のこの時、この季節に、天地を左右の手で指さして獅子吼した。雲門は乱世に生きて天下太平を願ったので、そんなことをするやつは打ち殺して犬に食わしてしまえと言った。そっぽを向いてあらぬことを言い、無を有と言いくるめるあなたに、飲めたものではない水を頭からかけるが、怒らないでください。今あなたがどんなふうに受けるかを見てみたいのだ。仏の言われるには「いかなる感受も受けないのが、正しい感受である」と。もしそうであれば、この水は一滴も別の処には落ちないで、すべてあなたに注がれるわけである」。これについて師は言われた。宏智古仏はこのように言われたが、釈迦牟尼誕生にこもる意味について私はどう言ったものか。数ある自然現象の中で、母の胎内から出てきたのは人間として生を受ける縁があったということだ。そうして生まれ落ち、ひとたびは感覚的物質界にあったとしても、生き方を一変すれば、新生命を得、自由の身になる。そうしたとき、仏身に水をそそぎ、洗い清めることにどういう意味があるか。しばらくして言われた。手に壊れた柄杓をもって、頭に水をそそいで如来の体を洗うこととしよう。

上堂語二五六は翌宝治二年四月八日。鎌倉から戻ったばかりです。やはり宏智正覚の上堂語を紹介します。ちなみにこれと同じ宏智正覚の上堂語は、翌建長元年の上堂語三二〇でもそのまま紹介されます。

上堂語二五六

浴仏《よくぶつ》の上堂に、挙《こ》す。宏智禅師《わんし》、天童《てんどう》に住《じゅう》せし時、浴仏《よくぶつ》の上堂に云《いわ》く「清《す》み徹《とお》りたり、性空《せいくう》の水。円《まど》かに明《あ》かし、浄智《じょうち》の身《しん》。箇《こ》の中に体《たい》を洗わず、直下《じきげ》、了《つい》に無塵《むじん》なり。成仏《じょうぶつ》有《あ》り、降神《こうじん》有《あ》り、彼岸《ひがん》有《あ》り、迷津《めいしん》有《あ》り。哆々和々《たたわわ》、此《これ》、其《そ》の始《はじ》め。膠々綴々《こうこうとつとつ》、此《これ》、其《そ》の因《いん》。底《こ》の時節《じせつ》、釈迦文《しゃかむに》に悪水《あくすい》、驀《ましぐら》に頭《こうべ》より澆《そそ》ぐと も瞋《いか》ること莫れ。何《なん》ぞ須《すべか》らく念彼観音力《ねんぴかんのんりき》すべけん。自然還著於本人《じねんかんじゃくおほんにん》ならん。諸仁者《しょじんしゃ》、只《ただ》、杓柄《しゃくへい》の你《なんじ》が手《しゅ》裏《り》に在《あ》る時の如《ごと》き、作麼生《そもさん》。一事《いちじ》に因《よ》らざれば、一智《いっち》を長《ちょう》ぜず」と。師云く、師伯古仏《しはくこぶつ》は乃《すなわ》ち芙蓉《ふよう》の枝《し》。丹山《たんざん》の児《こ》なり。恁麼《いんも》に道《い》うと雖《いえど》も、永平児孫《えいへいじそん》、因《ちな》みに一頌《いちじゅ》あり。生時震動《しょうじしんどう》す三千界《さんぜんかい》、道処《どうしょ》には広《ひろ》く開《ひら》く八《はち》万門《まんもん》を。水《みず》を驀《ましぐ》らに頭《あたま》に澆《そそ》ぐ、無垢躰《むくたい》なり。一場《いちじょう》の懡羅《もら》、精魂《しょうこん》を弄《ろう》す、と。

現代語訳：四月八日の灌沐会の上堂に公案を挙げて言われた。宏智正覚が天童山の住持だったとき、灌沐会に上堂すると言われた。「すべての現象にかかわる水は、澄み透っている。体はまどかに明らかにして智慧に輝いている。こんなところで体を洗わなくても、そのままで見るからに塵穢れはない。釈迦牟尼の生涯には、成仏があり、兜率天降下があり、到彼岸があり、迷彼岸があるが、タタワワと赤ん坊の泣き声を発したのが説法の始めであり、無心にまとわりついて這いずり回ったのが教化の大本である。そういう赤子の姿をしたあなたに、きれいでもない水を頭からザブっとかけるが、どうか釈迦牟尼、怒らないでください。かの観音の力を念ずるまでもなく、その功徳は注ぐ当人に還ってくるのだ。修行者諸君、自分が柄杓を手にしたときどうするか。何か具体的なことをもとにしないと、知恵もそだたないから聞くのだが」。師は言われた。私の師の兄弟子だった古仏宏智は芙蓉道楷の法孫であり、丹霞子淳の法嗣である。そのひとがこういうので、私も子孫として一頌がある。生まれたばかりで獅子吼し、三千世界を震動させた。四方八方に歩いて、八万の法門を開いた。そういう人の穢れない体に頭からザブっと水をかける。恥ずかしいことだが、懸命にやる。

宏智の二回の上堂語は、「清浄なり性空の水、光明あり法界の身」、「清徹たり性空の水、円かに明し浄智の身」と、ともに水が清らかで性が空であること、そして我々の身に光が備わっていることを讃えます。水の性が空であることを、実体がないと現代語訳するのは不適切でしょう。水はすべての現象を引き起こす、水はすべての現象に関わっているというほうが妥当かと思います。そして宏智が我々の身に光明が備わるというとき、それは雲門がいう「人々尽く光明在る有り」（正法眼蔵光明）とも通じます。

宏智が上堂で示した水と光の対句表現は、坐禅箴の魚と水、鳥と空の対句を思い起こさせます。鳥目の鳥が飛ぶのは日中であり、日中の空は太陽光が降り注いでいるので、空とは光のことであり、鳥は光子の海、光の波動のなかを飛んでいると理解してもよいのではと思います。

⑤ 量子生化学との相似性

仏教を量子力学と対比させて論ずる人は数多くいますが、量子力学とは何かの定義をしている人はあまりいません。私は、「五官で感知・観測できない微小な力学法則が支配する物理現象」を量子力学と考えます。目に見えない物理学、我々の五官では感知できない物理現象が量子力学の定義です。すると、電子、光子に関する現象はもちろんですが、ファンデルワールス力・静電相互作用・水素結合・疎水性相互作用によっておきるアミノ酸相互の現象、タンパク質の三次元化、タンパク質相互の現象、抗原抗体反応なども対象になります。不思議なことに量子力学の教科書でアミノ酸や抗原抗体反応について論じているものはありません。

言語の脳内メカニズムを考えるにあたって、情報理論や量子力学の本に目を通しましたが、いわゆる量子力学や情報理論と呼ばれる学問にはいくつかの共通点があります。第一に、それらは二十世紀に生まれた科学であり、目に見えない現象を対象とします。第二に、量子力学ではエルヴィン・シュレディンガー、情報理論ではクロード・シャノンという特定個人が脚光を浴びています。二人の方程式が教科書で紹介されますが、由来は示されません。またこの二人の理論にはその後の発展がありません。第三に、理論と応用・実利用が分裂しています。量子力学の実利用はたくさんあり、レーザー、電子レンジ、太陽電池、発光ダイオードなど、情報理論では、携帯電話、コンピュータ・ネットワークなどがありますが、それらについて理論の教科書で触れられていません。

シュレディンガーの猫という思考実験は、観測ができない事例の思考実験で、猫は生きていると同時に死んでいるという背反事象が同時に起きるという矛盾を受け入れさせています。観測ができなくても、猫は生きているか死んでいるかのどっちかであり、同時に生きていて死んでいるということはアリエナイのに、それを信じさせることで人々を錯乱した認識論の世界で迷わせているのがこの思考実験です。

情報理論のシャノンは、エントロピーという概念を熱力学とは違うと主張していますが、なぜ違うものに同じ名前を付けたのかを一切説明しておらず、これも情報理論を混乱に導いています。私は言語の脳内処理メカニズムを考えるときに、シャノンの論文を虚心に繰り返し読むことで少しずつ情報理論についての知識を深め、最終的にシャノンのエントロピーや冗長性や確率の概念が間違っていることに気づきました。

エントロピーは、雑音の影響で信号が歪を帯びる度合いを示した変化量で、値としては本来の値からのズレの量を示し、正の値しかとりません。このことを知ってか知らずか、シュレディンガーは、無秩序の目安となる量（N）の逆数（1／N）は秩序の大小を直接表すとして、「生物体は負のエントロピーを食べて生きている」と言葉にしました（シュレディンガー「生命とは何か—物理的にみた生細胞」二〇〇八年、岩波書店）。この言葉を多くの学者が確かめることなく引用していますが、雑音による歪を逆数にしてもなんら意味はなく、生物は負のエントロピーを食べることはできません。

生物はいったい何を食べているのでしょうか。アルベルト・セント・ジェルジ（一八九三—一九八六）は、ビタミンCの発見で一九三七年にノーベル医学生理学賞を受賞したハンガリー人の科学者で、第二次大戦後はアメリカに移住し、亡くなるまで研究生活を続けました。彼は、「生命の燃料は電子である。より正確には光合成において光子からうばったエネルギーである。」といいます。（セント・ジェルジ「生体の電子論」一九七三年、広川書店、六三頁）

「生物の世界のエネルギーは，光合成とその逆過程とからなっている。

光合成：hν → E* → (E1) → (E2) → (E3) → (En)

発光　：(En) → (E3) → (E2) → (E1) → E* → hν」　（h はプランク定数，ν は振動数）

（セント・ジェルジ「生体とエネルギー」一九五八年、みすず書房、一八頁）

重要なのは水である。「水は構造成分と単独で独立な系をつくり、水なしではほとんどあり得ないような電子の励起を可能にする。（略）生物学的機構は、実際には水の構造の形成と破壊からなっている。水は単なる生きた機械の媒質なのではなく、その部分でもある。また水の構造と電子の励起との相互作用は〝生きている状態〟の本質そのものと深く結びついている。

水は単に生命の母であるだけでなく、生命のマトリックスでもある。

三重項は光合成においても、またエネルギーを消費する生物学作用においても、エネルギー伝達の主要な手段であるように思われる。またクロロプラスト中でも、クロロフィルの三重項励起が周囲の水構造によって可能になり、安定化されるように思われる。」（「生体とエネルギー」）

「生命の燃料は電子である。より正確には光合成において光子からうばったエネルギーである。」という明快な議論を、自分で確かめながら、自分のものとするためには、それなりの時間と労力が必要です。「生物体は負のエントロピーを食べて生きている」という言葉が正しいかどうかを確かめるためには、エントロピーという概念を自分のものにして、それがいったい物質や現象としては何を意味しているのかを確認することが必要です。今ここでどちらが正しいかの判断を読者に求めるつもりはありません。

私が示したかったのは、量子生化学者セント・ジェルジが、生命活動を生みだす燃料は光と水であると言ったことであり、生命現象における水の重要性を指摘したことです。これは宏智正覚の上堂語と現成公案に通じます。我々は光子から奪ったエネルギーを食べているから、エネルギー消費は発光をともない、「人々尽く光明在る有り」なのでしょうか。仏道と量子力学はひとつの同じ問題に取り組んでいるのです。

⑥ 大脳皮質に言葉の記憶はない

デジタル言語学は、意識は脳室内の免疫細胞ネットワークであるという仮説に到達しました。脳脊髄液のなかでおこる、量子力学的現象です。

これまで多くの学者や研究者がヒトの意識のメカニズムを解明しようと努力してきました。そのほとんどは神経細胞のシナプス接続によって大脳皮質上で電子伝達が起きるという前提にたっています。しかし、その結果、意識や反射が生まれるメカニズムや単語や経験の長期記憶が定着するメカニズムについては仮説ひとつ存在していません。

パブロフの条件反射実験も、条件反射が構築されるのは、大脳皮質の感覚野から運動野にシナプス接続が形成されるという前提で行われました。しかし丁寧に読むと、パブロフはこの前提を覆す実験結果（第七講の分化抑制と第十一講の相互誘導、第十九講の大脳皮質切除後に条件反射が回復した実験）を得ていたにもかかわらず、その実験結果に基づいて前提を疑うことまでは思いつかなかったようです。（得丸「犬が獲得する概念と犬が構築する概念体系」電子情報通信学会、信学技報DE2010-14）

また、脳外科医のペンフィールドは、カナダのモントリオールにあるマギル大学付属モントリオール神経学研究所所長として、脳腫瘍性てんかん患者の腫瘍部分の切除手術を行った際に、局部麻酔状態にある患者の大脳皮質の各所に電極を当てて微弱な電圧で短いパルス刺激を送り、患者の反応との証言を記録しています。

実験の結果、感覚が生まれたり、運動が生まれたり、記憶がよみがえる様子が報告されていますが、言葉の記憶は蘇りませんでした。「おそらく出来事を思い出すという意識作業は、話したり読むための意識作業とは別のものなのであろう。皮質を刺激したときに患者が人々の話し声を聴いたりその話を理解することはできたが、刺激によって患者が話しだしたり、個別の単語を思い出すということはなかった。」（得丸「デジタルな言語記憶に関する仮説」情報処理学会研究報告2011-NL-200 No. 1）

⑦　知能は脳脊髄液のなかの微生物のネットワーク

言葉の記憶が大脳皮質上にないとすれば、どこに保存されているのでしょうか。デジタル言語学は、意識は脳室内の免疫細胞ネットワークであるという仮説に到達しました。脳脊髄液の中で起きる、量子力学的現象です。脳室は脳の深奥部にある雑音レベルの低い環境で、脈絡叢で血液をろ過して得られる脳脊髄液で満たされた空間です。脳室は脊椎動物の脳に特徴的な構造です。

「脳室は脳脊髄液で満たされている。脳脊髄液は弱アルカリ性の透明な水溶液である。この液は脈絡叢で作られ脳室を満たし、中枢神経系を循環し、最終的には第四脳室の菱脳正中口と菱脳外側口よりクモ膜下腔に達し、静脈系統で吸収され」る。脳脊髄液は、血液やリンパ液と同様の第三の循環系である。（保智己、川野絵美、拝田由華「脳室の感覚器官：室傍器官」比較生理生化学　Vol. 23 (2006), No. 3 pp143-152)

脈絡叢は血液をろ過して大きな分子が脳室内に入らないようにしています。いわゆる血液脳関門（Blood Brain Barrier：BBB）です。このために脳脊髄液中には白血球や免疫グロブリンは存在しないと思われていましたが、血液中に比べると二〇〇分の一ほどの割合でそれらが存在して活発な免疫応答が行われていることがわかってきました。

ニールス・イエルネ（一九八四年ノーベル医学生理学賞受賞、一九八七年に利根川進博士をノーベル医学賞に推薦した人物と思われる）は、免疫細胞の通信能力や論理能力は神経細胞と同じであり、免疫細胞はシナプス接続せずに抗原抗体反応によってネットワークすることを指摘しています。また、言語処理に必要な能力のすべてを免疫細胞であるBリンパ球が持っていることも指摘しました。

記号反射が免疫細胞の抗原抗体反応によって引き起こされると考えるのは，反応の選択性や激しさからも妥当といえます。電気パルスや神経伝達化学物質だけでは種類も多く意味も多様な記号反射の伝達は難しそうです。免疫細胞は、鍵と鍵穴の関係にある抗原と抗体を千万種類も作ることができ、今までに存在していなかった新しい鍵に対してそれにぴったりあてはまる鍵穴を作る能力ももっています。言語処理は免疫細胞のネットワークではないでしょうか。パブロフが大脳皮質上のシナプス接続で説明できなかった実験結果も、脳室内免疫細胞ネットワークなら説明がつきます。

脳脊髄液の経路は、前頭葉、脳梁、脳弓、下角（海馬）、側頭葉、視床、視床下部、小脳、延髄と接点をもち、さらにクモ膜下で大脳皮質とも接します。つまり脳脊髄液は脳のほとんどの部分と接点をもち、新皮質と辺縁系を結びつけます。そこを浮遊するBリンパ球は、脳のあらゆる組織とネットワークできるわけです。

脳脊髄液は、大脳をクモ膜の中に浮べて外部からの衝撃に対して保護するために存在しているという説明が今も医学の教科書に書いてあります。しかし本当にそれだけが目的なら、脳脊髄液を分泌する脈絡叢が左右側脳室と第三・第四脳室の四ヶ所に分かれる必然性がないほか、毎日三、四回、液が入れ替わる必要がありません。脳の一番奥にあって観察しづらいのと、解剖すると脳脊髄液が流れ出して実験がやりにくいために、研究が進んでいないだけなのです。

脳脊髄液の分泌は、心臓から送られてくる動脈血によって脈打つように行われています。脳脊髄液の中で、言葉の音韻波形にもとづいて抗原と抗体を構築して、概念装置であるBリンパ球、五官の記憶を記銘する大脳皮質グリア細胞などが自由かつ自律的にネットワークして我々の意識が構築されているとしたら、水はとても重要です。我々の知能は水と光の現象なのでしょうか。

言語処理が脊髄反射回路を使っていることがわかれば、知能の自己中心性や成人における学習意欲の衰えを乗り越える対策を考えることができます。我々の意識の構造がBリンパ球という細胞レベル、抗原と抗体の分子レベルのネットワークであるとわかれば、それを覚りに導く具体的道筋がみえてきませんか。凸凹な空間を歩き回ることで、学習意欲を活性化する。論理的雑音が意識に混入しないように読む対象を吟味し、仏祖の真正な言語情報だけを読み、静かな環境のなかで繰り返し考える。言葉を大切にし、嘘をつかず、嘘に騙されない。その結果得られた知見が微生物のもつ生命の論理にしたがってネットワークすると、いつか覚りと呼べる状態に到達する。これが文化や文明を生みだした言語的人類の目指すべき生き方といえるでしょう。

・道元を超えてゆく

廣録上堂語一の結び「湘の南、潭の北の黄金国、限り無く平らかにして、人、陸沈さる」、現成公案の結び「仏家の風は、大地の黄金なるを現成せしめ、長河の蘇酪を参熟せり」にいう黄金の国を、道元たち前衛は歩いています。その姿は手の届かない遠くのものとして感じるかもしれません。でも彼らも生まれたときは何も知らず、自分の前を歩く前衛たちの言葉を学習し、思考を重ねることで、新しい境地を切り開いたのです。あなたにできないわけがありません。

皆さん、どうか（もう）一度、『廣録』と『眼蔵』を読んで道元の語り口に耳を傾けてみてください。きっと道元の言葉が（前よりも）身近に感じられるでしょう。『廣録』と『眼蔵』は読者が自力で仏法を獲得できるようにと細心の注意を払ってつくられた言語情報です。道元より後から生まれた人間は、道元を読んで道元を超えて、人類の叡智をさらに広げ深めることが求められています。

あとがき

難解な本を読む作業は、トランプの神経衰弱ゲームに似ています。はじめのうちは何回めくっても、対になるカードをみつけられません。しかし、あきらめずに何度もめくっているうちに、だんだんどこに何があるかの記憶が形成されていき、相互につながりが生まれます。読書百遍の醍醐味はそのようであり、言語情報による奥深い伝達が生まれます。寺田透の『道元和尚廣録』と鏡島元隆の『永平廣録』を読み比べ、さらに渡辺賢宗・大谷哲夫『祖山本永平廣録　校注集成』に立ち返って典拠を確認しつつ読み下し文を読んでいると、突然ひらめくことがあります。上堂語を生みだした背景や道元の思いを実感するのです。それまでは紙に書いた文字列、そしてそれを読み取った音の連なりにすぎなかったものから、道元の側にいた弟子たちの姿、道元の息遣いを感じるのです。

たとえば建長三年秋の「一車打れて諸車快《はや》し。一夜花開けて世界香《こう》ばし」（上堂語四五三）という言葉から、道元が『正法眼蔵』と『道元和尚廣録』の清書作業にとりかかることを決め（上堂語四四八）、京都と鎌倉から支援の僧たちが到着する（上堂語四六〇、四六七）のを待っている間に、永平寺では住居や作業場の建築工事が始まり、清書のための紙や墨や食料や蒲団などが届けられ、薪と炭が運び込まれる状況を実感しました。それまで道元の教えに従わなかった達磨宗の弟子たちも、この時は一丸となって作業に参加し、活気と緊張感と調和が永平寺にみなぎるようになり、永平寺ははじめて道元の理想とする叢林となった。それが「一夜花開けて世界香ばし」という言葉を生んだのです。

本書は荒川修作の図式絵画や建築的実験を理解するために道元を読み、荒川修作の天命反転地使用法にしたがって道元の言葉を理解するという試みを通して生まれた道元論です。二〇一五年十月、寺田透の『道元和尚廣録』を読み始めたところ、「身心脱落の功夫のはじめ露柱懐胎す」という道元の言葉と、荒川のTUBESという作品が、結びつきました。それが正しいかを確認していただくために、曹洞宗総合研究センターにファックスを送ったところ、一〇月十九日に所長で東北福祉大学学長の大谷哲夫先生から電話をいただきました。宇治の興聖寺を拝観して、木幡の松殿山荘に行くために京阪宇治駅の切符売り場にいるときだったので、道元の導きだったかもしれません。その後、大谷先生からは『永平の風』を頂き、草稿段階で読んで励ましの言葉を頂いたうえ、自分の言葉で現代語訳を作るようにと『祖山本永平廣録校注集成』を貸して頂きました。さらに本書に過分な推薦のお言葉を頂きましたことを心から感謝申し上げます。

常識的な答を拒絶する禅の公案と現代芸術のナンセンスなオブジェは、どちらも言語を生みだす不可視の意識構造を問題としており、修行者の脊髄反射を停止させ、常識の破れ目に気づかせます。「意味のメカニズム」に始まって、建築的身体、天命反転へと発展した荒川修作の仕事は、それまで神や仏の領域にあると思われてきたヒトの言語獲得と知能発展のメカニズムを解明し、ヒトの知能発展に最適化した生活環境をつくることでした。我々の知的探求心を乳幼児の頃のように活性化させて知的探求に没頭させる環境が天命反転であり、知能はどこまでも発展するという楽観主義にもとづいています。道元も「坑埳堆阜《こうかんたいふ》は、仏を生む虚空なり。」(上堂語四一四)という言葉を遺していて、荒川と問題意識を共有していました。

本書は荒川修作とマドリン・ギンズが生み出した「天命反転」が、人類にとってどれだけ重要かを言語化するために、書き始めました。天命反転の仕事を理解し、保存し、受け継がなければいけない。そのためには荒川と天命反転に興味をもつ人を増やす必要があると思ったのです。ところが道元論が思わぬ展開を見せたため、道元論として世に問うことにしました。荒川修作+マドリン・ギンズ東京事務所代表の本間桃世さん、奈義町現代美術館館長の岸本和明さん、ご協力ありがとうございました。元ギャラリー高木の中島裕子さんからは初期の荒川の図録や資料をお借りしたままになっていて心苦しいばかりでしたが、ようやく不十分ながらも荒川さんの業績を一般読者に伝えることができるようになりました。本書が死してなお前衛である荒川さんと道元への読者の関心を喚起する起爆剤となることを願います。

私は一九九一年にパリのユネスコで勤務をしているときに合気道を始め、一九九三年に一時帰国した際に東京吉祥寺の月窓寺道場に入門し、多田宏先生のご指導のもと合気道の稽古を続けてきました。月窓寺は曹洞宗のお寺ですので、道元のおかげで稽古ができたわけです。このご縁を喜ぶとともに、月窓寺の村尾泰隆ご住職、多田先生ほか月窓寺道場と自由が丘道場の道場生の皆さまに感謝申し上げます。また、京都入江道場の研鑽会や周年行事のおかげで、京都にある道元ゆかりの地を訪れる機会を得ました。入江康仁先生、入江道場の皆さまに感謝申し上げます。

私は二〇〇六年度に東京国際仏教塾の宗派を超えた講義と修行に参加し、奈良康明先生ほか気鋭の仏教学者の講義を受けました。仏教塾の先生方、専門過程の修行をさせていただいた千葉県長南町の天台宗長福寿寺の皆さま、事務局の皆さま、塾生の皆さまに感謝申し上げます。

二〇〇七年四月、私は、南アフリカにある最古の現生人類遺跡クラシーズ河口洞窟を訪問し、言語的人類の進化に興味をもち、デジタル言語学の研究が始まりました。ちょうどその頃、学生時代から読書会仲間であった松本輝夫さん（元ラボ教育センター会長）のご尽力のおかげで、言語学者鈴木孝夫先生を囲む研究会が始まり、『ことばと文化』を再読し、「空の記号」や「鳥類の音声活動」など今なお斬新な鈴木言語学に学べたことは僥倖でした。本書が研究会場を提供してくださった冨山房インターナショナルの坂本喜杏社長のお力添えで上梓されることはこのうえない喜びです。松本さんはその後大分に移住し、早期退職した私も生まれ故郷の大分に帰郷したご縁で、まったく方向性の定まっていなかった時期の草稿から毎回目を通していただき、要所要所で適切なアドバイスをいただいたうえ、出版社との仲介もしていただきました。心から感謝申し上げます。本書は松本さん抜きでは生まれなかったでしょう。

文献調査にあたっては、大分県立図書館、国立国会図書館、東京都立中央図書館、鎌倉市中央図書館ほかの公共・大学図書館の調査相談コーナーのお世話になり、貴重な資料をご紹介いただきました。装幀は富山県にあるギャラリー、マイルストーン・アート・ワークスのナガシマヨシホさんにお願いしました。私は十五年来、このギャラリーの月刊ウェブ雑誌マイルストーンに「現代という芸術アラカワ」というコラムを寄稿していますが、いつも記事と写真だけ送るだけで、あとはナガシマさんが素敵なレイアウトにしてくださいます。そのセンスを見込んでお願いいし、快く引き受けていただきました。心からお礼申し上げます。

最後になりますが、会社を早期退職後、仕事もせず居候することを許してくれた大分の両親に感謝します。
また適宜アドバイスをくださりながら手際よく原稿を本にしてくださった冨山房インターナショナルの新井正光編集長に心から感謝申し上げます。

二〇一七年八月吉日

得丸久文

【主要参考文献】

寺田透　道元和尚廣録　筑摩書房、一九九五年
渡辺賢宗・大谷哲夫　永平廣録　考注集成　一穂社、一九九〇年
鏡島元隆　永平廣録　原文対照道元禅師全集　第十巻から第十三巻　春秋社、一九九九―二〇〇〇年
日本の禅語録2　道元　講談社、一九八一年
水野弥穂子　正法眼蔵　原文対照道元禅師全集　第一巻から第七巻　春秋社、二〇〇二―〇九年
石井恭二注釈・現代訳　正法眼蔵　1から4、別巻　河出書房新社、一九九六―九八年
中村宗一　正法眼蔵　誠信書房、一九七〇年
日本思想大系　道元　上・下　岩波書店、一九七〇・七二年
道元禅師全集　下巻　筑摩書房、一九七〇年
道元禅師全集　別冊、筑摩書房、一九七〇年
現代語訳建撕記図会　国書刊行会、二〇〇〇年
今枝愛真　道元　坐禅ひとすじの沙門　NHKブックス、一九七六年
頼住光子　正法眼蔵入門　角川ソフィア文庫、二〇一四年
百瀬明治　京都・宗祖の旅　道元〔曹洞宗〕　淡交社、二〇一四年
マドリン・ギンズ　ヘレン・ケラーまたは荒川修作　新書館、二〇一〇年

荒川修作の実験展　見る者がつくられる場　東京国立近代美術館、一九九一年
養老天命反転地　毎日新聞社、一九九五年
荒川修作の軌跡と奇跡　ＮＴＴ出版、二〇〇九年
意味のメカニズム　リブロポート、一九八八年
パブロフ　大脳半球の働きについて　岩波書店、一九七五年
ヴィゴツキー　思考と言語　柴田義松訳　明治図書、一九六二年
ピアジェ　知能の心理学　みすず書房、一九六七年
世界の名著　現代科学2　ヒルベルト　中央公論社、一九七〇年
セント・ジェルジ　生体の電子論　広川書店、一九七三年
大谷哲夫　永平の風　文芸社、二〇〇一年
大谷哲夫　道元読み解き事典　柏書房、二〇一三年
大谷哲夫　『正法眼蔵』・『永平廣録』用語辞典　大法輪閣、二〇一二年
承陽大師聖教全集　第三巻　永平寺、明治四二年

【語句解説】

主要人物

1　道元が師と仰いだ僧たち

宏智正覚《わんししょうがく》（一〇九一―一一五七）寧波の天童寺にいた。道元がもっとも尊敬した古仏。宏智廣録、宏智頌古などが残されている。

天童如浄《てんどうにょじょう》（一一六二―一二二七）道元が留学中に、寧波の天童寺の住職となる。厳しい指導で知られるが、道元には非常に期待していて、中国に残ることも勧めたという。道元に法を嗣いでまもなく逝去。

明全《みょうぜん》（一一八四―一二二五）栄西の法嗣。道元と一緒に中国に留学し、天童寺で客死。

2　鎌倉行化の頃、鎌倉で活躍していた僧

大歇了心《だいかつりょうしん》（生没年不詳）建保三年（一二一五）に宋での留学を終えて帰国後、鎌倉寿福寺の退耕行勇のもとへ。嘉禄二年（一二二六）寿福寺で楞厳講を開く。行勇亡き後、寿福寺第三代住持となり、後に建仁寺第九世となる。

然阿良忠《ねんなりょうちゅう》（一一九九―一二八七）浄土宗第三祖。仁治元年（一二四〇）春、鎌倉入りする。光明寺開山。道元のもとで学んだことがある。

3

道元の弟子たち

僧海（一二一六―一二四二）　興聖寺首座。早くから道元に参じた。日本達磨宗の集団参加の翌年、仁治三年（一二四二）秋に亡くなる。

慧顗（伝不詳）　興聖寺上座。早くから道元に参じた。仁治三年秋、僧海より少し早く亡くなる。

懐奘（一一九八―一二八〇）　はじめ多武峰で日本達磨宗の覚晏の弟子となるが、覚晏亡き後の文暦元年（一二三四）、深草興聖寺の道元のもとに参ずる。道元滅後、永平寺二世となる。正法眼蔵随聞記の著者とされるが偽書であろう。

懐鑑（？―一二五一）　日本達磨宗第三世。仁治二年に弟子の義介、義準、義演、義尹らを引き連れて道元のもとに参集した。建長三年八月十三日示寂？

徹通義介（一二一九―一三〇九）　越前・志比の庄生まれ。十三歳で日本達磨宗の懐鑑に参じ、仁治二年（一二四一）に懐鑑とともに道元のもとに参じた。建長三年春、懐鑑から仏照禅師所得の嗣書を授かり、達磨宗第四世義鑑として法を嗣ぐ。正元元年（一二五九）から弘長二年（一二六二）にかけて入宋。文永四年（一二六七）永平寺第三世に就位。

寒巌義尹（一二一六―一三〇〇）　後鳥羽院の孫、順徳天皇の皇子。達磨宗で懐鑑に師事し、仁治二年に懐鑑とともに道元に参じた。道元示寂後に廣録を携えて二度入宋。廣録の内容を抜粋・改ざんした略録作成に関与か。肥後に大慈寺を建立し、土木工事の寄進なども行った。

義演（?―一三一四）　永平寺三世であったが、曹洞宗のなかで記録が抹消されている。三代相論のためであろう。

義準　懐鑑とともに仁治二年に道元のもとに参集するも、越前下向の際には詮慧とともに宇治興聖寺の留守番役で残る。正法眼蔵と廣録の清書に際して書記役として宇治から越前に呼ばれた。

4　曹洞宗の僧侶たち

卍山道白（一六三六―一七一五）　江戸時代の曹洞宗中興の祖といわれる。正法眼蔵や永平廣録（卍山本）の出版を行うが、道元の意向に沿ったものではなかった。

面山瑞方（一六八三―一七六九）　卍山道白の後に続いて「傘松道詠」、「正法眼蔵随聞記」の出版を行う。しかし、それらは道元の著作ではなく、偽書の疑いがもたれる。

主要用語

示衆：一般に師が門下の弟子たちに対して教えを説くこと。説法・垂示。道元がどのように正法眼蔵を示衆したかはわかってない。

上堂：住持が修行僧たちに法を説くため法堂の法座に登ること。禅寺特有の説法形式。日本では道元が最初。

公案：禅門では仏祖が示した言動などを記して求道者に示し、参究推考すべき問題。答えの出ない問いによって、ああでもない、こうでもないと、考え続けることの大切さを知る。

荒川修作 作品

p. 29上 Title : Untitled
Artist : Shusaku Arakawa
Date of Creation : 1963
Medium : Oil, acrylic and pencil on canvas
Dimensions : 165x246.5 (framed : 175.7 x 257.4) cm
Credit line : C 2017 *Estate of Madeline Gins.* Reproduced with permission of the Estate of Madeline Gins.

p. 29下 Title : Color Sample No. 2
Artist : Shusaku Arakawa
Date of Creation : 1979
Medium : Color lithograph on paper
Dimensions : 76.5x59.5 cm
Credit line : C 2017 *Estate of Madeline Gins.* Reproduced with permission of the Estate of Madeline Gins.

p. 30上 Title : Is As It : Blind Intentions II
Artist : Shusaku Arakawa
Date of Creation : 1982-83
Medium : Color etching (handground and softground) and drypoint on paper
Dimensions : 56.5 x 76.0 cm
Credit line : C 2017 *Estate of Madeline Gins.* Reproduced with permission of the Estate of Madeline Gins.

p. 30下 Title : Is As It : Blind Intentions IV
Artist : Shusaku Arakawa
Date of Creation : 1982-83
Medium : Color etching (handground and softground), aquatint and handcolor on paper
Dimensions : 56.5 x 76.0 cm
Credit line : C 2017 *Estate of Madeline Gins.* Reproduced with permission of the Estate of Madeline Gins.

p. 34上右 Title : Untitled
Artist : Shusaku Arakawa
Date of Creation : 1961
Credit line : C 2017 *Estate of Madeline Gins.* Reproduced with permission of the Estate of Madeline Gins.

p. 34上左　Title : February 3, 1962, Early Morning
Artist : Shusaku Arakawa
Date of Creation : 1962
Medium : Acrylic , pencil on canvas
Dimensions : 177.0 x 79.5 x 21.0 cm
Credit line : C 2017 *Estate of Madeline Gins.* Reproduced with permission of the Estate of Madeline Gins.

p. 34下右　Title : The Forming of Untitled
Artist : Shusaku Arakawa
Date of Creation : 1962
Credit line : © 2015 *Estate of Madeline Gins.* Reproduced with permission of the Estate of Madeline Gins.

p. 34下左　Title : Untitledness
Artist : Shusaku Arakawa
Date of Creation : 1961-62
Medium : Oil on canvas
Dimensions : 122 x 213 cm
Credit line : e 2017 *Estate of Madeline Gins.* Reproduced with permission of the Estate of Madeline Gins.

p. 35　Title : That In Which No. 2
Artist : Shusaku Arakawa
Date of Creation : 1978
Medium : Color lithograph, silkscreen and collage on paper
Dimensions : 79.0x 149.5 cm
Credit line : C 2017 *Estate of Madeline Gins.* Reproduced with permission of the Estate of Madeline Gins.

p. 39　Title : Presentation of Ambiguous Zones
Artist : Shusaku Arakawa
Credit line : © 1979 *Estate of Madeline Gins.* Reproduced with permission of the Estate of Madeline Gins.

p. 45　Title : X-Ray of Diagram
Artist : Shusaku Arakawa
Date of Creation : 1965
Dimensions : 122 x 183 cm

Credit line: C 2017 *Estate of Madeline Gins.* Reproduced with permission of the Estate of Madeline Gins.

p. 47 Title: Separated Continuums #2
Artist: Shusaku Arakawa
Date of Creation: 1966
Medium: Cement, cotton, painted cotton, wood chips and polyester cloth in wooden
box
Dimensions: 177.0 x 79.5 x 21.0 cm
Credit line: C 2017 *Estate of Madeline G ins.* Reproduced with permission of the Estate of Madeline Gins.

p. 49 Title: Untitled (Banana Cake)
Artist: Shusaku Arakawa
Date of Creation: 1968
Dimensions: 91.4 x 122 cm
Credit line: C 2017 *Estate of Madeline Gins.*
Estate of Madeline Gins.

p. 50 Title: Proper Noun
Artist: Shusaku Arakawa
Date of Creation: 1983-84
Medium: Acrylic, art marker on canvas
Dimensions: 100 x 136 in.
Credit line: C 2017 *Estate of Madeline Gins.*
Estate of Madeline Gins.

p. 53 Title: The Call of Continuity
Artist: Shusaku Arakawa
Date of Creation: 1976-77
Dimensions: 258.5 x 333.00 (2panels)
Credit line: C 2017 *Estate of Madeline Gins.*
Estate of Madeline Gins.

得丸久文（とくまる くもん）
1959年生まれ。東京大学法学部卒業。卒業後、日商岩井・宇宙航空機部で人工衛星地球観測を担当。その後、国連・教育科学文化機関アソシエート・エキスパート、日商岩井エアロスペース・ヨーロッパ事務所（在ロンドン）、㈶環日本海環境協力センター勤務。東京国際仏教塾 第19期生。現在は、言語的人類の音声の論理性とそれを処理する神経免疫細胞ネットワークの研究（デジタル言語学）を進めている。

道元を読み解く

二〇一七年十月十一日 第一刷発行

得丸久文 著

発行者――坂本喜杏
発行所――㈱冨山房インターナショナル
東京都千代田区神田神保町一-三 〒一〇一-〇〇五一
電話〇三（三二九一）二五七八
印 刷――㈱冨山房インターナショナル
製 本――加藤製本株式会社

ISBN 978-4-86600-037-4 C3015